George Martin mit Jeremy Hornsby

Es begann in der Abbey Road

George Martin mit Jeremy Hornsby

Es begann in der Abbey Road

Der geniale Produzent der Beatles erzählt

Aus dem Englischen von Alan Tepper

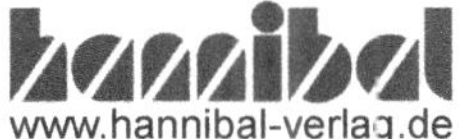
www.hannibal-verlag.de

Impressum

2. Auflage 2014

Hannibal Verlag, ein Imprint der Koch International GmbH, A-6604 Höfen

www.hannibal-verlag.de

ISBN 978-3-85445-410-6
Dieses Buch ist auch erhältlich als E-Book mit der ISBN 978-3-85445-411-3

Titel der Originalausgabe: ALL YOU NEED IS EARS by George Martin with Jeremy Hornsby

Translated from the English: ALL YOU NEED IS EARS
First published in the United Kingdom by: Macmillan Publishers

Übersetzung: Alan Tepper, Geseke
Lektorat: Eckhard Schwettmann, Gernsbach
Korrektorat: Otmar Fischer, Münster
Layout und Satz: www.buchsatz.com, Innsbruck
Coverdesign: Christopher M. Zucker, New York
Cover: bürosüd, München
Beatles-Foto Buchcover: ITV/Rex Features/picturedesk.com
Druck: CPI Books, Ebner & Spiegel GmbH, Ulm

Printed in Germany

Inhalt

Zum Geleit

Liebe Leserin, lieber Leser,

Sie halten ein bemerkenswertes Buch in Händen, die Autobiografie von George Martin, dem legendären Entdecker und Produzenten der Beatles. Seine Erinnerungen hat er 1979 in dem Buch „All You Need Is Ears“ niedergeschrieben, damals mit der Unterstützung des Journalisten Jeremy Hornsby. Alan Tepper hat dieses Buch nun für den Hannibal Verlag sachkundig aus dem Englischen übersetzt.

Bei Hannibal haben Bücher über die Beatles eine lange Tradition, von Hunter Davies' *Die Beatles – Die einzige autorisierte Biografie* bis zu der Vier-Bücher-Box *The Beatles Solo*, die fast zeitgleich mit diesem Buch erscheint. Daher war es dem Verlag wichtig, dieses Zeitdokument des legendären Beatles-Produzenten auch in deutscher Sprache zu veröffentlichen.

Es gab einige Neuauflagen der englischen Originalausgabe, zuletzt in den USA 1994. George Martin fand aber leider nie wieder die Zeit, dieses Buch fortzuschreiben. Produktionen wie die *Beatles Anthology* (1995), oder Hits mit Stars wie Elton John („Candle In The Wind“, 1997), oder die Katastrophen um sein AIR-Studio auf der karibischen Insel Montserrat, das 1989 von einem Hurrikan teilweise und 1997 von einem Vulkanausbruch dann völlig zerstört wurde, beanspruchten ihn zu sehr.

Auch konzentrierte er sich zuletzt auf die Produktion des Beatles-Albums *LOVE*.

Über zwei Jahre arbeitete George Martin mit seinem Sohn Giles daran, aus den rund 250 vorhandenen Beatles-Songs den Soundtrack für das gleichnamige Beatles-Musical zu schaffen, welches der Cirque du Soleil seit Juni 2006 (da war George Martin bereits 80 Jahre alt) bis heute in Las Vegas aufführt. Klassiker wie *Get Back*, *Help!*, *Yesterday*, *Lady Madonna* oder *Hey Jude* wurden mit Zitaten aus anderen Songs der Beatles neu abgemischt. Keine Frage, dass dies nur unter der Leitung eines George Martin erfolgen durfte, des langjährigen Produzenten und Mentors der Beatles.

Humorvoll und charmant schildert George Martin in diesem Buch, wie er 1950 zu Parlophone kam, der späteren Plattenfirma der Beatles, mit welchen bescheidenen technischen Möglichkeiten Aufnahmen gemacht wurden, wie die Verträge aussahen (die Beatles bekamen aus heutiger Sicht lächerlich geringe Tantiemen), wie die Musikindustrie sich entwickelte und vor allem natürlich viele Ereignisse rund um die Beatles, die von einem unmittelbar Beteiligten so noch nie erzählt wurden.

Ihr Manager Brian Epstein hatte 1962 bereits alles versucht, um den vier Liverpoolern einen Plattenvertrag zu verschaffen, war aber immer wieder abgelehnt worden. Nicht nur von DECCA, sondern – was heute gern übersehen wird – auch von der EMI, für die George Martin damals als Chef des EMI-Labels Parlophone arbeitete. Welchen Weg hätten die Beatles damals gewählt, wenn George Martin sie nicht unter Vertrag genommen hätte? Auch diesem Gedanken geht George Martin, der heute zu den erfolgreichsten Produzenten aller Zeiten gezählt werden muss, nach.

George Martin ist bei mehr als 5.000 Titeln als Produzent registriert, Insgesamt war er für über 30 Nummer-eins-Hits verantwortlich.

Im Jahre 1967 erhielt er den ersten von insgesamt drei Grammy Awards. 1977 folgte der BRIT Award für den besten britischen Produzenten der vergangenen 25 Jahre, 1984 für herausragende Beiträge zur Musik. 1988 wurde er Commander of the Order of the British Empire (CBE). Am 15. Juni 1996 wurde er von Elisabeth II. in den Ritterstand erhoben. Am 15. März 1999 wurde er in die Rock and Roll Hall of Fame aufgenommen und am 14. November 2006 in die UK Music Hall Of Fame. Zusammen mit Paul McCartney und anderen gründete er im Januar 1996 das *Liverpool Institute for Performing Arts*, dem er darüber hinaus als Patron verbunden ist. Es beinhaltet ein nach George Martin benanntes Tonstudio.

Begleitend zur Lektüre dieses Buches empfehlen wir Ihnen eine CD und eine DVD: Im Juli 2001 erschien die Kompilations-CD *Produced by George Martin* mit den wichtigsten von ihm innerhalb von 48 Jahren produzierten Musiktiteln.

Auf DVD gibt es einen sehr informativen Dokumentarfilm über George Martin aus dem Jahr 2012. Hier kommen auch die beiden noch lebenden Ex-Beatles zu Wort, und es gibt Aufnehmen von dem legendären AIR-Studio auf Montserrat zu sehen, das gleich zweimal zerstört wurde, 1997 leider endgültig.

Wir wünschen Ihnen viel Spaß bei der Lektüre dieses Buches!

Eckhard Schwettmann, im Juli 2013

Präludium

Hallo! Und noch einmal „Hallo“. Das Wort erscheint mir generell geeignet, eine Autobiografie zu beginnen, jedoch trifft es in meinem Fall besonders zu, denn „Hallo“ war das erste jemals aufgenommene Wort in der Geschichte der Tonaufzeichnung.

Man schrieb das Jahr 1877. Thomas Alva Edison versuchte das Telefon, die Erfindung von Alexander Graham Bell, zu verbessern und entschloss sich, eine vibrierende Nadel an der Rückseite der Membran zu befestigen, anstelle von Bells Metallstift. Er beschrieb es später: „Ich sprach in das Mundstück eines Telefons und spürte dabei die Vibrationen der feinen Metallnadel. Das brachte mich zum Grübeln. Wenn sich der Schall auf den Stift überträgt und ich den Stift über eine Folie gleiten lassen kann, gab es eigentlich keinen Grund, warum die Apparatur nicht sprechen sollte.“

Edison hatte recht. Er ließ einen Streifen dünnes Wachspapier unter der Nadel herlaufen und schrie: „Hallo!“ Als er das Papier ein zweites Mal durch die Maschine laufen ließ – man glaubt es kaum –, hörte er sein „Hallo“. Das konnte man noch nicht als quadrophonischen Sound bezeichnen, aber zumindest war ein Anfang gemacht worden. Ende des Jahres ließ er den Phonographen patentieren, mit dessen Hilfe er Aufnahmen auf eine um einen Zylinder gewickelte Zinnfolie machte. Er hatte den Beweis mit der nun unsterblichen Zeile „Mary had a little lamb“ erbracht. Die Aufnahmeindustrie war geboren.

Heute, über 100 Jahre danach, steht der Interessierte vor der kuriosen Tatsache, dass sich die danach folgende Entwicklung in Abschnitte von jeweils 25 Jahren unterteilen lässt.

Die ersten 25 Jahre dauerten bis kurz nach der Wende zum 20. Jahrhundert. Sie waren von einer hektischen und fieberhaften internationalen Suche gekennzeichnet, bei der jeder versuchte, das neue Spielzeug der Öffentlichkeit schmackhaft zu machen. Während dieser Periode erfand Emil (englisch: Emile) Berliner die flache und plane Scheibe und ein Gerät, auf der er sie abspielen konnte – das Grammophon.

Doch der erste größere Durchbruch fand 1901 mit den auf hartem „Thermoplastik" produzierten Platten statt und 1904, als die erste doppelseitige Schallplatte auf den Markt kam. Damit wurde die zweite Ära eingeläutet, die man als „akustische Phase" bezeichnen kann. Nun, da zufriedenstellende mechanische Verfahren der Klangreproduktion erfunden worden waren, suchte man nach klanglichen Verbesserungen hinsichtlich der Aufnahme und des Abspielens der jetzt so genannten Schallplatten. Man wendete viel Zeit und Arbeit auf, um die beste theoretische und praktische Form des Schalltrichters zu gewährleisten, dessen Größe und Gestalt sich maßgeblich auf die Klangwiedergabe auswirkte.

Die mechanische Reproduktion bestimmte die „akustische Phase". Dann – wie auf einen Startschuss hin – begann 1925 die Ära der elektrischen Aufzeichnung. Nun aktivierte die Membran bei einer Aufnahme die Nadel nicht mehr physisch, da die Vibrationen in elektromagnetische Impulse umgewandelt wurden, die sich dann auf die Nadel übertrugen. Beim Abspielen der Platte ließ sich die neue Technologie in der Umkehrung natürlich auch anwenden.

Innerhalb der nächsten 25 Jahre verfeinerte und entwickelte man die Technologie, bis exakt zum Jahr 1950, in dem zufälligerweise ein argloser junger Mann namens George Martin der Musikindustrie beitrat. Genau zu dem Zeitpunkt begannen die vierten 25 Jahre, die Ära der „elektrischen" Tonaufzeichnung. Und damit hatte ich Glück – und Gott hatte ein ungewöhnliches gutes „Lebensrhythmusgefühl" für mich bewiesen. Darum betrachte ich das Buch vor allem als die Geschichte dieser 25 Jahre moderner Tonaufzeichnung.

Ich empfinde es als zutiefst beeindruckend, dass der Zyklus in eine neue Ära übergeht. Während der Niederschrift des Texts nähern wir uns dem Ende der Tonbandaufzeichnung. Wenn Sie dieses Buch in den Händen halten, befinden wir uns schon in der nächsten Phase – dem digitalen Zeitalter. Doch das hebe ich mir für das letzte Kapitel auf.

George Martin

Kapitel 1

Klassische Lehrstunden

Ich wurde von einem unerbittlichen Klingeln geweckt. Das war kein guter Start in den heutigen, nein, jeden Tag. Einen Moment lang überlegte ich, wo ich mich befand. Ich lag im Schlafzimmer eines Pariser Hotels, und es war nicht Morgen, sondern mitten in der Nacht.

Zuerst musste ich ein dringliches Problem lösen, und zwar das höllische Gebimmel beenden. Ich nahm den Hörer ab und flüsterte ein leises und fragendes „Hello?".

„George, es tut mir leid, dich zu wecken, aber ich muss dir unbedingt von den Neuigkeiten berichten."

Brian Epsteins leicht lallende Stimme klang sehr aufgeregt. Um diese Uhrzeit schon oder noch angetrunken? Doch schnell erfuhr ich den Grund dafür.

„Ich komme gerade von einer Feier mit den Jungs, und sie sind genauso aus dem Häuschen wie ich", keuchte er mit einer sich überschlagenden Stimme und wartete einen Augenblick, um die Spannung zu steigern. Ich sagte nichts, denn es war zu früh am Morgen oder zu spät in der Nacht, um einen anständigen Satz zu formulieren. Dann ließ er die Bombe hochgehen.

„Wir sind nächste Woche auf dem ersten Platz der US-Charts. Das ist ganz sicher. Ich habe gerade mit New York telefoniert." Das war's also. Wir hatten es endlich geschafft, und zwar mit dem Song „I Want To Hold Your Hand". Nach einem Jahr mühseliger und schwerer Arbeit hatten wir endlich die Mauer des größten Tonträgermarkts der Welt durchbrochen.

An Schlaf war jetzt nicht mehr zu denken, doch das machte mir nichts aus. In den letzten zwölf Monaten gehörte eine geregelte Nachtruhe zu den seltenen Annehmlichkeiten des Lebens. Ich lag im Bett, dachte an die Vergangenheit und die sich uns in der Zukunft bietenden Möglichkeiten.

Allerdings gab es zwei Gründe, warum ich mit den Beatles nach Paris gekommen war, und die standen im Moment ganz oben auf meiner Prioritätenliste. Sie standen vor ihrem ersten Frankreichauftritt im Olympia, und den durfte ich mir auf gar keinen Fall entgehen lassen. Darüber hinaus wollten wir noch schnell eine Platte in dem EMI-Studios Paris aufnehmen.

Ende 1963 hatten wir Großbritannien musikalisch erobert. Nun – wie auch in den USA – versuchten wir den großen Siegeszug auf dem Kontinent fortzusetzen. Die EMI-Vertreter in Deutschland hatte anscheinend ein Anflug von Patriotismus gepackt – wer kann das schon genau wissen –, und sie bestanden auf einer deutschsprachige Single, denn nur so ließen sich angeblich hohe Verkaufszahlen erzielen. Die Jungs hielten das für blanken Unsinn, und auch ich glaubte den deutschen EMI-Managern kein Wort, wollte ihnen aber keinen Anlass geben, einen möglicherweise schlechten Umsatz unserer Starrköpfigkeit zuzuschreiben.

Und so überredete ich John und Paul nach einigen Wortgefechten zu einer Neuaufnahme von „She Loves You“ und „I Want To Hold Your Hand“. Der Text wurde uns freundlicherweise von einem Deutschen übersetzt, der sich bei der Aufnahme blicken ließ, um die korrekte Aussprache zu prüfen. Ich konnte den Akzent nicht einschätzen, merkte aber schnell, dass es sich um eine wortwörtliche Übersetzung handelte. „Sie liebt dich, ja, ja, ja …“ klang in meinen Ohren wie eine für Peter Sellers charakteristische Parodie.

Wir setzen die Aufnahme für einen Tag an, an dem die Beatles nicht für die Olympia-Show proben mussten. Ich fuhr zum Studio, erwartete jedoch nicht, sie dort anzutreffen. Schon damals waren die Beatles kein Musterbeispiel für Pünktlichkeit. Nach einer Stunde Warten entschied ich mich, sie im Hotel anzurufen.

Keiner der vier wollte das Telefonat entgegennehmen. Neil Aspinall, ihr Tourmanager, wurde von ihnen vorgeschickt, um das Gespräch zu führen. Er klärte mich darüber auf, dass sie sich letztendlich gegen die Aufnahme entschlossen hatten und nicht kommen würden. Meine Reaktion als „verärgert" zu bezeichnen hieße, den Mount Everest als einen mittelgroßen Hügel zu beschreiben. „Du wirst ihnen sagen", brüllte ich in den Hörer, der vermutlich vor Entsetzen rot anlief, „du wirst denen jetzt sagen, dass ich mich direkt auf den Weg mache, um ihnen meine ungeschminkte Meinung zu verklickern."

Ich knallte den Hörer auf die Gabel. Es war das erste Mal, dass die Jungs sich gegen mich auflehnten. Es irritierte mich, dass sie nicht den Mut besaßen, es mir direkt ins Gesicht zu sagen. Wutentbrannt raste ich zum Hôtel Georges Cinq, wo sie in einer extravaganten Suite wohnten, und platzte in den Salon der luxuriösen Unterbringung. Ich fühlte mich unmittelbar in eine Szene aus einem Buch von Lewis Carroll versetzt, dem Autor von *Alice im Wunderland* und *Alice hinter den Spiegeln*. Es fehlte nur noch das weiße Kaninchen. John, Paul, George, Ringo, Neil Aspinall und Mal Evans, sein Assistent, saßen um einen langen Tisch herum. In ihrer Mitte stand Jane Asher, eine wunderschöne Alice mit langem, goldenem Haar, und goss ihnen Tee ein. Mein plötzliches Auftauchen versetzte die Beatles in Angst und Schrecken. Wie von einem Wirbelsturm gepackt, trieb es sie in alle Richtungen. Die vier versteckten sich hinter dem Sofa, einem Berg aus Kissen und dem Piano – alles, was ihnen Schutz bot.

„Ihr Trottel! Mir ist es egal, ob ihr die Platte aufnehmt oder nicht, aber eure Unhöflichkeit empört mich!"

Einer nach dem anderen streckte den Kopf aus seinem Versteck heraus. Mit ihrem verlegenen Lächeln wirkten die Beatles wie unartige Schuljungen. Wie im Chor murmelten sie gemeinsam ein „Sorry, George". Wenn die Beatles – wie in diesem Augenblick – ihre charmante Seite hervorkehrten, konnte man ihnen nicht lange böse sein. Innerhalb weniger Minuten hatte ich mich beruhigt und setzte mich in die Runde. Und welche Rolle spielte ich in der modernen *Alice*-Variation? Vielleicht die des verrückten Hutmachers?

Am nächsten Tag nahmen wir die Stücke auf. Natürlich hatten sie recht gehabt, denn Beatles-Platten in Englisch verkauften sich in allen Ländern millionenfach, und Deutschland stellte da keine Ausnahme dar. In der Zukunft sangen sie nie wieder Songs in einer fremden Sprache ein.

Da wir den amerikanischen Markt geknackt hatten, bestand jetzt keine Notwendigkeit zur Anbiederung mehr. Für mich war es ein weiter Weg gewesen. Er begann in dem Moment, als ich meinen Zeigefinger zum ersten Mal ganz vorsichtig auf das mittlere C der Klaviertastatur legte.

Ich muss ungefähr sechs Jahre alt gewesen sein. Eines Tages stand ein Klavier in unserem Wohnzimmer. Ich verliebte mich augenblicklich in das Instrument und versuchte den schwarzen und weißen Tasten Klänge zu entlocken.

Damals hatte ein Klavier denselben Stellenwert wie heutzutage ein Fernseher. Es war kein Möbelstück, sondern der Mittelpunkt von Familienzusammenkünften. Onkel Cyril, der verantwortungsvoll und gewissenhaft mit den Instrumenten handelte und immer auf Partys spielte, beschaffte uns ein Exemplar.

Zu Weihnachten trafen sich alle Verwandten – es müssen um die 30 Personen gewesen sein – in der Wohnung meiner Großmutter in Holloway, London. Bei den Familientreffen rezitierte sie schreckliche Gedichte, wie zum Beispiel „The Green Eye Of The Little Yellow God". Meine Onkel standen ihr in nichts nach und sangen Auszüge aus der Operette *The Desert Song* und ähnlichen Werken. Von den Kindern wurde auch etwas erwartet – eine kleine Tanzaufführung oder der Vortrag eines Gedichts. Schon bald stellte ein kleines Liedchen auf dem Piano meinen Beitrag zu „etwas" dar.

Meine drei Jahre ältere Schwester Irene erhielt von einer „Tante" Klavierunterricht – eigentlich war es die Schwester einer Tante –, und ich entschied mich dafür, auch Stunden zu nehmen. Im Alter von acht Jahren hatte ich die Familie von meiner „brauchbaren" Musikalität überzeugt, obwohl dass keiner von ihnen so recht beurteilen konnte. So begann der Unterricht. Allerdings erhielt ich nur exakt acht Stunden, denn Mum überwarf sich mit dem Lehrer. Erst im Teenageralter durfte ich eine weitergehende Ausbildung genießen.

So war ich zu Beginn meines Lebens als Musiker auf mich allein gestellt, was sicherlich ein recht wackeliger Start war.

Ich wurde 1926 geboren, kurz vor der großen Depression. Die erste Wohnung, an die ich mich erinnern kann, lag in Drayton Park, gegenüber der Sunlight-Wäscherei. Ich nenne die Räumlichkeiten Wohnung, doch im Grunde genommen waren es zwei Räume im obersten Geschoss, direkt unter dem Dachboden. Es gab keine Elektrizität, und wir mussten uns mit zwei Gasleuchten neben dem Kaminsims begnügen. Auch stand uns keine Küche zur Verfügung, sodass meine Mutter auf einem Gasherd im Flur das Essen zubereitete. Und an ein Badezimmer war schon gar nicht zu denken – wir wuschen uns in einer Blechschüssel.

Der einzige Wasseranschluss befand sich in einer Ecke des Treppenhauses, in der ein rundes Steinbecken angebracht worden war, und die einzige Toilette – die wir uns mit drei weiteren Familien teilten – stand im Erdgeschoss. Zumindest mangelte es uns nicht an Möbeln, denn mein Vater arbeitete als Schreiner und fertigte für uns Tische, Anrichten, Schränkchen, Betten und natürlich Spielzeuge für Irene und mich. Doch niemals Stühle! Aus irgendeinem unerfindlichen Grund baute er nie Stühle.

Er war ein großartiger Handwerker und liebte Holz. Ich möchte sein Leben als eine lange, sinnliche „Affäre" mit dem Werkstoff charakterisieren. Er sah ein Stück Holz, nahm es und verbrachte Stunden damit, mit der Hand darüberzustreichen und das Gefühl zu genießen. Er war ein sehr einfacher, doch talentierter Mann, der mit seinen Händen wahre Wunder bewirkte. Darüber hinaus war er der ehrlichste Mensch, dem ich in meinem Leben begegnet bin. Während der Weltwirtschaftkrise hatte er 18 Monate lang keine Arbeit. Aus der Not heraus verkaufte er schließlich Zeitungen an der Cheapside, in der Innenstadt. Ich sah ihn dort in der eisigen Kälte stehen, und er tat mir unendlich leid.

Ich glaube, dass ihm der Job von Verwandten mütterlicherseits vermittelt wurde, die wir als finanziell gut situiert einstuften. Meine Onkel und mein Großvater lieferten den *Evening Standard* mit Lastwagen im Stadtgebiet von London aus und verdienten für die damalige Zeit gutes Geld. Für mich waren sie immer die „reichen" Verwandten.

Ich war der Liebling meiner Mutter. Als gläubige Katholikin schickte sie mich im Alter von fünf Jahren auf eine Klosterschule in Holloway, die meine Schwester schon besuchte. Drei Jahre später wechselte ich auf die St.-Josephs-Grundschule in Highgate, was bedeutete, mit der Straßenbahn Linie 11 von Drayton Park aus den Hügel hinauf bis nach Highgate zu fahren, was wohl der erinnerungswürdigste Teil dieses Lebensabschnitts war. 1937, im Alter von 11 Jahren, wurde mir die Ehre eines Stipendiums am St. Ignatius College in Stamford Hill zuteil. Es wurde von Jesuiten geleitet und konnte sich rühmen, Charles Laughton, den in den 30ern und 40ern populären Charakterdarsteller, ausgebildet zu haben.

Zwei Jahre später brach der Krieg aus. Meine Schule wurde nach Welwyn Garden City evakuiert, einen Ort, von dem ich noch nie etwas gehört hatte, der aber irgendwo in der Öde nördlich von London lag. Zu dem Zeitpunkt arbeitete mein Vater als Maschinenführer in einer Holzfabrik. Meine Schwester hatte die Schule schon verlassen und verdiente sich ihren Lebensunterhalt als Sachbearbeiterin der „Sun Life of Canada"-Versicherungsgesellschaft, die man wegen der ständigen Bombardements von London nach Bromley in Kent verlegte. Es sah so aus, als werde die ganze Familie auseinandergerissen, woraufhin meine Eltern mich vom Jesuiten-College nahmen und nach Bromley brachten. Dort besuchte ich das Gymnasium. Jahre später sollte auch Peter Frampton seine Schulzeit dort verbringen.

Auch wenn sich meine schulische Ausbildung mit einem Wanderzirkus vergleichen ließ, berührte das nicht mein kontinuierliches Interesse an der Musik. Ich hatte das Klavierspiel als Autodidakt fortgeführt. Wenn man sein Interesse für so ein Instrument entdeckt hat, fällt es leicht, sich weiteres Wissen anzueignen, ohne eine Bücherei zu besuchen und dort bestimmte Themen nachzuschlagen. Das Piano ist ein großartiges „Werkzeug" zur Aneignung fundamentaler Musikkenntnisse und der Beziehungen zwischen den einzelnen Noten. Ich kann mich gut an die Aufregung und Begeisterung erinnern, wenn ich einen neuen Akkord entdeckte – besonders als mir bewusst wurde, dass es einen natürlichen Zyklus von Akkorden[1] gibt. Ich fand heraus, wo man beginnt, spielte die harmonisch korrekten Griffe und befand mich wieder am Ausgangspunkt. Damals war mir noch nicht klar, dass ich mit dem absoluten Gehör gesegnet war, das mir sicherlich bei meiner Entdeckungsreise half. Ich fand heraus, dass in der ganzen Bandbreite nur drei verminderte Akkorde zu finden waren und diese verschiedene Umkehrungen hatten.

1 Anm. d. Übersetzers: Gemeint sind die auf dem Quintenzirkel basierenden Akkorde.

Ich begann mit Stücken wie dem „Liebestraum“ von Franz Liszt und verschiedenen Kompositionen von Chopin – und das nur nach Gehör und ohne Hilfe von Notenmaterial. Woher die Begabung kam? Ich weiß es nicht. In der ganzen Familie gab es keinen einzigen Profimusiker. Daraufhin wurde ich für die Position auserkoren: „George ist der Musikalische bei uns … lass ihn mal weitermachen.“

Das soll nicht heißen, dass ich in einer kulturlosen Wüste verdorrte. In der Schule kamen wir in den Genuss des BBC Symphony Orchestra unter der Leitung von Adrian Boult, denn Bromley konnte sich eines großen Musikvereins rühmen. Auch wurden Tanzveranstaltungen ausgerichtet. Ich erinnere mich speziell an einen Auftritt der Squadronaires. Ich trieb mich vor der Bühne herum, wo mich einer der Männer fragte, ob ich selbst Musiker sei. Ich ergriff die, Chance, die sich mir bot, und sagte leichtsinnig und ein wenig unverfroren: „Sicherlich. Ich spiele Klavier. Genau euren Stil.“

Vermutlich hielten sie mich für einen jugendlichen Draufgänger, den man schnell wieder abschütteln konnte, doch sie gaben mir eine Chance: „Okay, wenn du dir sicher bist, dann komm hoch und versuch es.“ Die Einladung reichte mir, und schon saß ich vor den Tasten und spielte mit ihnen den „One O’ Clock Jump“. Es war ein unglaubliches Gefühl, eine unvergleichliche Erfahrung.

Die Musik bestimmtes mein ganzes Leben. Ein anderes Ventil für meine Kreativität fand ich damals in einer kleinen, unbedeutenden Amateur-Theatergruppe namens The Quavers, deren Aktivitäten die Kirche in Bromley organisierte. Auftritte in Stücken von Noël Coward und ähnlichen Autoren machten Spaß, doch niemand – außer den Akteuren selbst – nahm davon Notiz. Auch die Quavers setzten sich für Tanzveranstaltungen ein, und zusammen mit einigen Freunden gründete ich dafür eine Band.

Wir nannten uns The Four Tune Tellers und nach einem Neuzugang George Martin and the Four Tune Tellers. Endlich der ersehnte Ruhm! Mein Vater baute uns schmucke und ausladende Notenständer, und wir spielten Standards von Jerome Kern, Cole Porter und weiteren Größen, Stücke wie zum Beispiel „The Way You Look Tonight“. Damals stand der Quickstep hoch im Kurs, und so beendeten wir das Programm immer mit „The Goodnight Waltz“. Terry Hyland spielte bei uns Saxophon. Ich traf ihn einige Jahre später im Astoria, London. Er hatte sein Instrument immer noch nicht aus der Hand gelegt.

Neben den obligatorischen Partys der Quavers gelang es uns, noch ein oder zwei weitere Auftritte wöchentlich zu ergattern. Mit dem dort verdienten Geld bezahlte ich die Klavierstunden in Bromley, die mir ein Schotte mit dem merkwürdigen Namen Urquhart gab.

Ich muss damals 15 oder 16 gewesen sein. Mr. Urquhart besaß ein wunderschönes Bösendorfer, und bei ihm entdeckte ich meine Leidenschaft für die Musik. Plötzlich erkannte ich mein Talent, aber, um ehrlich zu sein, war diese Erkenntnis von einer gewissen Überschwänglichkeit geprägt. Ich träumte davon, dass ich – mit einer ordentlichen Ausbildung – ein zweiter Rachmaninow werden könne. Einige Jahre später verabschiedete ich mich von dem Hirngespinst, denn es dämmerte mir, dass ein gewisser Mr. G. Martin den Ruf eines Rachmaninow nicht bedrohte. Doch ich meiner Jugend sah ich mich gerne als klassischen Komponisten. Ein erstrebenswertes Ziel – zumindest glaubte ich daran – war für mich das Schreiben von Filmmusik. Ich hätte mir niemals träumen lassen, was das für eine verdammt harte Arbeit ist.

Auch wenn ich noch meinen Phantasien nachhing, war der Zeitpunkt gekommen, an dem ich mich für eine Laufbahn nach der Schule entscheiden musste. Ende der Schule – Aufbruch in die große, weite Welt. Meine Eltern versuchten ständig, meine Begeisterung für einen Beruf mit einer sicheren Perspektive zu wecken. Ich war immer gut in Mathematik und im Zeichnen gewesen, und so schlug mir Mutter vor, die Ausbildung zum Architekten anzustreben.

Mein Vater hingegen riet mir: „Wieso versuchst du es nicht mit einem Beamtenjob? Sie können dich nie rausschmeißen." Da er lange Zeiten ohne eine Anstellung erlebt und darunter gelitten hatte, stand für ihn verständlicherweise die Sicherheit an erster Stelle. Doch meine Eltern sahen meinen Werdegang durchaus ambivalent. Sie wünschten sich, dass es mir besser gehen solle als ihnen und dass ich eine geregelte Anstellung fände. Trotzdem waren sie auch stolz auf meine Auftritte und unterstützten die Musik.

Doch ich war verrückt nach Flugzeugen und wollte – wie auch ein Freund – als Flugzeugkonstrukteur mein Geld verdienen. Ihm gelang es, mir nicht. Ich versuchte mir einen Ausbildungsplatz bei de Havilland zu sichern, doch die Firma verlange von jedem Anfänger 250 £ Lehrgeld. Im Jahr 1942 lag das Hauptaugenmerk der Firmen darauf, möglichst schnell möglichst viele bereits entworfene Maschinen aus den Hangars rollen zu lassen. Das Interesse an jungen aufstrebenden Konstrukteuren war, gelinde gesagt, minimal. Trotzdem erhielt ich ein Angebot von der Firma Short & Harland, was aber einen Umzug nach Irland bedeutet hätte, wogegen ich mich sträubte.

Ich wurde also weder Architekt noch Flugzeugkonstrukteur und schlug auch keine Beamtenlaufbahn ein.

Stattdessen arbeitete ich für Mr. Coffin in der Victoria Street, einen Bilanzbuchhalter. Die Friedhof-ähnliche Atmosphäre der Arbeit wurde dem Namen des Mannes gerecht. Sechs Wochen gähnender Langeweile überzeugten mich, dass mich die „grandiose" Entlohnung von 2 £ und 5 Schilling wöchentlich nicht halten konnten. Ich gab meine Kündigung bekannt, doch Mr. Coffin wollte das Arbeitsverhältnis unbedingt fortsetzen. Er bot sogar an, den Lohn zu erhöhen, doch ich drückte ihm mit einer möglichst authentischen Stimme mein großes Bedauern aus: „Nein, Sir, es tut mir wirklich leid, doch die Arbeit sagt mir überhaupt nicht zu."

Als Nächstes bestimmte der Tee mein Leben. Ich bewarb mich beim Kriegsministerium, das mich nach einer Aufnahmeprüfung beim nichtuniformierten Dienst einstellte, und zwar als „Bürokraft dritten Grades auf Zeit". Und das bedeutete Teejunge. Das Dienstgebäude lag am Eaton Square. Das Personal behandelte mich freundlich und erlaubte mir sogar, einige Akten zu ordnen – neben der Zubereitung von Tee. Die Abteilung, in der ich arbeitete, beschäftigte sich mit der finanziellen Seite der Kriegsmaschinerie. Sie genehmigten zum Beispiel neue Feldartillerie für ein Regiment oder 15 £ für die Verschönerung der Offiziersmesse.

Meine Arbeit als heldenhaft zu bezeichnen hieße zu lügen, doch ich hielt es dort acht Monate aus. Eines Tages im Sommer 1943 marschierte ich ins Rekrutierungsbüro im Stadtteil Hither Green, in der Nähe von Bromley, und erklärte dem Offizier, dass ich der Marineluftwaffe beitreten wolle. Sie fragten mich nach meinen Namen, und da ich den korrekt aussprechen konnte, gab es keine Probleme: „In Ordnung. Sie gehören von nun an zu den Streitkräften." Ich war 17.

Ich ging nach Hause und überraschte Mum mit der Nachricht, dass ich von nun an zu den Marinefliegern gehörte. Sie wurde verständlicherweise leichenblass und regte sich ungeheuer auf. „Das darf doch nicht wahr sein!" Doch es stimmte – ich hatte den Schritt gewagt. Zuerst schickte man mich an Bord der *HMS St. Vincent*, des Schulschiffs, das bei Gosport vor Anker lag. Während der ersten 18 Monate durfte ich die Basis nicht verlassen, denn die Vorbereitungen für die Invasion in Frankreich liefen schon an, und so riegelte man die gesamte Südküste hermetisch ab. Ich konnte also nicht nach Hause, und meinen Eltern war ein Besuch in Gosport nicht gestattet, aber aus irgendeinem Grund stand einem Treffen in Winchester nichts im Wege. Dort trafen wir uns ungefähr alle drei Monate zu Tee und Gebäck.

Nach einem Funkkurs in Eastleigh versetzte man mich mit einer ungewöhnlichen Dringlichkeit nach Glasgow, von wo aus es auf die *Nieuw Amsterdam* ging, ein Kreuzfahrtschiff, das zu einem Truppentransporter umgebaut worden war, mit dem Ziel New York. Das Schiff war – um es vorsichtig auszudrücken – mehr als überfüllt und platzte aus den Nähten. Als klassischen Kreuzer hatte man es für 1.500 Passagiere entworfen, und nun quetschten sich 8.000 Personen an Bord, davon 3.000 deutsche Kriegsgefangene, die nach Kanada gebracht wurden. Sie bedienten uns in den Messen, die vergleichbar mit den Küchen rund um die Uhr geöffnet hatten, und servierten uns vier Gänge pro Mahlzeit. Wir befestigten unsere Hängematten an Deck und „schliefen" an der frischen Luft. Allerdings war an einen geregelten Schlaf nicht zu denken, denn in der Nacht stand die Schiffsreinigung an. Von Mitternacht bis zum Morgenanbruch schrubbten wir die Decks und die Korridore, wobei ich schnell entdeckte, dass zwei Seifenstücke auf den nassen Planken einen ausgezeichneten Rollschuhersatz darstellten. Wir lieferten uns Rennen entlang der Korridore, wurden aber schließlich erwischt.

Nach zwei Wochen in dem schwimmenden „Schlaf-Restaurant" erreichten wir New York und verbrachten eine Woche damit, die unglaublichen Wolkenkratzer zu bestaunen, gefolgt von der Versetzung nach Trinidad, wo wir die Flugausbildung absolvierten. Zum damaligen Zeitpunkt bekleidete ich den Rang eines Leading Naval Airman. Ich hatte die militärische Laufbahn als Naval Airman Second Class begonnen, was meinem Empfinden nach ein wenig den Status einer „Bürokraft dritten Grades auf Zeit" überragte. Wir verweilten in Trinidad, bis man uns das Fliegerabzeichen übereichte, was mit einer Beförderung zum Marineunteroffizier einherging.

Meine erste Flugstunde absolvierte ich in einem Flugboot des Typs Vickers Supermarine Walrus, einem Doppeldecker, der mich bis ins Mark durchschüttelte. Ich war ein wenig verängstigt, da der Flug die schlimmsten Erwartungen zu bestätigen schien. Etwas an meinem schlanken und blassen Erscheinungsbild hatte mich in Gosport zur Zielscheibe unverhohlenen Spotts gemacht. Ich musste mir verschiedene Sticheleien anhören, die nicht sonderlich taktvoll klangen: „Du willst unbedingt zu den Fliegern? Noch nie in so 'nem Ding gesessen, oder? Mann, dir wird da oben kotzübel! Da passieren schreckliche Dinge."

Doch schon bald genoss ich das Fliegen, denn es war eine aufregende Angelegenheit, bedenkt man die große Bandbreite verschiedener Flugmaschinen-Typen, denen wir unser Leben anvertrauten. Zudem lernte ich einiges über Zoologie, was an der Namensgebung der Flugzeuge lag. Abgesehen von den Stinson Reliants, einer einmotorigen Maschine mit hoch angebrachten Flügeln, gab es die Walrus, die Grumman Goose (auch ein Flugboot), die Fairey Albacore und die Fairey Swordfish, einen Torpedobomber mit einem Lewis-Maschinengewehr, am hinteren Teil des Rumpfes befestigt.

Man hatte mich als Beobachter eingeteilt, und in Trinidad übte ich unter anderem den Luftkampf mit den Bordwaffen, denn in meiner Position war ich nicht nur der Captain der Maschine, sondern musste auch alle anderen Anforderungen bewältigen: Funkverkehr, Morsen, Navigation, Bedienung der Maschinengewehre an Bord und zielgenauer Abwurf der Torpedos. In einem Gefecht war der Captain von den Pflichten eines Maschinengewehrschützen entbunden, da es zu den Aufgaben des Funkers/Schützen gehörte, doch für den Fall, dass der Kamerad starb oder verletzt wurde, mussten wir in der Lage sein, diese Position zu besetzen. Der Tod eines Kameraden – kann eine Vorstellung ernüchternder sein?

Glücklicherweise brachte mich die Fliegerei nicht von der Musik ab. In einem örtlichen Theater organisierten wir ein Laienspiel. Ich war für den musikalischen Teil verantwortlich, obwohl das Wetter niemanden in die Stimmung für eine eigentlich mit Weihnachten assoziierte Veranstaltung brachte. Wenn in der Offiziersmesse nach Musik verlangt wurde, hörte ich meist ein „Spiel uns ein Lied, Pincher“, was ich gerne und gewissenhaft mit einem dementsprechenden Stück beantwortete. Ich wusste zuerst nicht, warum man alle Martins „Pincher“ und alle Clarkes „Nobby“ rief, bis man mich aufklärte, dass sich diese Tradition bis hin zum einem gewissen Commander Martin zurückverfolgen ließ, einem Seeoffizier der Nelson-Ära, der in einem geschickten Schachzug einige Schiffe der gegnerischen Flotte gekapert[2] und somit die Royal Navy auf einen Schlag vergrößert hatte.

Von Trinidad aus kehrten wir zurück nach Greenwich, um einen zweiwöchigen Offizierskurs zu absolvieren, bei dem man uns solch wichtige militärische Details wie das korrekte Halten von Messer und Gabel beibrachte. Bei förmlichen Dinners in der wunderschönen Painted Hall lehrte man uns diesen wichtigen Beitrag zur Kriegsführung – und zwar bei allen Gängen des Menüs!

Den Lehrauftrag, uns zu wahren Gentlemen zu erziehen, legten unsere Vorgesetzten einem alten Offizier ans Herz, der sich obsessiv mit dem Verdauungstrakt beschäftigte, und um genau zu sein, mit dessen Ende. Er wies uns ständig auf die Wichtigkeit eines regelmäßigen Stuhlgangs hin und die immense Bedeutung eines gesunden Darms. Darin – und davon ließ sich der gute Mann nicht abbringen – lag die Basis guter Gesundheit (was natürlich den Umkehrschluss zuließ, dass ein Officer und Gentleman nicht krank sein durfte). Es ließ sich exzessiv über das Thema aus: „Wenn Ihr Darm funktioniert, wird das Ihr Urteilsvermögen schärfen und begünstigen, meine Herren.“ Glücklicherweise hatte ich niemals Probleme mit dieser „Abteilung“ und konnte mich also sicher und beruhigt fühlen.

Nach den Lehrstunden zur Etikette und dem angemessenen Verhalten eines Gentlemans teilte man uns in die verschiedenen Dienstgrade

2 Anm. d. Übersetzers: kapern = to pinch

ein, was sich für mich als herbe Enttäuschung herausstellte. Alle meine Freunde, mit denen ich die Ausbildung durchlaufen hatte, bekleideten von nun an den Rang eines Sub-Lieutenant zur See, wohingegen man mich aufgrund des Alters lediglich als Seeoffiziersanwärter einstufte. Ärgerlicherweise erhält ein Seeoffiziersanwärter weniger Sold als ein Marineunteroffizier, der ich ja eigentlich schon war. Da unsere Entlohnung bis zum Erhalt des Fliegerabzeichens in Trinidad zurückkorrigiert wurde, erhielten meine Kameraden eine Nachzahlung, und ich musste der Navy die Differenz, also das zu viel gezahlte Geld, zurücküberweisen! Ich empfand das, gelinde ausgedrückt, als große Ungerechtigkeit, denn nun unterstützte ich den Krieg nicht nur physisch, sondern auch finanziell.

So eine Situation scheint symptomatisch für mein Leben zu sein, denn in solchen Zusammenhängen verliere ich ständig. Als ich die Streifen drei Monate später erhielt, wurmte mich die Angelegenheit immer noch. Von Greenwich aus ging es nach Burscough in Lancashire, wo man uns über das neue Wunder namens Radar aufklärte und wir Barracudas flogen (schon wieder die Zoologie). Es war eine unglaubliche Erleichterung, denn in Trinidad verfügten wir noch nicht über diese Technik. Nach dem Start von einem Flugzeugträger war man auf sich allein gestellt. Nach zweieinhalb Stunden mussten wir den Träger wiederfinden, wobei sich jeder nur auf sein Navigationsgespür und eine exakte Beobachtung der Windverhältnisse verlassen konnte. Man schätze den Wind ein, berechnete den Einfluss auf die Maschine und navigierte aufgrund einer Einschätzung der Gesamtsituation. Das Resultat eines Versagens bei so einem Unternehmen lag auf der Hand, und so wurden wir innerhalb kürzester Zeit erstklassige Navigatoren.

Wie sich herausstellte, musste ich meine Fliegerambitionen in Burscough kurzfristig zurückstellen, denn meine kleinen Klavierliedchen in Trinidad waren dem Unterhaltungsoffiziers aufgefallen, woraufhin er mich zu einer BBC-Sendung betitelt *Navy Mixture* einlud.

Und so machte sich Seeoffiziersanwärter (der war ich zu dem Zeitpunkt noch) Martin auf, um sein Können zu Gehör zu bringen. Ich spielte eine Eigenkomposition für Klavier, ein dreiminütiges Stück mit dem ach so phantasievoll ausgewählten Titel „Prelude". Egal, für mich bedeutete das, meinen ersten Gastauftritt zu absolvieren. Stanley Black dirigierte das

Orchester, und Marineunteroffizier Jack Watson führte als Conférencier durch das Programm. Verschiedene Navy-Angehörige zeichneten für die Show verantwortlich. Sie gehörten zum DNE, der Abteilung für Unterhaltung der Marine, befehligt vom Dramatiker Anthony Kimmins, der es zum Lieutenant commander gebracht hatte. Zu den Musikern gehörte Lieutenant Jon Pertwee, der mich nach der Show aufsuchte und begeistert sagte: „Uns hat Ihr Auftritt gefallen. Haben Sie schon mal darüber nachgedacht, zum DNE zu kommen?“

„Nein, noch nicht so recht. Als Pilot bin ich gerade zu meinem Geschwader versetzt worden, wissen Sie?“

„Ja, ich kenne Ihre Laufbahn, möchte Ihnen aber trotzdem einen Posten bei der Truppenunterhaltung der Navy anbieten.“

„Okay, und wie stellen Sie sich das vor?“

„Es ist ein Schiff, das den Pazifik durchkreuzt und all die neuralgischen Kampfschauplätze anläuft, um die ausgemergelten Jungs der kämpfenden Truppe moralisch zu unterstützen. Es ist die SS *Agamemnon*, sie sticht von Vancouver aus in See, ein Freizeitkreuzer.“

„Wie bitte?“, antwortete ich ungläubig. „Ein Freizeitkreuzer?“

„Ja, und um auf einen der Vorzüge hinzuweisen – an Bord können täglich 11.000 Liter Bier gebraut werden! Verschiedenste Unterhaltungskünstler treten die Reise an. Wir stellen uns vor, den Jungs an der Front ein paar schöne Stunden zu bieten. Sie passen sehr gut zu den Musikern, die für Konzerte zuständig sind.“

Ich dachte über das verlockende und reizvolle Angebot nach. Doch das Engagement hätte bedeutet, all die Freunde im Geschwader im Stich zu lassen und die Marineluftwaffe komplett zu verlassen. Und so lehnte ich das Angebot ab. Ich frage mich oft, wie sich meine Zukunft bei einer Zusage gestaltet hätte, denn die Musik sollte mein Leben bestimmen und nicht das Fliegen von überdimensionalen Blechstücken mit diversen Drähten und Kabeln.

Die Entscheidung, Flieger zu bleiben, führte mich als Nächstes nach Ronaldsway auf der Isle Of Man, wo wir fortgeschrittene Techniken erlernten und man uns zu einem operativen Geschwader zusammenschweißte. Da in Europa schon Frieden herrschte, sollten wir in den Fernen Osten verschifft werden. Während des Aufenthalts in Ronaldsway wurden die Atombomben abgeworfen. Ich wusste, dass mein Krieg beendet war, ohne dass ich einen Schuss im Gefecht abgeben musste. Ich muss gestehen, nicht allzu enttäuscht gewesen zu sein. Das Geschwader wurde aufgelöst, wir verabschiedeten uns mit einer „glorreichen" und Alkohol-geschwängerten Feier, man entließ mich auf unbestimmte Zeit – und ich fuhr nach Hause zu Mum.

Da ich formal noch zur Marineluftwaffe gehörte, fragte mich ein sehr guter Freund, der im Einberufungsausschuss saß, ob ich nach Schottland gehen wolle, um Wiedereingliederungsoffizier zu werden, ein Job, den man wohl kaum als aufreibend bezeichnen kann. Ich akzeptierte und nahm den Zug nördlich nach Donibristle, in Fife, das knapp über Edinburgh lag, in der Nähe der berühmten Forth Bridge. Dort verbrachte ich 15 Monate.

Meine Aufgabe beim Royal Naval Air Service Geschwader 782 bestand darin, sicherzustellen, dass die Matrosen nach der Demobilisierung eine geregelte Arbeit fanden. Falls sich das nicht bewerkstelligen ließ, half ich ihnen mit Ratschlägen und klärte sie über die diversen verfügbaren Lehrgänge auf, um sie auf den Schock des Eintritts in die reale Welt vorzubereiten.

Da der Krieg nun vorüber war, hätte ich mich am liebsten wieder ins normale Leben eingegliedert, doch im Moment gab es keine geeignete Möglichkeit. Und so musste ich mich mit dem miesen Job begnügen, nur durch das angenehme Leben in der Offiziersmesse relativiert und die vielen guten Freunde, die ich unter den weiblichen Militärangehörigen und meinen Kollegen gewonnen hatte.

In unserer Kaserne gab es einen Gesangsverein, für den ich kleinere Kompositionen schrieb. Dort trainierte ich auch meine Stimmbänder – ohne dass ich dabei ein großartiger Sänger wurde, wie ich mir leider eingestehen muss. Unter den weiblichen Mitgliedern des Chors befand sich ein Mädchen, sie sang die erste Sopran-Stimme und hatte eine äußerst klare und ausdrucksstarke Stimme, ähnlich der von Isobel Bailey. Sie hieß Sheena Chisholm. Unsere Begeisterung für die Musik führte uns zu vielen weiteren gemeinsamen Interessen.

Diese Beziehung baute mich auf, denn der Erfolg in meinem Job bedeutete gleichzeitig, dass ich schon bald keine Arbeit mehr haben würde.

Als die Anzahl der auszugliedernden Männer kontinuierlich schwand, wurden mir zusätzliche Aufgaben anvertraut. Zuerst ernannte man mich zum Officer des Fuhrparks und kurz darauf zum Entlassungsoffizier. Wie nicht anders zu erwarten, verließ ich 1947 den Dienst in den Streitkräften Seiner Majestät.

Leider hatte ich überhaupt keine Vorstellung, welchen beruflichen Werdegang ich einschlagen sollte. Ich war auf mich allein gestellt, wie ein Arzt, der sich selbst diagnostizieren und heilen muss, und konnte auf keine Ausbildung zurückgreifen. Es war viel zu spät, um Flugzeugkonstrukteur zu werden. Für mich schien nur eine Möglichkeit zu bestehen. In einem Akt der Verzweiflung wandte ich mich der Musik zu.

Und genau zu dem Zeitpunkt trat mein vom Schicksal ausgewählter Pate in mein Leben.

In Bromley, als ich noch in der Band spielte und glaubte, ich sei Rachmaninow ebenbürtig, versuchte ich, meine Fähigkeiten durch das Notenlesen zu verstärken. Für mich bedeutete das eine mühselige und schwierige Aufgabe, denn als Kind hatte ich es nie richtig gelernt. Darüber hinaus komponierte ich kleinere Partituren und versuchte sie angemessen zu notieren.

Ungefähr drei Monate nach der Rekrutierung durch die Marineluftwaffe besuchte ich in Portsmouth das Konzert eines Pianisten namens Eric Harrison. Es wurde in der Messe eines Union Jack Club aufgeführt. Nach einem angenehmen Abend, an dem ich Chopin und Beethoven genießen durfte, hielt ich mich so lange in den Räumlichkeiten auf, bis alle anderen gegangen waren. Da sich mir nicht viele Möglichkeiten des Übens boten, setzte ich mich an den Flügel und erfreute mich am Spiel. Nach ungefähr einer halben Stunde bemerkte ich die Anwesenheit einer weiteren Person im Raum. Es war Eric Harrison.

„Was spielen Sie da?“, fragte er mich.

„Ein kleines Stück, das ich geschrieben habe.“

„Oh, Sie komponieren?“

„Tja, ich versuche es zumindest, obwohl ich nie viel Unterricht hatte.“

„Sie sollten etwas daraus machen“, motivierte er mich.

Ein wenig vor den Kopf gestoßen, fragte ich ihn, was er damit genau meine.

„Ich möchte Ihnen raten, einige der Kompositionen dem Ausschuss zur Förderung moderner Musik vorlegen.“

„Ich muss zugeben, noch nie etwas von so einem Komitee gehört zu haben.“

„Es ist eine kleine, nicht-kommerzielle Organisation, die monatliche Treffen abhält. Mein Namensvetter Sidney Harrison sitzt in dem Ausschuss. Er ist ein liebenswürdiger Mann, und ich bin mir sicher, dass er Ihnen helfen wird.“

Ich dachte darüber nach, nahm meinen ganzen Mut zusammen und schickte ihm schließlich die Debussy-ähnliche Komposition mit dem Titel „Fantasy“. Allerdings hoffte ich nicht auf eine nennenswerte Resonanz, und so war ich verblüfft und freudig überrascht, als mir Sidney Harrison einen langen Antwortbrief schickte. Er muss sich über drei DIN-A4-Seiten erstreckt haben. Er bedankte sich für die Zusendung des Stückes und begann mit der Analyse und der Kritik der Komposition. Nicht, dass er sie in der Luft zerrissen hätte. Er vermittelte mir die Fehler, erklärte, dass die Inspirationsquelle noch zu offensichtlich sei, dass ich mir mehr Eigenständigkeit zutrauen solle und so weiter und so fort. Gleichzeitig verfügte er über die Fähigkeit mir Mut zuzusprechen. „Sie müssen unbedingt mehr machen. Fahren Sie mit dem Komponieren der Musik fort und schicken Sie mir die Noten. Wir werden dann weiter korrespondieren.“

Und so begegnete ich meinem musikalischen Paten – auf dem Postweg! Ich schickte ihm die Notenblätter, und er antwortete mir mit diversen Ratschlägen: „Gute Idee. Treffen Sie sich mit Ihrer Militärkapelle und schreiben Sie kleine Stücke für sie.“ Wir trafen uns niemals, doch der Briefwechsel hielt während der Zeit bei der Navy an. In seinen Briefen baute er mich ständig auf und ermunterte mich: „Sie müssen die Musik ernsthaft als Beruf in Erwägung ziehen.“ Da sich mir nun aufgrund fehlender Alternativen fast gar keine andere Möglichkeit mehr bot, wurde mir die Entscheidung über mein zukünftiges Leben quasi abgenommen. Es war höchste Zeit, um Sidney Harrison persönlich zu treffen. Ich berichtete ihm von meinen Zweifeln, doch er zeigte sich hartnäckig. „Nein, nein, Sie müssen das Studium der Musik anstreben, denn Sie verfügen über Talent.“

„Schauen Sie mal, ich bin einundzwanzig. Ist es möglich, in so einem Alter tatsächlich noch eine Musikerkarriere anzustreben?"

„Natürlich können Sie das", erwiderte Sidney, der als Professor für Klavier an der Guildhall School of Music in London unterrichtete. „Sie müssen ein dreijähriges Studium an einer Musikhochschule ins Auge fassen. Kommen Sie doch bitte nach Guildhall. Spielen Sie dem Direktor die Kompositionen vor. Wenn er die Stücke genau so mag wie ich, haben Sie die Aufnahmeprüfung schon bestanden."

Mein Bewerbungsgespräch mit Direktor Eric Cundell – das natürlich Sidney einfädelte – fand im Februar 1947 statt. Ich spielte ihm verschiedene Stücke vor, wonach er mir einige Fragen stellte. Dann sagte er: „Gut. Sie können im nächsten Semester beginnen." Das begann im September.

Ich bedankte mich höflich bei ihm, äußerte aber trotzdem eine grundlegende Besorgnis. „Ich freue mich sehr, in Guildhall studieren zu dürfen, doch wie um Gottes Willen, soll ich die Ausbildung finanzieren?"

„Na, hören Sie mal. Als Wiedereingliederungsoffizier müssten Sie das doch wissen. Als ehemaligem Mitglied der Navy steht Ihnen eine weiterführende Ausbildung zu. Wir werden uns um ein Stipendium für Sie bemühen."

Mit einem Regierungszuschuss in Aussicht musterte ich bei der Navy ab und begab mich auf Jobsuche, um die Zeit bis September zu überbrücken. Mir gelang es, eine kurzfristige Anstellung bei der Iron and Steel Federation in Park Lane zu ergattern, die allerdings so langweilig war, dass die wenigen Wochen bei Mr. Coffin rückblickend wie ein knallbuntes Feuerwerk wirkten. Ich empfand die „faszinierende" Überprüfung von Lohnabrechnungen und Stempelkarten als eine charakterbildende Ausdauerübung. Um nicht bei der Arbeit abzustumpfen, versuchte ich die Aufgabe so effizient wie möglich zu bewältigen. Ich hätte nicht dümmer sein können, da ich vergaß, dass sich die Zeiten nach dem Krieg grundlegend geändert hatten.

An einem Tag gelang es mir, 72 Bögen zu kontrollieren, die ich um 17.30 Uhr gewissenhaft und ordentlich auf meinem Schreibtisch ablegte. Augenblicklich stand ein aufgebrachter Kollege vor mir.

„Willst du hier den Witzbold abgeben?"

„Was meinen Sie damit?" Ich sah weder einen Anlass für einen Witz, noch betrachtete ich meine Person als witzig.

„Weißt du nicht, dass die durchschnittliche Bearbeitungszahl in unserem Büro bei 30 liegt? Du versuchst wohl, uns wie Volltrottel dastehen zu lassen?"

Ich hütete mich davor, den Anpfiff mit einer frechen Antwort abzublocken, und beschwichtigte: „Nein. Ich habe nur versucht, einen klaren Kopf zu bewahren – und nicht mehr."

Er starrte mich empört und ungläubig an. Mit gepresster Stimme drohte er mir: „Pass bloß auf, mein Bürschchen."

An dem Tag wurde ich zum ersten Mal mit den komplexen Verflechtungen des Arbeitslebens konfrontiert, woraufhin ich mein Tempo eingeschüchtert dem der Kollegen anpasste. Gesetzt den Fall, dass es mit der Musik nichts wird, konnte es gut sein, dass ich eines Tages die Arbeit eines älteren Mitarbeiters übernehmen musste. Die anstrengende und bedeutsame Aufgabe dieses Mannes bestand darin, rosa, weiße und blaue Papiere auf drei Stapel zu verteilen. Doch es gab da eine Schwierigkeit, die allerdings nur ihn persönlich betraf: Er war farbenblind. Und so wurde die gähnende Langeweile ab und an unterbrochen, denn der arme Mann hielt – unsere Hilfe benötigend – einen rosa Bogen in die Luft und schrie „Blau!", was wir ihm im Chor mit einem „Nein!" beantworteten. Das lief so lange, bis er die richtige Farbe geraten hatte.

Während dieser Lebensphase höchster intellektueller Aktivität wohnte ich bei meinen Eltern, doch traurigerweise begann sich die Beziehung zwischen meiner Mutter und mir rapide zu verschlechtern. Wir standen uns immer sehr nahe, doch meine Dienstzeit bei der Navy hatte unser Verhältnis belastet. Die Streitigkeiten drehten sich um meine Beziehung zu Sheena, auch eine ehemalige Marineangehörige. Mutter hegte eine große Ablehnung gegen sie, meinte, Sheena habe sich aus den falschen Gründen für mich entschieden, was eigentlich unsinnig war, bedenkt man, wie wenig ich ihr zu dem Zeitpunkt bieten konnte. Aus der Abneigung entwickelte sich schnell eine regelrechte Besessenheit. Ich weiß, dass Mum nur das ihrer Ansicht nach Beste für mich wollte, doch es ging zu weit. Eines Tages fand ich heraus, dass sie meine Post geöffnet hatte. Darauf folgte ein heftiger Streit, woraufhin ich mit der Unbesonnenheit eines jungen Mannes unverzüglich auszog.

Zuerst wohnte ich bei einigen Freunden in Winnersh in Berkshire. Dort wohnte ich noch, als ich der Iron and Steel Federation und den rosa Papierbögen Adieu wünschte und von nun an durch die einladenden Türen der Guildhall School of Music schritt, abgesichert durch ein Stipendium von 160 £ jährlich. Doch mein Aufenthalt in Winnersh erstreckte sich nur bis zur Hälfte des ersten Semesters, denn am 3. Januar 1948 (mein 22. Geburtstag) heirateten Sheena und ich.

Auf eine bestimmte Art und Weise trieb uns Mutters unbeugsame Haltung in die Ehe. Ich würde es fast als ein Statement der Auflehnung interpretieren. Meine Mutter wohnte zwar der Hochzeit bei, doch unglücklicherweise bestand nur noch ein unterkühltes Verhältnis zwischen uns. Ein Jahr zuvor war Mum schwer gestürzt und hatte sich dabei den Kopf angeschlagen. Ich glaube, sie war nicht mehr sie selbst, der Mensch, dem ich einst so nahestand. Drei Wochen nach der Hochzeitszeremonie verstarb sie infolge einer Gehirnblutung im Krankenhaus.

Ich war am Boden zerstört. Zusätzlich zu der tiefen Trauer quälten mich Schuldgefühle. Die gesamte Situation ließ sich wohl schwerlich als ein gelungener Auftakt zu einer Ehe beschreiben. Dazu kamen noch Sheenas mentale Probleme, denn sie litt an psychosomatischen Verdauungsstörungen und einer Form der Agoraphobie. Egal wo sie sich draußen auch aufhielt – Sheena ertrug es nicht, allein zu sein. Das Problem des „Draußen" wurde zudem durch die Schwierigkeit des „Drinnen" verstärkt, denn damals war es so gut wie unmöglich, eine anständige Unterkunft zu finden. Ein Haus zu mieten war ausgeschlossen, und für eine Mietwohnung musste man sich bei der Stadtverwaltung vormerken lassen und Ewigkeiten darauf warten. Voller Verzweiflung gab ich ein Inserat in allen Londoner Zeitungen in der Gegend von Willesden auf. „Mit einem Donnerschlag wieder zurück auf der Erde. Offizier der Marineflieger findet keine Wohnung." Das Glück war mir hold, und ein Mann, dessen Sohn bei der Marineluftwaffe gedient hatte, entdeckte die Annonce und bot uns eine notdürftige Behausung in Acton an. Sie war billig, schrecklich und unser erstes Zuhause.

Ich studierte drei Jahre lang in Guildhall. Mein Schwerpunkt lag auf der Komposition und den entsprechenden Nebenfächern – Dirigieren und Orchestrieren, Musiktheorie, Harmonielehre, Kontrapunktik und so weiter. Natürlich belegte ich Klavierunterricht, denn für mich stellte die magische Tastatur ein natürliches Ausdrucksmittel dar, doch ich musste ein zweites Instrument erlernen. Man schlug mir vor, ein Blasinstrument auszuwählen.

Ich ließ die ganze Bandbreite dieser Instrumentengattung vor meinem geistigen Auge Revue passieren und entschied mich schließlich für die Oboe, eine Wahl, für die mehrere Faktoren den Ausschlag gaben. Zuallererst mochte ich die größeren Blechblasinstrumente nicht so sehr. Hinzu kam ein rein ökonomischer Faktor. Da meine drei Jahre schon bald vorüber waren, musste ich mich dringend um Arbeit kümmern. Ich brauchte also ein Instrument, das ich gut genug spielen konnte, um als Profi zu bestehen, und vorzugsweise ein Instrument, bei dem wenig Mitbewerber um eine Anstellung kämpften. Nahezu jeder spielte Klarinette, und so musste ich mich zwischen der Oboe und dem Fagott entscheiden. Die Oboe hatte einige Vorteile: Sie war billiger und weniger unhandlich beim Transport. Zudem gab es damals wenige Musiker, die das Instrument beherrschten, und so bestand einen hohe Wahrscheinlichkeit, dass Orchester mich anstellen würden. Und so wurde es die Oboe – eins der am schwierigsten zu erlernenden Musikinstrumente. Viele bezeichnen es als das „Instrument des bösen Atems".

Meine Frau und ich lebten von den jährlich 300 £ Stipendium für verheiratete Studenten, und so versuchte ich ein wenig nebenbei zu verdienen. Ich komponierte kleinere Stücke und spielte an einigen Abenden in der Woche Oboe, obwohl man mich sicherlich niemals als guten Bühnenmusiker bezeichnen konnte. Ich habe einfach nicht die Gabe, vor einem Publikum zu bestehen. Bei Auftritten war ich immer schrecklich aufgeregt. Das hat sich bis heute nicht gelegt. Als ich Eric Cundell damals meine Piano-Partituren vorspielen musste, ängstigte ich mich zu Tode, aber ich kannte ihn zumindest. Die Prüfung im Fach Oboe zählt zu meinen äußerst unangenehmen Erinnerungen. Ich stand vor Terence McDonagh und Peter Graeme, zwei der größten Oboisten in Großbritannien. Nur die beiden und ein völlig verängstigter George Martin hielten sich im Prüfungssaal auf. Die nackte Panik brachte mich so sehr zum Transpirieren, dass der Schweiß die Finger hinab und auf die Ventile lief. Ich konnte die Griffe kaum mehr kontrollieren und hatte das Gefühl, einen lebendigen Aal in den Händen zu halten.

Egal, als die Zeit gekommen war, Guildhall zu verlassen, musste ich Geld verdienen, und dabei half mir die Oboe. Ich sicherte mir einige

Engagements, die jedoch nicht über eine freiberufliche Tätigkeit hinausgingen – und ehrlich gesagt, war ich auch kein guter Oboist. Ich trat mit verschiedenen Bands in Parks auf. Wir standen in Pavillons und spielten vor Reihen älterer Damen, die es sich auf den Liegestühlen bequem gemacht hatten. Doch bei meinen Einsätzen schienen sie sich genötigt zu fühlen, aufzustehen und den Park zu verlassen. Das nehme ich ihnen aber nicht übel! Ich kannte einen Großteil der zu spielenden Musik gar nicht, und wenn man mit schwierigen Abschnitten konfrontiert wird, wie zum Beispiel der Ouvertüre zu *Die seidene Leiter* mit dem komplizierten Oboe-Teil, fühlte ich mich ziemlich verloren. Für jeden Auftritt erhielt ich 2 £ und 10 Schilling. In meinem Leben als Musiker kam das ungefähr dem Lohn eines Gartengehilfen gleich.

Ruhm und Glück als Oboist lagen also nicht in erreichbarer Nähe, und so stellte sich schnell heraus, dass ich mir noch einen Job suchen musste. Ich ging also zur BBC Music Library im Yalding House in der Great Portland Street. Um bestimmte Partituren zu prüfen und einzuordnen, wurde ein Mindestmaß an musikalischem Verständnis vorausgesetzt, doch im Grunde genommen unterschied sich die Tätigkeit nicht sonderlich von der eines Büroangestellten – ohne Dienstgrad.

Dann, im September 1950, nachdem ich schon einige Monate bei der BBC gearbeitet hatte, erhielt ich einen Brief von einem Herrn, der anfragte, ob ich mir eine Anstellung bei ihm vorstellen könne. Es war Oscar Preuss. Ich konnte dem Briefkopf entnehmen, dass er für die EMI tätig war, und zwar bei einer Adresse in der Abbey Road.

Kapitel 2

Farbige Klänge – klingende Farben

Da in diesem Buch Musik den Themenschwerpunkt bildet, scheint jetzt die Zeit gekommen, um kurz zu pausieren und Ihnen meine Ansichten und Gefühle zur Musik generell, der Komposition und der Orchestrierung darzulegen.

Wenn ich Ihnen ein einziges Werk nennen müsste, das mir als Jugendlichem die Musik näherbrachte, würde ich Debussys „Prélude à l'après-midi d'un faune" antworten. Mit 15 hörte ich in meiner Schulaula eine Aufführung des BBC Symphony Orchestra unter der Leitung von Adrian Boult. Ich konnte kaum glauben, dass Menschen in der Lage waren, so ergreifende, wunderschöne Klänge zu schaffen. Ich beobachtete die Männer im Frack, wie sie manisch mit tierischen Eingeweiden und Rosshaar hantierten und in lustige Instrumente bliesen, an deren Ende ein Holzblättchen angebracht zu sein schien. Die rein mechanischen Vorgänge, die ich beobachtete, standen scheinbar in keiner Beziehung zu dem traumähnlichen Klang. Ich empfand es als pure Magie und fühlte mich vollkommen verzaubert.

Meine Neugier war geweckt. Ich besorgte mir eine vereinfachte Partitur des Werks, studierte sie und erkannte den Aufbau. Ich sah, welche Melodielinien die Flöten übernahmen und welche die Klarinetten, entdeckte die Stelle, an der das Waldhorn einsetzte. Auch das besondere Sforzando, also die übermäßige Betonung der Streicher, blieb mir nicht verborgen. Ich betrachtete und analysierte die Noten. Heute weiß ich genau, wie die

Atmosphäre der Musik erzeugt wird und warum das Werk als so intelligent einzuordnen ist. Trotz des technisch-harmonischen Verständnisses ist es für mich immer noch die magischste und wundervollste Komposition der Musikgeschichte.

Obwohl ich heutzutage ähnlich aufgebaute Musik komponieren kann, beschäftigte ich mich anfänglich nicht mit solchen Herausforderungen – ganz im Gegensatz zu Debussy. Das wahre Wunder der Musik und der Umsetzung mit einem großen Orchester liegt darin, mit Klängen zu *malen*. Trotzdem würde kein moderner Künstler, der etwas auf sich hält, den Versuch unternehmen, einen Botticelli zu imitieren. Die klassische Musik war meine erste Liebe, und ich werde oft gefragt, warum ich im Pop-Kontext arbeite. Eine typische Frage lautet: „Lassen Sie sich da nicht zu einer niedrigeren Kunstform herab?" Die typische Antwort ist ein Nein, und das aus diversen Gründen.

Mit dem Begriff „Klassik", so wie er im allgemeinen Sprachgebrauch verwendet wird, bezeichnet man Musik, die mindestens 50, doch meist mehr als 100 Jahre alt ist. Natürlich gibt es auch die sogenannte zeitgenössische Klassik. Fast alle Hörer empfinden diese Melodien als dissonant. Ich persönlich kenne niemanden außerhalb des Berufs, der solche Werke tatsächlich genießt.

Doch ich möchte nicht unfair klingen. Die meiste Komponisten „moderner Klassik" stecken in einer Zwickmühle. Sie dürfen die schon ausgebildeten Stilistiken nicht zitieren, da sonst der Vorwurf erhoben wird, sie seien romantisch-verbrämt, gefühlsduselig oder kopierten ganz einfach oder stählen sogar. Der einzige Ausweg aus dem Dilemma besteht in der Komposition neuer und oft radikaler Klangwelten – und bitte denken Sie daran, dass sogar die Zwölftonmusik mittlerweile ein alter Hut ist und schon als romantisch eingestuft wird. Und so schreiben junge Komponisten Musik, die sich niemand anhören kann, oder in einem nostalgischen Anflug Symphonien im Stil von Brahms. Und worin liegt da noch der Sinn? Die Klassik ist also eine Einbahnstraße, und genau an dem Punkt setzt Popmusik an, da sie die Möglichkeit zur Kreativität bietet.

Doch nicht nur das! Viele klassische Komponisten sind offensichtlich „populär" gewesen. Schubert zum Beispiel schrieb Popmusik, da die einfachen Menschen seine Stücke mit viel Freude sangen. Sogar ein Beethoven komponierte für kleinere Ensembles. Natürlich betrachten wir diese Größen mir Ehrfurcht, denn sie legten das Fundament für die grundlegende musikalische Kultur der westlichen Welt. Wäre Bach noch am Leben, dann ginge er – und da bin ich mir ganz sicher – genauso mit der Musik um, wie wir es heutzutage machen. Er war vornehmlich ein Arbeiter und Handwerker, dem in seinem Leben nicht die Anerkennung zuteilwurde, die er verdient hätte. Er arbeitete in allen Belangen sehr hart und reiste sogar Hunderte von Meilen zu Händel, um den berühmten Mann kennenzulernen, von dem er so viel gehört hatte und der zur oberen Gesellschaftsschicht Londons zählte, ja sogar ein Freund des Königs war. (Der arme, alte Bach verpasste ihn leider um einen Tag.) Bach lebte sorgenfrei, doch niemals luxuriös, was nicht überraschte, denn er musste zwanzig Kinder von seinen beiden Frauen durchfüttern. Es gab also keine andere Wahl, als hart zu arbeiten, einen Chor zu leiten, Orgel zu spielen und Musik für seinen Mäzen zu komponieren, den Herzog von „wo-auch-immer", der gerade regierte.

Beispielsweise konnte der Herzog aus heiterem Himmel einen Auftrag erteilen: „Ich brauche eine Kantate für Sonntag in einer Woche, denn die Tante meiner Frau feiert ihren Geburtstag."

Bach antwortete möglicherweise: „Die Komposition eines solchen Stückes erfordert einiges an Zeit, Eure Hoheit."

Doch ein Aufschub lag im Bereich des Undenkbaren, denn die unvermeidliche Antwort hätte gelautet: „Das tut mir leid, Johann, aber ich brauche sie für den Tag, und du willst doch nächste Woche auch etwas zu essen haben, nicht wahr?"

Bach ging also nach Hause und dachte sich: „Gütiger Himmel! Was soll ich denn jetzt schreiben? Ah, da fällt mir schon was ein. Da war doch so eine nette Melodie in dem Stück für das Streichquartett, die ich vor drei Monaten komponiert habe. Ich kann sie für die Sopranstimme nutzen!" Bach hat sich tatsächlich das eigene Material „geschnappt", es neu arrangiert und dann womöglich zufrieden gedacht: „Das reicht! Ihm wird niemals auffallen, dass ich die Passage schon geschrieben habe."

Und wenn er seinem Herzog die Kantate präsentierte, war es so sicher wie das Amen in der Kirche, dass seine Durchlaucht den Trick nicht erkannte und von den Melodien ganz und gar entzückt war. „Großartig. Du hast es wieder einmal geschafft, Johann. Beeindruckend."

Bach komponierte wie am Fließband, schrieb wie ein heutiger Drehbuchautor, der von einer Deadline getrieben wird – und nur Gott weiß, wie viele fixe Termine ihn bedrängten. Eins ist sicher: Ob Bach in der heutigen Zeit regelmäßig in der Hitparade auftauchen würde oder nicht – er ließe nichts unversucht, um sein Material ständig in veränderter Form auszulegen. Allerdings stände er der *Punkmusic* abgeneigt gegenüber, denn er war ein musikalisch empfindender Mensch, was im Gegensatz zu dem Stil steht, den ich eher als separat einzuordnendes Phänomen bezeichne.

Natürlich arbeiten Komponisten in der Moderne im „klassischen Stil" und sind auch erfolgreich, wofür es aber bestimmte Gründe gibt. Zum Beispiel möchte ich Chatschaturjan nennen, der erst vor einigen Jahren gestorben ist, nach einem Leben, das er der Komposition äußerst populärer „klassischer Musik" widmete. Ich definiere seine Musik als „klassisch", da er bevorzugt Symphonien schrieb und zudem für ein Orchester und keine Rockgruppe. Der wohl wichtigste Aspekt der sogenannten klassischen Ausrichtung bestand in der Entwicklung elektronischer Komponenten in der modernen Musik durch den Westen, die in Russland als dekadent und bourgeois verschrien waren. In dem Land gibt es nur wenige Rockbands, die aber höchstens Kopien unserer Gruppen sind. Aus diesem Grund, also der Originalität von zum Beispiel britischer Musik, ist die Nachfrage nach westlichen Schallplatten hinter dem Eisernen Vorhang so groß. Musiker, die in Russland eine professionelle Laufbahn anstreben, werden sich keinesfalls der Moderne zuwenden, sondern in die Fußstapfen von Tschaikowsky, Borodin und vergleichbaren Urhebern treten. Ein neuer Chatschaturjan, gesetzt dem Fall, er hat das nötige Talent, wird also Symphonien komponieren und Musik für das Ballett verfassen.

Das ist nicht zu kritisieren, denn in dem Land herrscht eine große Nachfrage bezüglich dieser Stilistiken. Im Westen sehen sich große Orchester dem Druck wirtschaftlicher Gesetze ausgeliefert. Niemand kann sich auf normalem Wege ein Orchester zur Umsetzung seiner oder ihrer Musik leisten. Komponisten erhalten natürlich Aufträge, doch das Medium für den großen Orchester-Stil ist unweigerlich die Filmmusik. Es ist eine unverkennbare Tatsache, dass ein Komponist, der ausschließlich Symphonien schreibt, sich mit den unerbittlichen Marktgesetzen auseinandersetzen muss. Eine Antwort auf solch eine Bestrebung würde lauten: „Sie schreiben nur Symphonien? Na, dann mal viel Glück! Sie werden sie niemals aufgeführt hören." Der beste Beweis der Theorie ist Havergal Brian, der als Urheber eines enorm großen Werkes gilt, von dem nur wenige Symphonien von einem Orchester umgesetzt wurden.

Diese Beschränkungen sind auch bei Musikaufnahmen zu beobachten.

Als ich meine Tätigkeit für die EMI aufnahm, bestand die Arbeit überwiegend in der Aufnahme klassischer Musik. Doch erst durch die Verlagerung ins kreative Popsegment lohnte sich der Job und wurde darüber hinaus hochinteressant. Es ist gut möglich, dass sich in einhundert Jahren niemand mehr an meinen Namen erinnert, aber ich bin mir sicher, dass ich als Aufnahmeleiter einer weiteren Fassung von Beethovens Fünfter völlig in Vergessenheit gerate. Es wurden schon so viele Mitschnitte dieser und vergleichbarer Arbeiten gemacht, dass sich kein Weg mehr eröffnet, neue Elemente oder Variationen beizusteuern.

Es gibt keinen einzigen klassischen Künstler, der auch nur annähernd Musik in dem Umfang schafft, der bei Popmusikern zur Normalität gehört.

Ein Großteil der Popmusik ist unweigerlich mit dem Arrangieren und Orchestrieren verknüpft – und das sind schwer zu erlernende Fähigkeiten. Der ältere Herr, der mich in Guildhall unterrichtete, erteilte mir für gewöhnlich Hausaufgaben: „Nun, ich möchte, dass Sie sich bis zur nächsten Woche den zweiten Satz von Beethovens *Großer Sonate für das Hammerklavier* zu Gemüte führen und die Passage für ein Symphonieorchester notieren." Ich verbrachte gefühlte Jahre mit der Aufgabe, die komplexe Passage für ein Orchester auszunotieren, doch konnte ich sie niemals hören und wusste somit nicht, wie sie letztendlich klang. Doch mein Lehrer griff auf einen großen Erfahrungsschatz zurück, sah sich die Noten an und riet mir: „Oh ja, sehr gut. Mir gefällt die Arbeit. Doch ich würde das Fagott nicht auf die Drei setzen. Dadurch wirkt das gesamte Klangbild im Bassbereich zu voluminös." Er erklärte mir, was ich machen und was ich vermeiden sollte, doch da ich es niemals hörte, konnte ich seine Ratschläge nicht im ganzen Umfang aufnehmen. Heute bin ich in der Lage, solche Partituren mit meinem „inneren Ohr" zu hören, doch damals war es mir schlichtweg unmöglich.

Ich hatte zwar schon meine eigenen Stücke für das Klavier geschrieben und gespielt, doch die Erfahrung lässt sich schwerlich auf komplexere Zusammenhänge übertragen. Meine Kompositionen entstanden durch eine Art intuitiver Spielerei. In dem Fall übernehmen die Finger das Komponieren, wodurch das Ergebnis einer ständigen Kontrolle unterliegt. Ich kann mich stundenlang vor einen Flügel setzen und spiele kein konkretes Stück, sondern lasse den Fingern freien Lauf. Das lässt sich mit dem automatischen Schreiben vergleichen, denn die Finger suchen sich ihren Weg. Doch es ist weit entfernt vom bewussten Komponieren.

Die Orchestrierung, die von der reinen Komposition zu unterscheiden ist, setzt einen bewussten Gedankenprozess voraus. Durch eine geschickte Orchestrierung werden die schon bestehenden Noten und Melodien sozusagen belebt, ihnen wird eine Farbe gegeben. Voraussetzung für diese Kunstform ist die nötige Erfahrung. Bestimmte Instrumentensätze bilden ein eher klar umrissenes Klangbild, doch wenn man sie nur leicht modifiziert, entsteht dabei ein vollkommen unterschiedliches Klangerlebnis. Es gibt keine Ausbildung, durch die man eine „richtige" Methodik erlernen kann, die automatisch für immer und ewig gilt und demzufolge umgesetzt wird. Natürlich bestehen bestimme Grundregeln, denen man folgt, um nicht direkt in eine musikalische Fallgrube zu tappen, doch um das Handwerkszeug des Orchestrierens zu erlernen, sind konkrete Erfahrungen unabdingbar. Die Komposition ist eine bewusste Verschmelzung einer Melodie mit den entsprechenden Harmonien, egal ob sie später von einem Synthesizer oder einem 100-köpfigen Orchester gespielt wird. Die Grundkomponenten ändern sich nicht. Durch die Orchestrierung wird die Musik belebt. Die Rezeption des Publikums hinsichtlich der zugrunde liegende Melodielinie ändert sich fundamental, wird entweder die eine oder eine andere Klangfarbe ausgewählt.

Die Tatsache wurde mir nachdrücklich bei meiner Arbeit mit den Beatles bewusst. Zu Beginn gab es viele Hörer, die wegen der großen Lautstärke ihre Stücke nicht angemessen schätzen konnten. Sie ordneten die Beatles als eine laute und abstoßende Band ein, vergleichbar mit dem Publikum, das Punk ablehnt (allerdings ist das im Fall dieses Genres eher berechtigt). Damals hörte ein Mann mittleren Alters ihre Musik und meinte dazu: „Mein lieber Junge, was ist das für ein Krach!" Daraufhin achtete er weder auf die Musik als Ganzes noch auf die Harmonien oder den Text.

Erst als sie bekannter wurden und Künstler wie Mantovani orchestrierte Versionen der Songs mit einlullenden und süßlichen Klängen einspielten, sagte dieselbe Person mittleren Alters: „Oh, das ist aber ein schönes Stück. Das sind doch die Beatles, nicht wahr? Sie schreiben hervorragende Musik!“ Diese Person hörte exakt die gleichen Stücke, die gleichen Harmonien und die gleichen Melodiebögen – aber auf eine Art arrangiert, die der Auffassungsgabe eines durchschnittlichen Mannes mittleren Alters mit einem dementsprechenden Hörempfinden entspricht.

Im Verlauf meiner Arbeit mit der Band beschränkte sich der Schaffensprozess nicht nur auf Stücke und Harmonien. Wir entwickelten uns zu einem Kompositionsteam, einem kreativen Team, das musikalische Bilder malt. Zuvor und zu dem Zeitpunkt gab es keine vergleichbaren Künstler. Ich möchte mich nicht überheblich ausdrücken und die Resultate als Äquivalent zu Bachs *Messe in h-Moll* bezeichnen, doch zumindest basierten sie auf einer ungestümen Kreativität, waren nicht steril und keine Reproduktionen älterer Werke.

Manchmal möchte ich die Orchestrierung mit einer Einkleidung vergleichen. Nimmt man zum Beispiel ein Streichquartett von Beethoven, das manche als staubtrocken empfinden, kann das Stück durch neue Kleidung vollständig verwandelt werden. Es ist immer noch die gleiche Musik, doch nun erfreuen sich die Zuhörer daran. Und genau das geschieht alle paar Jahre: Ein Arrangeur verkleidet eine Komposition der Klassik – und siehe da, sie steht an der Spitze der Hitparade.

In den Orchestrierungsseminaren in Guildhall musste ich die gegensätzliche Methode erlernen – und zwar eine Komposition, die für ein Orchester geschrieben wurde, auf die eingeschränkte Tastatur eines Klaviers zu übertragen. Natürlich haben das schon viele bekannte Komponisten gemacht. Rachmaninow übertrug Mussorgskys *Bilder einer Ausstellung* auf das Klavier, und seitdem gehört es zu den berühmten Stücken des Repertoires für das Instrument.

Mich verblüffte Ravel, ein Mann, bei dem wir sofort an üppige Orchester denken. Er war ein erstklassiger Pianist und schrieb – mit der Ausnahme seines Klavierkonzerts, soviel ich weiß – seine Stücke zuerst auf dem Klavier. Danach orchestrierte er sie, was mir recht kurios erscheint. Allerdings behandelte Ravel, einer der größten Arrangeure aller Zeiten und zugleich der Musiker, den ich am meisten schätze, all seine Kompositionen mit einer außergewöhnlichen Herangehensweise.

Jeder Künstler entwickelt eine spezielle Arbeitsweise, ähnlich den Meistern der Orchestrierung wie Debussy und Tschaikowsky (Letzterer vermittelte seinem Orchester das Wissen durch Beschreibungen), und im 20. Jahrhundert Strawinski, der von der Pieke auf gelernt hatte, wie man mit einem so großen Klangensemble umgeht.

Die Orchestrierung hat sich mittlerweile zu einer ausgefeilten Kunstform entwickelt, speziell in der Welt des Films, wo man vielen Meistern des Fachs begegnet. Zu meiner Anfangszeit klimperte ich ein kleines Stückchen auf dem Piano und dachte: „Das könnte sich auf einer Klarinette ganz nett anhören." Wenn ich heutzutage eine Filmmusik schreibe und mich mit einer bestimmten Passage auseinandersetze, denke ich in größeren Zusammenhängen: „Vielleicht könnte ich hier einen dreckigen Posaunenklang einsetzen. Möglicherweise benötige ich an der Stelle keine Streicher, sondern nur ein eher perkussives Element." Ich tendiere dazu, die Orchestrierung ähnlich der Komposition eines Gemäldes zu sehen. Ein Künstler kann eine brillante Skizze mit scharf umrissenen Kohlelinien entwerfen – zum Beispiel Picasso, der die schönsten Zeichnungen schuf. Durch die Orchestrierung hingegen malt man in die freien Flächen subtile Farben, wodurch dem Ganzen eine beinahe dreidimensionale Form verliehen wird.

Schon kurze Zeit nachdem ich Guildhall verlassen hatte, manifestierte sich bei mir ein deutliches mentales Bild, wie denn ein Klanggemälde aussieht. Ich musste viel schreiben und befand mich in der glücklichen Lage, die Umsetzung meiner Arbeit bei Orchestern zu hören. Doch auch mit viel Erfahrung kann sich niemand absolut sicher sein, wie das Resultat seiner Arbeit klingt. Man mag eine gute Idee mit seinem „inneren Ohr" hören, doch kann allerhöchstens Vermutungen über den tatsächlichen *Sound* anstellen. Und so lernt man Risiken einzugehen, Risiken, die durch Imagination geboren werden – den Eckpfeiler jeder guten Orchestrierung.

Doch über all die Dinge wusste ich nicht viel, als ich mir meinen alten Militärmantel von der Marine überwarf und mit dem Fahrrad in die Abbey Road zum Einstellungsgespräch mit Oscar Preuss fuhr.

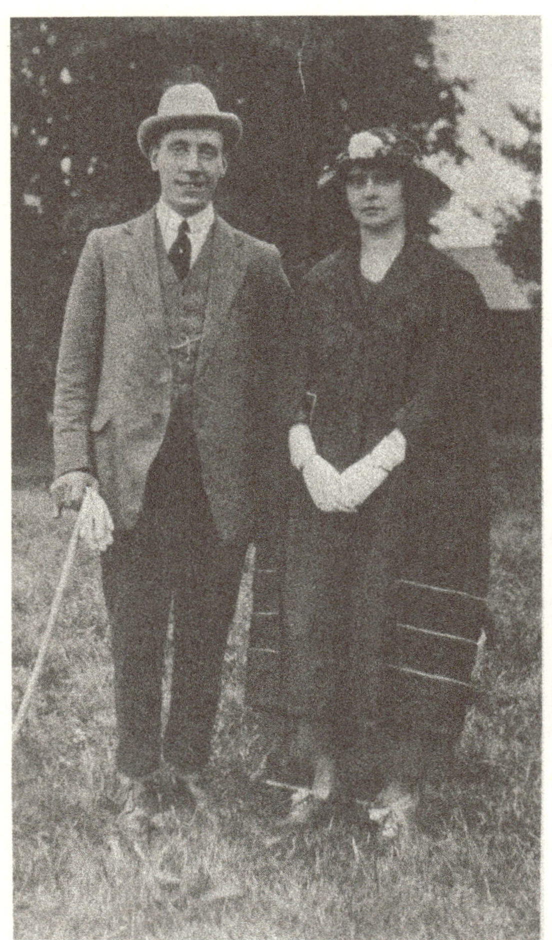

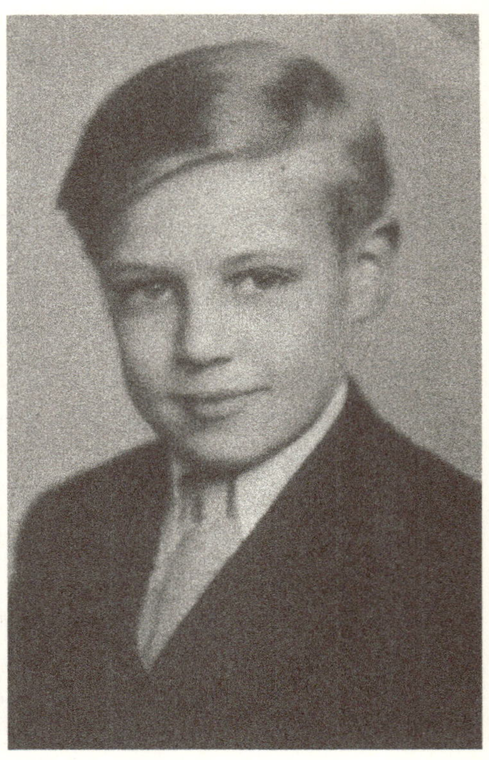

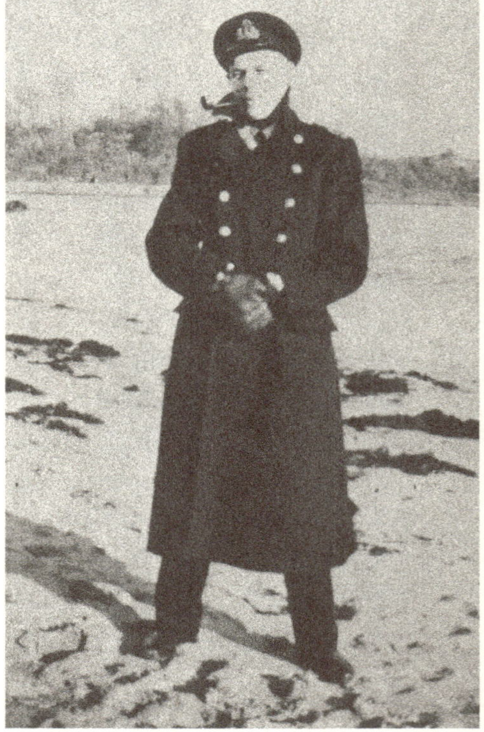

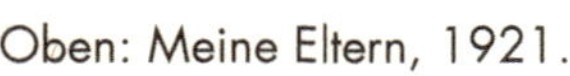

Oben: Meine Eltern, 1921.

Oben rechts: Ich, im Alter von neun Jahren.

Rechts: 1946, beim Royal Naval Air Service-Geschwader 782.

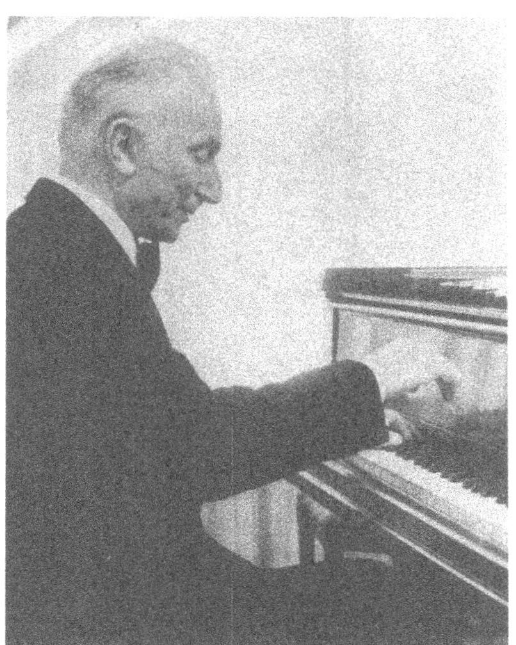

Mein musikalischer Pate, Sidney Harrison, am Klavier.

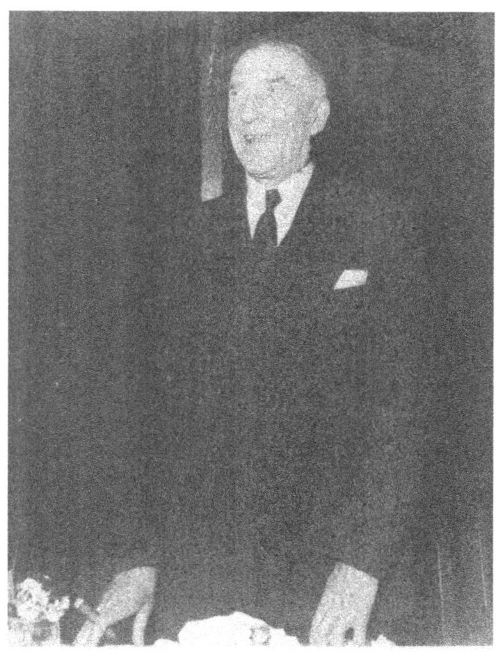

Der Mann, mit dem alles begann: Oscar Preuss.

„Und jetzt sag mal Aaaaahhh ..." Peter Sellers, Sophia Loren und ich, bei den Aufnahmen zu „Goodness Gracious Me". (© EMI Records)

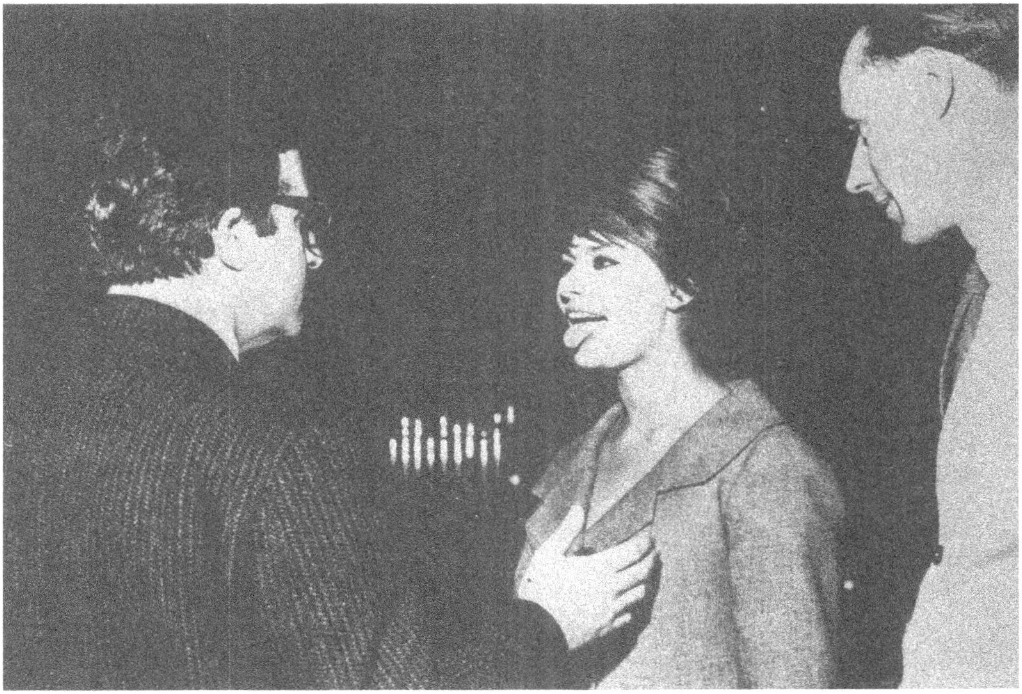

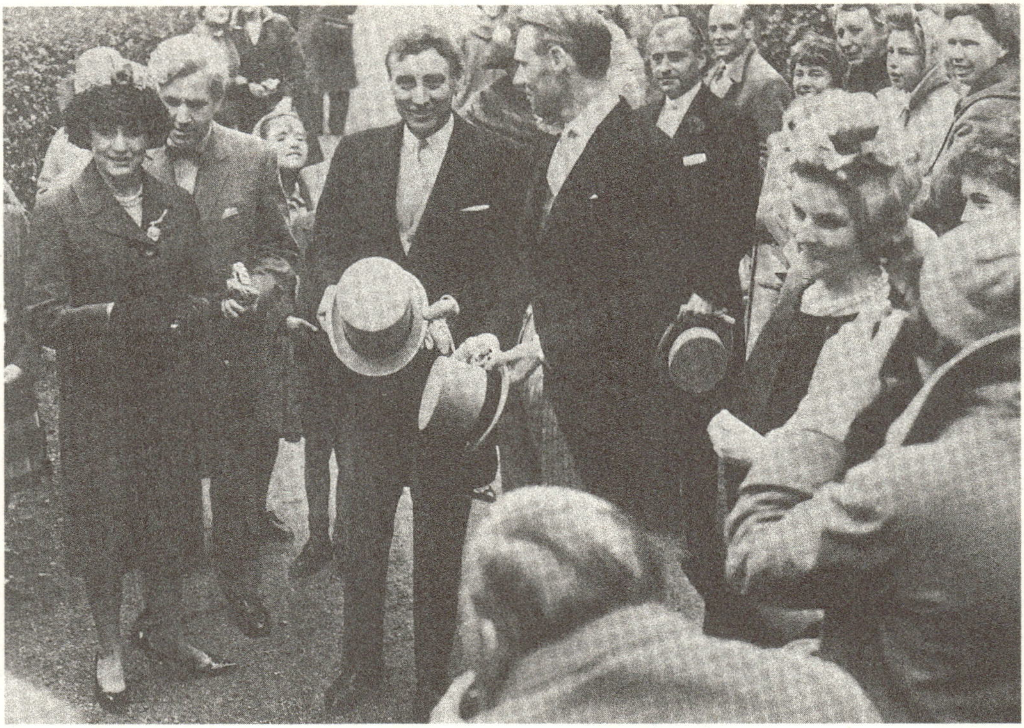

Der Comedian Spike Milligan bei seiner Hochzeit, daneben ich als sein Trauzeuge.

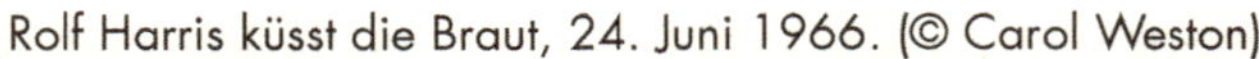

Rolf Harris küsst die Braut, 24. Juni 1966. (© Carol Weston)

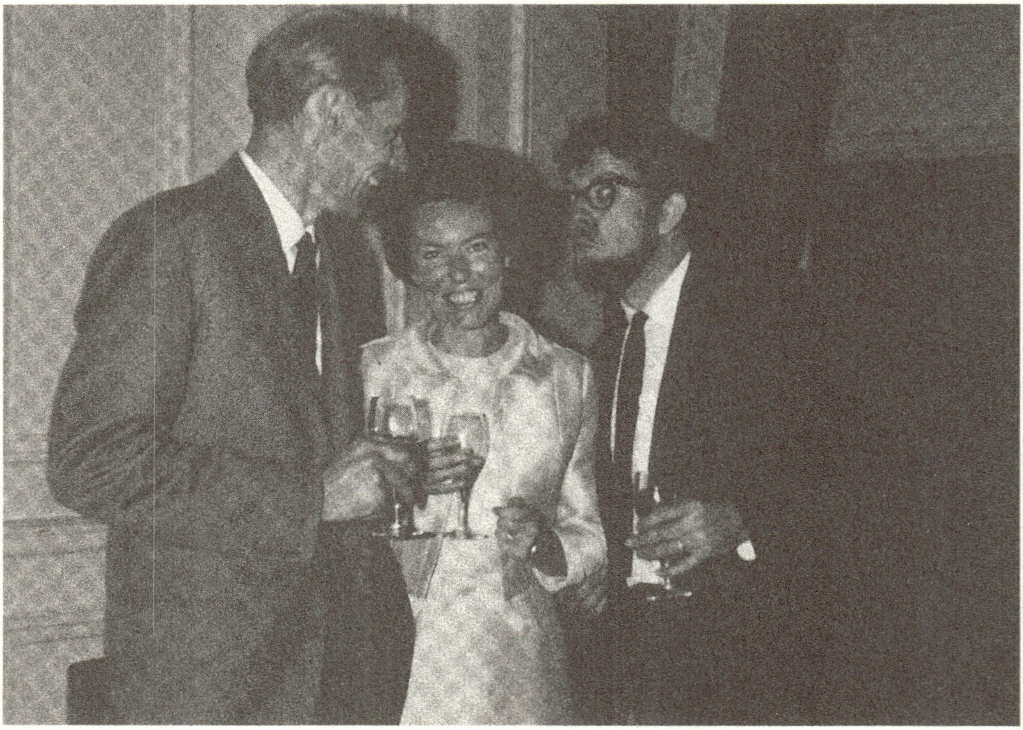

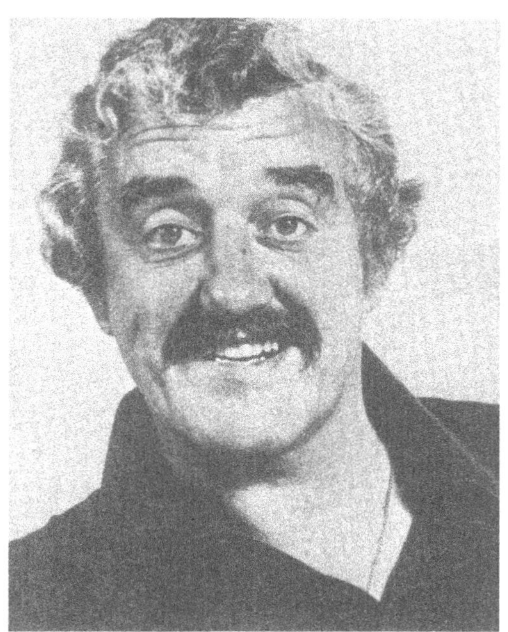

Bernard Cribbins. Seine witzigen Lieder „The Hole In The Ground" und „Right Said Fred" waren Verkaufserfolge.

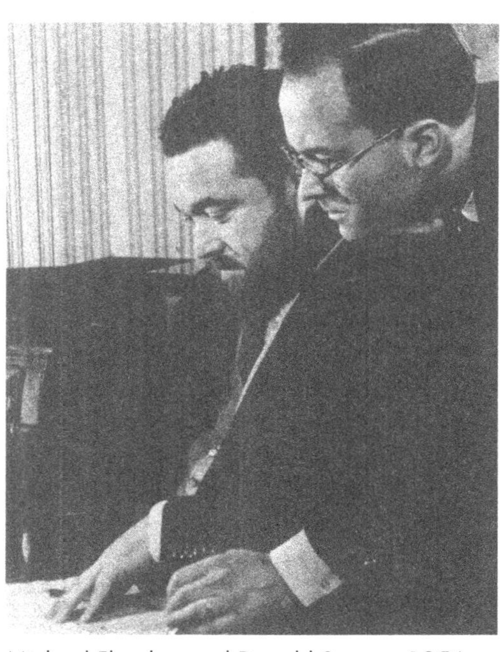

Michael Flanders und Donald Swann. 1956 erwarb ich die Rechte an ihrer Zweimann-Show mit dem Titel *At The Drop Of A Hat.*

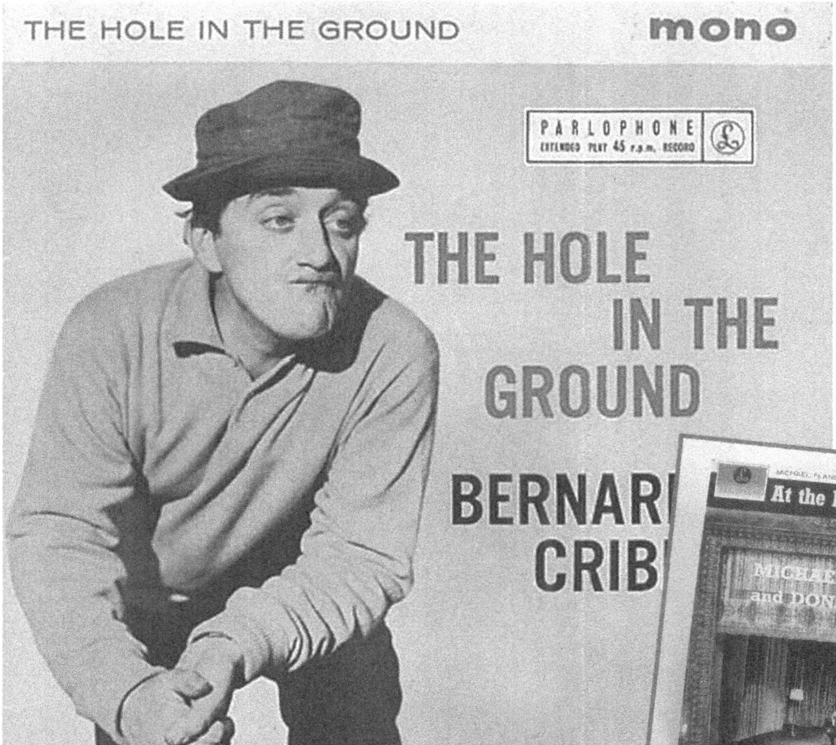

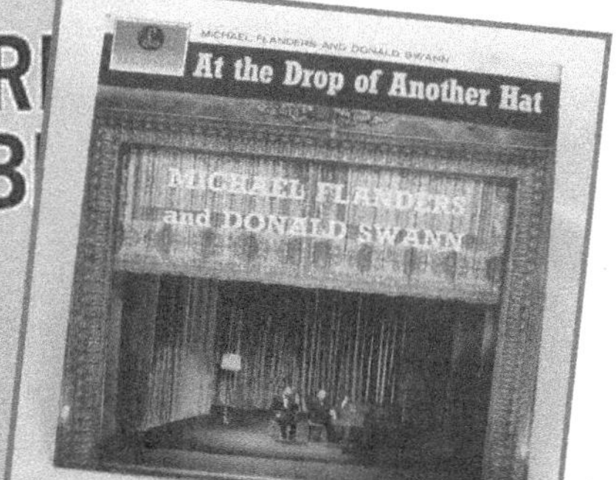

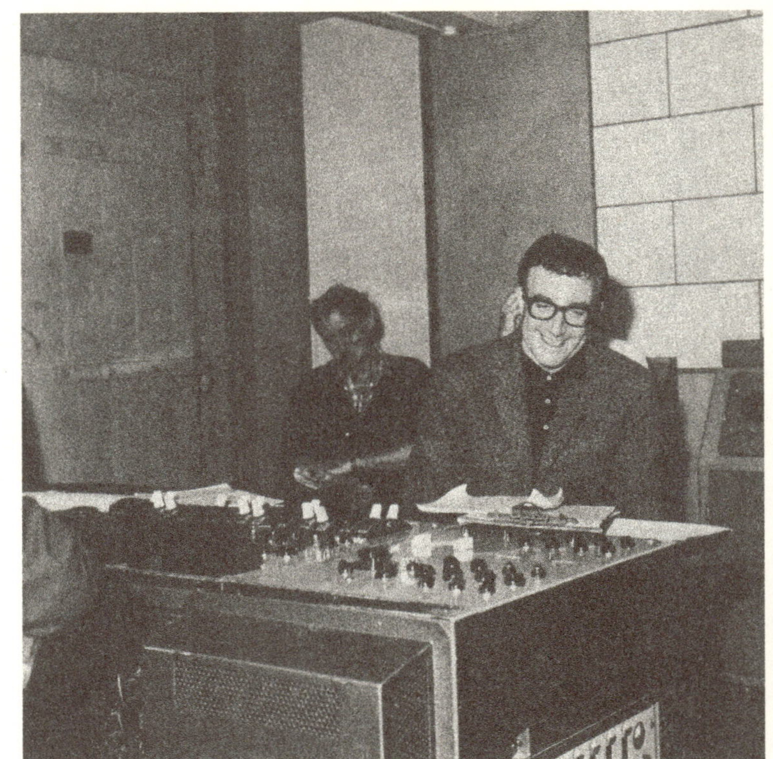

Rechts: „Unchained Melody". Spike Milligan und Peter Sellers in Studio Number Two, Abbey Road.

Unten: „All The Things You Are" mit Peter Sellers.

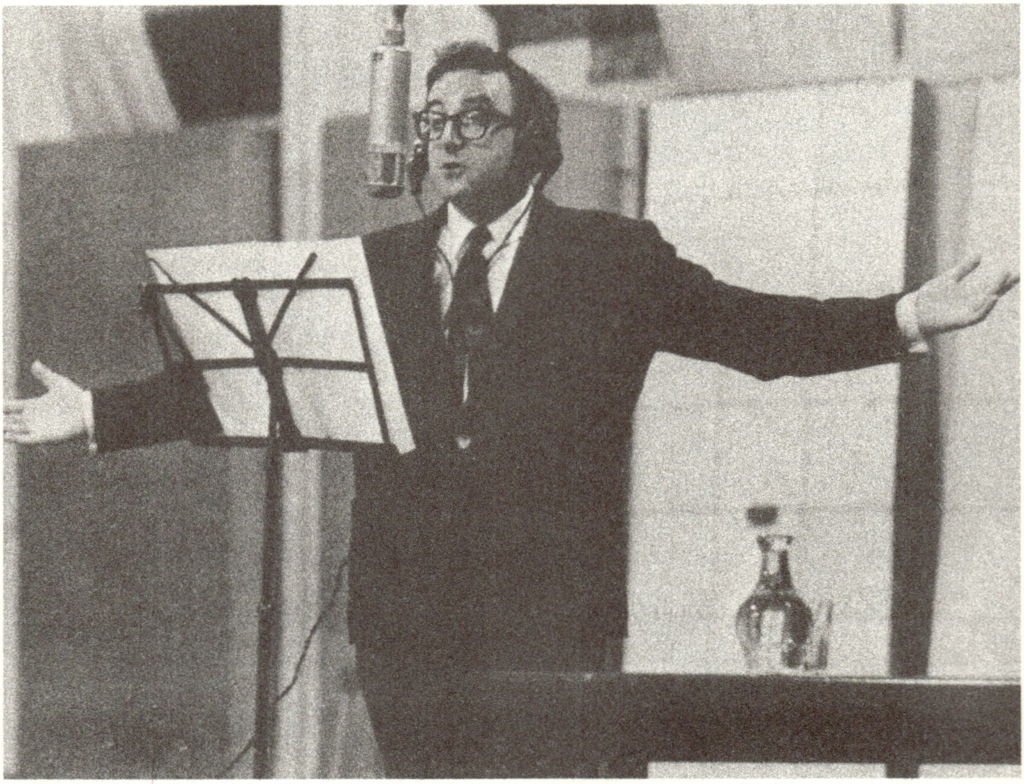

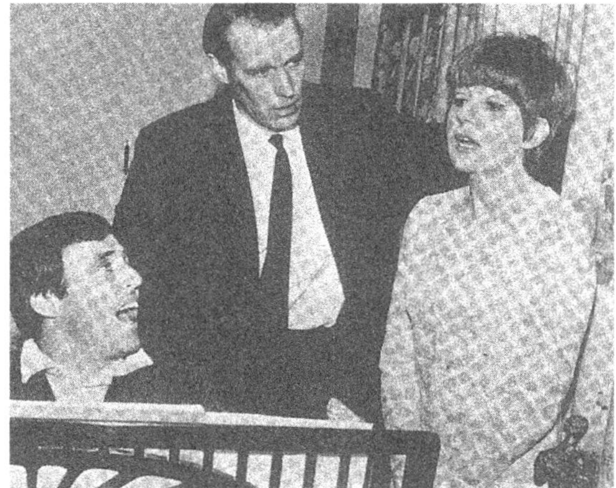

Burt Bacharach und Cilla Black proben „Alfie" in meiner Wohnung.

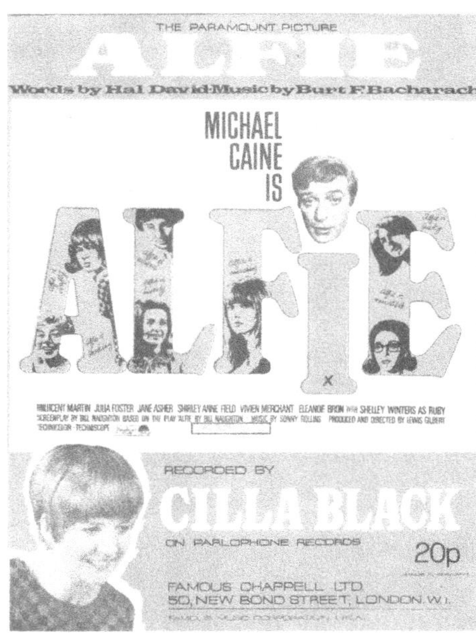

Filmplakat zu „Alfie". In der Hauptrolle: Michael Caine.

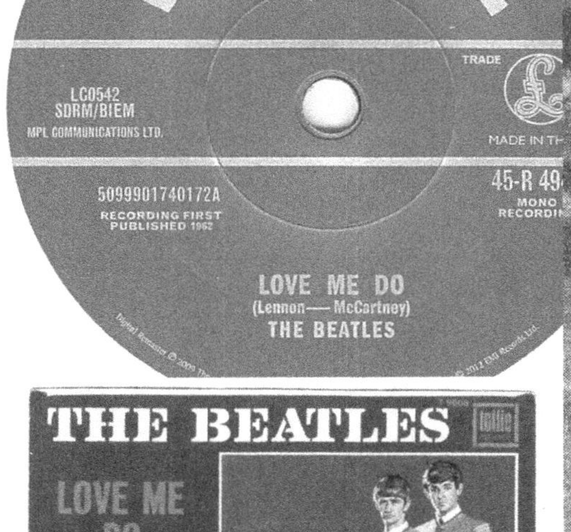

Die erste Single der Beatles erschien 1962 bei Parlophone.

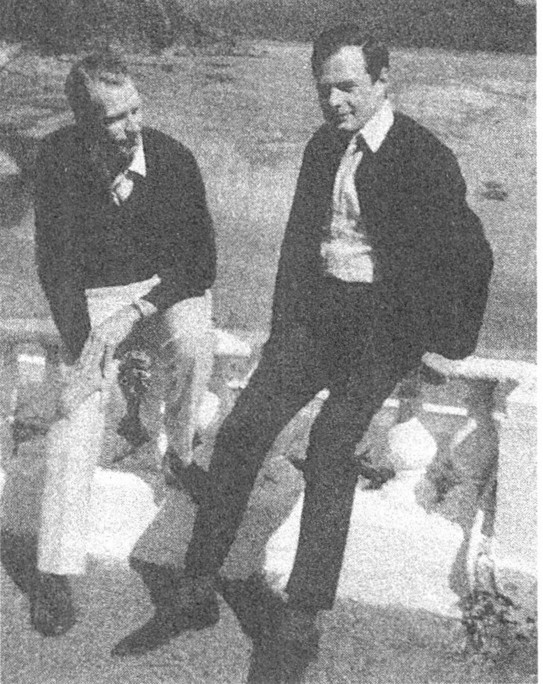

Brian Epstein und ich in Portmeirion, an der Nordküste von Wales. Für Brian Epstein errichtete der Gründer und Erbauer Portmeirions, Clough Williams-Ellis, eine eigene Unterkunft als Anbau am Gate House.

Kapitel 3

Abbey Road

Mal wieder hatte mein musikalischer Pate seine Beziehungen spielen lassen. Allerdings konnte ich das nicht ahnen, als ich das Fahrrad außerhalb des großen, alten weißen Gebäudes in der Abbey Road abstellte, das man zu den EMI-Studios umgebaut hatte.

Oscar Preuss verfügte über ein geräumiges, anheimelndes Büro, das im Eingangsbereich des Hauses lag. In dem mit einem dicken Teppich ausgelegtem Raum befanden sich ein Kamin, gemütliche Sessel und ein imposanter Flügel. Preuss saß an einem alten, stattlichen Sekretär, der in der Ecke beim Fenster stand, direkt gegenüber seiner Bürokraft, einem jungen und attraktiven Mädchen, das sich äußerst reserviert gab – zumindest, was mich anbelangte.

Ich fragte ihn zuerst, wie er von mir erfahren habe.

„Ich suche schon eine ganze Weile einen Assistenten“, antwortete er. „Ich sprach mit einem hier angestellten Kollegen darüber, Victor Carne, und fragte ihn nach einer adäquaten Person. Aus dem Stegreif heraus kannte er niemanden, wollte sich aber umhören.“

Wie sich herausstellte war Carne ein guter Freund von Sidney Harrison, und als er diesen fragte, lag Sidneys Antwort auf der Hand: „Ich kenne da so einen jungen Mann, der gerade die Ausbildung in Guildhall abgeschlossen hat. Er heißt George Martin.“ Und so erzählte Victor – ein guter Freund von Gigli und zuständig für beinahe alle operativen Aufgaben der EMI – Oscar von mir, und Oscar offerierte mir die Anstellung mit der königlichen Bezahlung von wöchentlich 7 £, 4 Schilling und 3 Pence, was exakt 1 £, 8 Schilling und 10 Pence über meinem Stipendium lag.

Oscar war der Geschäftsführer der Parlophone, eines der zahlreichen Labels (dazu zählten auch HMV, Columbia und Regal Zonophone) unter der Schirmherrschaft der EMI. All diese Labels existierten schon vor dem Krieg, doch im Laufe der Zeit mussten einige von ihnen zur Unterstützung der verbleibenden verkauft werden. Parlophone litt am meisten darunter. Ursprünglich stammte es aus Deutschland und veröffentlichte Musik des Lindström-Katalogs. Das Markenzeichen, das viele Leute für ein stilisiertes £-Emblem halten, ist tatsächlich ein deutsches L. Fast alle Top-Interpreten von Oscar, wie zum Beispiel Victor Sylvester und Rawicz und Landauer, wurden von Parlophone nach Columbia „verschoben". Das Label stand kurz vor dem Aus, doch nun, 1950, versuchte Oscar es wieder von Grund auf aufzubauen. Trotzdem schwächelte es noch.

Oscar ließ nichts unversucht und arbeitete hart. Er war Administrator und produzierte gleichzeitig alle Platten. Das Label war quasi eine Einmannband, die aber das komplette musikalische Spektrum bereiste – klassische Einspielungen, Jazz, Easy Listening, Songs, Klaviermusik und Tanzmusik mit Interpreten wie Ivor Moreton und Dave Kaye, Billy Thorburns *Organ, Dance Band, And Me* und gelegentlichen Platten der Comedy wie *The Laughing Policeman.*

Es war klar, dass Oscar mit solch einem Arbeitspensum vor sich einen Assistenten benötigte, den er gnadenlos ins kalte Wasser warf. Mit meinem Background setzte man mich als 12-Inch-Mann ein, eine Referenz an die alten Schellackplatten der damaligen Zeit, bei denen Populärmusik im 10-Inch-Format und Klassik im 12-Inch-Format veröffentlicht wurde. „Gut", meinte Oscar. „Du wirst dich zuallererst um die Klassik kümmern." Ich schätze mal, dass für ihn die Entscheidung logisch war, da ich nun mal von der Klassik kam.

Ich betreute zuerst eine Gruppe Musiker, um genau zu sein, das London Baroque Ensemble mit dem Dirigenten Dr. Karl Haas. Dr. Haas war ein liebenswürdiger alter Mann, mit einem Doktortitel in Musikwissenschaft. Im Krieg hatte er sehr gelitten, und auch damals ging es ihm nicht gut. Darüber hinaus war er ständig pleite. Doch wenn er mal über Geld verfügte, kaufte er für mich Geschenke wie eine Schachtel Likör-Pralinen oder lud mich sogar zum Essen ein. Er lieh sich von einer Person Geld, um einem anderen Menschen Geschenke zu machen, und drehte das Spielchen dann wahrscheinlich um und borgte sich von dem Beschenkten Geld, um dem ursprünglichen Geldgeber etwas mitzubringen.

Seine Großzügigkeit wurde nur noch von dem Problem übertroffen, das durch seinen Namen verursacht werden konnte. Ich erinnere mich an einen Besuch in unserem Büro. Der Mann vom Empfang kam zu uns und fragte ungläubig: „Mr. Preuss, draußen wartet ein Mann, der sich Mr. Arse[3] nennt. Mr. Arse! Kann das denn sein? Wirklich Mr. Arse?" Wunderbar, was die Phonetik mit Namen anstellt – oder auch grauenvoll!

Der gute Doktor agierte eher wie ein Musikwissenschaftler als wie ein großartiger Dirigent und hatte ein beeindruckendes Wissen über die Musik des Barock, und das zu einer Zeit, als diese Epoche nicht in Mode war. Er überzeugte Oscar, mit seinen Musikern Stücke des Barock zu vertonen. Er stellte sein Ensemble aus den angesehensten Instrumentalisten Londons zusammen, die hauptsächlich im Studio spielten, obwohl sie sich zu gelegentlichen Konzerten hinreißen ließen. Es waren größtenteils Vertreter der Holzblasinstrumente. Ich – ein eher durchschnittlicher Oboist – empfand es als eine große Ehre und faszinierend, Musiker von der Größe eines Frederick Thurston an der Klarinette, Dennis Brain am Horn oder Jack Brymer, Terence MacDonagh und Geoffrey Gilbert aufnehmen zu dürfen.

Wir zeichneten Stücke wie zum Beispiel Dvořáks *Bläserserenade*, Mozart-Serenaden, viele Kompositionen von Bach und Märsche von Beethoven auf: Werke, die heute sehr beliebt sind, doch die damals kaum jemand kannte. Die Aufnahmen wurden natürlich in Mono gemacht, da Stereo noch nicht existierte, aber ich bin immer noch stolz auf unsere Leistungen. Wenn wir Streichquartette einsetzten, wurden sie unweigerlich von Jean Pougnet geleitet, einem charmanten Berg von einem Mann. Seine bevorzugte Freizeitbeschäftigung lag im Holzhacken auf seinem Anwesen auf dem Lande. Sah man die großen, prankenartigen Hände, war es schier unvorstellbar, dass er seiner Geige damit solch hauchzarte und wunderschöne Klänge entlocken konnte.

3 engl. Arse (vulg): Arsch

Abgesehen von dem Genuss, Holzblasinstrumente von Koryphäen gespielt zu hören, lernte ich bei diesen Sessions wichtige Elemente der Aufnahmetechnik. Durch eine behutsame Platzierung der einzelnen Instrumente im Raum war es möglich, das Ganze mit nur einem Mikrofon mitzuschneiden. Die natürliche Akustik des Studios verlieh den Aufnahmen einen hervorragenden Klang. Um einen möglichst natürlichen Sound zu gewährleisten, sollte man so wenig Mikros wie möglich einsetzen, ein Prinzip, von dem ich glaube, dass es heute noch gilt.

Als das Ensemble in voller Blüte stand, ging Dr. Haas eines Tages zu einer Party. Dort traf er Peter Ustinov, der damals als Beitrag zu den Festivitäten Imitationen von Opernsängern aufführte. Dr. Haas erfuhr, dass Ustinov nicht nur die Musik des Barock schätzte, sondern auch über ein umfangreiches Wissen zu dem Thema verfügte. So entschloss er sich zur Gründung der London Baroque Society und lud Peter ein, den Vorsitz zu übernehmen. Karl bekleidete den Posten des Dirigenten, ich den des Sekretärs – und schon war sie geboren, die London Baroque Society, mit nur drei Mitgliedern. Wir trafen uns ungezwungen in den Abbey Road Studios, aßen gemeinsam zu Mittag, unterhielten uns über Musik allgemein und entschieden uns, was das Ensemble als Nächstes aufnehmen wird. Ich muss schon sagen – uns umgab eine bestimmte Eleganz des 18. Jahrhunderts! Und so lernte ich Ustinov kennen, den ich später aufnahm.

Als ich 1950 zur EMI kam, eröffnete sich mir eine Welt, die von einigen Kontroversen gekennzeichnet war. Die CBS USA hatte Langspielplatten auf den Markt gebracht, und im Juni des Jahres veröffentlichten Decca ihren ersten Longplayer. Doch die einflussreichen Anzugträger der EMI hatten nicht den Weitblick, dass dieses Medium einen revolutionären Prozess ins Rollen brachte, der sich auf den Aufnahmeprozess auswirken sollte. Sie vertraten die Auffassung, dass sich jeder bei einem aus damaliger Sicht überlangen Tonträger langweilen werde, dass das Format zu teuer sei und dass sie ganz zufrieden mit den 78er-Singles seien.

Ich konnte die Einstellung nicht verstehen. Ich produzierte Klassik, und nichts war ärgerlicher, als die Musik in winzige „Fischgräten-dünne“ Stückchen mit einer Laufzeit von jeweils 4:30 Minuten zu sezieren. Ständig musste ich mich mit der Problematik auseinandersetzen, die Partitur gewissenhaft durchzuarbeiten und mich für den idealen Punkt einer

Unterbrechung zu entscheiden. Allerdings fiel das oft mehr oder weniger willkürlich aus, und manchmal war ich gezwungen, den Schnitt mitten in einem Satz zu machen. Wenn ich keine ursprünglich vom Komponisten vorgesehene Pause in der Musik fand, musste ich die zweite Seite mit dem letzten Akkord der ersten Seite beginnen, denn sonst wäre ein eigenartiger Höreindruck erstanden. Das war absurd, aber es bot sich keine Alternative, denn durch die rein technischen Einschränkungen durfte eine Seite höchstens eine Spielzeit von 4:45 Minuten haben. Verschiedene Produzenten setzten beim selben Stück unterschiedliche Schnitte, abhängig vom Tempo, das der Dirigent den Musikern vorgab. Mich faszinierte der Vergleich, wo die anderen Tontechniker denn nun ihren Schnittpunkt ansetzten.

Es machte Spaß, wirkte sich allerdings negativ auf das Geschäft aus. Trotz der gebotenen Eile veröffentlichte die EMI eine Erklärung, in der sie bei einem möglichen Formatwechsel eine mindestens sechsmonatige Vorlaufzeit einräumte. Sir Ernest Fisk war für die katastrophale Entscheidung verantwortlich. Ich wähle den Begriff „katastrophal", denn die Firma verlor ganze zwei Jahre. Meiner Ansicht nach lag in dieser Fehlentscheidung ein fundamentaler Grund für den Verlust des Repertoires von Columbia Records in den USA. 1953 musste die EMI den Katalog des Sub-Labels an Phillips abtreten, und 1957 verkauften die Manager RCA-Victor an Decca, und das nach einer 75-jährigen Zusammenarbeit. Sir Ernest Fisk war ein Australier, der nichts so sehr liebte wie eine Fahrradfahrt um den Hyde Park. Er wird als Vorsitzender der Geschäftsführung in die Firmengeschichte eingehen, der den Einstieg der EMI in den Langspielplattenmarkt verzögerte – Fahrrad hin oder her.

Eine Episode wird wahrscheinlich nicht in die Geschichte eingehen. Es ist der Tag, an dem mir beinahe gekündigt wurde. Ich wusste nicht, wie er aussieht, da der gute Mann in der Geschäftszentrale in Hayes arbeitete. Ich arbeitete mit einem Chor im Studio 1 in der Abbey Road, in dem eine große Orgel stand. Der Organist kam zu spät, ließ also mich, die Tontechniker und den kompletten Chor warten.

Ich hatte den Musiker noch nie gesehen. Um 10.20 Uhr, als die Session schon im vollen Gang sein sollte, ging ich nach oben und wartete auf die Ankunft des unbekannten Musikers. Ein Mann mit einer Halbglatze, gekleidet in einen schwarzen Mantel und eine Nadelstreifenhose, der einen Instrumentenkoffer trug, betrat das Gebäude.

Wütend ging ich auf ihn zu und meinte: „Es wird auch verdammt noch mal Zeit. Ist Ihnen überhaupt klar, dass wir auf Sie warten mussten? Wir warten schon seit gestrichenen 20 Minuten."

„Wovon *reden* Sie überhaupt?", fragte er mich.

„Sie wissen wohl am besten, was ich meine. Die Aufnahme sollte um Punkt 10 Uhr beginnen, und Sie lassen uns hier hängen."

„Wissen Sie überhaupt, wer ich bin?", fragte er mit eiskalter Stimme.

Plötzlich tauchte ein schrecklicher Zweifel im hinteren Teil des Martin-Gehirns auf und zwickte mich. „Aber sicher – Sie sind der Organist ... oder etwa nicht?"

„Nein, ich bin nicht der Organist. Ich heiße Fisk, und ich bin der Geschäftsführer dieser Firma."

Gespenstische Stille. Hatte ich eine aussichtsreiche Zukunft verspielt? Ich entschuldigte mich unterwürfig und versuchte zwischen den Paneelen in den Boden zu versinken. Hoffentlich merkte er sich bloß nicht meinen Namen! Die nächsten Tage verbrachte ich in ständiger Furcht und Angst, da ich mich ihm gegenüber mehr als ungehörig verhalten hatte. Glücklicherweise gab es kein Nachspiel, wofür ich dem guten Mann wohl dankbar sein muss.

Der oberste Manager der Firmengruppe war ein vollkommen unterschiedlicher Charakter, den man den Spitznamen „der japanische General" gegeben hatte. Gespräche mit ihm bestanden im Extremfall in wenigen Silben. Ich wechselte kaum ein Wort mit ihm, da Oscar für die direkte Kommunikation mit „Gott" zuständig war, doch ich nahm des Öfteren seine Anrufe entgegen, bei denen er sich mit einem simplen „Mitell hier" meldete. Danach herrschte Stille, eine Stille, die eine dringliche Aufforderung zum Sprechen ausdrückt. Und so redete man wenige Worte. Es folgte wieder eine lange Pause. Der Mann sprach einfach kein Wort zu viel.

Obwohl die Plattenlabels zu der Zeit einen großen Teil der Einnahmen für die EMI erwirtschafteten, wurde die Unterhaltungsindustrie meiner Meinung nach von der Geschäftsführung argwöhnisch beäugt. Vermutlich hätten sie lieber Fahrräder als Schallplatten produziert. Ich glaube auch, dass sie die hohen Kosten der Umstellung auf die Produktion von LPs fürchteten. Allerdings hatten sie keine Entschuldigung, nichts über den potentiellen Marktwert zu wissen, denn jeder wies sie darauf hin – Oscar, Leonard Smith und Norman Newell vom Pop-Segment der Columbia und Walter Legge, der für die Klassik Columbias verantwortlich zeichnete.

Damals konnte Walter Legge als die Primadonna der Welt der Klassik bezeichnet werden. Er war mit Elisabeth Schwarzkopf verheiratet und engagierte sich für den Unterhalt des originalen Philharmonia Orchestra, was ihm ganz offensichtlich nicht schadete. Schwarzkopf und das Orchester waren nur zwei der vielen Künstler und Ensembles, die unter seiner Leitung produzierten. Er war ein typischer Einzelgänger. Ich verehrte Legge, da er einen Hauch frischen Windes in die damals knochentrockene und gruftähnliche Struktur der EMI brachte.

Doch ein Oscar Preuss war nicht weniger außergewöhnlich. Als ich zu ihm stieß, muss er um die 60 gewesen sein. Er hatte die berufliche Laufbahn als Tontechniker-Lehrling im Alter von 14 oder 15 Jahren begonnen, also kurz nachdem Edison den Startschuss für eine technologische Revolution gab. Er fertigte sogar noch die Membran und die Nadeln für die ersten Grammophone an, darunter sogar noch die Zylinder-Maschinen. Damals musste sich der Tontechniker, der die Aufnahme leitete, noch sein Equipment selbst anfertigen. Über die Jahre hatte er die Karriereleier erklommen, bis er schließlich Parlophone vorsaß und auf einen riesigen Erfahrungsschatz zurückblicken konnte.

Während des ersten Arbeitsmonats bestand meine Aufgabe darin, Oscar auf Schritt und Tritt zu folgen und so viel wie möglich von ihm zu lernen. Nach einer Weile übertrug er mir kleinere Aufgaben. Er fragte mich: „George, vielleicht bin ich morgen nicht pünktlich im Büro. Könntest du bitte mit den Aufnahmen beginnen?" Und ich war *pünktlich* vor Ort und organisierte die Tontechniker und die Musiker, sodass wir die erste Aufnahme schon „im Kasten" hatten, bevor Oscar herein gestürmt kam und kommentierte: „Das ist überhaupt noch nicht gut. Da müssen wir was anderes versuchen." Es kostete einiges an Überwindung, mich bei den Musikern vorzustellen und sie zu informieren, dass ich mehr oder weniger die Verantwortung trug. Ich hege keine Zweifel, dass sie mich anfänglich als einen Grünschnabel betrachteten, doch mir war die Autorität übertragen worden (wenn auch nicht das Gehalt), und somit mussten sie mich tolerieren.

Die wohl beängstigendste Aufnahme-Session war meine erstmalige Arbeit mit Sidney Torch und dem Queen's Hall Light Orchestra. Ich arbeitete im Studio 1 in der Abbey Road, im Grunde genommen fast schon eine Kathedrale mit den Ausmaßen von geschätzten 2.000 Quadratmetern. Sogar mit der guten, alten Compton-Kirchenorgel noch an ihrem Platz (auf der Fats Waller seine einzigen Orgel-Aufnahmen machte) war der Raum riesengroß. Oscar hatte mir gesagt, dass er erst ab 11 Uhr da sein werde, also eine Stunde nach Aufnahmebeginn. Ich glaube, dass es ein beabsichtigter Schachzug von ihm war, um zu prüfen, wie ich mich schlage. Hautsächlich erinnere ich mich an die lange Wegstrecke durch den scheinbar endlosen Raum und durch das versammelte 45-köpfige Orchester, bis ich endlich vor Sidney Torch stand, der auf seinem Dirigentenpodest thronte. Ein Schlagmann beim Kricket fühlt sich wahrscheinlich ähnlich, wenn er zur Spielfeldlinie auf dem Platz in Lords schreitet.

„Guten Morgen, Mr. Torch", quietschte ich mit einer piepsigen Stimme. „Mein Name ist George Martin. Ich bin Oscars Assistent und werde mit den Aufnahmen beginnen."

Ich machte mir vor Angst fast in die Hose, da ich wegen des Reflexes auf meine Unsicherheit offensichtlich ein wenig albern und unbedarft aufgetreten war, doch Sidney blieb nett und gelassen. Er lächelte wohlwollend, erklärte, das sei schon in Ordnung, und gab mir mehr oder weniger zu verstehen, dass er mich unbehelligt lassen würde, wenn ich ihm nicht in seine Arbeit pfuschte.

Nach der ersten Begegnung kamen wir gut miteinander aus. Allerdings wurde er in kritischen Situationen äußerst jähzornig. Ich habe ihn dabei beobachtet – wenn das Orchester nicht seine Vorstellungen umsetzte – wie er den Taktstock durch den ganzen Raum schleuderte (und das ist ein sehr weiter Wurf). Dabei schrie er: „Herrgott noch mal, Gentlemen. Nun spielen Sie es doch endlich richtig!"

Ich musste schnell lernen und lernte aus meinen Fehlern. Einen der ersten Schnitzer leistete ich mir 1950, also schon zu Anfang meiner Anstellung. Man schickte mich in ein Lichtspielhaus, um mir einen Film anzusehen, in dem Mario Lanza das Thema „Be My Love“ sang. Immer noch stark von der Klassik geprägt, empfand ich den Gesang des Mannes als Beleidigung durch und durch. Er behandelte die Melodie mit roher Gewalt und Ignoranz. Ich verabscheute jede Sekunde und verfasste daraufhin einen gehässigen Bericht, der aus der Feder eines Musikkritikers hätte stammen können, der alles von einer erhobenen, avantgardistischen Warte aus analysiert. Ich kritisierte das Stück als einen kitschigen und bis ins letzte kalkulierten Song, in dem jedes nur erdenkliche Klischee verwendet wird.

Und so kümmerten wir uns nicht weiter um diese Nummer. Doch in meinem jugendlichen Leichtsinn hatte ich die auf der Hand liegende Möglichkeit übersehen, dass aus dem Stück ein Hit werden konnte. Und genau das geschah natürlich.

Ich musste weiteres Lehrgeld bezahlen, als Oscar mich mit der Leitung von Jazz-Sessions beauftragte, zusätzlich zu den Klassik- und Easy-Listening-Aufnahmen. Ich begutachtete eine Plattenaufnahme von Humphrey Lytteltons Formation. Sie spielten einige Stücke, wobei ich speziell dem Bassisten kritisch zuhörte. Scheinbar erzeugte er mit seinem Instrument nur ein dumpfes Ploppen.

Ich beobachtete den Musiker noch etwas länger und fragte ihn dann: „Könnten Sie die Noten nicht etwas deutlicher spielen?“

Nach einer kurzen Pause reagierte der schockierte Mann und schleuderte mir eine nicht druckfähige Antwort ins Gesicht. Die Essenz seiner Meinung bestand jedenfalls im Vorwurf, dass ich keine Ahnung von den damals modernen Spieltechniken des Kontrabasses hätte – was sogar stimmte.

Unbeeindruckt versuchte ich ihm meine Empfindung zu vermitteln: „Es klingt so, als würden Sie mit Boxhandschuhen spielen.“

Ich lag nicht falsch, doch in dem Moment explodierte Humph. Er beschimpfte mich mit Ausdrücken, die ich in meinem ganzen Leben noch nie gehört hatte, und rannte wutentbrannt aus dem Studio.

Es war klar – jetzt brauchte ich Hilfe von höchster Stelle. Ich suchte Oscar in seinem Büro auf und erzählte ihm von dem Vorfall, was zu einer weiteren Explosion führte. Oscar schrie: „Du gehst jetzt sofort, holst Humph um alles in der Welt wieder ins Studio zurück und entschuldigst dich bei allen Anwesenden", befahl er mir. Und dann drehte er sozusagen das Messer um, das in meiner Brust steckte: „Wenn du uns Humph vergrault hast, kannst du deinen Hut nehmen."

Außerhalb des Gebäudes fand ich den hochgradig verärgerten Künstler, der die Straße auf und ab stampfte. Ich biss in den sauren Apfel, entschuldigte mich bei ihm für mein dummes und ungebührliches Verhalten und überzeugte ihn letztendlich, die Session weiterzuführen. Damit – aber das verriet ich ihm damals nicht – war der Job wieder gesichert.

Später entwickelte sich zwischen Humph und mir eine innige Freundschaft. Gemeinsam produzierten wir viele Platten, wie zum Beispiel „Bad Penny Blues". Ich hatte die Lektion gelernt. Aus musikalischer Sicht hatte ich recht gehabt, doch nicht diplomatisch reagiert. Sine qua non – ein taktvolles Verhalten ist die unerlässliche Voraussetzung für die Arbeit eines Plattenproduzenten. Es ist eine schwierige Gratwanderung. Man darf sich nicht jeder kleinsten Laune eines Künstlers unterwerfen, aber auch selbst nicht zu unbedarft und massiv auftreten. Ich musste eine geeignete Umgangsform erlernen, um dem Musiker Fehler aufzuzeigen, ohne ihn vor den Kopf zu stoßen. Man sollte führen, aber durfte auf gar keinen Fall Druck ausüben. Damals, wie auch heute, war die psychologische Feinfühligkeit das bedeutendste Charakteristikum eines Plattenproduzenten.

Eine weitere, wenn auch weniger bedeutende Eigenschaft ist die Trinkfestigkeit. Sie wurde besonders gefordert, wenn ich mit schottischen Künstlern arbeitete. Parlophone hatte sich auf diesem Markt etabliert. Es war *das* Plattenlabel in Schottland und veröffentlichte Reels, Jigs und ähnliche folkloristische Musik. Oscar leitete für gewöhnlich die Sessions mit Robert Wilson. Auch standen bei uns die Akkordeonisten Mickey Ainsworth und Jimmy Blue unter Vertrag, und ich musste nach Schottland reisen, um sie aufzunehmen.

Die beiden waren leidenschaftliche Whiskey-Trinker. Wir begannen die Aufnahmen um 10 Uhr morgens, und schon nach eineinhalb Stunden meinten die beiden betrübt: „Wir arbeiten so hart, dass uns der Durst plagt, George. Lass uns uns doch kurz einen genehmigen." Und so ließen wir alles stehen und liegen und begaben uns in die Bar an der Ecke. (In Schottland gibt es an jeder Ecke eine Bar.) Dort bestellten sich die beiden ihre „Erfrischungen", immer doppelte, hochprozentige Whiskeys.

Johnny Walker oder Bell waren verpönt. Es war wohl Pride of Methlane oder eine andere unbekannte Marke mit dem Effekt reinen Feuerwassers. Ich konnte mich nicht vor den Umtrunken drücken, bei denen sich die beiden die Drinks hinter die Binde kippten, ähnlich Desperados in einem stilechten Western. Stand ein Glas erst mal vor ihnen, wurde es augenblicklich runtergekippt und sofort mit einer dringenden Bitte zum Barmann zurückgeschoben: „Ach, bitte noch einen."

Doch was mich am meisten verblüffte – der Alkohol schien ihnen nichts anhaben zu können. Sie tranken während einer Session jeder eine halbe Flasche, wodurch ihre Finger noch schneller über die Tastatur des Akkordeons flitzen. Diese Fähigkeit stellte ich auch bei Annie Shand fest, einer Pianistin mit einer kleinen Band in Aberdeen. Ich nahm sie im dortigen Theater auf. Ungefähr zur Mitte der Aufnahmen hielt sie plötzlich inne, kramte in der Handtasche und zog eine große Whiskeyflasche heraus. „Möchte hier einer 'nen heißen Schluck?", fragte sie beim Abschrauben des Verschlusses ihres Medizinfläschchens. „Heiß" bedeutete in dem Fall, einen großen Schluck, der dem Format ihrer Handtasche nahezu gleichkam, die sie offensichtlich als persönliche Bar bei sich trug. In Annies Leben zählte der Whiskey zu den Grundnahrungsmitteln.

Mal abgesehen von diesen Künstlern, die ich eher als Leichtgewichte bezeichnen möchte, hatten wir den großartigen Jimmy Shand (nicht mit Annie verwandt) unter Vertrag. Ich arbeitete häufig mit ihm und wurde mit schottischer Musik regelrecht „geimpft", wogegen man sich gar nicht wehren konnte. Damals feierte schottische Tanzmusik in Großbritannien einen Erfolg nach dem anderen, und Jimmy wäre es beinahe gelungen, mich für die Musik zu begeistern. Jedes Mal, wenn ich zu ihm reiste, nahmen wir ungefähr 48 Titel auf – 12 oder 14 täglich – was dem Vorrat für ein Jahr entsprach, in dem wir sie nach und nach auf den Markt brachten.

Jimmy war ein schüchterner und zurückhaltender Mensch – und, was ungewöhnlich für einen schottischen Musiker ist, abstinent –, der mit einem starken, pfeifenden Akzent sprach. Ich würde ihn als sehr höflich beschreiben, obwohl er Menschen generell misstraute, was aber möglicherweise an dem generellen Argwohn der Schotten gegenüber „Fremden" lag. Allerdings teilten wir eine Gemeinsamkeit. Ich hatte mir gerade mein erstes motorisiertes Vehikel zugelegt, eine alte Ariel VB 600 mit einem Seitenmotor und einem Beiwagen. Wie sich herausstellte, mochte Jimmy, dem alles Technische eine Riesenfreude bereitete, besonders Motorräder – und das mit einer beispiellosen Leidenschaft. Er besaß eine alte, zerbeulte Maschine, die er mit viel Liebe pflegte. Seine Lieblingsbeschäftigung, mal abgesehen von seiner Musik, die er sehr wichtig nahm, bestand darin, auf dem Motorrad mit einer Geschwindigkeit von vielleicht 90 Meilen die Stunde durch die ländlichen Gefilde Schottlands zu flitzen, dabei die Mütze tief ins Gesicht gezogen.

Dann gab es noch unseren „lateinamerikanischen" Schotten Roberto Inglez, der tatsächlich Bob Ingles hieß. Er hatte seine Lektionen gelernt und war der umsatzstärkste Interpret des Latin in Lateinamerika! Er spielte „Einfinger-Piano" (wie wir es scherzhafterweise nannten) vornehmlich auf den tiefen Tönen und achtete stets auf luxuriöse Orchestrierungen, die im Vergleich zu Edmundo Ross geschickter gesetzt waren, aber auch kitschiger klangen. Er setzte Streicher ein, ja sogar ein Horn, welches Dennis Brain für ihn einspielte.

Seine exotische Tarnung hätte nicht besser sein können. Eines Tages spielte er im Studio 2, als uns einige Vertreterinnen besuchten, die einen Eindruck von der Plattenproduktion gewinnen wollten. Sie standen mit offenen Augen und Mündern im Regieraum, als Bobs Stimme mit einem starken Glasgower Akzent über das Raummikro erklang.

„Oh", meinte eins der Mädchen erstaunt. „Das ist ja tatsächlich ein Ausländer, nicht wahr?"

Bob gehörte zu den ersten Künstlern, deren Platten ich „pflanzen" wollte – zumindest versuchte ich das. Oscar hatte sich entschieden, dass das ein Teil meiner Ausbildung sei. Ich musste also die Platte bewerben, was bedeutete, die BBC zu besuchen, damit sie dort gespielt wurde. Es wurde leider kein atemberaubender Erfolg. Ich schnappte mir eine von Bobs Platten und traf mich mit Jack Jackson, der sie in seiner *Saturday Night Show* spielen sollte, der Sendung mit Tiddles the Cat. Er zeigte sich sehr zuvorkommend, aber unbeeindruckt von meinen Überzeugungsversuchen. „Bringen Sie mir doch Platten von Guy Mitchell, Mitch Miller oder ähnlichen Interpreten. Das interessiert mich." Ärgerlicherweise *konnte* ich ihm keine vergleichbaren Künstler anbieten.

„Sehen Sie mal, mein Sohn“, erklärte er mit nachgiebiger Stimme. „Ich möchte mich Ihnen gegenüber nicht unhöflich verhalten. Wenn Sie mir eine für mein Programm passende Platte bringen, werde ich sie gerne vorstellen. Aber Roberto Inglez! Na, hören Sie mal ...!“

Ich war am Boden zerstört.

Godfrey Winn war einer der Männer, die meine Platten in ihrer Sendung spielten, und zwar bei *Housewives' Choice*. Über die Zeit entwickelte sich zwischen uns eine angenehme Beziehung. Eines Tages lud ich ihn zum Mittagessen in ein nobles Restaurant in der Ebury Street ein. Zuvor hatte ich mir 5 £ Spesen geben lassen. Wie üblich fuhr ich mit dem Motorrad zum Treffpunkt, um die Taxikosten zu sparen.

Nach der Mahlzeit bot er mir an, mich in seiner Edelkarosse, ich glaube, es war ein Bentley oder ein anderes Gefährt gleichen Kalibers, zum Studio zurückzubringen. Was sollte ich jetzt bloß machen? Ich hatte, ohne mit der Mine zu zucken, die 5 £ hingeblättert. Meine Bestrebungen, ihn zu beeindrucken, wären zunichtegeworden, hätte ich ihm von meiner Ankunft auf dem Motorrad erzählt – obwohl das heutzutage natürlich einen gewissen Schick ausdrücken würde. „Nein, mach dir keine Mühe. An der Ecke kann ich problemlos ein Taxi heranwinken. Trotzdem vielen Dank.“ Doch ich konnte ihn nicht abhalten. Höflicher Mensch, der er nun mal war, bestand er darauf, mir ein Beförderungsmittel zu organisieren. Und er wartete sogar, bis ich Platz nahm. Ich stand nun vor der peinlichen Aufgabe, ans Glas zu klopfen und den Fahrer zu bitten: „St. John's Wood Studios, bitte.“

Hundert Yards die Straße hinunter – Godfrey befand sich nun in sicherer Entfernung – klopfte ich wie ein Wahnsinniger an die Scheibe und schrie: „Lassen Sie mich bitte raus. Bitte lassen Sie mich raus!“ Zweifellos dachte der Fahrer, ich sei übergeschnappt. Was macht man nicht alles, um das gute Image der Firma aufrechtzuerhalten!

Das stand für mich an erster Stelle und mag einer der Gründe dafür gewesen sein, warum ich mich beim Platten-Pflanzen nicht sonderlich geschickt anstellte. Ich war ein Schaf unter Wölfen und bemerkte das nicht. Damals gab es einige große Skandale in Bezug auf der Verhältnis Plattenindustrie/Radiomoderatoren, und so setzte die meisten Firmen Strohmänner ein, die den Job für sie erledigten, doch das war niemals

Oscars Stil. Er zählte zu den rechtschaffenen Menschen, und somit dachte er nicht im Entferntesten daran, mithilfe zwielichtiger Gestalten zu arbeiten. Dadurch erfuhr ich erst relativ spät von diesen fragwürdigen Zuständen. Und mal ganz davon abgesehen, empfand ich die EMI als hoch seriös.

Für die Firma zu arbeiten ließ sich wohl mit einer Anstellung bei Rolls Royce in den Dreißigern vergleichen. Sie waren unglaublich stolz auf ihr „By Appointment"-Zeichen, auf das Hund-und-Grammophon-Label von HMV und weitere unverkennbare Charakteristika. Die Entlohnung bei der EMI kann nur als abgrundtief schlecht bezeichnet werden, aber man durfte sich des Privilegs rühmen, zu einer solchen Firma zu gehören, vergleichbar mit der Zugehörigkeit zur BBC heutzutage, allerdings noch ausgeprägter.

Was die Formalitäten anbelangte – da gab es keinen großen Unterschied zum öffentlichen Dienst. Jeder musste einen Anzug mit Krawatte tragen und konnte sich nicht erlauben, in schlabberigen Jeans aufzutauchen. Sogar im Studio durfte die Krawatte nicht abgelegt werden, und die Tontechniker arbeiteten in weißen Kitteln, wodurch sie wie OP-Assistenten aussahen. Ich kann mich gut an Peter Brown erinnern, einen Mitarbeiter, der es mittlerweile bis ganz nach oben geschafft hat. Er besaß nur einen Anzug, und zwar das Ausmusterungskleidungsstück, das ihm die dankbare Nation spendierte! Er kam Tag für Tag in dieser schäbigen Kluft zur Arbeit.

Der Kleidungskodex galt auch für Musiker. Sogar die Jazz-Schlagzeuger spielten in einem Anzug mit einer eng geschnürten Krawatte. Es war schon eine recht dümmliche Form des Snobismus, die zu lächerlichen Zwischenfällen führte. Eines Tages wollte Eddie Fisher, damals ein Riesenstar, die Studios durch den Haupteingang betreten. An dem Tag standen Plattenaufnahmen auf dem Programm, doch er trug seine amerikanische Uniform. Unglücklicherweise bekleidete er nicht den Rang eines Offiziers, und so bat ihn der Portier, die Studios bitte doch durch den Hintereingang zu betreten. So bewertete man also nach dem Krieg den Dienstgrad einer Person!

Allerdings behandelte man die ganz großen Stars in der Regel zuvorkommend, denn sie umgab Glamour und der Hauch der großen, weiten

Welt. Sie wurden in Limousinen zum Studio gebracht, und man reichte ihnen neben geräuchertem Lachs zur Erfrischung Champagner. Die Ankunft eines Stars war beinahe körperlich zu spüren, denn die Atmosphäre des Studios schien sich elektrisch aufzuladen. Und wenn sich eine Künstlerin wie Jane Morgan zeigte, war das auch gerechtfertigt, denn sie sah fantastisch aus. Jane Morgan hatte einen unvergleichlichen und tadellosen Stil und trug einen mit Diamanten besetzten, glitzernden Pelz. Doch daran erinnert sich heute anscheinend niemand mehr. Die großen Stars tragen alte und ausgebeulte Jeans und unterscheiden sich nicht von anderen Personen.

Meist wurden die Stars bei ihrer Ankunft von Oscars Sekretärin Judy Lockhart-Smith unterhalten. Der schottische Tenor Robert Wilson erwartete immer ein Glas Whiskey. Unglücklicherweise mochte unser Nachtwächter auch einen guten Schluck, bediente sich an der Flasche und füllte sie wieder mit Wasser auf. Judy wusste nichts davon und reichte Wilson eines Tages ein Glass des verdünnten Drinks. Er trank ein wenig und spuckte den Whiskeyverschnitt sofort aus. Wilson konnte kaum glauben, was seine Geschmacksknospen da ertragen mussten.

Judy, wie schon erwähnt, verhielt sich mir gegenüber eine lange Zeit äußerst unterkühlt. Ich fand sie attraktiv, jedoch leicht arrogant und eindeutig überheblich. Als Judy mich das erste Mal sah, musterte sie mich wie einen Hund, den jemand mitgebracht hatte. Trotz ihrer Jugend zählte sie zu den „Oldtimern“, und ich war das kleine Balg. Wir arbeiteten in einer angespannten Atmosphäre, begleitet von gegenseitiger Antipathie, was sicherlich ein recht ungewöhnlicher Beginn für zwei Menschen war, die später eine wunderbare Ehe führen sollten.

Judy verstand sich gut mit unseren Künstlern, und neben der normalen Arbeit blätterte sie die Noten während der Aufnahmen um, für Persönlichkeiten wie Kentner, Gerald Moore, Yehudi Menuhin, Rawicz und Landauer sowie Solomon, den Pianisten. Allerdings liefen nicht alle Aufnahmen harmonisch ab. Ray Martin, auch ein Künstler, der bei der Firma unter Vertrag stand, besaß einen kleinen Dackel, der kurz vor Solomons Mitschnitt einer Sonate in das Studio tapste. Unglücklicherweise war das Tier nicht „studiorein“ und hinterließ unter dem Piano ein kleines Häufchen. Solomon stellte einen Fuß auf das Klavierpedal und trat – kkkksch – direkt rein. Er humpelte aus dem Studio, wobei er darauf achtete, dass er den Dreck nicht weiter verbreitete, und weigerte sich, an dem Tag noch weiter aufzunehmen.

Ärgernisse in der Art waren von Sir Thomas Beecham nie zu erwarten. Der nette Mann wohnte ganz in der Nähe und nahm gelegentlich bei uns auf. Zum Mittagessen ging er zu McWhirters, dem Arbeiterimbiss nebenan, und nicht in das Nobelrestaurant die Straße hoch. Dort servierte man Hausmannskost. Der Lunch kostete 3 Schilling und 9 Pence und 3 Pence extra, wenn man die Fleischbeilage wünschte.

An einem dieser Tage bat er die Serviererin um die Weinkarte. „Wir haben keinen Wein, mein Lieber. Ich kann Ihnen aber gerne eine gutes Glas Tizer holen." Ihn störte es nicht, denn er war ein bodenständiger Mensch, ganz im Gegensatz zu Malcolm Sargent. Der forderte stets Sandwiches mit geräuchertem Lachs und Champagner. Als Star mochte er es, sich vom Fußvolk abzuheben, wohingegen Beecham es genoss, sich unter den „einfachen" Menschen zu bewegen.

Sargent hatte sich den Spitznamen „Flash Harry" „eingefangen". Ich erinnere mich an einen Tag, an dem wir eins von Beethovens Werken probten. Als er nicht im Studio war, hatte jemand die Noten für „I'm Just Wild About Harry" auf sein Notenpult gelegt. Er kam zurück, nahm sie in die Hand und sagte: „Ich schätze mal, dass bezieht sich auf einen berühmten Dirigenten, hier ganz in der Nähe, oder etwa nicht?"

Ein weiterer Dirigent, mit dem ich arbeitete, war Charles Mackerras. Ich kannte ihn noch aus der Zeit, als wir als Oboisten im Ensemble für *Don Giovanni* im berühmten Theater Sadler's Wells spielten. Die Gruppe musste über die Bühne marschieren und unter den Augen des Publikums auf einem Balkon spielen, wurde aber vom Orchestergraben aus dirigiert. Wir trugen Perücken und ein Wams und erhielten dafür sogar zusätzlichen Lohn, was mir damals nur recht sein konnte. Charles und ich waren die einzigen Oboisten der Gruppe, mit dem Unterschied, dass er das Instrument um Längen besser beherrschte. Mein Spiel ließ sich höchstens als mittelmäßig umschreiben, doch er verhielt sich immer freundlich und hilfsbereit. Zu der Zeit befand er sich noch im Sadler's Wells in der Ausbildung zum Dirigenten. In seiner Freizeit sammelte er die Musik von Gilbert and Sullivan, die er sehr mochte.

Als die Rechte an den Werken von Arthur Sullivan gemeinfrei waren, machte Charles den brillanten Schachzug, verschiedene Stück aus diversen Opern zusammenzustellen und sie für ein Orchester zu arrangieren. Darüber hinaus engagierte er sich bei der Produktion eines Balletts, das auf Sullivans Musik basierte. Es hieß *Pineapple Poll*, wurde ein Riesenerfolg und unverzüglich von Len Smith für Columbia aufgenommen, der dabei das Covent Garden Orchestra einsetzte.

Oscar war völlig aufgebracht: „Du kennst Charles Mackerras", beschimpfte er mich anklagend. „Warum hast du uns nicht *Pineapple Poll* gesichert?"

Ich fühlte mich schuldig und antwortete: „Ich wusste, dass er sich mit einer Produktion beschäftigte, dachte aber nicht näher darüber nach."

Oscar versuchte das Beste aus dem Missgeschick zu machen, indem er das Werk mit dem Sadler's Wells Orchestra unter der Leitung von Charles Mackerras aufnahm, doch die Platte war nicht annähernd so gut.

Es war typisch für die EMI, dass verschiedene Labels die gleichen Werke vertonen durften. Obwohl sich unsere Büros alle im selben Gebäude befanden – Len Smith arbeitete in Räumlichkeiten, die direkt über den Flur lagen –, bekämpften sich die Labels wie Rivalen. Alle vier Wochen trafen sich die Kontrahenten bei der sogenannten „Ergänzungs-Besprechung", um sich darüber zu unterhalten, welche Aufnahmen für den kommenden Monat angesetzt wurden. Der eigentümliche Name dieser Meetings beruhte darauf, dass die in Frage kommenden Titel eine Ergänzung zum Gesamtkatalog darstellten. Oscar hegte ein unvergleichliches Misstrauen gegen Walter Legge von Columbia und wartete darauf, dass Walter den Produktionsplan vorstellte. Erst danach enthüllte er sein angepeiltes Programm. Und dafür gab es einen guten Grund. Falls Oscar kundgetan hätte, dass er eine Aufnahme des *Sinfonia Concertante* von Dittersdorf für den nächsten Monat plante, wäre folgende Antwort von Legge symptomatisch gewesen: „Das tut mir so leid, mein Lieber, jedoch ließ ich sie erst vor wenigen Tagen aufzeichnen. Ich habe sie nur noch nicht veröffentlicht, weil ich über stilistisch ähnliche Werke im Überfluss verfüge." Das war natürlich vollkommener Unfug. Hätte Legge die Idee so einer Aufnahme zugesagt, wäre er aus dem Konferenzzimmer geschlichen, hätte die Produktion durch einige schnelle Telefonanrufe fixiert und sich gleichzeitig eine Feder für seinen Kopfschmuck verdient. Da Oscar das Prozedere schon einige Male erlebt hatte, war er durch die Erfahrungen klüger geworden.

Neben den Meetings versammelten sich die einzelnen Labels zu einem monatlichen Verlagstreffen. Dabei hörten wir die neuen Stücke. Damals verfügten Interpreten und Verleger über keine *Homerecording*-Möglichkeiten, und so besuchten uns die verschiedene Vertreter – gebucht von Judy in 15-minütigen Intervallen – und sangen und klimperten uns ihre aktuellen Werke auf dem großen Flügel (der stand in unserem Büro) im guten, alten Tin-Pan-Alley-Stil vor. Wir machten uns Notizen und behielten Kopien der Noten. Ich hatte meinen Spaß dabei, da es mich an die Zeit der Varietés erinnerte und in der Tradition von George Gershwin stand, der als unbekannter Künstler auch seine Stücke feilbieten musste. Es lässt sich überhaupt nicht mit den polierten und durchproduzierten Demobändern vergleichen, die man uns heute präsentiert.

Da die Besprechungen vormittags stattfanden, hatte ich den Nachmittag für Aufnahme-Tests im Studio 2 zur Verfügung. Jede halbe Stunde kündigte sich ein neuer Interpret an. Damals verfügte Judy über ein wesentlich größeres Wissen über Pop und Jazz als ich. Sie nahm sich manchmal frei, flog in den Pariser Blue Note Club und hatte ihren Spaß mit dieser Szene.

Verglichen mit heute war das Geschäft meist weniger dramatisch, sensationsheischend und aufgesetzt. Es war ganz einfach Arbeit, obwohl eine höchst interessante, von der die Menschen, die sich außerhalb dieses Kreises bewegten, so gut wie gar nichts erfuhren. Kaum jemand hielt den Job eines Plattenproduzenten für erstrebenswert, was im eindeutigen Gegensatz zu heute steht, wo sich alle darum reißen und ihnen jedes Mittel recht ist, um sich zu etablieren.

Sogar die Rivalität unter den diversen Sub-Labels der EMI kann noch als *gentlemanlike* bezeichnet werden. Wir schnüffelten niemals nach Büroschluss in den Aktenordnern der anderen herum, um einen Vorteil zu erlangen, um zu wissen, was bei ihnen vor sich ging. Es bestand eher eine Parallele zum Automobilhersteller British Leyland, wo man leicht einen Mitarbeiter finden konnte, der auf seine Firmenzugehörigkeit stolz war: „Einmal ein Austin-Mann, immer ein Austin-Mann". Auf uns übertragen hieß dass dann: „Einmal ein Columbia-Mann, immer ein Columbia-Mann.“

Dennoch hütete Oscar sein Täubchen Parlophone wie eine Henne ihre Küken (wenn dieser Vergleich ornithologisch überhaupt zulässig ist). Niemand durfte seinem Label zu nahe kommen. Allerdings gab es zeitweise nicht viel Arbeit bei Parlophone, da die Firma nach dem Krieg viele Interpreten verloren hatte. Einige Künstler wurden von Label zu Label verschoben, und so führte Oscar auch Produktionen für Columbia durch, da er bestimmte Musiker noch von Parlophone kannte und sie ihm ans Herz gewachsen waren. Zum Beispiel nahm er Robert Wilson auf, der eigentlich zu HMV gehörte.

Allerdings bestanden einige unumstößliche Gesetze. Parlophone produzierte niemals ein Musical, denn dieses Genre betreute HMV exklusiv. Die Differenzierung der Labels erstreckte sich sogar bis in die Geschäfte. Heutzutage werden Schalllatten überall verkauft. Damals konnte man Tonträger nur in Fachgeschäften erwerben, die wiederum nur ein Label vertrieben – ein Shop für HMV, ein anderes Geschäft für Columbia und so weiter. Speziell HMV hegte einen regelrechten Standesdünkel und war stolz auf ihre Läden. HMV-Platten durften nur von HMV-akkreditierten Verkäufern dem Endkunden angeboten werden. Darüber hinaus erlaubten sie nur eine Verkaufsstelle in einer Stadt. Die Innenausstattung jeweiligen Geschäfte machte der von Rolls Royce Konkurrenz. Die Filialleiter fühlten sich regelrecht geehrt, wenn eine Tafel mit dem Zeichen des Hundes mit dem Grammophon über ihrer Eingangstür hing.

Ich empfand das als nicht sonderlich intelligent, da sie den Umsatz freiwillig und absichtlich beschnitten. Am Ende zerbrach das Geschäftsmodell, und HMV-Platten waren überall zu kaufen. Das aber führte zu einer massiven Auseinandersetzung mit der EMI. Ein Mann, der den alten Zeiten partout nicht Lebewohl sagen wollte, empörte sich so sehr, dass der letzte Ausweg für ihn in einer Kündigung bestand. So eine Entscheidung mag aus heutiger Sicht dumm anmuten, belegt und betont jedoch den starken Wunsch der Menschen, ihre Individualität beizubehalten.

1952 war die Zeit für mich reif, meine Identität zu suchen. Ich schlug Peter Ustinov vor, gemeinsam mit meinen Kollegen von der London Baroque Society eine Platte zu machen. Peter war das *Enfant terrible* der britischen Schauspielzunft, unsere Antwort auf Orson Welles. Da er das Publikum immer mit seiner sogenannten „Mundmusik“ erheiterte, entschieden wir uns für die doppelseitige Single „Mock Mozart“/„Phoney Folk Lore“. Die A-Seite beschreibe ich gerne als dreiminütige Mini-Oper von Peter. Ich kategorisierte die Produktion unter dem Überbegriff „The Voices And Noises Of Peter Ustinov“. Peter sang alle Teile, also Sopran, Altstimme und Tenor, und wurde von Anthony Hopkins auf dem Spinett begleitet.

Das Ganze entwickelte sich zu einem kleinen Abenteuer. Natürlich verfügten wir damals noch über keine Mehrspurtechnik. Da er im Grunde genommen ein vierköpfiges Ensemble imitieren musste, war Peter gezwungen, mit sich selbst zu singen. Dazu benutzten wir zwei Bandmaschinen und mischten dabei gleichzeitig. Natürlich war das alles noch in Mono, wodurch wir natürlich Generationen an Aufnahmequalität verloren. „Generationen“ bedeutet das prozentuale Verhältnis zwischen Signal und Geräusch. An dieser Stelle sollte ich den technisch eher Desinteressierten etwas über den mechanischen Aufnahmeprozess erklären. Die Aufnahmequalität wird von der Qualität/Quantität der Moleküle des Bandes an sich bestimmt. Das Verhältnis des ursprünglichen Signals zum Hintergrundrauschen – damit meine ich die kaum wahrnehmbaren Geräusche des Bandes, die durch den rein physischen Prozess des Anliegens am Tonkopf entstehen – bestimmt das Endresultat.

Das Verhältnis des ursprünglichen Signals, also der Tonquelle, zum Hintergrundrauschen verändert sich durch den mechanischen Abrieb, verkleinert sich also zugunsten des Hintergrundrauschens. Während bei der ersten Aufnahme das Rauschen noch eindeutig im Toleranzbereich liegt, nimmt es bei einer erneuten Aufnahme auf ein anderes Band zu. Je öfter dieser Prozess wiederholt wird, desto stärker hörbar wird das Phänomen. Jede weitere Aufnahme verschlechtert also das gewollte Tonsignal und verstärkt die Störgeräusche um den Exponenten 2. Bei zwei Aufnahmen wird das Rauschen viermal höher, bei drei Aufnahmen sogar neunmal. Dieser Faktor verringerte sich deutlich mit der Entwicklung der Bandaufnahmetechnik, da technisch ausgefeiltere Tonköpfe, ein leichterer Druck des Bandes gegen den Tonkopf und vor allem deutlich besseres Bandmaterial zu klanglich besseren Ergebnissen führten. Im Fall von

Ustinov nahmen wir vier Mal auf, und darum verstärkte sich das Rauschen sechzehnmal. Doch ein Großteil des Publikums hört die Geräusche noch nicht mal. Ich glaube zudem, dass die Käufer der Platten noch nicht ahnten, dass der Hintergrundpegel so hoch war. Allerdings würde es den heutigen Hi-Fi-Puristen sicherlich auffallen.

Nun standen wir noch vor einem zusätzlichen Problem. Obwohl die Theorie der mehrfachen Stimmen machbar anmutete, ergab sich bei den Aufnahmen ein Problem. Ich fand heraus, dass Peter im Studio Schwierigkeiten hatte, zu der schon mitgeschnittenen Spur, auch „Track" genannt, seines Gesangs zu singen. Wie viele andere war er ein „Kopierer". Um synchron zu der ersten Stimme zu singen, musste er sie zuerst hören und setzte zeitlich versetzt kurz danach an – was natürlich zu spät ist.

Somit arbeiteten wir in kleinen Häppchen. Ich hetzte ständig vom Regieraum zu Peter und zurück. Zwischendurch gab ich ihm Anweisungen: „Hör zu, Peter. Bitte sing diesen Teil ti dum, ti dum, ti dum – und beginn exakt, wenn ich dir mit meiner Hand ein Signal gebe." Somit konnte er den genauen Anfangspunkt der Phrase erkennen und passend dazu die Melodie singen.

Es war ein beschwerlicher, langer und mühseliger Arbeitsprozess, der sich aber letztendlich auszahlte. Die Produktion der B-Seite hingegen viel uns wesentlich leichter, da Peter seine „Party-Stückchen" imaginärer Folk-Songs zum Besten gab.

Doch dann stand die monatliche „Ergänzungs-Besprechung" der EMI an. Bei „Mock Mozart" angelangt, richteten sich alle Augen auf mich. Purer Horror machte sich auf den Gesichtern der Kollegen breit. Die Kommentare folgten schnell.

„Was ist das, George?"

„Peter Ustinov!!??"

„Was hast du dir nur dabei gedacht, George?"

„Das ist doch blanker Unsinn. Niemand hat bislang so eine Platte produziert."

Oscar unterstütze mich, so gut es nur ging, doch die anderen dachten anscheinend, ich sei verrückt geworden. Ich musste mich mit jedem einzelnen der Kollegen herumschlagen, um sie davon zu überzeugen, dass die Platte eine Chance hatte. Die Veröffentlichung stand auf der Kippe, doch nachdem sie auf den Markt gekommen war, zahlte sich mein Wagemut aus. Eine Woche nach Veröffentlichung rief mich der Geschäftsführer von HMV aus der Oxford Street an und fragte: „Diese Peter-Ustinov-Platte – haben Sie die produziert?"

„Ja", antwortete ich kleinlaut und wartete darauf, gegen was für einen Angriff ich mich jetzt zur Wehr setzen musste.

Doch er überraschte mich: „Können Sie mir möglicherweise bei der Beschaffung weiterer Exemplare behilflich sein? Ich haben schon 200 Stück verkauft und kann nirgendwo nachbestellen."

(Der Geschäftsführer war übrigens zufälligerweise Ron White, später Manager des EMI-Verlags.)

Mit dem Lächeln eines Siegers ging ich zu meinen „Meistern" und rieb ihnen die Neuigkeiten genüsslich unter die Nase. „Ihr habt viel zu wenig Platten gepresst." Ich glaube, dass die Erstauflage 300 Exemplare betrug. Als die Nachpressung gefertigt war, sank die Nachfrage unglücklicherweise. Schon wieder eine Lektion gelernt! Am heutigen Standard gemessen, klingt die Auflagenhöhe von 300 Platten lächerlich gering, doch damals gab es Produktionen, von denen sich vielleicht nur 180 Stück absetzen ließen. Trotzdem rechnete sich das aus ökonomischer Perspektive, da die Aufnahmekosten gering waren, ganz im Gegensatz zu den tatsächlich sehr hohen Endverbraucherpreisen.

Dazu kam noch, dass ein Künstler wie Peter keinen Vorschuss erhielt. Er bekam Tantiemen in Höhe von 5 %, damals die höchste Umsatzbeteiligung. Der größte Kostenfaktor bestand im Mieten des Spinetts, was uns 15 £ kostete, und in der Gage für Anthony Hopkins, die mit einer vergleichbaren Summe zu Buche schlug. Zur Kostendeckung musste man also nur 200 oder 300 Platten zu je 7 Schilling an den Mann bringen.

Die Plattenproduktion mit Peter stellte eine Ausnahme von der Regel dar, da die meisten Künstler – besonders Sänger – Exklusivverträge mit den Plattenfirmen abgeschlossen hatten. Bedeutende Interpreten bekamen Verträge mit einer Laufzeit von zwei Jahren, möglicherweise um eine Option für weitere drei Jahre ergänzt. Der Vorteil für diese Interpreten bestand in der Zusage von regelmäßigen Veröffentlichungen, die sich natürlich finanziell niederschlugen. Einige erhielten eine Tantiemenvorauszahlung (allerdings musste man für so eine Vertragsklausel schon ziemlich erfolgreich sein), da die EMI mit ihren Künstlern in finanzieller Hinsicht ähnlich wie mit dem Personal umsprang – und dementsprechend knauserig war. Die durchschnittliche Bezahlung pro Platte lag bei einem Penny, die höchste Entlohnung bei einer 5-prozentigen Beteiligung. So ließ sich natürlich die mangelnde Verbundenheit der Künstler mit der Firma erklären.

Die Vielfalt der Interpreten beeindruckte mich immer wieder. In derselben Woche nahm ich Bob und Alf Pearson auf („My Brother And I" war ihr großer Hit), Dick Bentley und Joy Nichols („Take It From Here"), das Covent Garden Orchestra, Tommy Reilly mit seiner Mundharmonika, Eve Boswell und Charles Williams, der neben Sidney Torch das Queen's Hall Light Orchestra dirigierte.

Ich kann mich noch gut an Charles erinnern, der „The Dream Of Olwen" schrieb, da das Schicksal ihn mit einem überraschenden Geldregen erfreute. Er schrieb einige Stücke, eher als Hintergrundmusik gedacht, und erhielt dafür regelmäßige Zahlungen der *Performing Rights Society*, einer Organisation, vergleichbar mit der deutschen GEMA, die die mechanischen Vervielfältigungsrechte, Aufführungsrechte und Senderechte von Komponisten und Textern wahrnimmt. Plötzlich – ohne einen ersichtlichen Grund – betrug eine der Zahlungen die für damalige Zeiten exorbitante Summe von 5.000 £. Wie sich herausstellte, benutzte eine TV-Station in den USA eine seiner Kompositionen, ein Stück mit einer religiösen Grundstimmung, als Erkennungsmelodie. Und niemand hatte ihm davon berichtet!

Gelegentlich nahm ich auch Freddie Randall und seine Jazz-Band auf, denn mittlerweile hatte ich mich weit von den altehrwürdigen Klangkathedralen des Klassik entfernt und produzierte – trotz meiner früheren Zusammenstöße mit Humph – alle Jazz-Künstler von Parlophone, also Graeme Bell and his Dixieland Jazz Band, Joe Daniels and his Hotshots, Jack Parnell und Johnny Dankworth and his Seven.

Mit Johnny nahm ich einen meiner ersten Hits auf. Das Stück nannte sich „Experiments With Mice" und basierte auf dem Liedchen „Three Blind Mice". Er und Cleo Laine wurden schon bald gute Freunde, mit denen ich häufig arbeitete. Cleo, die damals noch nicht mit ihm verheiratet war, sang in der Band. Ich finde es erfreulich, dass John und

Cleo genauso lange im Geschäft sind wie ich. Auch sie haben die harten Seiten und unangenehmen Aspekte kennengelernt: Tourneen, finanziell schwierige Zeiten, das ständige Auf und Ab sowie andere Problematiken – und nun betraten sie die Weltbühne als große Künstler. Eine mich immer wieder erheiternde Ironie besteht in der Tatsache, dass man Cleo ständig eine erfolgreiche Karriere absprach, da sie eine *zu gute* Stimme habe. Umso mehr erfreut mich der Erfolg einer nun von allen Seiten anerkannten Künstlerin.

John engagierte sich wahnsinnig, angetrieben durch einen regelrechten Fanatismus, und das konnte mitunter lustige Konsequenzen haben. Einmal bereitete er ein Jazz-Konzert für Matyas Seiber in der Festival Hall vor und arbeitete dabei mit seinem Arrangeur Dave Lindup, der mit der Band immer auf Tour ging. Da die Arrangements unbedingt fertig gestellt werden mussten, buchte John eine Hotelsuite und fragte ausdrücklich, ob er sich mit Dave ein Zimmer teilen könne, um den Großteil der Nacht durchzuarbeiten. Der Empfangschef reagierte mit einem zweifelnden Gesichtsausdruck, wobei ihm wahrscheinlich Vorurteile über das Musikerleben durch den Kopf gingen. Die beiden ließen sich davon nicht aus der Ruhe bringen, gingen auf ihr Zimmer und dachten nicht mehr darüber nach.

Als sie von dem Gig zurückkehrten, begannen sie unverzüglich mit der Arbeit. Um 4 oder 5 Uhr morgens drehte sich Dave zu John und meinte: „Mir fallen die Augen zu. Ich kann nicht mehr und brauche unbedingt Schlaf." Er entkleidete sich und fiel auf das eine Bett, während John mit ungebrochener Kraft weiter arrangierte.

Um 7 Uhr holte auch ihn die Müdigkeit ein, doch es war schon viel zu spät, um noch ins Bett zu gehen. Er legte die Arbeit beiseite, duschte, zog sich an und ging zum Frühstück. Als er sich den Marmeladentoast schmecken ließ, kam ihn in dem Sinn, dass er nicht nur um ein Doppelzimmer gebeten hatte, sondern dass die Zimmermädchen sofort sehen würden, dass nur ein Bett benutzt war. Als die beiden das Hotel verließen, zogen sie einige hochgradig suspekte Blicke auf sich.

Aus verständlichen Gründen empfand John rassistische Bemerkungen als abgrundtiefe Beleidigung und legte sich mit jedem an, der sich abfällig über eine andere Hautfarbe äußerte. Allerdings amüsiert er sich immer noch über einen Zwischenfall beim lokalen Obst- und Gemüsehändler, wo er sich etwas Obst kaufen wollte. Er entdeckte vielversprechende Weintrauben und sagte zum Verkäufer: „Ich hätte gerne einige Pfund dieser Trauben. Sie sehen ja äußerst schmackhaft aus."

Doch als die Bedienung die Kiste von der Anrichte zog, bemerkte er das Etikett „Südafrika". Er sah plötzlich keinen Grund mehr, sich die Früchte zuzulegen, und meinte: „Moment mal. Die Trauben kommen aus Südafrika, oder? Ich habe es mir überlegt und möchte sie nun doch nicht."

Der Mann schaute ihn ein wenig unterkühlt an und antwortete: „Tja, vielleicht haben Sie ja recht. Man kann ja nie wissen, was für Nigger die angepackt haben."

Nach dem Erfolg von „Experiments With Mice" folgte Johns nächster Riesenhit „African Waltz". Er wurde von dem aufstrebenden Songwriter Galt McDermott verfasst, den damals kaum jemand kannte. Wir nahmen später noch einige seiner Stücke auf, wie zum Beispiel „I Know A Man" mit Rolf Harris. Das war noch lange vor der Zeit, in der er das berühmte Musical schrieb, das ihm zum Millionär machte – *Hair*. McDermott gehörte zu den Songschreibern, die sich in den Büros der Verleger in der Denmark Street rumdrückten und dabei versuchten, ihre Stücke zu verkaufen.

Zwischen der Moderne und den alten Zeiten besteht ein großer Unterschied: Heute[4] werden alle Stationen des kreativen Prozesses von den Plattenfirmen überwacht, ja, sogar die Verleger stehen bei ihnen unter Vertrag. Früher waren Verleger eine starke und unabhängige Kraft. Wenn sie einen Komponisten akzeptierten, gehörte es zu ihrem Aufgabengebiet, den Song bei Plattenfirmen und den Radiomoderatoren vorzustellen, wodurch die Chancen auf einen Hit enorm stiegen. Hatte man keinen Verleger, der einem den Rücken stärkte, brauchte man mit dem Komponieren erst gar nicht anzufangen. Und so hingen die Songwriter sprichwörtlich an den Türen der Verlage und hofften auf ein Vorstellungsgespräch mit den Verantwortlichen, wie es einige Jahre später bei den Plattenfirmen genauso der Fall sein sollte.

4 Anmerkung des Lektors: Heute = Anfang der 1980er Jahre.

Ich musste kontinuierlich Komponisten abweisen, was sich bis jetzt nicht geändert hat. Hörte ich mir tatsächlich alle angebotenen Stücke an, dann bliebe mir keine Zeit mehr zur Plattenproduktion. Unsere heutige Vorgehensweise besteht darin, dass sich ein Gremium durch das Material arbeitet und ausgesuchte Stücke empfiehlt. Wenn der Song womöglich etwas Besonderes darstellt, hören wir ihn uns selbst an.

Ein Grund für die damalige Stärke und Position der Verleger lag im Defizit der Singer/Songwriter, da damals weniger Menschen dieser Berufung nachgingen. Zudem gab es noch die klare Unterscheidung zwischen dem Interpreten und dem Komponisten. Die Interpreten befanden sich auf ständiger Suche nach gutem Material, und die Komponisten taten ihr Möglichstes, ihre Stücke vorzugsweise bei den bekanntesten Interpreten unterzubringen. Und so versuchte der Songwriter die Akzeptanz eines Verlegers zu gewinnen, der den notwenigen Kontakt zu einem populären Künstler unterhielt.

Natürlich wollten alle Künstler einen Nummer-1-Hit landen. Falls ein Konkurrent ein Stück ergatterte (das nach ihrer Meinung ihnen selbst zugestanden hätte) und es damit schaffte, schob man uns die Schuld dafür in die Schuhe. Zum Beispiel: Norman Newell, der für den Pop-Katalog von Columbia zuständig war, landete mit Danny Williams' Version von „Moon River" einen Riesenhit. Wir von Parlophone nahmen das Stück nicht auf, und so war es gut möglich, dass eine Eve Boswell (sie stand bei uns unter Vertrag) mich anmeckerte und mir vorwarf: „Wieso habe ich ‚Moon River' nicht gehört? Und warum habe ich die Nummer nicht aufgenommen?" Zu so einem Wutausbruch hätte die gute Frau leider jegliche Berechtigung gehabt.

„Moon River" stellte sich für meinen Assistenten Ron Richards als großes Fiasko heraus. Ich entsandte ihn ins Kino und erwartete einen Bericht und eine Einschätzung der Musik. Er schaute sich den kompletten Film an und schickte ein Memo: Er habe sich die Hintergrundmusik angehört, aber nichts Lohnenswertes entdecken können! Doch wir alle machen solche Fehler. Ich vertiefte mich immer mehr in das Geschäft und lernte die Journalisten, die Rundfunkmoderatoren, eigentlich die gesamte Branche kennen. Mit Noel Whitcomb vom *Daily Mirror* verband mich eine innige Freundschaft. Wie ein Lauffeuer hatte eine Nachricht die Runde gemacht, die auch uns nicht kaltließ. Einige Kids spielten erfolgreich in den sogenannten *Coffee Bars*, und so entschieden wir uns, dieses Phänomen genauer unter die Lupe zu nehmen. Eines Abends im Jahr 1957 besuchten wir die *Two 'I's Coffee Bar* in Soho, um uns den neuen Act Tommy Steele and the Vipers Skiffle Group anzuschauen. Wir bestellten einen Kaffee, setzten uns hin und beobachteten den genialen jungen Mann, der mit seiner Gitarre in Hüfthöhe über die Bühne wirbelte. Mein erster Eindruck fiel nicht sonderlich positiv aus – ich stufte ihn als eine blonde Papp-Imitation von Elvis Presley ein. Noel teilte meine Einschätzung. Tommy hatte zwar viel Energie, doch seine Stimme klang nicht besonders gut – zumindest die wenigen Melodiefetzen, die ich hören konnte, denn die Vipers waren extrem laut und er nicht.

Von heute aus betrachtet wirkte die Show harmlos, doch in jenen Tagen empfand ich sie als schockierend, ähnlich musikalischer Masturbation. Die zur Schau gestellten Beckendrehungen stießen mich ab, da ich mich rein auf die Musikalität und Qualität seiner Stimme konzentrierte. Noel stimmte mir zu: „Da ist nichts." Und so ließ ich Tommy Steele an mir vorbeiziehen.

Aber ich mochte die Band und den Mut, mit dem sie ihre Musik umsetzten. Ich bot ihnen einen Vertrag an und produzierte mit ihnen viele erfolgreiche Platten. Doch Tommy Steele abzuweisen war offensichtlich eine große Dummheit, denn Decca trat einen Tag später an ihn heran, nahm den Sänger unter ihre Fittiche und machte einen großen Star aus ihm. Ich beichtete Sir Joseph Lockwood das Versäumnis, der damals die Geschäftsführung der EMI übernommen hatte. Er war offensichtlich sehr verärgert darüber. Ich hätte lieber mal den Mund halten sollen. Seit dieser Zeit habe ich Tommy schon mehrmals aufgenommen, woraufhin sich eine innige Freundschaft entwickelte, doch leider macht das den Fehler nicht ungeschehen.

Allerdings gibt es auch Entscheidungen, aufgrund deren Manager unfair behandelt werden. Dick Rowe von der Decca ist klassisches Beispiel dafür. Er wurde bekannt als „der Mann, der die Beatles abgelehnt hat" und muss dieses Kreuz nun bis zu seinem Grab tragen. Doch es ist unfair, denn jeder in Großbritannien lehnte die Beatles ab. Der einzige

Unterschied zu Dick Rowe bestand darin, dass er genügend Grips hatte, ihnen Probeaufnahmen zu gewähren – und das nicht nur ein Mal, sondern zwei Mal. Er zog es eindeutig in Betracht, die Band unter Vertrag zu nehmen. Statt ihn dafür anzuklagen, dass er sie letztendlich ablehnte, sollte man ihn wegen der Weitsicht loben, da er ihnen nun mal eine Chance gab, als alle anderen ablehnend reagierten.

1954 erledigte ich beinahe alle Aufgaben für Parlophone, und Oscar arbeitete kaum noch. Lockwood war der neue Geschäftsführer, was für die Firma einer frischen Brise gleichkam. Eine Zeit lang hasste ihn jeder wegen seiner Skrupellosigkeit. Allerdings zog er den Karren der EMI aus dem Dreck und brachte das Unternehmen auf Kurs.

Im Juli des Jahres bestand ich meine Führerscheinprüfung und startete in die „vierrädrige" Welt. Das fragliche Vehikel war eine 1935er Austin Ten Cambridge Limousine, die mich 60 £ kostete. Das Gefährt war sicherlich nicht makellos, doch ein ideales Anfängerauto. Ich befand mich wegen der bestandenen Prüfung in Hochstimmung. Zurück im Büro, bot ich Oscar an, ihn nach Hause zu fahren, also zur Arkwright Road in Hampstead, nicht weit von den Studios entfernt gelegen.

Dankbar sagte er zu, und wir machten uns um 18 Uhr auf den Weg. In bester Laune steuerte ich die Finchley Road hinunter und näherte mich der Ampel beim John-Barnes-Kaufhaus. Natürlich schaltete ich – nach dem Erhalt des Führerscheins ein erstklassiger Fahrer – vom oberen in den dritten Gang zurück. Doch ohne dass ich mich versah, hatte ich den langen Schaltknüppel mit einem kugelförmigen Aufsatz, der weit unten im Fahrerraum befestigt war – komplett in der Hand!

Mit der nötigen (und aufgesetzten) Gelassenheit reichte ich Oscar das „amputierte" Fahrzeugteil meines neuen Spielzeugs und meinte: „Würde es dir etwas ausmachen, den Knüppel ganz kurz zu halten?" Ich steuerte den Wagen ganz vorsichtig an den Bordstein. Die Schaltung hatte sich im dritten Gang verkeilt. Da war nichts mehr zu machen. Was für eine Erniedrigung und Schmach! Und Oscar fuhr mit dem Taxi nach Hause!

Wenn man meine erste Automobilerfahrung als wenig glücklich beschreiben will, so war ich mit den Verhältnissen bei der EMI noch unzufriedener. Das erste Problem bestand in der Vergütung, besser gesagt, der unzureichenden Vergütung. Nach drei Jahren war mein Lohn auf läppische 13 £, 9 Schilling und 3 Pence gestiegen, wovon mir nach den Abzügen noch 12 £, 6 Schilling und 8 Pence blieben. Die EMI hatte schon immer schlecht gezahlt, da sie glaubten, dass ein attraktiver Job eine angemessene Kompensation sei. Sogar Oscar wurde niemals angemessen entlohnt. Nach 50 Dienstjahren, während deren er ihnen sogar verschiedene Erfindungen vermacht hatte, erhielt er als Abschiedsgeschenk eine Ausgabe der *Encyclopaedia Britannica*. Das blieb ihm also nach all den Jahren.

Als mir Frank Lee von Decca 1954 einen Job mit einem Jahreseinkommen von 1.200 £ anbot, war ich darauf erpicht, augenblicklich zuzuschlagen. Meine erste Tochter Alexis (Kosename: Bundy) war im vorhergehenden Jahr zur Welt gekommen, und meine wirtschaftliche Lage war mehr als dramatisch. Nach Abzug der laufenden Kosten plagten mich ständige Bargeldprobleme. Ich ging also zu C.H. Thomas, dem ersten Manager von EMI Records, und sagte: „Mir hat die Arbeit viel Freude bereitet, vielen Dank auch, aber der Lohn ist nicht gut genug. Ich habe eine neue Anstellung angenommen."

Nun, ich sagte das frei heraus und dachte überhaupt nicht daran, damit den Grundstein für ein regelrechtes Gefeilsche zu legen. Für mich war das kein Trick, um an mehr Lohn zu gelangen. Damals dominierte eine eindeutig moralische Grundhaltung mein Verhalten, und ich hätte Skrupel gehabt, so zu taktieren, was vom heutigen Standpunkt aus gesehen schon ziemlich naiv war.

Doch der weltgewandte Thomas fasste es anders auf.

„Meinen Sie nicht, dass Sie sich recht unfair verhalten?"

„Wie meinen Sie das?"

„Ich kann es nicht zulassen, unsere Firma in eine Art Konkurrenzsituation zu bringen."

„Ich glaube, dass das nicht nötig ist", antwortete ich und legte dabei meine Naivität offen. „Wollten Sie mir mehr bezahlen, hätten Sie das sicherlich schon gemacht."

„Tja, ich möchte Sie nicht verlieren und biete Ihnen hiermit die gleiche Summe an."

Soweit ich mich erinnern kann, waren es letzten Endes 1.100 £, also eine geringere Summe, doch Thomas versicherte mir, dass ich nach Oscars

Ausscheiden aus dem Arbeitsleben Parlophone übernehmen dürfe, wenn es nach ihm gehe. Ich glaube, dass diese Perspektive den Ausschlag zum Bleiben gab, denn es war nicht sicher, was nach Oscars Pensionierung geschehen würde. Ich hatte Thomas erklärt, kein alter Knochen werden zu wollen, kein unbedeutendes Zahnrädchen im Getriebe. Ich wollte noch in meiner Jugend etwas erreichen! Und so nahm ich sein Angebot an und musste Frank Lee von Decca anrufen und absagen, der ziemlich verärgert reagierte, was mich nicht überraschte.

Obwohl ich der EMI die Treue hielt, gab es noch einige Gründe, derentwegen ich mich unwohl fühlte. Mein Tagebuch verweist auf eine Notiz für ein Memo, das ich dem Management schicken wollte. Der Eintrag lautet: „Als ersten konkreten Fall muss ich die Problematik mit Ron Goodwin ansprechen, dem Künstler, der im letzten Jahr für den höchsten Umsatz gesorgt hat. Er ist speziell wegen der Ausbeute verbittert, denn von den zuletzt veröffentlichten drei Platten – insgesamt hat er bislang sechs Tonträger produziert – wurde nur eine im Rundfunk gespielt. Dieser Faktor, im Zusammenhang mit der unglücklichen Präsentation von Parlophone in den USA, die britische Interpreten als weitaus schlimmer empfinden als überhaupt keine Präsentation, bewegte Ron dazu, die Unterschrift unter die optionale Klausel bezüglich einer längeren Kooperation in seinem Vertrag zu verweigern, der im November auslief. Der Verlust eines solchen Künstlers ist katastrophal."

Der Fall verärgerte mich auch, da Ron ein guter Freund geworden war, zu dem ich eine so enge Beziehung hatte, dass er später bei meiner Hochzeit mit Judy Trauzeuge wurde. Ron war ein aufstrebender Arrangeur, den mir Dick James 1953 vorstellte, also ein Jahr, nachdem ich begonnen hatte, ihn aufzunehmen. Dick sang genau wie Eve Boswell in einer Band und zählte zu den ersten Künstlern, die eher zu meinem Stamm gehörten und nicht zu Oscars. Ich produzierte mit ihm einige erfolgreiche Platten, wie zum Beispiel „Robin Hood". Da er jedoch Familie hatte, stand er dem Tourleben durch die Provinz ablehnend gegenüber. Schließlich gab er die Auftritte in den Music Halls auf und wurde Verlagsvertreter bei Sidney Bron, dem Vater von Eleanor. Doch 1953 sang er noch und schlug Ron Goodwin (nun einer unser besten Filmkomponisten) als Arrangeur seiner Platten vor.

Ähnlich ärgerte mich die Behandlung eines weiteren Freundes, nämlich Kenneth McKellars. Der Tagebucheintrag lautet: „Wir haben die Dienste eines brillanten, jungen Tenors aus Schottland verloren, den wir vor zwei Jahre aufnahmen. Ich bin mir sicher, dass er mit einer adäquaten Unterstützung einen vergleichbaren Erfolg wie den von Robert Wilson errungen hätte. Ich bin mir auch sicher, dass die Firma schon bald seinen Weggang bedauern wird. Er hat sich für Decca entschieden, da sie sich enthusiastischer bei der Förderung und Publicity zeigen. In seiner Erklärung beschwerte er sich: ‚HMV oder Columbia sind sicherlich keine schlechten Labels, doch man sieht niemals Produkte von Parlophone in den führenden Schallplattengeschäften.‘ Obwohl wir solch eine Anschuldigung nach außen hin bestreiten, bin ich der festen Überzeugung, dass sie stimmt.“

Der Eintrag der Notiz stammte vom Ende 1954, doch ich hatte Kenneth schon 1947 kennengelernt, während er noch Forstwirtschaft an der Universität zu Aberdeen studierte, wo meine erste Frau im Chor sang. Während meines Studiums an der Guildhall durchlief er eine Ausbildung am Royal College of Music in London. Er besuchte uns oft in Acton und half beim Bau eines Kamins.

Nach dem Einstig bei Parlophone überredete ich ihn zu einer Probeaufnahme in den Abbey Road Studios. Kenneth hatte eine sehr schöne Stimme, und ich nahm von 1951 bis 1955 acht Titel mit ihm auf. Leider entwickelte sich keiner der Songs zu einem Hit, was ich teils auf die mangelnde Unterstützung zurückführe und möglicherweise auch auf die enge Beziehung zwischen Oscar und Robert Wilson. Für Oscar nahm Wilson immer noch die Rolle eines Königs ein, dem kein Konkurrent an die Seite gestellt werden durfte. Da Parlophone in Schottland praktisch eine Monopolstellung einnahm, war er gleichzeitig *die* Stimme des Landes, ein Status, in dem ihn Kenneth nach einigen Jahren ablösen sollte. Oscar stand kurz vor der Rente, und wenn ich seine Stellung bekäme, würde ich alles dafür geben, Kenneth unter meine Fittiche zu nehmen. Ich sagte ihm: „Ich bereite schon mal einen Vertrag für dich vor. Wir werden den Durchbruch schaffen! Ich hoffe, ich darf bei der Umsetzung meiner Pläne auf dich als Schlüsselfigur zurückgreifen.“

Sie können sich sicherlich die Enttäuschung vorstellen, als er mir von dem unausschlagbaren Angebot von Decca berichtete und seiner Absicht, die Zusammenarbeit mit Parlophone zu beenden. Auch eine Erhöhung unseres Angebots hätte ihn nicht umstimmen könne, da seine Entscheidung feststand. Decca, ein gutes und marktbestimmendes Label, hatte ihm ein anständiges Angebot gemacht. Parlophone wirkte im Vergleich dazu wie eine Sandkastenfirma, stand kurz vor einem Wechsel in der Führung und sollte in der Zukunft von einem Mann geleitet werden, der im Grunde genommen nur ein frisch von der Hochschule kommender Musikstudent mit einem Quäntchen Erfahrung war. Ich durfte ihm nicht böse sein.

Im Frühjahr 1955 hatte Oscar das Rentenalter erreicht und verschwand (mit seiner Enzyklopädie). Sir Joseph Lockwood bestätigte offiziell meine Ernennung zum Leiter von Parlophone, eine durchaus abenteuerliche Entscheidung, denn ich war ein Grünschnabel mit nur wenig Erfahrung im Musikgeschäft. Doch mir eröffnete sich eine große Chance. Ich war der Boss eines Plattenlabels und auf mich allein gestellt!

Kapitel 4

Akustische Gedankenspiele

Eines Sommers verbrachten wir unseren Urlaub in Portugal, wo wir eine traumhaft schöne Villa mieteten, die so wirkte, als hätte man sie aus der Zeitschrift *House and Garden* ausgeschnitten und ins reale Leben gestellt. Atemberaubend schön. Es war ein Betonbau mit geschwungenen Wänden und allem nur erdenklichen Schickschnack. Am meisten beeindruckte uns das Esszimmer. Der kreisförmige Raum hatte einen Durchmesser von ungefähr sechs Metern und ähnelte in mehrerlei Hinsicht einer Trommel. Der Boden war gefliest und die Wände ganz weiß gestrichen worden. Weder hatte man die Zimmerdecke vertäfelt, noch gab es Gardinen oder schallschluckende Polstermöbel.

Ein Essen in dem Raum entwickelte sich daher zu einer nervenaufreibenden Erfahrung. Jedes Wort hallte, wobei der akustische „Brennpunkt" in der Mitte lag, dem Platz des Tisches. Schon das kaum hörbare Klirren eines Messers oder einer Gabel übertönte die Konsonanten der sich unterhaltenden Gäste. Man verstand kein Wort. Hinsichtlich der Akustik war es das wohl schlimmste Design, das sich ein Architekt jemals einfallen ließ. Die Einzigartigkeit erstaunte mich. Mich verblüfft die Tatsache, dass Architekten immer noch Häuser bauen, ohne einen Gedanken an die akustischen Verhältnisse zu verschwenden, die hinsichtlich der Wohnqualität einen genau so wichtigen Faktor darstellen wie eine hübsche Tapete.

Doch die Architekten stehen in ihrer Unwissenheit nicht allein da. Viele Angestellte in der Schallplatten-produzierenden Industrie und viele

Möchtegern-Produzenten haben kaum einen blassen Schimmer von den physikalischen Gesetzen ihres Arbeitsumfelds. Ich möchte dieses Kapitel der Diskussion einiger der Basisprinzipien widmen, die für interessierte Laien hoffentlich leicht mit dem gesunden Menschenverstand zu verstehen sind.

Was ist Klang? Es ist die Übertragung von Druckwellen, exakter als Schallwellen bezeichnet. Ein Mensch nimmt diese Wellen durch die Ohren wahr, Organe, die sich im Laufe der Evolution speziell auf die Funktion hin entwickelt haben. Verglichen mit den elektromagnetischen Schwingungen eines Radios oder des Lichts sind sie verhältnismäßig im tieferen Frequenzspektrum einzuordnen, und können zudem keine größeren Distanzen überwinden. Damit Schallwellen übertragen werden können, muss ein Medium vorhanden sein, sei es Luft, Wasser, Metall oder vergleichbare Aggregate.

Das menschliche Ohr kann auf eine Bandbreite von Tonfrequenzen reagieren, die ungefähr bei 20 Hertz beginnt (damit sind die Schwingungen pro Sekunde gemeint) und bis zu 20.000 Hertz reicht, vorausgesetzt der Hörer ist jung und befindet sich in einer physisch guten Verfassung. Ein Hund ist in der Lage, Frequenzen bis zu 25.000 Hertz oder sogar 30.000 Hertz zu hören. Darum sind die sogenannten Hundepfeifen für einen Menschen nicht wahrnehmbar. Die Tonhöhe einer Note wird von der Anzahl der Schwingungen des Instruments pro Sekunde determiniert, sie steigt mit der Schwingungsfrequenz. Zum Beispiel: Eine Stimmgabel schwingt 440 Mal in einer Sekunde, was dem mittleren A eines Klaviers entspricht. Darüber hinaus stehen alle Noten in einem klar definierten Verhältnis zueinander, wodurch sich auch die Äquivalenz zur Mathematik erklären lässt. Das eine Oktave über dem mittleren A liegende A schwingt mit 880 Hertz und das darunterliegende A mit 220 Hertz.

Natürlich sind die Töne, die in der Musik eingesetzt werden, nicht die einzigen möglichen. Jeder Zyklus kann fragmentiert werden, und so gibt es theoretisch eine unendliche Anzahl von Tönen. Doch aus praxisbezogenen Gründen und bedingt durch musikhistorische Entwicklungen benutzen wir nur wenige. Eine Tonleiter wird von der Oktave bestimmt, also dem Abstand eines Grundtons und des Tons, der mit der doppelten Frequenz (höhere Oktave) oder der halben Frequenz (tiefere Oktave) schwingt. Dieses Klangspektrum wird in 12 gleiche Teile separiert. Auf einem Klavier sind das die sieben weißen und die fünf schwarzen Tasten.

Doch hier stößt man auf eine Kuriosität. Die Unterteilung einer Oktave in 12 Halbtöne basiert nicht auf einem natürlichen Gesetz, denn der Unterschied zwischen den einzelnen Noten ist nicht exakt gleich, sondern ein prozentualer Unterschied. Mit anderen Worten: Das Verhältnis von A zu Ais sollte dem Verhältnis von Ais zu H und dem von H zu C entsprechen.

Die heutige Tonleiter hat sich aufgrund der Eingriffe von Menschen im Laufe der Entwicklung der Musik zu dem Tonsystem entwickelt, das wir heute kennen. Vor Bachs Zeiten folgen wir der Intuition und den natürlichen Musikgesetzen. Die Musik war im Vergleich relativ einfach, denn sie bewegte sich kaum außerhalb der natürlichen Tonarten. Geigen und Tasteninstrumente wurden stets in sich harmonisch gestimmt. Doch dadurch entstand eine Beschränkung, denn ein Musiker musste sich auf die der Stimmung entsprechenden Tonarten beschränken, durfte sich also nicht weit von ihnen entfernen. Klang ein Instrument in einer bestimmten Tonart harmonisch „sauber", dann klang es in einer anderen verstimmt, da sich die Beziehungen der Frequenzen der Noten untereinander geändert hatten.

Und so tauchte die Idee auf, alle Halbtöne zu vereinheitlichen, sie anzugleichen. Dass bedeutete, die natürlichen harmonischen Gesetze aufzuweichen, hatte aber den Vorteil, dass Musiker von dem Zeitpunkt an in allen Tonarten spielen konnten. Aus exakt diesem Grund komponierte Bach *Das Wohltemperierte Klavier*, eine Serie von Klavierstücken, die zur Erläuterung des neuen Systems (des Spielens in allen Tonarten) geschrieben wurden – 12 Moll-Tonarten und 12 Dur-Tonarten.

Dieses musikalische Basiswissen ist weit davon entfernt, irrelevant oder abstrus zu sein. Es ist wichtig zum Verständnis der modernen Aufnahmetechnik. Zum Beispiel: Eine Bandmaschine muss in einer genau festgelegten Geschwindigkeit laufen, um ihre Funktion reibungslos zu gewährleisten. Variiert die Geschwindigkeit, ändert sich die Tonhöhe der Musik, bedingt durch die physikalischen Gesetze des Zusammenhangs von Frequenz und Note. Bei einem Schallplattenspieler mit einer ungleichmäßigen Laufgeschwindigkeit ändert sich ständig die Tonhöhe, was zu einem schrecklichen Hörerlebnis führt. Eine Bandmaschine muss eine hohe Gleichlaufgeschwindigkeit haben.

Heutzutage beträgt die Laufgeschwindigkeit professioneller Bänder entweder 15 Inches oder 30 Inches die Sekunde. Nur eine winzig kleine Toleranz der Laufgeschwindigkeit ist zulässig, denn sonst würde sich die Tonhöhe hörbar ändern. Manchmal müssen wir die Geschwindigkeit absichtlich verändern, um die Tonhöhe der aufgenommenen Musik zu verändern. Für den Film *Sergeant Pepper* nahm ich ein Stück auf, das einige Probleme mit sich brachte. Als ich es mir anhörte, erkannte ich, dass der Sänger in der Tonlage nicht gut singen konnte. Hinzu kam noch, dass die Musik an sich etwas zu lahm klang. Ich wollte sie also mit einer höheren Geschwindigkeit laufen lassen. Doch was Tonarten anbelangt, bin ich eher penibel. Ich hasse „Lücken-Musik", die sich keiner Tonart zuordnen lässt, sondern in die Zwischenräume gesetzt ist. Ich meinte: „Okay, wenn wir das Ganze schneller laufen lassen, dann aber nur exakt um einen Halbton."

Unglücklicherweise stand uns im Studio aber nur eine Maschine zur Verfügung, die die Geschwindigkeit digital anzeigte. Bislang hatten wir mit 30 Inches die Sekunde gearbeitet. Der Tontechniker fragte mich: „Mit welcher Geschwindigkeit muss ich die Maschine laufen lassen, wenn die Musik exakt einen Halbton höher sein soll?"

Ich kramte meinen kleinen Taschenrechner hervor und gab dem Techniker exakte Angaben. Man musste die Geschwindigkeit auf 31,78 Inches beziehungsweise um 5,9463 % erhöhen. Nach den Gesetzen der Präzision, der Statistik und der Logik war das genau ein Halbton. Er fragte mich: „Wie um Himmels willen haben Sie das denn ausgerechnet?" Die Antwort fällt nicht schwer – jeder kann solch eine Kalkulation aufstellen, da die prozentuale Zunahme bei allen Halbtönen identisch ist. Es lässt sich mit der Berechnung des Zinseszinses vergleichen: 6 % Zinsen ergeben bei einer Summe von 100 £ nach einem Jahr eine Gesamtsumme von 106 £. Doch 6 Prozent Zinsen *auf diese Summe* ergeben nach einem Jahr mehr als 112 £.

Das eben geschilderte Verhältnis gehört zu den Grundprinzipien der Harmonielehre. Zum Beispiel: Jede Tonleiter auf dem Klavier (oder irgendeinem anderen Instrument) hat eine Note, die wir als Dominante bezeichnen. Bei der C-Dur-Tonleiter ist die Dominante ein G. In Bezug auf die Lage ist es der Akkord, der auf die finale Tonika vorbereitet, oder – um es einfacher auszudrücken, eine Note, bei der es, nachdem sie gesungen wurde, nur noch eine finale Note als Anschluss gibt. Die Dominante einer A-Dur-Tonleiter ist das E. Da das mittlere A 440 Hertz entspricht, müsste das darüber liegende E 660 Hertz betragen. Diese musikalische Tatsache steht im direkten Zusammenhang mit den rein mechanischen Gesetzen. (Allerdings beträgt das E auf einer gleichmäßig gestimmten Tonleiter 659,25 Hertz.)

Folgendes: Wenn man eine Gitarren- oder Violinsaite ohne zu greifen anschlägt, entsteht ein bestimmter Ton. Setzt man den Finger exakt mittig auf, wird sie nicht mehr die Schwingungen einer Leersaite erzeugen, sondern das Schwingungsmuster eines S annehmen – der unter Teil wird beim Auslaufen vom oberen Teil abgelöst. Der zu hörende Ton befindet sich exakt eine Oktave über der ersten Note.

Greift man nun die Saite exakt bei einem Drittel und schlägt sie an, entsteht eine schlangenähnliche Schwingung, die im Grunde genommen dem Dreifachen der Originalnote entspricht. Sie wird drei Mal schneller schwingen, da sie drei Mal kürzer ist.

Setzt man nun voraus, dass die ursprüngliche Note das A unter dem mittleren A war (die also 220 Hertz entspricht), ist die zweite Note ein A (440 Hertz), und die dritte entspräche folgerichtig einer Frequenz von 660 Hertz. Diese Note ist dann die Dominante, in unserem Fall das E, über das ich vorhin sprach. Die angesprochenen Beziehungen lassen sich bei jeder ausgewählten Note beobachten. Sie entspricht der natürlichen Harmonik.

Jeder Ton besetzt eine für ihn typische Frequenz. Nimmt man zum Beispiel ein Rohrblatt, wie man es bei einer Oboe gebraucht, findet sich ein individuelles Schwingungsmuster. Die logischen, mathematischen Gesetze in Bezug auf Saiten lassen sich bei allen Instrumenten anwenden. Ein Blasinstrument ist im Grunde genommen eine lange Röhre. Mit einem Mundstück wird das Metall zum Schwingen gebracht. Je länger das Horn ist, desto tiefer wird die Note.

Darum muss die Länge einer Orgelpfeife exakt 64 Fuß betragen, um eine tiefe Oktave zu gewährleisten. Das entspricht dem Gesetz der Akustik. Als plausibler Vergleich lässt sich das Kontrafagott heranziehen, bei dem sich die Metallröhre um das ganze Instrument herum zieht, aber „geknickt" ist. Das Instrument selbst hat also die Länge eines Standard-Fagotts. Aber die Röhre ist insgesamt länger als beim Standardfagott, und so kann der tiefe Ton erreicht werden. Wenn man nun das Horn nähme und das Metall ähnlich Spaghetti entwirrte und auswalzte, ergäbe sich eine Länge von 16 Fuß[5]. Natürlich könnte in dem Fall niemand mehr mit dem Instrument hantieren. Aus diesem Grund wurde ihm die heutige, geläufige Form gegeben. Auch Trompeten – betrachtet man die Gesamtlänge – haben beachtliche Dimensionen. Die Pikkolotrompete stellt eine Ausnahme dar. Ich habe sie bei der Aufnahme von „Penny Lane" eingesetzt. Sie liegt exakt eine Oktave über der herkömmlichen Trompete, ist deshalb nur halb so groß (ungefähr 10 Inches[6]) und sieht aus wie ein Kinderspielzeug. In all den angesprochenen Fällen bestimmt die Länge der Metallröhre die Grundfrequenz des Instruments.

Doch nun erhebt sich die Frage, ob diese Frequenzen „in Stimmung" sind oder nicht. Was bedeutet eigentlich „in Stimmung"? Da alle Klänge Schwingungen sind, lässt sich eine Grafik erstellen, in der die jeweiligen Wellenformen dargestellt sind. Klänge, die als „in Stimmung" wahrgenommen werden, zeichnen sich durch regelmäßige Frequenzen aus, ganz im Gegensatz zu einem Knall, der sich unregelmäßig von einem hohen Ausschlag bis zu kleinen Ausschlägen reduziert. Krach und spontan auftretende Geräusche sind unregelmäßig. Allerdings ist eine perfekte Wellenform, bei der zu keinem Zeitpunkt auch nur die kleinsten Abweichungen entstehen, schlichtweg einschläfernd. Darum gibt es nichts Langweiligeres als einen reinen Synthesizer-Klang. Es ist eine exakte Note, immer in Stimmung und harmonisch. Meine Ansicht zu dem Thema mag darin begründet liegen, dass ich bezüglich der perfekten Stimmung sicherlich kein Purist bin. Musiker mit der Idealvorstellung der perfekten Stimmung neigen zu einem peniblen Vorgehen, das letztendlich nicht der naturgegebenen Realität entspricht. Folgende Aussage mag paradox klingen: „Verstimmt zu sein ist an sich hochgradig attraktiv, vorausgesetzt, das Ganze geschieht ‚in Stimmung'."

---

5 Anm. des Lektors: Der *Englische* Fuß, beträgt 1 ft = 30,48 cm (12 Zoll), was fast der Schuhgröße 48½ entspricht. 16 Fuß sind also 487,68 cm.

6 Anm. des Lektors: 1 Inch = 2,54 cm

Im Gegensatz zu einem Synthesizer ist die menschliche Stimme tonal betrachtet niemals perfekt. Niemand singt eine exakte Note, die bezogen auf die Zeitdauer des angehaltenen Tons der korrekten Frequenz entspricht. Die Stimme wird nach beiden Seiten der korrekten Frequenz hin ausschlagen, also leicht höher und leicht tiefer werden, was man gemeinhin als Vibrato bezeichnet. Einige Sänger haben ein stärkeres Vibrato. Wenn sie also das mittlere A ansingen, werden sie nicht den Ton bei exakt 440 Hertz treffen, sondern im Frequenzbereich von ungefähr 430 bis 450 Hertz singen, dabei aber gelegentlich die 440 Hertz treffen. Sie durchlaufen diese Frequenz, berühren sie, springen darüber, doch schießen meist an beiden Seiten des Ziels vorbei. Für mich kommt solch ein starkes Vibrato einer Beleidigung meiner Ohren gleich. Ein gutes Vibrato, mit weitaus geringeren Abweichungen, klingt hingegen gut. Mal davon abgesehen ist das Singen ohne jegliche Form des Vibratos unmöglich. Menschen sind keine mathematisch korrekten oder genormten Geschöpfe – wir werden niemals eine exakte Linie zeichnen können.

Auch ein Vibrato an sich ist nicht exakt ausbalanciert – was für beide Seiten der Note gilt, der leicht höheren und der leicht tieferen. Beim Ansingen der Note bevorzugen einige Sänger die leicht höhere und andere wiederum die leicht tiefere Seite des Frequenzspektrums abseits des Originaltons. Diese Personen singen also im b- oder Kreuz-Bereich. Die leichte Variation determiniert, ob ein Mensch gerade oder schief singt.

Meiner Ansicht nach hängt aber der Höreindruck von der Stimme an sich ab. Ich habe Sänger kennengelernt, deren Stimme immer noch gut klingt, auch wenn sie sich vom Ton entfernen. Allerdings gibt es Menschen, und zu denen zähle ich mich selbst, die schrecklich klingen, auch wenn sie tonal gesehen perfekt liegen.

Bei den Aufnahme-Sessions sind mir Künstler begegnet, die penibel auf die Tongenauigkeit achten. Ich nehme zum Beispiel ihre Gesangsspur auf und bitte sie dann, in den Regieraum zum Anhören zu kommen. Verblüfft meinen sie: „Aber ich singe doch völlig schief." Vielleicht haben sie eine hohe Erwartungshaltung an meine Person und setzen voraus, dass Perfektion bei mir an erster Stelle steht. Ich entgegne meist: „Ich weiß, dass der Gesang ein wenig unter der Zielnote liegt, doch es klingt gut. Falls du es noch mal versuchen möchtest, um näher an den Ton zu kommen, kannst du das gerne machen. Ich empfinde keinen großen Unterschied. Mir gefällt der Take." Meist sind diese Personen erstaunt und besorgt darüber, dass ich nicht auf höchste Präzision achte. Letztendlich zählt der Klangcharakter, das Empfinden, ob es gut oder schlecht klingt. Zieht man zum Beispiel Jazz heran, finden sich viele Noten, die sogenannten „Blue Notes", die gerade darum so gut klingen, weil sie außerhalb der erwarteten Tonleiter liegen. Die Wahrnehmung von „gerade" oder „schief" hängt also vom Abstand zum Originalton ab und vom jeweiligen Geschmack des Hörers.

Beim heutigen Stand der Technik ist es möglich, die Tonhöhe eines Sängers in Bezug zur Musik zu verändern. Das kann mit einem Effektgerät bewerkstelligt werden, dem Eventide Harmonizer, mit dem die Gesangsspur angeglichen, ja sogar die Tonhöhe komplett geändert werden kann. Wenn der Gesang allerdings aus „geraden" und „schiefen" Tönen besteht, gibt es ein Problem! Doch wenn ein Sänger konstant unter dem Ton singt, kann man ihn mühelos „geraderücken". So eine Technik wäre in den frühen Tagen der Tonaufzeichnung undenkbar gewesen.

Eine gute Stimmung ist letztendlich keine wissenschaftliche Errungenschaft, sonder eine menschliche. Jedes Instrument hat eine minimale tonale Bandbreite in der Stimmung, die vom menschlichen Ohr abhängt – sogar die Oboe, das Instrument, nach dem der Rest eines Orchesters gestimmt wird. Hier bestimmen die Qualität und die Länge des installierten Rohrblatts den Ton. Natürlich variiert die Intonation des Instrumentalisten durch das Anblasen, doch sein Ohr verrät ihm, ob er „gerade" oder „schief" spielt. Streichinstrumente müssen vor dem Konzert gestimmt werden, und auch hier sind die Ohren und das Empfinden der Musiker das ausschlaggebende Kriterium. Doch ein spezielles Instrument bereitet immer Probleme, wenn auch aus einem anderen Grund – die Harfe. Hier muss jede einzelne Saite gestimmt werden, was bei der Anzahl eine regelrechte Tortur und sehr zeitaufwändig ist. Die Musiker kommen in der Regel eine Stunde vor dem Auftritt, damit ihnen noch genügend Zeit dafür bleibt.

Doch es gibt einen Ausnahmefall, bei dem sich das Orchester nicht nach der Oboe richtet, sondern nach einem anderen Instrument – dem Klavier! Das bedeutet viel Arbeit, ist lästig und sogar noch zeitaufwändiger als das Stimmen einer Harfe. Manchmal treten die Streicher an mich heran und sagen: „Das Piano klingt ein wenig höher." Trotzdem müssen sie sich danach richten. Oft achten Klavierstimmer bei ihrer Arbeit darauf, dass sie bei den höheren Oktaven die Noten ein wenig über den Ton justieren, wodurch die absolute Genauigkeit zugunsten eines „brillanten" Klangs vermindert wird.

Es ist unabdingbar – und das möchte ich an dieser Stelle betonen –, dass die Instrumente, einzeln oder als Klangkörper eines Orchesters, untereinander abgestimmt sind. Zum Beispiel: Es ist egal, ob das mittlere A, das im Idealfall 440 Hertz betragen sollte, tatsächlich bei 443 Hertz gestimmt wird. Es klingt leicht erhöht, doch das wird zu keinem Problem, wenn sich alle anderen Instrumente danach richten (das darüber liegende A muss dann natürlich bei 886 Hertz liegen). Eine Note an sich ist niemals „gerade" oder „schief". Was zählt, ist die Beziehung zu anderen Noten, die unser harmonisches Gespür anspricht.

Doch noch ein weiterer Faktor muss beachtet werden: Die Umgebung, in der man Klänge oder Musik hört. Bei einem Gespräch ist die Luft das Übertragungsmedium (außer man führt ein Unterwassergespräch), wobei die Ohren die Worte wahrnehmen. Die Tatsache, dass der Kopf gedreht werden kann, um die auditive Rezeption zu erhöhen, ist für das Richtungsgefühl ausschlaggebend, ähnlich wie bei einem Entfernungsmesser. Doch unter normalen Bedingungen hört man nicht nur die direkte Stimme, denn sie wird von den Wänden, den Fenstern, dem Tisch oder was auch immer für Objekte im Raum vorhanden sind, reflektiert. Hätte ein Raum keine reflektierenden Flächen, würde sich der Klang der Stimme grundlegend ändern. Befände man sich mit dem Sprecher auf einer Höhe von sagen wir mal 10.000 Fuß, könnte man nichts mehr hören, wenn der Sprecher seinen Kopf zur Seite drehte.

Für Klangmessungen wurden sogenannte schallfreie Räume gebaut, ohne reflektierende Flächen. Wände und die Decke sind in diesen Räumen mit Schall-absorbierendem Material ausgekleidet. Übrig bleibt der direkte Klang einer Tonquelle, die von einem Empfänger aufgenommen wird. Ich habe mich einmal in einen schallfreien Raum gestellt, was sehr unheimlich war. Schon nach kürzester Zeit wird man wahnsinnig – wirklich, nichts ist schrecklicher als ein stiller, lautloser Raum.

Ohne reflektierende Oberflächen klingt eine Stimme direkt. Die Richtung, aus der sie kommt, ist eindeutig, was besonders bei den höheren Frequenzen deutlich wird. Es lässt sich mit einer Hi-Fi-Anlage vergleichen. Die meisten Lautsprecher verfügen über einen zweiten, kleineren Lautsprecher, auch Tweeter genannt, der die höheren Frequenzen überträgt. Wenn ein Hörer sich aus dem direkten Abstrahlwinkel entfernt, kann er die brillanten Höhen eines Beckens nicht mehr im vollen Umfang hören. Klänge aus dem Bass-Bereich sind eher diffus und kommen aus allen Richtungen.

Die Faktoren summieren sich, was die Aussage zulässt, dass die hörbare Klangqualität stark von der Qualität der Oberflächen eines Raums abhängt. Stellen Sie sich bitte den Klang als einen Lichtstrahl vor und einen Raum, in dem überall Spiegel angebracht sind. Beim Anschalten der Taschenlampe würden Sie geblendet und verwirrt. Das ist vergleichbar mit der „Hör-Verwirrung“ durch zu viele Oberflächen. Diese Art „Hall“ bereitet Kindern so viel Spaß, wenn sie in einen Tunnel gehen oder sich unter einem Brückenbogen befinden und dabei schreien. Die Stimme wird von den harten Oberflächen hin- und hergeworfen, bis sie an Kraft verliert und schließlich verklingt. Der Unterschied zwischen Hall und Echo besteht darin, dass ein Echo eine Wiederholung einer Stimme oder eines Klangs ist, wohingegen der Hall einen Klang bedingt durch die Abprall-Energie weiterträgt.

Falls diese Reflexionen in einem Studio auftauchen, werden sie die Qualität der Aufnahme negativ beeinflussen. Man muss sich mit einem ärgerlichen „Aufschaukeln“ bestimmter Frequenzen auseinandersetzen, die den Charakter eines Sounds verändern, ihn unsauber und diffus klingen lassen, was zu weitreichenden Problemen beim Mitschnitt führt. Der ideale Weg bei der Installation reflektierender Oberflächen für Aufnahmezwecke besteht darin, dafür zu sorgen, dass der Klang gebrochen wird. Dabei werden die Schallwellen in eine andere Richtung umgelenkt, um zu verhindern, dass sie wieder zur Tonquelle zurückkehren. In einem idealen Studio dürfen die Wände niemals parallel sein. Auch sollten Wände nicht gerade, sondern konvex gestaltet sein. Wenn also eine Schallwelle auf einen Teil der Oberfläche trifft, wird sie auf eine bestimmte Art und Weise reflektiert. Trifft sie auf einen anderen Teil, der möglicherweise nur Zentimeter entfernt liegt, wird sie in eine unterschiedliche Richtung umgelenkt.

Doch es gibt noch eine weitere Möglichkeit, das „Aufschaukeln" von Klängen zu verhindern. Statt reflektierender Wände zieht man absorbierende vor. Man kann dafür Gardinen und Teppiche verwenden, die einige der hohen Frequenzen eliminieren. Für die Bässe greift man meist auf absorbierendes Material zurück, das extra zu dem Zweck entwickelt wurde, um also die schweren und tiefen Frequenzen in Bezug auf die Reflexion auszulöschen. Für die Aufnahme einiger der heutigen Heavy-Rock-Gruppen sind absorbierende Wände zum Blocken der hohen Energie eine absolute Voraussetzung. Zum Beispiel verfügen wir in den AIR-Studios Nummer 2 über verschiede Holzkisten, die an den Wänden den Raum umschließend angebracht sind – sie sind unterschiedlich groß und haben unterschiedliche Formen. Jede ist mit einem Bleigewicht bestückt, angebracht im Zentrum der Vorderseite. Die Boxen sind gestimmt, damit die Oberfläche im Einklang mit den Bass-Frequenzen schwingt und sie dadurch absorbiert, vergleichbar mit einem Schlag, der einen Boxer trifft. Sie haben an sich keinen Hall und verursachen auch kein Geräusch. Sie bewegen sich aber und absorbieren dadurch die entsprechenden Schallwellen. Doch es gibt noch andere Wege, um das gleiche Resultat zu erzielen. In den USA werden dazu sogenannte „Bass-Fallen" benutzt – Kamin-ähnliche Gebilde, gefüllt mit hängendem, absorbierenden Material, das auf bestimmte Bass-Frequenzen ausgelegt ist.

Doch leider gibt es nicht das ideale Studio, da unterschiedliche Klänge in einem möglichst natürlichen Raum aufgenommen werden müssen. Stimmen benötigen eine bestimmte Menge an Raumklang, um natürlich zu klingen. Bei den Aufnahmen fügt der Tontechniker üblicherweise ein „Echo" hinzu, obwohl dieser Effekt im Grunde genommen kein Echo ist, sondern ein Hall. Ein Streichensemble benötigt einen längeren Nachhall als eine Rhythmus-Sektion, die in der Regel mit einem sehr kurzen Hall auskommt. Der Unterschied wird von uns auch sprachlich definiert, und zwar als „Live"-Sound (wenn der natürliche Hall besteht und ausreicht) und einem „toten" (so gut wie kein Hall) oder „trockenen" (nur wenig Hall) Sound.

Ein großes Studio wie das Nummer 1 in der Abbey Road, mit einer langen Hall-Periode von fast 2,5 Sekunden, ist zur Aufnahme eines Orchesters großartig. Durch den Raum wird den Streichern ein wunderschöner Klang verliehen. Stellt man jedoch eine Rhythmus-Sektion zum Orchester, wird ihr Klang dreckig und verwaschen anmuten. Doch nicht nur das. Die Mikros für die Streicher würden die Rhythmus-Sektion partiell mit übertragen. Sind sie erst mal auf Band, kann man keinerlei Einfluss mehr darauf nehmen, sie also nicht trennen. Mit zu viel Hall auf dem Schlagzeug dringt es in andere Klangbereiche ein und wird an sich sehr dreckig. In einem Studio, in dem vornehmlich live aufgenommen wird, verschmelzen die einzelnen Klangquellen, wodurch sie sich nicht so gut unterscheiden lassen.

Um dem entgegenzuwirken, baute man Studios mit Klang-absorbierenden Wänden. Allerdings sind Aufnahmen in solchen Räumlichkeiten für die Musiker nicht gerade angenehm. Einige Leute mögen es, im Badezimmer zu singen, und haben den Eindruck, dass ihre Stimme der eines Gigli[7] nahekommt. Der Grund für diese Wahrnehmung liegt in den angenehmen Reflexionen an den Wänden, die sie hören. Ähnlich verhält es sich bei einem Violinisten. Er mag den Raumklang und möchte auch die anderen Instrumente in einem möglichst natürlichen Umfeld genießen. In einem Studio, in dem nahezu alle Frequenzen eliminiert werden, wird er weder sich noch seine Kollegen angemessen hören. Dadurch entsteht schnell der Eindruck eines einzelnen Musikers, der unter 80 weiteren Instrumentalisten spielt. Bei einem Orchester darf niemals so ein Eindruck entstehen.

Und so muss ein Studio immer ein Kompromiss sein. In den AIR-Studios haben wir auf einen harten Boden geachtet und eine eher reflektierende Decke für den Bereich, wo die Streicher sitzen. Ein Ende des Raums ist also „live“ und das andere – in dem ich normalerweise die Rhythmus-Sektion platziere – „tot“. Das in Montserrat errichtete Studio ist für Streicher eher unvorteilhaft, eignet sich hingegen für Instrumente, die üblicherweise eine Rockband benutzt. Obwohl das meist „elektrische Instrumente“ sind, setzen Rockmusiker auch „akustische Instrumente“

7 Anm. des Lektors: Benjamino Gigli (1890–1957), berühmter italienischer Tenor.

ein, wie Akustik-Gitarren, ein Klavier und das Schlagzeug. Da ich einen moderaten Live-Charakter des Schlagzeugs mag (solange er nicht in die anderen Mikros streut) blieben wir beim Innendesign mit dem „Live-Bereich“.

Basiswissen in der Akustik ist nicht nur einem Plattenproduzenten oder Tontechniker vorbehalten. Wenn Menschen eine höhere Sensibilität in Bezug auf das Verhältnis und die Wechselwirkung Klang/Raum entwickelten und sich darüber klar würden, dass oftmals gesprochene Worte nicht deutlich wahrnehmbar sind, hätte das sicherlich Konsequenzen für die Architekten und das akustische Design von Häusern, Restaurants, Kinos und Auditorien. Eine erhöhte Aufmerksamkeit auf die Qualität des Klangs an sich zöge noch weitere Veränderungen nach sich, speziell im Bereich der Fernsehtechnik, denn hier ist der Klang gelinde gesagt abgrundtief schlecht.

Ich glaube, dass die Kenntnis der Akustik nicht ein Phänomen der Neuzeit ist, sondern schon von den Baumeistern unserer Kathedralen berücksichtigt wurde. Sie konnten sicherlich nicht mit exakten Daten und profundem Wissen auftrumpfen, machten jedoch ihre Erfahrungen. Nach dem Bau einer klanglich hervorragenden Kirche haben sie auf der Grundlage der gemachten Erfahrungen ähnliche Bauwerke errichtet.

Kathedralen haben natürlich riesige Hallzeiten, manchmal vier oder fünf Sekunden lang. Das hängt vom Luftvolumen und der langen Distanz zwischen den Oberflächen ab, die in der Regel aus Mauerwerk und Glas bestehen und somit stark reflektierend sind. Eine Popgruppe wäre in so einem Ambiente hoffnungslos verloren, wohingegen sich der Raum wunderbar für die Arbeit mit einem Chor eignet. Der Grund dafür liegt im Halten der Stimme („*Sustain*“) nebst den Obertönen. Bei einem Chor versammeln sich viele Stimmen, wobei die Musiker diverse Frequenzen singen. Würden sie nur eine Frequenz singen, was naturgemäß ausgeschlossen ist, entstünde der Klang nur einer Stimme. Das lässt sich mit einem Violinen-Satz vergleichen. Zwanzig Violinen werden nie das exakt Gleiche spielen und unterscheiden sich entweder in der Intonation oder im Vibrato oder Tremolo. Jeder Musiker variiert sein Vibrato kaum merklich in Tonhöhe und Länge, wobei die minimalen Frequenzunterschiede zusammen einen schönen, flüssigen Klang ergeben. Auch Chormitglieder intonieren während eines Stückes unterschiedlich, wobei sogar wenige falsche Noten im Gesamtkontext untergehen und damit im Klangbild geglättet werden. Das macht zum Teil den Reiz eines Chors aus.

Allerdings muss man sich in einer Kathedrale wegen der langen Hallzeiten mit der Problematik der Multiplikation des Klangs auseinandersetzen. Sänge man ein schnelles Stück mit (Stakkato-ähnlichen) Teilen, wie zum Beispiel einige der Kompositionen von Gilbert and Sullivan[8], wäre ein grauenhafter Sound die logische Konsequenz. Doch für Stilistiken wie zum Beispiel die Gregorianischen Gesänge ist die Umgebung wundervoll, da die Musik graduell verebbt. Die Wände in der Nähe reflektieren die Schallwellen zuerst und sind lauter, wohingegen die Reflexionen der weiter entfernten Wände leiser klingen. Das Resultat besteht in einem fortschreitenden Zerfall oder einer Reduktion des Klangs.

Das umgekehrte Phänomen lässt sich in einem kleinen Wohnzimmer beobachten, in dem sich schallschluckende Einrichtungsutensilien befinden, wie zum Beispiel Vorhänge, Teppiche oder eine Polstergarnitur. Zwischen der Klangquelle (den Boxen) und der Reflexion durch die Wände besteht zu wenig Raum zur Ausbreitung des Sounds, was zu einem eher unangenehmen Höreindruck führt. Als Faustregel gilt: Je kleiner ein Raum, desto weniger schallschluckende Elemente sollte er enthalten.

Denken Sie daran, wenn Sie sich das nächste Mal eine Schallplatte[9] anhören. Machen Sie sich Gedanken zu Ihren Hörgewohnheiten und achten Sie auf den Klang. Hiermit meine ich nicht den Klang der Musik, sondern den Raumklang. Darüber hinaus ist es interessant zu wissen, welche Arbeit im Studio hinsichtlich der Akustik geleistet und wie der künstliche Hall eingesetzt wurde. Dadurch werden Sie ein Klangerlebnis viel besser verstehen.

Ein wahrer Hi-Fi-Freak weiß eine Menge über Akustik. Er wird Schallplatten intensiv und ausgiebig studieren. Auf mich persönlich trifft das nicht zu, aber man kann mich auch nicht zu diesen Fanatikern zählen. Ein Hi-Fi-Fan hat ausgewählte Lautsprecher in seinem Wohnzimmer und

---

8 Anm. des Lektors: Im 19. Jahrhundert war die Doppelnennung von Autor (William Sullivan, 1836–1911) und Komponist (Arthur Sullivan, 1842–1900) in England üblich. Das Namensduo Gilbert und Sullivan steht für die englische komische Oper des 19. Jahrhunderts.

9 Anm. des Lektors: Dieser Text wurde 1979 vom Autor verfasst.

richtet die komplette Einrichtung nach den persönlichen Klangvorstellungen aus. Er wird die Stühle in bestimmten Positionen aufstellen, einen Teppich nach Größe und Dicke auswählen und so weiter und so fort. Ich bin mir sicher, dass seine Frau es mit ihm ziemlich schwer hat. Sie geht eines Abends in sein Zimmer, und er spielt eine Platte vor: „Hör dir mal die Triangel an. Ist das nicht fantastisch?" Ja, es ist wohl fantastisch, aber was mich anbelangt, bin ich der Ansicht, dass das Leben viel zu kurz für solche Nebensächlichkeiten ist. Wenn er sich zu sehr auf die Triangel konzentriert, wird er die Musik als Ganzes nicht mehr angemessen wahrnehmen, denn bei ihm steht die Technik über dem künstlerischen Aspekt.

Andererseits hat dieser Fanatismus auch positive Aspekte für mich als Produzenten, denn ich „tische" den Klangfanatikern ihre Lieblingsgerichte auf. Es ist leicht, über den Hörerkreis zu spotten, doch auf eine bestimmte Art sind es unsere Pioniere. Bei Produktionen müssen wir an sie denken und sind ihnen sogar zu Dank verpflichtet, denn ohne diese Fans hätten wir immer noch einen miesen Sound. Nehmen Sie doch eine Ausgabe der letzten *The Gramophone*[10] zur Hand und lesen Sie die Besprechungen der aktuellen Veröffentlichungen. Heutzutage ist der Standard im Allgemeinen so hoch, dass ein Kritiker, wenn er zwischen der einen und der anderen Platte differenzieren möchte, technische Faktoren berücksichtigen muss. Möglicherweise hat er sich zwei verschiedene Aufführungen von Rachmaninows *Zweitem Klavierkonzert* angehört und wird schreiben: „Das Album wirkt durch eine hübsche Klangabstufung des Pianisten im Kontext der anderen Instrumente. Das Orchester ist ideal balanciert. Besonders gefällt mir die Auslegung des Dirigenten, denn er trifft das korrekte Tempo. Allerdings ist die Aufnahme insgesamt zu verschwommen." Vielleicht zeigt sich besagter Kritiker auch gnädiger: „Die Soundqualität ist superb. Die Live-Atmosphäre wird während des gesamten Konzerts vermittelt. Man kann sogar ein Hüsteln des dritten Flötisten in der Pause hören."

Solche Kommentare stoßen die Frage an, wo das Ziel einer Plattenproduktion liegt. Ich habe mich immer über angebliche Aufnahme-Standards

10 Anm. des Lektors: „The Grammophone" ist eine britische Zeitschrift für klassische Musik aus dem Hause Haymarket, angesiedelt in London.

geärgert, die nie klar definiert waren. Als ich meine Arbeit im Musikgeschäft begann, dominierte die Vorstellung, einen Sound zu gewährleisten, der dem Hörer ein möglichst identisches Klangerlebnis nahebringt, das dem eines Zuschauers entspricht. Doch dann muss man sich fragen, wer denn der imaginäre Zuschauer ist und in welcher Konzerthalle er sitzt. Eigentlich gibt es keinen Standard, obwohl wir früher nichts unversucht ließen, eine Maxime zu suchen. Das ging so weit, dass wir die Musiker um ein einziges Mikrofon herum platzierten, damit die größtmögliche Authentizität gewährleistet war.

An dieser Stelle taucht ein weiteres Problem auf. Ein Mensch hat zwei Ohren. Müssten wir dann nicht zwei Mikrofone einsetzen? Versuchen Sie Geräusche nur mit einem Ohr zu hören, und Sie werden über den Unterschied verblüfft sein. Das ist vergleichbar mit dem Einsatz nur eines Mikros. Bei einem Studiobesuch tendieren die Gäste dazu, den Kopf zu senken, um den Tönen oder Geräuschen zu folgen, die von einem Mikrofon aufgenommen werden. Sie vergessen ihre zwei Ohren und hören nur auf das eine Mikro. Wenn ich den Aufnahmeumfang eines Mikrofons feststellen möchte, halte ich mir ein Ohr zu und kann mir so ein klares Bild machen.

Seit damals haben sich die Ansichten grundlegend geändert beziehungsweise verfeinert. Nun vertreten die Tontechniker die Auffassung: „Der Standard in einer Konzerthalle ist gut und schön, doch es gibt keinen Richter, der über ‚guten' und ‚schlechten' Klang entscheidet. Wir müssen uns darüber selbst Gedanken machen." Im Segment der Popmusik bestehen keine Beschränkungen. Ich empfinde das als großartig. Uns steht eine endlose Palette musikalischer Farben zur Verfügung. Wir müssen uns nicht klassischen Vorstellungen unterwerfen, wie zum Beispiel: „Dieser Teil muss wie ein Streicherensemble im Studio klingen" oder „Wir müssen das fünfte Horn da hinten besser hören". Im Pop werden wir mit abstrakten Sounds konfrontiert. Wir können unsere Ideen ideal umsetzen, um das beste und wohlklingendste Ergebnis zu erzielen. Viele der auf *Sergeant Pepper* eingesetzten Klänge werden von ganz „normalen" Instrumenten erzeugt, die aber nicht unbedingt mit den „klassischen" Erwartungshaltungen und Klängen korrespondieren. Man kann seine eigenen Sounds erschaffen, und das effektiver als bei einem Auftritt.

Das gesagt, muss ich auf eine Anschuldigung eingehen, der ich mich oft stellen muss: „Sie sind nicht ehrlich." Was soll's? Darauf pfeife ich. Wir arbeiten hier im Rahmen einer anderen Kunstform, und ich fühle mich weder beschränkt noch gehemmt. Eine solche Anschuldigung lässt sich mit dem Vorwurf an einen Regisseur vergleichen, der einen Film nach einer Buchvorlage produziert, die nach Ansicht der Kritiker vom Original abweicht. Aber das ist es ja – er macht einen Film und schreibt kein Buch! Der Mitschnitt eines Konzerts in der Royal Albert Hall mag mit der Aufnahme eines Theaterstücks vergleichbar sein, wohingegen eine Plattenproduktion dem eben angesprochenen Filmdreh gleicht.

Wenn Roger Moore in einem James-Bond-Film mit aller Gewalt durch eine Scheibe aus Panzerglas hechtet, glaubt niemand, dass es sich tatsächlich um Panzerglas handelt. Man sieht ihn vor dem Sprung, dann hört man das zerberstende Glas, und danach richtet sich die Kamera wieder auf 007. Der geschickte Schnitt vermittelt dem Zuschauer die Illusion, er sei gesprungen, doch im Grunde seines Herzens weiß er, dass es nicht so war. Und in diesem Sinne sollte niemand von den Musikern bei einer Plattenproduktion erwarten, dass sie dem Hörerlebnis exakt entsprechen.

Damit möchte ich auf gar keinen Fall den Eindruck erwecken, dass das atemberaubende Charisma eines genialen Performers zu ersetzen ist. Der menschliche Ausdruck in seiner höchsten und vollendeten Form ist ein erstrebenswertes Ideal. Es wäre traurig, dieses Ziel aus den Augen zu verlieren oder als unwichtig zu erachten. Allerdings kann man technisch nachhelfen.

Ich erinnere mich an einen berühmten Fall, als ich noch bei der EMI arbeitete. Die gefeierte Sopranistin Kirsten Flagstad nahm eine Platte auf. Am Tag, an dem sie das hohe C einsingen sollte, fühlte sie sich nicht auf der Höhe, und folglich gelang es ihr auch nicht. Da die Produzenten unter Zeitdruck standen und die bisher aufgenommene Spur beeindruckte und faszinierte, entschied man sich, Elisabeth Schwarzkopf für die eine Note zu engagieren. Sie wurde vorzüglich bezahlt und zur Verschwiegenheit verpflichtet. Unglücklicherweise gab es eine undichte Stelle, woraufhin die Zeitungen von dem Zwischenfall berichteten. Neben einem eher unbedeutenden Skandal gab es daraufhin viel Ärger bei der EMI. Ich konnte die ganze Aufregung nicht so recht verstehen. Jeder hat mal einen schlechten Tag. Warum darf man nicht eine einzige Note von einer fremden Sängerin einfügen, wenn die Gesamtleistung überragend ist? Mal davon abgesehen, war es nicht so, als hätte Flagstad das hohe C nicht selbst singen können. An jedem anderen Tag wäre ihr das mit Bravour gelungen.

Hörer haben bestimmte Vorstellungen über die Ethik einer Plattenaufnahme – also was erlaubt und was verboten ist –, die sie gedanklich aber nicht genügend ausformuliert haben. Es gab eine Situation, in der ich Paul McCartney vorschlug, eine Note der Aufnahme zu verändern. Er lehnte das ab, weil er es als Betrug empfunden hätte. Ich erklärte ihm, dass wird doch die ganze Zeit über betrügen. Daraufhin änderte er den Ton.

Manche Fans besuchen ein Konzert und erwarten, exakt die Musik zu hören, die sie von einer Platte kennen. Und warum? Es sind doch zwei verschiedene Kunstformen. Aus diesem Grund spielten die Beatles „Strawberry Fields Forever" niemals vor Publikum. Heutzutage bestehen natürlich neue und ungeahnte Möglichkeiten, Songs auf der Bühne zu präsentieren. „Live And Let Die" zeichnet sich durch einen recht komplizierten Teil aus, den ich für ein Orchester geschrieben habe. Als ich Paul McCartney und seine Wings bei der Präsentation des Stücks 1977 in Los Angeles sah, beeindruckte mich die Umsetzung immens. Zur Untermalung der Musik setzte er eine fantastische Lasershow und Pyrotechnik ein. Der Song klang überhaupt nicht wie das im Studio eingespielte Stück, doch man hatte den Eindruck, dass die visuellen Aspekte der Performance das Hörerlebnis unterstützten. Es wäre ungerechtfertigt, das als „Betrug" zu bezeichnen.

Allerdings ist es nicht von der Hand zu weisen, dass im Musikbusiness betrogen wird. Einen großen Wirbel verursachte eine Gruppe mit einem Nummer-1-Hit, die jedoch nicht auf der Platte gespielt hatte. Es war ein rein künstliches Produkt, produziert für den Erfolg, und genau das ist für mich Betrug. Es ist nicht schwer, einen Haufen Session-Musiker in ein Studio zu stellen, mit ihnen einen Titel aufzunehmen und sie dann Fred Nerks and his Oojahs zu nennen. Wenn die Platte gut läuft, will natürlich jeder Fred N. sehen, doch leider gibt es keinen Fred N. So stellt man geschwind eine Gruppe zusammen, die Fred N. and his Os vortäuscht, lässt sie im Palladium auftreten und drängt sie, die Studioeinspielung so exakt wie möglich zu reproduzieren. Das ist kommerzieller Betrug, den ich nicht billigen kann. Ich glaube, dass künstliche Elemente bei der Produktion einer Schallplatte notwendig sind, doch damit meine ich Hilfsmittel und keine Täuschung. Niemand versucht die Tatsache zu verschleiern, dass viele Rockgruppen Streicher mit ihren Synthesizern simulieren, denn es gehört zum ureigenen Klangbild.

Ich persönlich habe den Sound immer abgelehnt, da er viel zu künstlich anmutet. Ein weiteres Argument gegen Synthesizer liegt in der Tatsache begründet, dass sich alle künstlichen Klänge gut für einzelne Noten eignen, aber keine komplexeren Zusammenhänge zufriedenstellend simulieren können. Hier steht immer noch das Individuum im Vordergrund, die Verschmelzung von Stimmen, durch die leichte Abweichungen „ausgebügelt" werden, und natürlich die nur von Menschen kreierte Dynamik. Das künstlich auch nur annähernd zu simulieren ist ein langer und mühseliger Prozess. Und warum sollte man das überhaupt anstreben und damit den Menschen die Arbeit wegnehmen, die zu solchen musikalischen Feinheiten in der Lage sind? Man könnte Synthesizer wegen der unbestreitbaren Genauigkeit wertschätzen, doch wie ich schon sagte – ich bin kein Verfechter der absoluten Exaktheit. Stünde die Genauigkeit als anzustrebendes Ideal im Vordergrund, könnten wir sofort all unsere Bemühungen einstellen und Computern die Arbeit überlassen. Ich mag die leichten Ungenauigkeiten, das menschliche Element. Sogar auf einem Album der Klassik gefällt mir der leichte „Schnitzer" wesentlich besser als eine perfekte, aber seelenlose Wiedergabe, vorausgesetzt, die gesamte Performance ist erstklassig. Ich ziehe einen klassischen Pianisten mit einigen wenigen Unzulänglichkeiten einem Walter Carlos vor, der auf seinem Synthesizer dem Hörer eine perfekte Darbietung präsentiert. Perfekte Schönheit, sei es bei einer Frau oder einem Gemälde, tendiert zur Langeweile in der Rezeption und das lässt sich auch auf die Musik übertragen.

Ein geeignetes Mittel, um einen Künstler bei der Aufnahme zu unterstützen, liegt im spielerischen Umgang mit Frequenzen. Innerhalb des hörbaren Frequenzspektrums zeichnen sich unterschiedliche Frequenzen durch unterschiedliche Effekte aus. Zum Beispiel: Man befindet sich im Urlaub und liegt im Schlafzimmer. Im Keller des Gebäudes dröhnt eine

Disco. Es ist unmöglich, dem übertragenen Druck des Basses und der *Bass-Drum* des Schlagzeugs zu entkommen. Es sind die stärksten diffusen Frequenzen, die alles durchdringen, ganz im Gegensatz zu höheren Frequenzen, die in eine bestimmte Richtung abstrahlen. Jeder, der einen Schallplattenspieler besitzt, kennt die Möglichkeiten der „Boost-Funktion", die auf die Bereiche Bass, Mitten und Höhen einwirkt. Natürlich können wir beim Aufnahmeprozess auf diverse Frequenzgänge einwirken. Doch wie wirkt sich dieser Effekt aus? Verstärkt man die Frequenzen um 3.000 Hertz, werden die Zischlaute und die deutliche Aussprache der Stimme hervorgehoben. Beschnitte man die Frequenzen über 3.000 Hertz, käme das einem Verlust der deutlichen Aussprache gleich.

Genau das geschieht, wenn sich der Gehörverlust bei Menschen einstellt. Sie verlieren nicht plötzlich das deutliche Hören bezogen auf das gesamte Spektrum, sondern die höheren Frequenzen. Das beginnt bei den meisten Menschen schon verhältnismäßig früh im Leben. Frauen haben ein deutlich größeres Hörspektrum als Männer – doch nicht so groß wie bei Hunden! Ein 18-jähriges Mädchen kann möglicherweise zwischen 20 und 20.000 Hertz hören, wohingegen ein 50-jähriger Mann, abhängig von seiner Physis, vielleicht nur noch Töne zwischen 100 und 8.000 Hertz wahrnimmt. Jeder kann seine Hörfähigkeit mit einer Platte mit Testtönen überprüfen. Ich kann die 15.000 Hertz nicht mehr hören, obwohl ich früher dazu in der Lage war. Man könnte glauben, dass der Hörverlust einen Produzenten behindert. Doch das Gehirn stellt sich darauf ein, und das Gespür für Klangverhältnisse bleibt bestehen. Interessanterweise – und das empfinde ich als kurios – ist die Wahrnehmung bei Lautstärkeunterschieden geschärft.

Ich möchte dieses Kapitel nicht ohne einen Warnhinweis beenden. Jeder Mensch erleidet mit dem Alter einen zunehmenden Hörverlust, doch der Prozess kann durch Hörschäden beschleunigt werden. Die heutigen Rockbands schmettern ihre Musik mit solch hohen Lautstärkepegeln dem Publikum entgegen, dass man sich leicht einen solchen Schaden zuziehen kann. Ist man dieser lauten Musik ausgesetzt, verstreicht nur wenig Zeit, bis die Schädigung beginnt. Der den Ohren zugefügte Schaden ist nicht wieder rückgängig zu machen, da die Nervenenden des Gehörs in Mitleidenschaft gezogen wurden.

Darum hat sich bei den Menschen ein natürlicher Schutzmechanismus entwickelt. Zum Beispiel kann man eine Lautstärke von 130 Dezibel, bei der Schmerz beginnt, eine Sekunde lang risikolos hören. Hört man diese Lautstärke zehn Sekunden lang, ist mit einer Schädigung zu rechnen. Man kann 120 Dezibel, was immer noch sehr laut ist, 30 Minuten ohne Bedenken hören, doch eine ganze Stunde wäre eindeutig zu lang. Je leiser die Lautstärkequelle wird, desto länger kann ein Mensch ihr ausgesetzt sein.

Allerdings besteht beim Aufnahmeprozess, für Musiker in Rockbands oder Fans, die sich laute Musik anhören, eine Gefahr, da das Ohr einem *Limiter* ähnlich reagiert. Ist man längere Zeit einer hohen Lautstärke ausgesetzt, empfindet man das schnell als normal. Allzu häufig wird die Lautstärke weiter „hochgefahren", um den gewünschten Eindruck aufrechtzuerhalten. Dann, wiederum nach einer bestimmten Zeitdauer, wiederholt sich dieser Prozess, ohne dass man merkt, welcher Schaden den Ohren zufügt wird. Gelegentlich bin ich um 5 Uhr morgens ins Studio gegangen, ohne in der Nacht gearbeitet zu haben, und war erstaunt, mit was für einer hohen Lautstärke ich Musik hörte. Doch das hing damit zusammen, dass ich in der vorhergehenden Nacht gearbeitet und mich somit daran gewöhnt hatte. Gegen diese Form der Langzeitwirkung müssen sich Produzenten schützen.

Niemand sollte sich etwas vormachen, denn man kann sich einer Schädigung nicht entziehen. Der schlimmste Faktor im Entstehen eines andauernden Hörschadens besteht darin, dass er nicht unmittelbar auftritt. Wer die Ohren dadurch schädigt, dass er sich zu lange einer zu hohen Lautstärke aussetzt, wird zuerst kurzfristige Hörstörungen erleben. Möglicherweise hört man ein Klingeln oder fühlt sich ein wenig taub. Doch das Missempfinden verschwindet schon nach kurzer Zeit. Allerdings weiß man noch nicht, dass in vier oder fünf Jahren der unumkehrbare Hörverlust beginnt, der tastsächlich bis zu einem früheren, traumatischen Schock zurück verfolgt werden kann. Die Nervenenden des Gehörs verkümmern, was einen langen Zeitraum in Anspruch nehmen kann. Hat dieser Prozess aber erst mal begonnen, gibt es kein Zurück mehr.

Das trifft für alle Menschen zu und nicht nur für Musiker, Tontechniker oder Produzenten. Ich weiß, dass die Menschen sich mittlerweile der „Umweltverschmutzung durch Lärm" bewusst sind, doch sie denken dabei meist an eine Concorde, die über ihre Köpfe hinwegfliegt. Das ist Unsinn, denn es wird die Ohren in der Regel nicht schädigen. Ein weitaus höheres Risiko besteht beim Aufdrehen der Stereoanlage zu Hause oder in der Disco.

Um sich an der Musik optimal zu erfreuen, braucht man ein gutes Gehör. Bitte achten Sie auf Ihre Ohren …

Kapitel 5

Humor zahlt sich aus

Als Oscar in Rente ging, brachte es die EMI sogar über sich, für ihn ein Abschiedsessen zu organisieren. Großzügigerweise schenkten sie ihm zusätzlich die besagte Enzyklopädie. Zu dem Zeitpunkt stand sein Nachfolger noch nicht fest. Ich schätze, der Vorstand sah mich als jungen Emporkömmling, der noch nicht über die nötigen Kenntnisse verfügte. Sie würden wahrscheinlich einen erfahrenen Mann für die Leitung von Parlophone vorziehen. Davon mal abgesehen, fiel ich in meinen ersten Jahren als Freigeist auf – eine Grundhaltung, die Oscar immer unterstützte, da er trotz seines Alters noch wie ein Rebell agierte.

Ich war positiv überrascht, als C.H. Thomas beim Abschiedsessen an mich herantrat und erklärte, dass ich Oscars Job übernehmen solle – den ich tatsächlich schon längst machte, jedoch ohne das Wissen der Vorgesetzten. Später erhielt ich von Sir Joseph Lockwood die offizielle Zusage, der mir dabei erklärte, dass ich der jüngste Mitarbeiter sei, dem jemals solch eine Verantwortung übertragen worden sei.

Es stellte eine überaus reizvolle Herausforderung dar, und ich wollte etwas aus dem Label machen. Doch zuerst tauchte ein unerwartetes Problem auf. Eines Tages kam Judy zu mir und reichte ihre Kündigung ein. „Da du jetzt dein eigenes Büro und einen neuen Organisationsapparat aufbaust, wirst du sicherlich einen deutlichen Schnitt machen wollen."

Später verriet sie mir, dass es ihr sehr leid tat, mich vor vollendete Tatsachen gestellt und mir keinen Entscheidungsspielraum zugebilligt zu haben. Für mich stellte ihre Entscheidung ein wahres Desaster dar, denn sie war die einzige Person, die mehr über die Geschäfte von Parlophone wusste als ich selbst. Ich bat sie nachdrücklich, den Entschluss zu überdenken, woraufhin sie sich zum Bleiben entschloss, was mich enorm erleichterte. Abgesehen von Judy und mir bestand das Team aus Shirley Spence, die vor drei Jahren als Judys Assistentin zu uns gestoßen war, und Oscars Schwiegersohn Alan Tulloch, der sich als Rundfunkpromoter, Promoter allgemein und „Mädchen für alles" betätigte. Einige Jahre später, als Judy und ich heirateten und sich meine Frau „hauptberuflich" der Kindererziehung widmete, wurde Shirley meine Assistentin, ein Job, den sie heute noch ausübt.

Doch damals war ich noch mit Sheena verheiratet, mit der ich zwei Kinder hatte. Zuerst kam Bundy auf die Welt, die nun als ausgebildete Linguistin als Gerichtsschreiberin am Old Bailey arbeitet, gefolgt von Gregory – Spitzname Poggy –, der Schauspieler wurde. Möge Gott ihm beistehen! Hauptsächlich wegen der beiden verließen wir Acton und zogen nach Hatfield, einen Ort nahe London, denn nur dort konnte ich mir ein Haus leisten. Es hatte den stolzen Preis von 2400 £. Mir war es gelungen einen 90-prozentigen Kreditvertrag abzuschließen, und so kratzte ich die notwendigen 250 £ zusammen, um mich in den exklusiven Kreis der Eigenheimbesitzer einzureihen.

Allerdings war ich nicht der Einzige, der die Umzugskartons packte. Das Büro in der Abbey Road wurde anderweitig benötigt, und so zogen wir in die Great Castle Street um, also ins Zentrum der Modeindustrie. Ironischerweise kann ich nun von den AIR-Studios auf dieses Bürogebäude hinabblicken, wo uns damals die Hälfte der oberen Etage zur Verfügung gestellt wurde. Zu der Zeit mussten alle Labels umziehen, doch das hatte keinen Einfluss auf die immer noch bestehende Rivalität untereinander, eine Rivalität, die sich besonders für Parlophone mehr als nachteilig auswirkte.

Wally Ridley von HMV und Norman Newell von Columbia pflegten enge Kontakte zu amerikanischen Firmen. Norman arbeitete neben der Tätigkeit als Plattenproduzent auch als Texter. Er wollte immer ein

Stephen Sondheim[11] sein. Er schrieb sicherlich Texte, die gut genug waren, doch seine Stärke lag im Umgang mit den großen Entertainern des Showgeschäfts. Sein Spezialgebiet war die Aufnahme von englischen Shows für Columbia, für die er stets die Originalbesetzung begeistern konnte. Columbia war eine britische Firma, doch arbeitete im Verbund mit American Columbia Records, sodass sich für Norman die Möglichkeit eröffnete, große Namen wie Mitch Miller, Guy Mitchell, Frankie Laine, Doris Day und Johnny Ray hier zu veröffentlichen. Dann, ungefähr 1952, kappte die American Columbia die Verträge mit der EMI, wodurch man diese Weltstars in Großbritannien nicht mehr in Eigenregie auf den Markt bringen konnte. Der Vertrag wurde auf Phillips aus den Niederlanden überschrieben, die zu der Zeit kein Label bei uns führten. Doch sie wussten, was sie wollten, genau wie American Columbia, die Norman und seinen Kollegen Leonard Smith umwarben – und das mit Erfolg. Die beiden sollten nun ein neues Label aufbauen und verließen uns demzufolge. Es war ein erstaunlicher Schachzug, über den sich die EMI nicht sonderlich glücklich zeigte.

In einem verzweifelten Versuch, der Herausforderung zu begegnen, engagierte die EMI den Bandleader Norrie Paramor und Ray Martin für die gemeinsame Leitung der Produktionen von Columbia England. Ray war ein britischer Künstler, den Norman Newell ins Boot geholt hatte und der mit „Blue Tango" einen Riesenhit landete. Unglücklicherweise hatten weder er noch Norrie direkte Erfahrungen in der Plattenproduktion.

Kurz nach dem Zerwürfnis mit Columbia verschärfte sich die Gesamtlage zunehmend, da HMV ihren Vertrag mit RCA-Victor auf eine ähnliche Art verloren. Das bedeutete den Verlust einiger hochkarätiger Künstler und des King – Elvis Presley! Zumindest bleiben die Schlüsselfiguren der EMI bei der Firma, doch der erdrutschartige Verlust in der Bilanzsumme war gewaltig. Beim Kauf eines Plattenlabels „erwirbt" man auch die jeweiligen Künstler. Man kauft also deren Verträge und ein talentiertes Personal, das mit ihnen umgehen kann. Letztendlich hofft man darauf, dass sie dem Label die Treue halten. Natürlich kann sich niemand dessen ganz sicher sein.

11 Anm. des Lektors: Ein erfolgreicher amerikanischer Musicalkomponist.

Sir Joseph Lockwood fasste sich ein Herz, nahm seinen ganzen Mut zusammen und leitete eine Maßnahme gegen den Repertoire-Verlust ein. Er schaute sich nach einem amerikanischen Label um. Und kaufte es. Für die staatliche Summe von 9 Millionen Dollar ging das „heiße" und junge Label Capitol Records in seinen Besitz über. Die Firma aus Los Angeles war von Glen Wallichs und dem Texter Johnny Mercer gegründet worden. Mercer hatte einige gute Freude, die für Capitol aufnahmen und die nicht unbedingt zu den unbekannten Interpreten gehörten: Frank Sinatra, Dean Martin, Peggy Lee und Stan Kenton. Damals empfanden wir die Summe von 9 Millionen Dollar als einen sehr hohen Preis. In der Rückschau wissen wir, dass es ein Taschengeld war.

Als Parlophone-Mann schaute ich mir das Geschehen von der Seitenlinie aus an. Ich muss zugeben, dass mich das heillose Chaos der Rivalen ein wenig amüsierte, aber auch ein bisschen Mitleid bei mir erweckte. Doch zuerst stand mein Label im Vordergrund. Ich war mir nicht sicher, was ich unternehmen sollte, hatte mir aber als Ziel eine deutliche Verbesserung der Gesamtlage gesetzt. Zu Beginn musste ich auf eine feste Allianz mit den Künstlern achten, die schon bei uns unter Vertrag standen – Jimmy Shand, unser sich am besten verkaufender Mann, Eve Boswell, Ron Goodwin, Jack Parnell, Johnny Dankworth und Humphrey Lyttelton. Gleichzeitig verfolgte ich schon eine neue Strategie: Ich versuchte, mich in die Lücken der anderen Labels zu quetschen, versuchte Experimente, die noch niemand gewagt oder sich getraut hatte, wie zum Beispiel die Platte mit Peter Ustinov.

In einem kleinen Theater in Notting Hill Gate wurde eine Zweimann-Show mit dem Titel *At The Drop Of A Hat* mit Michael Flanders und Donald Swann aufgeführt. Das war meine Chance. Ich liebte die Zwei-Mann-Revue, und es gelang mir, die beiden Comedians davon zu überzeugen, die Rechte an der Aufnahme abzutreten. Damals war es bei den Aufnahmen mit Originalbesetzungen üblich, die versammelte Mannschaft an einem freien Tag – meist einem Sonntag – in die Abbey Road Studios zu bringen, um dort die Sprachaufnahme professionell vorzunehmen. Doch im Fall von Flanders und Swann wäre das dumm gewesen, denn so hätte man die Live-Atmosphäre und das Publikum verloren. Anfang 1956, sie spielten nun ein Engagement im Fortune Theater, direkt hinter der

Drury Lane, schnitt ich die beiden mit unserer mobilen Aufnahmeeinheit an fünf aufeinander folgenden Abenden mit. Somit war ich in der Lage, die besten Passagen des Auftritts zusammenzuschneiden und das Ganze wie eine einzelne Show klingen zu lassen. Die Platte wird heute noch verkauft! Sie markierte den Beginn einer langen Freundschaft mit den beiden. Ich produzierte auch die folgenden Alben, darunter *At The Drop Of Another Hat, The Bestiary Of Flanders And Swann* und *More Out Of A Hat.*

Nach Flanders und Swann begab ich mich auf eine weitere Exkursion in die Welt des Humors. Ein Geschäftsfreund berichtete mir von einem Stück beim Edinburgh Festival, das von jungen Studenten gespielt wurde, aber trotzdem urkomisch war. Und so nahm ich die beschwerliche Reise auf mich und schaute mir das Stück mit dem Titel *Beyond The Fringe* an. Ich entschloss mich sofort zu einer Aufnahme und fuhr mit dem Transporter, in dem wir die mobile Anlage verstauten, nach Cambridge, ihrer Universitätsstadt.

Die Platte entwickelte sich zu einem Riesenerfolg, woraufhin wir die Mitglieder des Ensembles näher kennenlernten, zum Beispiel Jonathan Miller, der oft in meinem Büro vorbeischaute, um über Ideen zu sprechen. Dort erzählte er mir die wohl witzigste Geschichte, die ich je hörte.

Jonathan war in einer sehr strengen Familie aufgewachsen. Sein Vater lehnte seinen Kleidungsstil mit Vehemenz ab – Schlabberjeans oder was auch immer man damals als anstößig empfand. Er bestand darauf, dass der junge Jonathan in den faserigsten und kratzigsten Tweedanzug eingekleidet werden sollte, den man jemals auf der Isle of Harris getragen hatte. Und so eskortierte man Jonathan zum Herrenscheider seines Vaters in der Saville Row.

Der altehrwürdige Herr nahm Maß und fragte: „Welche Seite bevorzugen Sie?"

Jonathan, vollkommen verwirrt, überlegte sich eine Antwort auf diese offensichtlich absurde Frage und antwortete: „Wenn ich mir mal Gedanken darüber mache, liege ich morgens üblicherweise auf der linken Seite und stehe von dort auch auf."

Schließlich gelang es dem Schneider, die delikate Frage zu konkretisieren (er wollte für den Zuschnitt der Hose wissen, ob Jonathan ein „Linksträger" oder ein „Rechtsträger" ist). Plötzlich überkam den guten

Jonathan ein überwältigendes Minderwertigkeitsgefühl. Voller Entsetzen erkannte er, dass er sich darüber noch nie Gedanken gemacht hatte, beruhigte sich aber wieder, als ihm klar wurde, dass es letztendlich egal war.

Dudley Moore war der Ladykiller der Gruppe – süß, attraktiv, das Abbild eines Tyrone Power – alles in allem ein richtiger Kuscheljunge. Darüber hinaus hatte er einen Vorteil gegenüber den anderen, da er Piano spielte, und war der beste Beweis der weisen Aussage: „Wenn du das Klavier beherrschst, kommen die Vögelchen von ganz allein."

Während ihres Engagements beim Fortune Theater wollte ihn ständig eine wahre Meute wirklich liebreizender Mädchen sehen. An einem Abend, ich hatte gerade mit Jonathan, Alan Bennett und Peter Cook geplaudert, wollte ich Dudley noch begrüßen. Er verabschiedete sich von der wohl attraktivsten Blondine, die ich jemals gesehen habe. Als sich die Dame schließlich von ihm losgerissen hatte, unterhielten wir uns höchstens drei Minuten, bis es schon wieder an der Tür klopfte und der Portier geschwind ein neues Mädchen in die Garderobe führte. Im Flüsterton sagte er zu Dudley: „Das war gerade noch mal rechtzeitig, oder?" Und das war noch *vor* der Show! Jonathan berichtete mir von all den Mädchen, die an *seiner* Garderobe vorbeigingen und Dudley besuchten, was offensichtlich seinem stark ausgeprägten Minderwertigkeitskomplex nicht guttat.

Diese Situation ließ sich gut mit dem Karrierebeginn von Peter Sellers und Spike Milligan vergleichen. Trotz Peters Glamour und dessen Bekanntheitsgrad war es immer Spike, der sich an der Damenwelt erfreute. Aufgrund dieses Talents nannte ihn Peter „Goldenballs". Ich vermute mal, dass Peter ihm einige Jahre später in nichts nachstand!

Ende 1953 produzierte ich die erste Scheibe mit ihm. Sie hieß „Jakka" und war wahrscheinlich diejenige Platte Parlophones, die sich am schlechtesten verkaufte. Sie lässt sich als eine Art musikalischer Weltraum-Phantasie beschreiben, erdacht von Ron Goodwin und seinem Texter/Komponisten Ken Hare. Zur Umsetzung benötigten wir viele unterschiedliche Stimmen, wofür sich Peter – im Grund genommen der legitime Nachfolger des Stimmenimitators Peter „The Voice of Them All" Kavanagh – sehr gut eignete. Vom heutigen Standpunkt aus mutet es wie ein albernes, primitives, kleines Stückchen an. Jakka war ein Weltraumjunge (was auch immer das sein mag), der mit einem Space-Scooter die luftigen Höhen durchkreuzt, begleitet von einem Hund mit fünf Beinen. Von Zeit zu Zeit wurden die beiden von einer Gott-ähnlichen Kreatur vom Firmament aus angesprochen. Für diese Rolle entschied sich Peter Sellers, im Stil eines Winston Churchill zu sprechen. Die komplette Produktion war mehr als abenteuerlich, und statt jedem meiner Kontakte Muster zu schicken, entschied ich mich, Stille zu bewahren, denn ich sah keine Chance auf einen kommerziellen Erfolg. Meine Güte, ich hätte auch versuchen können, Platten auf dem Mars an Marsianer zu verkaufen.

Nun, drei Jahre später, schlug ich Peter die Produktion von Singles vor. Wir begannen mit „Any Old Iron?“, einem alten Song von Harry Champion. Peter liebte das Stück. Sein Vater war in den alten Varietés, den Music Halls aufgetreten, was ihm diese Tradition nahebrachte. Die Single verkaufte sich nicht einmal schlecht. Nachdem ich Peters Fähigkeiten im Studio hautnah erlebt hatte, erkannte ich sein Potential als Künstler, der problemlos eine Langspielplatte machen konnte.

Als Leiter der Parlophone hatte ich in solchen Fragen eine gewisse Autonomie, doch für eine so bedeutende Entscheidung musste ich die Kollegen bei der monatlich stattfindenden „Ergänzungs-Besprechung“ überzeugen und darüber hinaus den Manager der Tonträgersparte der EMI. Sie sträubten sich gegen meinen Vorschlag, aber nach einem langen und aufwühlendem Streitgespräch konnte ich sie zumindest zu einem 10-inch-Album[12] überreden, das nur 25 Schilling im Gegensatz zur LP mit 32 Schilling kostete. Ich fand die Entscheidung reichlich verrückt, doch sie blieben hartnäckig, und so musste ich mich mit dem Erreichten zufriedengeben. Die Platte wurde *The Best Of Sellers* genannt und machte dem Titel alle Ehre. Als sich der Erfolg einstellte, erkannten sie den Fehler und veröffentlichten das Material im Langspiel-Format.

Die Arbeit mit Peter wurde ein unglaublicher Spaß. Er vermasselte es manchmal, da er nicht dem positiven Druck eines Publikums ausgesetzt war, was dann aber umso witziger wirkte. Wir konnten uns vor Lachen kaum halten, was niemanden störte, da wir diese Passagen mit aufnahmen und geschickt integrierten! Doch es gab eine Gefahr: Uns machte die Produktion so viel Spaß, dass wir manchmal den Eindruck hatten,

12 Anm. des Lektors: Format zwischen einer Single und einer regulären Langspielplatte.

die Sprachpassagen seien so witzig, dass sie jeden zum Lachen bringen müssten. Man vergaß dabei sehr schnell das eigentliche Publikum, das sich die Aufnahme mit einem Plattenspieler anhörte und nicht die gelöste und lockere Studioatmosphäre erlebte.

Es gab Aufnahmetage, an denen wir im Studio einen regelrechten Tumult veranstalteten. Zum Beispiel gibt es einen Track mit dem Titel „A Drop Of The Hard Stuff", in dem eine Figur (ähnlich einem Ludwig Koch) sich um eine Live-Aufnahme einer irischen Gruppe bemüht. „Hey, schau dir den Burschen an, der wird auf uns aufpassen", flüstert ein Bandmitglied. Dann bricht das reinste Chaos aus. Ein Musiker beschuldigt den anderen, eine „scheiß Note" gespielt zu haben, woraufhin eine Schlägerei beginnt. Damals besaßen wir noch nicht die Bänder mit den Klangeffekten, die heute überall zu erwerben sind. Die BBC verfügte über solche Aufnahmen in ihrer „Klang-Bibliothek", rückte sie aber leider nicht heraus. So mussten wir unsere eigenen Effekte kreieren. Für die Schlägerei türmten wir mehrere Berge von Stühlen, Tischen und Notenpulten mitten im Studio auf und platzierten ringsherum Mikrofone. Als Peter die Textpassage des Iren sprach, kickte er einen Stuhl weg, wonach ein Notenpult durch den Raum schleuderte. Das Chaos begann!

Da sich nicht genügend Leute im Studio aufhielten, um eine Schlägerei zu simulieren, gesellte ich mich zur Unterstützung zu ihm. Peter rief: „Pass bloß auf, du dämliche Harfe." Dabei versetzte er einem Stuhl einen so kräftigen Tritt, das er durch das ganze Studio schleuderte und mich unerwartet am Schienenbein traf. Ich schrie vor Schmerzen. Und dieser Schrei erschien auf dem Album. Und so hatten meine Prellungen letzten Endes doch noch was für sich, denn ich bin mir sicher, dass sogar ein Olivier niemals einen Schrei so brillant hinbekommen hätte!

Peter erarbeitete sich einen Großteil des Materials durch Improvisationen. Ein weiterer Track des Albums hieß „Shadows In The Grass" und handelte von einer dummen alten Lady, die im Park von einem Franzosen umworben wird. Irene Handl spielte die Rolle der alten Dame. Wir setzten sie und Peter ins Studio, stellten einige Mikrofone um sie herum auf und ließen ihnen freien Lauf – den die beiden auch ausnutzten, ganze elf Minuten und 30 Sekunden lang. Ich schätze, Stuart Eltham, mein Tontechniker, schnitt das Band ungefähr 150 Mal, um es auf annehmbare fünf Minuten zu kürzen und dabei alle Huster und Fehler zu eliminieren. Doch es lohnte sich, besonders da Irene eine so liebenswerte Dame ist. Am zweiten Tag – mittlerweile kannte sie alle Tontechniker – hatte sie extra einen riesigen, leckeren Kuchen für die Belegschaft gebacken und ging herum, um allen ein Stück zu reichen.

Natürlich wurden nicht alle Tracks improvisiert. Einige Texte stammten aus der Feder wahrer Talente vom Radio. Bob Monkhouse und Denis Goodwin schrieben einen Sketch. Frank Muir und Denis Norden verfassten „Balham, Gateway To The South". Um aus den bestehenden Teilen ein Gesamtwerk entstehen zu lassen, benötigten wir noch geeignete und sehr spezielle Musik und Sound-Effekte. Mit diesen Aufnahmen brachten wir ein originelles Produkt auf den Markt. In ganz Großbritannien veröffentlichte keine Plattenfirma etwas Vergleichbares. Nachdem sich *The Best Of Sellers* als überragender Erfolg erwiesen hatte – worüber sich die EMI-Manager, die meinten, es sei reine Zeitverschwendung, insgeheim ärgerten –, baten mich genau diese Leute um eine weitere Platte im gleichen Stil. Auf mich wirkte das wie eine Anerkennung, womit Parlophone auch als Label eingeordnet wurde, das sich humoristische Produktionen auf die Fahne schrieb.

Doch die Entwicklung ließ sich auf eine persönliche Freundschaft zurückführen und war so nicht geplant gewesen. Kurz nach der ersten Single mit Peter standen er und Spike Milligan im Studio, um eine Schlagerplatte in der Tradition der Goons einzusingen, der Komiker-Truppe, die für *The Goon Show* verantwortlich war. Leider durfte Harry Secombe aufgrund des Vertrags mit Phillips nicht daran teilnehmen. Einer der Tracks von Sellers-Milligan war eine urkomische Persiflage auf „Unchained Melody", bei der Peter sang: „Ich spielte auf der Ukulele, als die See das Schiff verschlang", wobei er sich auf besagtem Instrument begleitete. Bei der nächsten „Ergänzungs-Besprechung" spielte ich den „EMIkraten" den Song vor. Einer von ihnen gab zu bedenken: „Tja, wenn wir diese spezielle Fassung von ‚Unchained Melody' veröffentlichten, müssen wir uns vorher die Erlaubnis der Urheber einholen, da das Stück ja ganz schön in die Mangel genommen wird."

In die Mangel genommen? Eigentlich eine Untertreibung. Doch ich erwartete keine Probleme. „Wir verwerteten den Song und entrichteten die entsprechenden Urheber-Tantiemen. Wo sollte es da Einwände geben?"

„Also – so einfach ist das nicht“, antwortete er. „Du lässt das Stück absichtlich schlechter klingen, verglichen mit der Originalfassung.“

Ich sah das anders – zuerst veröffentlichen, danach Fragen stellen, doch der stocksteife Mann bestand darauf, dem Verlag Chappells eine Aufnahme zukommen zu lassen, um sich von ihnen die Erlaubnis einzuholen. Daraufhin schickte Chappells das Band an den amerikanischen Autor Frank Loesser, den Mann, dessen Frau bei einer Cocktail-Party als die „die böse Hexe der Loessers“ vorgestellt wurde. Er hörte sich das Stück an und soll einen Tobsuchtsanfall bekommen haben. „Es besteht nicht die geringste Chance, dass mein großartiges, atemberaubendes und umwerfendes Opus in dieser Form veröffentlicht wird“, erklärte er in diesen oder ähnlichen Worten. Er übermittelte sein Veto Teddy Holmes von Chappells, und dann lief es ähnlich wie beim König, der seiner Königin etwas erzählt, die es wiederum der Anstandsdame verrät – Tommy erklärte mir die Entscheidung Loessers, und ich wiederum musste es Peter und Spike verklickern.

Verständlicherweise waren sie sauer. Auch ich ärgerte mich über den Unsinn. Wir betrachteten die Aufnahme als kommerziellen Überflieger, und ich glaube, dass die beiden mich damals als Schuldigen für das Fiasko ansahen. Später nahmen sie plötzlich für Decca auf, für die Spike das äußerst erfolgreiche „I'm Walking Backwards For Christmas“ einsang. Die unglückselige „Unchained Melody“ wurde niemals veröffentlicht und ruht bis zum heutigen Tag irgendwo in den Archiven der EMI.

Wie es das Glück so wollte, kamen wir wieder zusammen, und ich machte die erste Platte mit Spike, das eher zu vernachlässigende „You Gotta Go Oww!“, ein totaler Reinfall. Seit der Zeit witzeln Spike und ich immer darüber, niemals ein Projekt umgesetzt zu haben, dem auch nur ein geringer Erfolg beschert war. Wenn wir etwas gemeinsam anpackten, schien das Desaster programmiert. Vielleicht entwickelte sich aus diesem Grund eine so enge Freundschaft zwischen uns? Als er zum zweiten Mal heiratete – es muss ungefähr zu der Zeit gewesen sein –, bat er mich, sein Trauzeuge zu werden.

Spike gehörte im Gegensatz zu seiner ersten Frau der katholischen Kirche an, weshalb die beiden nur standesamtlich geheiratet hatten. In einem für ihn typischen Anflug von Blödel-Humor entschied er sich nun –

seine zweite Frau war auch katholisch –, alle Zeremonien in Anspruch zu nehmen, also auch eine Messe. Seine Kinder durften die Rolle der Brautjungfern spielen! Paddy, die „anvisierte" Frau, spielte damals eine Nonne in der Musicalfassung von *The Sound Of Music*. Sie stammte aus einer piekfeinen Yorkshire-Familie, und Spike hatte in der für ihn typischen Art regelrechte Angst, die Verwandtschaft zu treffen, besonders da er ihren Vater noch nicht kannte. Die erste Begegnung sollte also zur Hochzeit in Yorkshire stattfinden.

Die Aussichten beunruhigten ihn zutiefst. „Ich muss da unbedingt rechtzeitig erscheinen", war ein häufig in seinen Gesprächen auftauchender Satz, den ich mit der ebenso häufigen Standard-Antwort „Mach dir mal keine Sorgen. Ich bringe dich da schon rechtzeitig hin", meinerseits beantwortete.

Ich hatte alles organisiert. Wir holten die Hochzeitsanzüge von Moss Bros ab und begannen die Reise in dem Mini, den ich nun voller Stolz besaß, um bei der Kings Cross Station die Bahn zu nehmen. Ich kannte den exakten Abfahrtszeitpunkt des luxuriösen Pullman-Zugs, und wir erreichten den Bahnhof rechtzeitig. Ich parkte den Wagen, und Spike zerrte das Gepäck aus dem Mini. Gemütlich schlenderte ich ins Gebäude, um die Bahnbillets abzuholen. Diese sicher in der Tasche verstaut, ging ich zur Abgrenzung, um zu sehen, wie voll der Zug schon war. Horror über Horror! Es gab keine Möglichkeit mehr einzusteigen, denn ich hatte vergessen, die speziellen Pullman-Sitze zu reservieren. Und es fuhr kein anderer Zug, der uns bis 21.30 Uhr nach Leeds brachte, der Zeitpunkt, zu dem Spike seinem zukünftigen Schwiegervater begegnen sollte.

Spikes heiteres „Ich-werde-bald-Schwiegersohn-sein"-Lächeln verschwand, als er meinen Gesichtsausdruck sah.

„Was ist geschehen?", fragte er nachdrücklich, und das aus gutem Grund.

„Tja … Ich habe die Pläne geändert."

„Wovon zum Teufel redest du?"

„Wir werden mit dem Auto fahren."

„Und mit welchem?"

„Diesem."

„Diesem? Den ganzen Weg bis nach Yorkshire in dem winzigem Ding?!!! Das klappt doch nie. Wir müssen um halb zehn da sein."

„Mach dir mal keine Sorgen", versuchte ich ihn zu beruhigen und setzte dabei eine zuversichtliche Miene auf. Doch ich fühlte mich keineswegs sicher.

Es war ein ganz normaler Mini, ohne speziell getunten Motor oder andere Finessen. Wir quetschten uns in das Vehikel, und ich versuchte meine Stirling-Moss-Seite herauszukehren und den Zug zu schlagen. Der arme Spike hockte auf dem Beifahrersitz und klammerte sich regelrecht ans Armaturenbrett, während ich halsbrecherisch um Ecken und durch Nadelöhrkurven bretterte. Merkwürdigerweise sprach er die ganze Zeit über kein einziges Wort. Tja, er konnte auch nicht, denn die Angst hatte den guten Spike fest in ihren Klauen.

Der ganze Albtraum dauert drei Stunden, doch glücklicherweise schafften wir es noch rechtzeitig. Ich stellte den berechtigterweise protestierenden Motor ab und ging um den Wagen, um Spikes' Tür zu öffnen. Endlich sprach er wieder mit mir: „Frage mich niemals mehr – und damit meine ich auch niemals –, ob ich noch einmal zu dir in den Wagen steige."

Am folgenden Tag, nach einigen heiklen Momenten, in denen ich die korrekte Art, einen Hochzeitsanzug anzulegen, und die Funktion diverser Knöpfe erlernen musste, machten wir uns auf den Weg in die Kirche, die auf dem Lande außerhalb von Leeds lag. Als wir feierlich den Mittelgang entlangschritten, bemerkte ich, dass die Bänke links komplett besetzt waren. Paddys Freunde und Verwandte hatte dort Platz genommen. Und rechts? Keine Menschenseele! Wir saßen dort allein und verlassen – und die Schar der „Ureinwohner" aus Yorkshire starrte den merkwürdigen Idioten aus London an. Weder Spike noch ich hatten uns je so isoliert gefühlt.

Plötzlich hörte ich schwere Fußschritte. Ein Mann betrat die Kirche. Er stampfte durch den Mittelgang und pfiff ein Liedchen. Ich drehte mich um, und wer kam auf uns zu? Harry Secombe mit einem breiten und albernen Grinsen auf dem Gesicht.

Später erfuhren wir, dass sich Harry wirklich alle Mühe gegeben hatte, um zur Hochzeit zu gelangen, denn zu der Zeit verbrachte er den Sommerurlaub in Llandudno in Wales oder einem in der Nähe liegenden

Plätzchen. Er charterte einen Hubschrauber, der ihn zum nächsten Flughafen brachte, von dem aus er nach Leeds flog. Aber so ist Harry nun mal. Er hätte Spikes Hochzeit um nichts in der Welt verpasst.

Harry rutschte auf die Kirchbank hinter uns und kniete sich zum Beten hin. Bevor er sich zurücksetzte, flüsterte er: „Ich habe gerade eine neue Nummer aufgenommen."

„Wer flüstert denn da so laut?", beschwerte sich Spike.

„Sie heißt ‚Leather Thong'."

„Was meinst du mit ‚Leather Thong'?"

Hinter uns begann Harry leise zu singen: „Leather thong in my heart." Auf einmal fühlten wir uns nicht mehr so allein.

Wie auch viele andere Comedians ist Spike eine eher traurige Persönlichkeit, unglaublich witzig, wenn er auf der Bühne steht, jedoch ernst im Privatleben. Er macht sich wegen aller erdenklichen Themen oft große Sorgen. In der einen Woche sind es die Wale, in der nächsten ist es Babynahrung oder Jazz oder was auch immer. Er regt sich schnell auf, eine Tendenz, die sein Privatleben belastet und ihn ständig bedrückt.

Einmal hatte er einen Streit mit seiner ersten Frau, schloss sich im Schlafzimmer ein und telefonierte. Kurz darauf klingelte es. Seine Frau öffnete die Tür und sah den Eilboten mit einem Telegramm. Der Text lautete: ICH HÄTTE GERNE ZUM FRÜHSTÜCK SCHINKEN, EIER UND ZWEI TOAST, BITTE.

Man war nie vor dem verrückten Goon-Blödeln und dem unbestreitbaren Humor sicher. Eines Tages trafen sich Harry und Spike im Shepherd's Bush Green und aßen gemeinsam zu Mittag. Ganz in der Nähe hatte Spike sein erstes Büro. Es war eine schmackhafte Mahlzeit, begleitet von einigen Flaschen guten Weins. Als die beiden aus dem Restaurant wankten, bemerkte Spike das Schild des angrenzenden Betriebs: William Nodes, Bestattungsunternehmen. Er flüsterte etwas zu Harry, und die beiden schritten durch die Eingangstür in den vorderen Empfangsraum, der jedoch leer war. Spike schnappte sich ein violettes Laken, legte sich auf den Boden und deckte sich damit zu. Harry versuchte ernst und traurig zu wirken und rief nach dem Besitzer, doch leider kam niemand.

Meine Geschichte der fehlgeschlagenen Projekte mit Spike fand noch lange kein Ende. Wir produzierten ein Album mit einer verulkenden

Version des Titels „Bridge On The River Kwai". Das war typisch für Spike – ihm gelang es tatsächlich, den schrecklichen Gräueltaten der Japaner gegen die britischen Kriegsgefangenen noch eine humorvolle Note abzugewinnen. Wir mussten den Eindruck eines Dschungellagers akustisch möglichst authentisch simulieren – mit den Klängen von Grillen und ähnlichen Tieren. Zu den schrecklichen Geräuschen, die wir schnell hinter uns bringen wollten, gehörte das Köpfen eines Gefangenen. „Du liebe Güte. Wie sollen wir das denn machen?", fragte ich Spike.

Ich zerbrach mir eine ganze Weile lang den Kopf, kam aber zu dem Entschluss, dass wir eine Enthauptung akustisch nicht umsetzen konnten. Dann hatte ich eine Eingebung. Ich beauftragte unseren Tontechniker Stuart Eltham: „Geh doch bitte zum Gemüsehändler am Alma Square und besorg uns ein halbes Dutzend der größten Kohlköpfe, die sie haben." Stuart kam mit einem großen Netz Kohlköpfe zurück. Wir positionierten das Gemüse vor einem Mikro und teilten es mit einem scharfen Hackmesser. Das klangliche Resultat ließ das Blut der Hörer gerinnen. Wir fanden einen überzeugenden Sound, allein durch bloßes Experimentieren.

Alles in allem hatten wir meiner Ansicht nach ein brillantes Album produziert. Ich beendete die Schnitte, und die Produktion konnte beginnen. Erst dann erklärte man mir, dass eine Veröffentlichung unter dem Titel „Bridge On The River Kwai" unmöglich sei. Hätten wir gegen die Auflage verstoßen, wäre die EMI zu Zahlungen in Höhe von mehreren tausend Pfund verklagt worden – obwohl es sich hier um eine humoristische Bearbeitung, eine Persiflage handelte, die eigentlich ohne Zustimmung des Urhebers produziert werden darf.

Irgendwie musste ich doch unsere ganze Arbeit retten, nicht zu vergessen die dabei geopferten Kohlköpfe. Eines Nachts kam mir die rettende Eingebung. Wir würden die Platte einfach umbenennen. Ich rief direkt bei Spike an: „Ich habe die Lösung gefunden. Wir werden es „Bridge On The River Wye" nennen."

„Aber es ist doch die ‚Bridge On The River Kwai'", gab Spike zu bedenken. „Auf der Platte reden wir doch dauernd vom ‚Kwai'."

„Klar, und darum werden wir bei jedem Wort das ‚K' wegschneiden."

Gesagt – getan. Wir schnappten uns die Rasiermesser und schnitten jedes „K" vom Kwai weg. Es dauerte eine halbe Ewigkeit, doch zumindest konnten wir die Platte veröffentlichen, ohne juristische Querelen befürchten zu müssen. Leider stieß die Veröffentlichung auf mangelndes Interesse.

Bei den Produktionen mit den Comedians stellten die Sound-Effekte eine tragende Rolle dar, und wir improvisierten ständig. Zum Beispiel machte ich mit Michael Bentine, einem ehemaligen Goon, ein Album mit einem Track, bei dem er die Pferderennen persiflierte und speziell den Chauvinismus der britischen Kommentatoren aufs Korn nahm. Natürlich benötigten wir Geräusche von Gäulen und griffen dabei auf schon aufgenommenes Wiehern zurück, das wir an bestimmten Stellen einspielten. Doch der wohl wichtigste Effekt lag darin, dass ich mit den Händen das Galoppieren auf dem Klavierstuhl simulierte. Natürlich benutzt man bei humoristischen Aufnahmen kaum Originalsounds, bis auf den Fall, dass man auf sehr gute Mitschnitte zurückgreifen kann. Und davon mal abgesehen, haben die Zuhörer ihre eigenen Vorstellungen, wie ein bestimmtes Geräusch klingt.

Zu der Zeit verfügte ich über kein Klangarchiv. Wenn ich also einen bestimmten Sound brauchte, rief ich den Mann für Special Effects bei der BBC an, der sich ganz gerne etwas Geld zusätzlich verdiente – natürlich schwarz. Er war ein außerordentlich guter Handwerker, und nachdem ich ihm meine Wünsche erklärt hatte, tauchte er mit einer beeindruckenden Menge diverser Utensilien auf – Rollschuhen, Rasseln, verschiedenen Blechstücken, Metallstücken, mit denen man das Bersten von Glas simulieren konnte, und allen sonstigen denkbaren und undenkbaren Accessoires. Falls er eine Anfrage nicht mit dem vorhandenen Spielzeug bedienen konnte, dachte er sich schnell etwas aus. Um das Geräusch eines brennenden Hauses nachzuahmen, zerknüllte er vor einem Mikrofon hartes Papier. Das klang tatsächlich nach einem brennenden Haus, obwohl ich mir niemals die Mühe machte, das in einem Feldversuch zu überprüfen (mal davon abgesehen, dass Papier eindeutig billiger ist). Für das Meer und den Wind benutzten wir einen Kessel Wasser und einen Praktikanten, der gefühlvoll in das Mikrofon blasen musste. Bei einem Gewitter verließen wir uns nicht auf Kunstgeräusche, sondern machten Aufnahmen vor dem Studio, wenn mal wieder ein Unwetter über London wütete. Um das Geräusch marschierender Soldaten vorzutäuschen, benutzten wir den Deckel eines Pappkartons, in den wir Holzkohlestücke legten. Wenn man den Deckel langsam hin- und herbewegte, erinnerte das an ein ganzes Regiment. Die Tücke lag jedoch im Detail. Wenn sich der Deckel abgenutzt hatte, rann der feine Kohlestaub aus den aufgeplatzten Ecken, woraufhin der Techniker die Session schwarz wie ein Schornsteinfeger verließ. Für solche „anspruchsvolle" Tricktechniken setzte ich immer meinen Assistenten Ron Richards ein.

Erst zehn Jahre später – in den späten Sechzigern – kamen die Bänder mit Klangeffekten zum allgemeinen Einsatz. Heutzutage ist es nicht mehr schwer, sich jeden erdenklichen Effekt zuzulegen – von Evel Knievel, der in einen Fluss springt, bis hin zu einer Geburt. Das Leben eines Produzenten ist eindeutig einfacher geworden. Legt man Wert auf originelle Effekte, ist eine persönliche Sammlung unumgänglich. Bei einem Hawaii-Besuch stellte ich ein Stereo-Mikrofon am Strand auf, da der Klang der Wellen und der Brandung dort so unvergleichlich schön war. Ich habe dieses Band schon auf einigen Platten benutzt. Da sich die Aufnahmetechnik in den letzten Jahren exorbitant verbesserte, ist der Einsatz eines solche Tapes künstlich erzeugten Geräuschen eindeutig vorzuziehen, vorausgesetzt, man hat darauf geachtet, Windeinstreuungen zu vermeiden.

Neben den akustischen Effekten waren manchmal musikalische Effekte gefragt. Für eine Produktion brauchte ich vier Hörner. Ich wollte den authentischen Sound des Instruments, jedoch keine Trompeten, und so rief ich die Londoner Garde an.

Ich erreichte einen Sergeant des Orchesters und fragte ihn: „Ich brauche für eine Aufnahme vier Hornisten. Ist es möglich, mir geeignete Musiker zur Verfügung zu stellen, die zudem lesen können?" Es war nämlich unabdingbar, dass sie exakt die Noten spielten, die ich für das Stück geschrieben hatte. Ein normales Horn ist ein Instrument ohne Ventile, im Gegensatz zum Waldhorn, das demzufolge nur Grundtöne und nicht jede Note spielen kann. Darum ist es notwendig, dafür exakt abgestimmte Musik zu schreiben.

„Kein Problem, Sir. Wir werden Ihnen geeignete Musiker zur Verfügung stellen." Am verabredeten Tag erschienen vier Hornisten der Irischen Garde mit ihrem Sergeant, der zwar nicht spielte, sie aber befehligte. Ich führte die Soldaten ins Studio, brachte ihnen Notenpulte und legten ihnen die Transkriptionen vor: „Okay, das steht heute also auf dem Programm. Bitte üben Sie es doch einige Male. Danach werde ich Ihnen das Stück vorspielen. Als nächsten Schritt nehme ich Sie dann auf."

Der Sergeant schien sich unbehaglich zu fühlen. Er zappelte herum und tänzelte auf der Stelle, wie man es nie von einem Militärangehörigen erwarten würde. Schließlich stellte er sich an meine Seite und räusperte sich: „Entschuldigen Sie bitte, Sir. Es tut mir leid, doch meine Hornisten haben Probleme mit den Noten."

„Ich habe doch nachdrücklich vier Männer verlangt, die lesen können", versuchte ich ihn aus der Reserve zu locken.

„Oh, aber sicher. Die Männer können lesen", antwortete der Sergeant im stolzen Ton. „Sie können sogar sehr gut lesen – allerdings keine Noten."

Schließlich brachte ich den tapferen Soldaten ihren Teil durch Vorsingen bei.

Für das zweite Album mit Peter Sellers benötigte ich einen anderen Effekt – die menschliche Stimme. Zu der Zeit war Frank Sinatras *Songs For Swinging Lovers* der große Hit, und wir entschieden uns, Peters Album *Songs For Swinging Sellers* zu betiteln. Für den ersten Track, ein Stück, das ich geschrieben hatte, sollte Peter so gut wie möglich Sinatras Stimme imitieren. Nun ja, Peter kann zwar singen, aber nicht sonderlich gut. Ich wollte aus seiner einzigartigen Fähigkeit der Nachahmung Kapital schlagen und ihn so klingen lassen wie einen Sänger, der versucht, Sinatra zu imitieren. Genau darin lag der Clou der Platte. Ich spielte ihm ein Band von Matt Munro vor und riet ihm: „Versuch so zu klingen wie er."

„Das kann ich nicht", erwiderte Peter. „Das ist doch schon großartig. Lass uns die Aufnahme verwenden."

„Das geht doch nicht. Es ist doch ein anderer Sänger."

„Okay, dann nennen wir ihn einfach Fred Flange", witzelte Peter, wobei sich erneut sein Talent zeigte, einen Blödelnamen wie aus dem Hut zu zaubern.

Und so unterbreitete ich Matt, der gerade den Vertrag bei seiner Plattenfirma verloren hatte, den Vorschlag und fragte: „Dürfen wir die Aufnahme benutzen, ohne deinen Namen zu nennen?" Ich glaube, er war ein wenig enttäuscht und hoffte vielleicht, die Nummer werde ihn in den Olymp der Superstars katapultieren, doch die Zahlung von 25 £ stimmte ihn um. Die Platte kam mit dem Vermerk eines Fred Flange als Sängers des ersten Titels auf den Markt.

Sie lief hervorragend. Peter sang die anderen Stücke, und der Unterschied zwischen den beiden Vokalisten ist offensichtlich. Auf dem Album befindet sich der Klassiker „Peter Sellers Sings George Gershwin“, was er auch machte: Er sang: „George … Gershwin.“ Eins meiner Lieblingsstücke ist die Fassung von „Would't It Be Lovely“, das er vor dem Hintergrund von Sitars und ungewöhnlichen Instrumenten mit einem indischen Akzent einsang, was dann wie „Would't It Be Lubberly“ klang.

Die geschilderte Produktion ist ein Beispiel für meine Haltung gegenüber humoristischen Alben. Gemeinsam mit Peter und auch anderen Künstlern wollte ich amüsante Schallplatten aufnehmen, die sich die Hörer öfter anhören konnten, ohne sich zu langweiligen. Ich wehrte mich gegen allzu offensichtlichen Platten, wo die Schenkelklopfer im Vordergrund stehen, denn nach einigen Hördurchgängen langweilen sie. Kennt man erst mal die Pointe, erübrigt sich das Hören des Witzes. Im Gegensatz dazu kann man sich Irene Handls Aussprache von „a bottle of Borjolais“ statt „Beaujolais“ oft anhören und Gefallen an den leisen Geräuschen und den gurgelnden Tönen finden, die sie ausstößt, während Peter sie an der Nase herumführt. Diese Art von Humor lässt sich wiederholt genießen, da die Kombination und das Zusammenspiel der einzelnen Worte einfach hängen bleiben. Bei *Beyond The Fringe* trifft das ganz besonders zu. Bei einer Enttäuschung oder einem Missgeschick zitierte ich immer noch gerne ihre Phrase: „Tja, mit einer Feuerwalze hätte ich nicht gerechnet.“ Und wenn wir unser Haus verlassen, stimmt die ganze Familie in ein Zitat ein: „Hast du den Schlüssel? Und die Konserven? Und den Dosenöffner?“ In der Welt der Redewendungen stand „Goodness Gracious Me“[13] eindeutig an erster Stelle und erfreute sich großer Beliebtheit im englischen Sprachraum. Wir machten diese Platte, als Peter mit Sophia Loren am Film *Die Millionärin* arbeitete. Herbie Kretzmer und Dave Lee hatten den Slogan speziell auf Peter und den von ihm gespielten Charakter zugeschnitten. Wir machten die Aufnahme im Studio 1 der Abbey Road, und da ich

13 Anm. des Übersetzers: Etwa mit „Ach du liebe Güte, meine Gute“ zu übersetzen.

gerade erst Rolf Harris produziert hatte, verpflichtete ich den „verrückten“ Ron Richards zum Spielen des Wobble-Boards, eines australischen Instruments.

Für die B-Seite wählten wir „Bangers And Mash“ aus, eine nach unserer Meinung ideale Wahl, die ich natürlich im Film unterbringen wollte. Ich besuchte den Produzenten Dimitri de Grunwald und spielte ihm das Stück vor. Er zeigte sich offen und war sehr angetan: „Wir sind noch am Drehen. Aber ich glaube, dass das Stück den Film unterstützen kann und der Film das Stück. Aus diesen Gründen versuche ich es zu integrieren.“

Der Regisseur Anthony Asquith lehnte es jedoch ab: „Nein, das ist ein ernsthafter Film. Das ist klassischer George Bernard Shaw. Ihre Platte ist recht amüsant, doch bei weitem nicht von der gleichen Klasse wie mein Werk!“

Doch ich durfte nicht warten, da ich die Platte rechtzeitig für das Weihnachtsgeschäft auf den Markt bringen wollte. Ich veröffentlichte sie, und es wurde ein Riesenerfolg. Einige Monate später kam der Film in die Kinos. Natürlich wollten die Zuschauer zum visuellen Genuss auch die Platte hören, was aus verständlichen Gründen unmöglich war. Sie fühlten sich sprichwörtlich hinters Licht geführt. De Grunwald erzählte kurz darauf, dass sie einen großen Fehler gemacht hätten und sich mit einer unglaublichen Anzahl von Beschwerden abplagen müssten. Ein ähnliches Desaster gab es später mit Cilla Blacks Aufnahme des Songs „Alfie“ und dem Film *Alfie*.

Nach dem Erfolg von „Goodness Gracious Me“ schwebte mir ein gemeinsames Album von Peter und Sophia vor, obwohl das zu der Zeit erheblich schwieriger wurde, da es mit Peters Filmkarriere international bergauf ging. Man konnte ihn nur schwer erreichen, er zeigte sich anspruchsvoller hinsichtlich des Materials und reagierte in Bezug auf Plattenproduktionen eher zögerlich.

Aber schließlich gelang es uns, das Projekt anzustoßen. Zusätzlich zu den Duetten waren für Peter und Sophia jeweils einige Solopassagen geplant. Als Peter seine Pflicht erfüllt hatte, befand sich Sophia schon wieder in Rom. Natürlich würde sie wegen einiger Stücke nicht nach London reisen. Ich schlug vor, die *Backing-Tracks* für ihre Stücke vorzubereiten, wobei ich die wahrscheinlich für sie geeignete Tonart abschätzte, und dann für die Aufnahme des Gesangsteils nach Rom zu fliegen. Danach wollte ich die Spuren in Ruhe abmischen. Peter hatte überhaupt nichts gegen meinen Plan, da er und Sophia – wie sagt man doch so schön – sehr gute „Freunde" waren.

Es verschlug uns in einen der ersten Comet-Flieger von de Havilland, das erste Düsen-Passagierflugzeug, und wir setzten uns in die erste Klasse, die sich direkt hinter dem Cockpit befand. Als wir auf die Startbahn rollten, knickte unglücklicherweise das vordere Fahrwerk ein, wonach die Nase der Maschine mit einem lauten Knall ungefähr drei Meter tief auf den Beton schlug und mit einem Krächzen über die Bahn rutschte. Es war ein ekliges Gefühl. Peter erstarrte vor Angst und verdeutlichte seine Gefühlslage mit einer grünlichen Gesichtsverfärbung.

Glücklicherweise wurde niemand verletzt. Man brachte uns wieder in die Empfangshalle zurück, wo sich schon Reporter versammelt hatten. Eine Story, dass Peter Sellers nur knapp einer Katastrophe entkommen war, schien vielversprechend zu sein. Der arme Peter wollte nicht darüber reden, sondern sich in Ruhe von dem Schock erholen, und so baten mich die Journalisten um einen Kommentar. Ich sagte: „Spike Milligan muss das Fahrwerk wohl vor dem Start angesägt haben." In den Zeitungen wurde das Zitat natürlich Peter Sellers zugeschrieben, der angeblich angesichts der größten Gefahr noch seinen Humor bewahrt.

Schließlich erreichten wir Rom. Sophia holte uns mit ihrem Rolls Royce Phantom ab, und gemeinsam fuhren wir in ihre gerade erst erbaute Villa an der Via Appia. Sie saß zwischen Peter und mir auf der Rückbank. Ich konnte kaum glauben, mich in solch illustrer Gesellschaft zu befinden. Am nächsten Tag verließ mich der Glaube vollends, denn Peter und ich fuhren zu ihrer Wohnung in Rom, um uns näher über das Projekt zu unterhalten. Es war ein wunderschöner und eindrucksvoller Ort mit einem großen Innenhof, in dem Brunnen mit wunderschönen Wasserspielen standen, umgeben von Mauerwerk aus dem 16. Jahrhundert. Wir trafen wahrscheinlich ein wenig zu früh ein, denn man führte uns in ihr Schlafzimmer. Sie trug noch ihr hauchzartes Negligee. Das – ich muss es so deutlich sagen – haute mich aus den Latschen, denn ich war es nicht gewohnt, Filmstars in ihrem Schlafzimmer zu besuchen, und erst recht nicht einen Filmstar, der nur mit einem Negligee bekleidet war! Peter fühlte sich in dieser Situation eindeutig wohler, und er versuchte alles, um mich aufzulockern.

Ich möchte Sophia als eine atemberaubend charmante Frau beschreiben, mit der man gerne die Zeit verbrachte und leicht arbeiten konnte. In ihrem Privatleben spielte sie niemals die Rolle des großen Filmstars. Nach der Fertigstellung des Albums habe ich sie leider nie wieder gesehen. Egal, Jahre später gewann sie einen Oscar für die Rolle in *Und dennoch leben sie*. Mich begeisterte Sophias Darstellung, weshalb ich ihr ein Glückwunschschreiben zukommen ließ. Sie antwortete mir mit einer Postkarte: „Lieber George, es war wirklich ganz lieb von dir, dass du mir die netten Zeilen geschickt hast. Vielen herzlichen Dank." An und für sich war das keine große Sache, doch nur wenige Menschen hätten so reagiert und in den meisten Fällen ihrer Sekretärin einen kurzen Text diktiert. Mich überraschte, dass sie mich nicht vergessen hatte. Es ist immer wieder erfreulich, dass es noch einige Superstars gibt, die sich an andere erinnern und nicht durch ein aufgeblähtes Ego auffallen, wie es leider viel zu häufig ist.

Würde man Sellers und Milligan als exzentrisch charakterisieren, könnten sie trotzdem niemals den Alberts das Wasser reichen, die völlig verrückt waren. Das Trio bestand aus zwei Brüdern und Bruce Lacey und trug zum Broterwerb Zeitungen aus – vielleicht tun sie es auch jetzt noch. Wir standen kurz vor der Produktion der LP *An Evening Of British Rubbish*, hätten aber nicht ahnen können, wie treffsicher der Titel die folgenden Ereignisse beschreibt. Damals legte ich großen Wert auf die Reaktion eines Publikums, und so nahmen wir die Stücke im Studio 2 vor 500 geladenen Gästen auf. Dort durften sie sich an solchen Spezialitäten erfreuen wie Bruces' Seifenblasen-Roboter! Vor dem Auftritt bestand ich auf einen Testdurchlauf. Die Alberts beabsichtigten, ungefähr zur Mitte des Auftritts eine überdimensionale Pistole abzufeuern, und wir mussten sichergehen, dass der Knall nicht die Aufnahme übersteuert.

So standen wir also im Studio und sahen auf die 500 noch auf dem Boden in ordentlichen Reihen liegenden Klappstühle – alles picobello aufgeräumt. Dann war die Zeit für den Test gekommen. Die Pistole ging mit einem sprichwörtlichen Donnerschlag los, woraufhin schätzungsweise über 200 Kilo Deckenputz auf uns herabprasselten. Es war dramatisches

Spektakel und verzögerte die komplette Aufnahme, da wir alles aufräumen mussten.

Aber auch ein Publikum an sich bereitet manchmal Probleme. Um Rolf Harris bei einer Live-Aufnahme von „Tie Me Kangaroo Down, Sport“ und „Sun Arise“ ein anheimelndes Gefühl zu vermitteln, lud ich einige Australier als Publikum ein. Zur Stimmungsauflockerung bestellte ich einige Kisten Dosenbier der Marke Swan. Das klappte. Leider konnten wir die Burschen nicht aus der Kantine bugsieren. Die, die es bis ins Studio schafften, versuchten die Dosen an allen nur erdenklichen Orten zu verstecken, zum Beispiel im Hallraum. Am Ende appellierte ich an ihre Ehre: „Kommt schon Leute, wir müssen mit der Aufnahme weitermachen.“

Daraufhin erhielt ich eine scheinbar landestypische Antwort: „Ach, steckt dir doch die Aufnahme sonst wohin. Wo gibt es hier noch mehr Swan?“

Die meisten Musiker genehmigen sich gerne einen oder zwei Drinks, und auch The Temperance Seven (eigentlich waren es neun Musiker) mit einem nicht sonderlich logischen Bandnamen[14] stellten da keine Ausnahme dar. Sie spielten einen authentischen Zwanziger-Jahre-Stil, wobei Alan Cooper, den man netterweise in Anspielung auf seine Nase den Spitznamen „Hooter“[15] verpasst hatte, als musikalisches Zentrum agierte. Der höchst exzentrische Mann spielte verschiedene Holzblasinstrumente und war ein Meister idiomatischer Redewendungen und diverser Dialekte. Ihr Vokalist Paul McDowell sang meist durch ein Megaphon. Um ein möglichst realistisches Gruppengefühl für die Aufnahmen zu gewährleisten, gruppierte ich sie alle um ein Mikrofon und nahm in Mono auf, obwohl uns damals schon Stereo zur Verfügung stand.

Die Verantwortlichen der EMI reagierten höchst skeptisch und dachten vermutlich, dass mich der Titel der Aufnahme beeinflusste und verwandelte – „You’re Driving Me Crazy“. Doch das war alles gar nicht so verrückt, wie sich bald herausstellte. Am Abend, an dem ich *Beyond The Fringe* in Cambridge aufnahm, erhielt ich einen Anruf – die Platte hatte

---

14 Anm. des Übersetzers: engl. Temperance = dt. Abstinenz, Mäßigung.

15 Anm. des Übersetzers: dt. Zinken

den ersten Platz der Hitparade erreicht! Es war meine erste Nummer 1, und ich feierte diesen Erfolg mit Judy, Shirley und Ron Richards.

Ich hatte bis zu dem Zeitpunkt nur einen Nummer-2-Hit gehabt, und zwar mit „Be My Girl", einer Nummer, von dem unglaublich erfolgreichen Schauspieler Jim Dale gesungen, der damals meine Antwort auf Tommy Steele sein sollte. Leider ließ sich die Zusammenarbeit nicht verlängern, denn sein Manager Stanley Dale (nicht mit ihm verwandt) bewachte und behütete ihn mit einer impertinenten Aufdringlichkeit. Er hatte ihn vertraglich regelrecht gefesselt – mit mehr Knoten, als man zählen konnte. Hinzu kam noch, dass der arme Jim keinen blassen Schimmer hatte, wie es um seine Finanzen bestellt war. Nach einigen Platten, darunter auch „Be My Girl", schien sich eine große Karriere abzuzeichnen. Doch eines Tages suchte er mich auf und meinte: „Es tut mir leid, aber wir werden keine Platten mehr machen."

„Und warum zum Teufel nicht?"

„Stanley und ich haben uns darüber unterhalten. Ich werde jetzt Comedian."

„Du bist doch verrückt. Deine Karriere als Sänger läuft bereits."

Doch er ließ sich nicht im Geringsten umstimmen, und somit war das Ende unseres Vertrags erreicht. Egal ob man mit einem Künstler im Vertragsverhältnis steht oder auch nicht – es ist sinnlos, Menschen zu Plattenaufnahmen zu zwingen, und höchstens unter schwierigsten Bedingungen machbar. Man hätte ihm lediglich die Arbeit mit einer anderen Firma untersagen können, aber da er es sowieso nicht beabsichtigte, ließ ich ihn ziehen. Er wollte nun mal Comedian werden, ein Job, von dem er sich schon immer angezogen fühlte, und so trennten wir uns zumindest in Freundschaft.

Wäre er meine Antwort auf Tommy Steele gewesen, konnte ich zumindest mit den Vipers aufwarten, eine Band, die ich in den kommerziellen Feldzug gegen den Skiffle-König Lonnie Donegan ziehen ließ. Einer der Jungs spielte Bass auf einer hölzernen Teekiste, und ein weiterer Musiker setzte Zeitungen zum Musizieren ein und machte sich an einem Waschbrett zu schaffen. Sie waren blutige Amateure, aber spielten die Akustik-Gitarren leidenschaftlich und mit viel Elan, was einen vollen Sound bewirkte. Skiffle lässt sich als Wegbereiter der Musik mit E-Gitarren beschreiben und war sozusagen das Fundament für die Musik der Beatles. Sie sangen Titel wie „John B. Sails“, „Cumberland Gap“ und „Rock Island Line“.

Einer der Musiker hieß Johnny Booker und humpelte leicht. Der Mann war ganz vernarrt in Tiere. Er wohnte im Keller eines teuren Blocks am Eaton Square und hielt dort einen kleinen Krallenaffen, den er oft mit ins Studio brachte. Das süße Äffchen war allerdings nicht sonderlich zahm. Eines Tages verließ er die Wohnung, vergaß dabei aber, das Fenster zu schließen. Während seiner Abwesenheit packte der Affe die sich ihm bietende Gelegenheit beim Schopfe und kletterte an der Regenrinne bis ins oberste Stockwerk, in dem Lady „Wie immer sie auch hieß“ eine Luxuswohnung besaß. Sie hatte das Haus verlassen, dabei aber die Schlafzimmertür verschlossen und das Fenster offen gelassen. Dieser sich bietenden Einladung konnte der Affe nicht widerstehen. Auf der kleinen Rundreise entdeckte er solche pikanten Utensilien wie Gesichtscreme und Handlotionen, welche er sich schmecken ließ. Doch nicht alles schmeichelte dem anspruchsvollen Gaumen des Affen, und so schmierte er sich mit den erlesenen Cremes ein. Danach entschied er sich, ein wenig herumzuhüpfen, und verteilte besagte Körperpflegeprodukte über seidene Kopfkissen und die Tagesdecke, was einer Schändung gleichkam. Doch dann geschah das, womit eigentlich jeder hätte rechnen müssen. Ihm wurde speiübel, was heftige Durchfall-Attacken zur Folge hatte.

Vollkommen erschöpft von dem Krawall und dem Tumult und gesundheitlich angeschlagen, machte er sich wieder auf den Weg nach Hause – also am Fallrohr der Regenrinne hinab. Die unglückselige Lady kam wieder in ihre Wohnung, schloss die Schlafzimmertür auf und wäre bei dem Anblick der Verwüstung beinahe in Ohnmacht gefallen. Bis zum heutigen Tag weiß sie nicht, wer für den Akt des überbordenden Vandalismus verantwortlich war. Bis zum heutigen Tag!

Doch unter all den verrückten Zwischenfällen gibt es ein besonderes Ereignis, das ich aus gutem Grund nie vergessen werde. Es war mal wieder der Dämon Alkohol, der bei einer meiner ersten Aufnahmen eine immens wichtige Rolle spielen wollte. Es handelte sich um den Fall des Mr. McRoberts. James McRoberts stand dem The Scottish Festival of Male Voice Praise vor, einem Bibel-versessenen, „Hallelujah!“ schmetternden Chor, den wir regelmäßig aufnahmen. McRoberts, den Verlockungen des Mammon nicht abgeneigt, schrieb für gewöhnlich eigene Arrangements von Stücken wie „Eternal Father, Strong To Save“, um dafür die Tantiemen zu kassieren.

Ein Moderator namens Larry Marshall lud mich ins schottische Fernsehen ein, und da die Moguln aus der Chefetage der EMI in Hayes davon gehört hatten, baten sie mich um ein Gespräch. „Leider ist uns ein unglücklicher Fehler unterlaufen. Wir haben Mr. McRoberts zu viel Tantiemen ausgezahlt. Tatsächlich handelt es sich um eine sehr hohe Summe. Nun, wir erwarten nicht von Ihnen, das Geld einzutreiben, obwohl es uns ganz gelegen käme. Zumindest sollten Sie ihn auf das Malheur der zu hohen Auszahlung aufmerksam machen, denn sonst befürchten wir zukünftige Probleme.“ Tja, dieser Kelch war nun nicht an mir vorübergegangen. Man hatte mir ihn geschickt in die Hand gedrückt.

Die erste anstehende Prüfung bestand in dem Fernsehinterview, das im Rahmen einer Boulevardsendung übertragen wurde. Die Fernsehleute, höflich wie sie nun mal waren, schenkten mir vor dem Auftritt einige Whiskeys ein. Allerdings hege ich nicht den geringsten Zweifel, dass das nicht ohne Hintergedanken ablief – ein wenig die Zunge befeuchten, und schon ist ein lockeres Mundwerk garantiert. Ich verstand mich ausgezeichnet mit Larry Marshall, was zu weiteren Whiskeys führte. Glücklicherweise übte das Festival of Male Voice Praise in einer Kirche nahe dem Fernsehsender. Ich sage glücklicherweise, denn als ich aus dem Studio torkelte und der kalte Wind mir um die Nase wehte, dämmerte es mir, dass ich beinahe eine Flasche besten Malts eliminiert hatte. Egal, dachte ich, das würde mir dabei helfen, dem armen Mr. Roberts die schlechten Nachrichten zu überbringen.

Ich betrat die Kirche, deren nüchtern gestaltete Vorhalle grün und braun gestrichen war, und nahm den leichten Geruch von Reinigungs- und Desinfektionsmittel wahr. Aus der Ferne hörte ich dem Chor bei der Probe zu. Mr. McRoberts, ein kahlköpfiger Mann mit hervorstehenden Zähnen, dessen Lesebrille vorne auf der Nase wackelte, dirigierte das Orchester. Als er mich bemerkte, unterbrach er die Probe, kam zu mir und grüßte mich recht überschwänglich. Auch ich konnte mich eines übermäßigen Anflugs der Freundschaft nicht erwehren, da der Alkohol durch meine Adern pulsierte.

„Hallo, Mischster McRobertsch. Schöön Sie wieeederzuschehen", rief ich aus. Mr. McRoberts, ein Abstinenzler vor dem Herren, für den Alkohol der Nektar Satans war, der niemals in einer Kirche toleriert werden durfte, schreckte bei meiner Fahne zurück. Doch ich ließ mich nicht abschütteln. Der Erfolg der Sendung war mir – wie der Whiskey – zu Kopfe gestiegen. Unbeirrt fiel ich dem armen Mann direkt um den Hals, um mit ihm die finanzielle Misere zu betrauern. „Ich habe da leider schleeechte Tschachrichten für Sie, Mischster McRobertsch."

„Tscharichten, was meinen Sie denn damit", fragte er irritiert.

„Esch tut mir leid, Ihnen mitteilen zu müssen, dass die EMI für ein Schtück ungefähr 400 £ ztschuviel bezahlt hat. Und da Ihnen nur 20 £ an Tantiemen vierteljährlich tschustehen, werden Sie in den nächsten fünf Jahren keine Zahlungeeen mehr erhalten."

Und exakt in diesem mehr als unpassenden Moment packte mich ein nicht zu kontrollierender Kicheranfall. Die schlechten Nachrichten hätten nicht taktloser übermittelt werden können. Mr. McRoberts war zu Tode beleidigt. Glücklicherweise zählte sein Chor nicht zu den wichtigsten Künstlern unserer Firma. Wäre das der Fall gewesen, zweifle ich stark daran, dass sie noch länger bei der EMI geblieben wären.

Und ich hätte möglicherweise niemals die Beatles unter Vertrag genommen.

Kapitel 6

Das Studio

Während dieser Ära – also vor der Ankunft der Beatles und auch eine kurze Zeit danach – bestand die Aufgabe eines Plattenproduzenten hauptsächlich in der Organisation. Natürlich durfte er Entscheidungen bezüglich des aufzunehmenden Materials fällen und die Künstler anweisen, damit sie sich bei einem Mitschnitt optimal in Szene setzten. Doch erst der Beginn des Stereo-Zeitalters ermöglichte dem Produzenten freie Entfaltungsmöglichkeiten. Er schlüpfte endlich in eine seiner Tätigkeit angemessene Rolle – die eines selbständigen und kreativen Menschen. Somit war es endlich möglich, den Aufnahmen ein Markenzeichen zu geben, eine individuelle Sichtweise und eine bestimmte Klangimpression zu vermitteln. Um zu verstehen, welche bahnbrechenden Veränderungen Stereo einleitete, möchte ich Sie in die Abbey Road Studios führen, und zwar in den Herbst 1950, die Zeit, in der ich zum ersten Mal die Räumlichkeiten erblickte. Das Bild ist typisch für den technischen Standard der damaligen Musikindustrie.

Beginnen wir im Regieraum, der mit normalen Maßstäben gemessen nicht sonderlich groß war. Die karge Inneneinrichtung spiegelte den Geschmack des Architekten wider, der für den Umbau verantwortlich zeichnete. Die Wände glänzten in grünlichen und cremefarbenen Tönen. Der schäbige Teppichfetzen auf dem Linoleumboden diente höchstens der Akustik und federte nicht den harten Untergrund ab. Beim Betreten des Raums sah man auf der linken Seite ein wahres Monster von einer

Maschine. Es lässt sich als eine Art grüne Metallkonsole beschreiben, mit einem gläsernen Deckel, unter dem man das laufende Tonband erkennen konnte. Es war das legendäre BTR 1, die erste Bandmaschine, welche die EMI auf den Markt gebracht hatte. Die Tontechniker standen dem mechanischen Monstrum noch reichlich skeptisch gegenüber. In der gegenüberliegenden Ecke stand eine Aufnahmeeinheit, bestehend aus einem Schnitttisch mit einem Plattenspieler und der Schneideeinrichtung, fahl beleuchtet von einer darüberhängenden Glühbirne. Zwischen den riesigen Metallmonstern befand sich das Mischpult, falls es überhaupt diesen Namen verdient, denn es ähnelte eher dem Armaturenbrett eines Oldtimers. Durch vier überdimensionierte schwarze Drehregler wurden die im Aufnahmeraum befindlichen Mikrofone ausgesteuert. Daneben befanden sich diverse Kippschalter und auch die *Fader*. Der Tontechniker konnte vom Mischpult aus durch ein vielleicht 30 mal 30 Zentimeter großes Fenster ins Studio hinabschauen, und wenn er mit den Musikern oder Sängern sprechen wollte, öffnete er eine der beiden in der Wand eingebauten kleinen Türchen. Auf einem Schreibtisch lag das Produktionsbuch, in dem man alle Einzelheiten der Aufnahme vermerkte. Erwähnenswert ist noch ein Metallschrank mit Glastüren, ungefähr so groß wie ein Kleiderschrank, in dem von Thermostaten angesteuerte Kontrolllämpchen von Zeit zu Zeit aufleuchteten. Hier lagerten durchsichtige, bernsteinfarbene Platten, nämlich die Hartwachsrohlinge, bei einer konstanten Temperatur von 38 Grad Celsius, bereit für den Schnitt.

Als ich das erste Mal das Studio besichtigte, sah ich zwei Männer am Schnitttisch, die konzentriert eine Hartwachs-Platte begutachteten. Der kleinere der beiden trug einen weißen Kittel und benutzte ein hochwertiges Vergrößerungsglas, um die Rille zu kontrollieren. Der zweite und größere Mann trug einen vornehmen dunklen Anzug, der seine höhere Stellung unterstrich. Er wartete auf den Urteilsspruch des Tontechnikers. Dann nahm er die Platte vom Plattenteller und hielt sie so gegen das Licht, dass sich das Schnittmuster deutlich zeigte. „Hmm", murmelte er, „das sieht ein wenig kritisch aus. Was meinst du, Charles? Ist sie belastbar genug?"

Charlie Anderson spitzte die Lippen und lächelte: „Wir haben schon lautere Platten produziert … Ich glaube, sie ist gut, abgesehen von dem

Teil. Schau mal.“ Er deutete auf eine kleine Vertiefung, bei der Aufnahme von einem einmalig lauten Pegel verursacht.

„Alles klar, Charlie“, sagte Oscar Preuss. „Markiere sie als Master. Wir werden aber noch eine aufnehmen, für den Fall, dass sie im Presswerk zerbricht.“

Routiniert bereiteten sie sich auf eine weitere Aufnahme vor. Charlie Anderson, der Tontechniker, zog eine lange Kette hoch, an der ein schweres Gewicht hing. Währenddessen ging Oscar ins Studio, um den Musikern mitzuteilen, dass er eine neue Aufnahme wünschte, wobei er einige ermunternde Worte murmelte. In der Regie wurde eine frische Hartwachs-Scheibe aus dem Klimaschrank genommen und auf den stählernen Drehteller gelegt. Zeitgleich überprüfte der Tontechniker seine Einstellungen. Danach schloss man das kleine Fenster und löste die Bremse des Schnitttisches.

Kaum merklich senkte sich das Gewicht. Der Tontechniker drückte einen Knopf am Mischpult, woraufhin ein Signal ertönte, damit die Musiker sich auf die Aufnahme konzentrierten. Als Nächstes wurde der Stahlstichel kurz vor der Wachsfläche in Position gebracht sowie ein leistungsfähiger Luftabzug, der die sich ansammelnden Wachspäne aufsaugen sollte. Dann erklang das Signal ein zweites Mal, um den Musikern die unmittelbar bevorstehende Aufnahme anzukündigen. Schließlich, ungefähr ein oder zwei Sekunden später, drückte der Tontechniker einen Knopf, durch den sich der Stichel präzise aufsetzte und seine Reise zum Inneren der Wachsscheibe antrat. Zeitgleich leuchtete im Studio ein rotes Licht auf, und die Musiker begannen zu spielen. Und das mussten sie auch, denn sonst hätte das Stück – eigens auf die Spieldauer des Mediums ausgerichtet – zu lange gedauert, womit das Schicksal des Rohlings besiegelt worden wäre.

Es gab, da es sich um eine Live-Aufnahme handelte, keine Möglichkeit, Passagen zu schneiden oder auszubessern – alles musste perfekt sein. Zwar ließ man ein Band mitlaufen, doch man traute dem neuen Material noch nicht. Der damaligen Auffassung nach waren die Band-Aufnahmen bei weitem nicht so gut wie der Direktschnitt auf Wachs. Sie wurden lediglich für eine kurze Zeit als Reserve aufbewahrt, falls ein Master im Presswerk zerstört worden wäre. Das Band eignete sich auch als Playback, um den

Musikern einen Eindruck ihrer spielerischen Qualität zu vermitteln. Für den Fall, dass sie einen neuen *Take* machen mussten, stellte sich das als eine große Hilfe heraus. Die Bandmaschine war erst kurz vor meinem Arbeitsantritt bei der EMI angeschafft worden, sodass die unglücklichen Künstler davor meist eine Woche warten mussten, um die Resultate ihrer Arbeit zu hören, denn erst dann erhielten sie die Testtonträger aus dem Presswerk, welches das Wachs-Master umgeschnitten und weiterverarbeitet hatte.

Was die Wachs-Platten anbelangte – die gingen weg wie die sprichwörtlichen warmen Semmeln. Falls ein Musiker einen Fehler machte oder die gesamte Aufnahme weit unter dem erwarteten Standard lag, wurden sie einfach weggeworfen und später eingeschmolzen und wiederverwendet. Während einer durchschnittlichen Aufnahme-Session „verarbeitete" man meist um die 15 Rohlinge.

Auf mich wirkte der Aufbau höchst primitiv. Zum Beispiel hatte ich geglaubt, dass seit Galileo niemand mehr Gewichte als Antriebsmethode einsetzt. Doch die Antwort auf meine Skepsis lag auf der Hand. In den Fünfzigern waren Elektromotoren nicht zuverlässig genug, um einen exakten Gleichlauf in einer Geschwindigkeit von 78 Umdrehungen in der Minute zu gewährleisten, die für einen Direktmitschnitt Voraussetzung war. Hingegen konnte man sich auf die Erdanziehungskraft absolut verlassen.

Dachte ich, dass die Aufnahmebedingungen und -techniken primitiv seien, war das nichts, verglichen mit der Fertigung des Endprodukts. Bevor ich tatsächlich ein Presswerk besuchte, stellte ich mir diesen Ort wie folgt vor: Hochkonzentrierte Arbeiter in weißen Kitteln standen vor Edelstahlmaschinen mit Kunststoffdeckeln und drückten Knöpfe und beobachteten dabei das Schmelzen der Rohmasse und den Pressvorgang. Wie naiv ich doch war! Die Realität widersprach meinem Bild grundlegend. Ein Presswerk ist ein heißer und unglaublich schmutziger Ort, an dem Männer mit nacktem Oberkörper malochen, in Schweiß gebadet und verdreckt durch die in der Luft schwebenden schwarzen Kohlenstoffpartikel, also Ruß.

Der Ruß wurde mit Schellack und anderen Ingredienzien zur Rohmasse für die Pressung gemischt und danach ausgewalzt. Aus der Masse schnitt man rechteckige Stücke, ungefähr 45 mal 25 Zentimeter, genannt „Biskuits". Die die Pressmaschinen bedienenden Arbeiter – jeder arbeitete gleichzeitig an zwei Maschinen – rollten die Biskuits auf den heißen Stahlwerkzeugen aus, bis sie eine Art *Donut* bildeten. Als Nächstes nahmen sie das Etikett, auch *Label* genannt, von einem hohen Stapel und platzierten es seitenverkehrt auf der eigentlichen Presse, wonach der „Donut" darauf ausgebreitet wurde. Danach befestigten sie das zweite Label (für die B-Seite) auf dem „Donut" und zogen die Presse herunter (auf deren Ober- und Unterseite sich die Matrizen befanden), wodurch die Masse sich zu einer dünnen Scheibe formte und die eigentliche Rille eingraviert wurde. Während des Abkühlungsprozesses, bei dem die Platten mit dem Mitteloch auf einen Regalwagen aneinandergereiht wurden, bereitete der Arbeiter das Material für die nächste Pressung vor.

Und so ging es weiter – tagaus, tagein, eine Arbeit, die ein Charles Dickens nicht hätte besser beschreiben können, und das in der Mitte des 20. Jahrhunderts. Nachdem ich das gesehen hatte, erkannte ich mein Glück, als Produzent auf der exakt entgegengesetzten Seite des Musikgeschäfts zu stehen.

Das eindeutig wichtigste Element war und ist das Mikrofon. Demzufolge verdient es eine nähere Beschreibung und Erläuterung seiner Funktionsweise.

Zu Beginn meines Arbeitslebens nahmen wir nur in Mono auf. Wie bereits erwähnt, verfügte das Mischpult lediglich über vier Drehregler, womit sich die Anzahl einzusetzender Mikros grundsätzlich auf vier reduzierte. Oft schalteten wir das Signal von zwei Mikrofonen zusammen und legten es auf einen Eingangskanal [wodurch sich die klanglichen Möglichkeiten vervielfachten]. Doch manchmal mussten wir uns auf ein Mikro beschränken, um eine bestimmten Klang zu gewährleisten. Zum Beispiel: Bei Mitschnitten von Ivor Moreton und Dave Kaye oder Rawicz und Landauer standen zwei Klaviere im Aufnahmeraum, die wir mit jeweils einem Mikro aufzeichneten. Gemessen am heutigen Standard war das verhältnismäßig primitiv – was auch auf die Mikrofone zutrifft. Die damals gebräuchlichen Mikros mit beweglichen Spulen sollten an und für sich nur die direkte Tonquelle abnehmen, fingen aber fast genau so viel Geräusche von hinten wie auch von den seitlichen Bereichen ein.

Sie waren in keinerlei Hinsicht „diskret" in Bezug auf das, was sie „hören durften" oder auch nicht. Um eine gelungene Plattenaufnahme zu fahren, beschränkten wir uns auf so wenig Mikrofone wie möglich, denn die Überschneidungen hätten sonst zu zahlreichen Problemen geführt, da im Mix die einzelnen Tonquellen nicht sauber voneinander getrennt werden konnten. Das wiederum erforderte eine ausgeprägte Geschicklichkeit in der Platzierung der Mikros und der einzelnen Instrumente, denn die beiden Aspekte waren für die Qualität der Aufnahme ausschlaggebend – und das in einem weitaus höheren Maße als heute. Hinzu kam noch die Problematik des damals beschränkten Frequenzgangs, der sich bei heutigen Mikrofonen deutlich vergrößert hat.

Im Laufe der technischen Entwicklung erfassten Mikrofone zunehmend größere Bandbreiten akustischer Signale, unterschieden sich aber auch deutlicher. Das bezieht sich auf die Tatsache, dass verschiedene Mikrofone unterschiedliche Frequenzmuster übertragen, was sich in polaren Diagrammen darstellen lässt. Stellt man ein Mikrofon in einen Raum, kann man quasi ein Diagramm davon anfertigen, aus welchen Bereichen es den Klang am besten überträgt. In Fernsehstudios werden bevorzugt Richtmikrofone eingesetzt, die Schallwellen einer direkten Quelle optimal einfangen, aber auch nicht mehr. Sie eignen sich hervorragend für die menschliche Stimme, sind jedoch überhaupt nicht für die Aufzeichnung von Musik zu gebrauchen.

Bei Aufnahmen in einem Tonstudio wird eine Vielzahl unterschiedlicher Mikrofone eingesetzt. Allerdings kommt es hier größtenteils auf den persönlichen Geschmack an. Tontechniker und Produzenten haben hier ihre eigenen Favoriten. Obwohl sich die Qualität der Mikrofone im Laufe der letzten zehn Jahre deutlich steigerte, können die letzten Produktlinien meiner Ansicht nach nicht mit älteren Modellen mithalten. Einer der Gründe dafür liegt in der Funktionsweise der früheren Kondensatormikrofone, die noch über eine Röhre verfügten. In den letzten Jahren ließ sich die Tendenz beobachten, sich möglichst der alten Röhrentechnologie zu entledigen und sie durch Transistoren zu ersetzen. Bei dem Versuch, das im Grunde genommen gleiche Mikro dadurch einem neuen Standard anzupassen, verloren die Mikros bestimmte Vorzüge. Ich kann nicht anders, als vom alten U47 Neumann zu schwärmen, das leider nicht mehr im Handel erhältlich ist. Glücklicherweise besitzen wir noch einige Exemplare, die für mich nicht mit Gold aufzuwiegen sind, denn die neuen Modelle reichen nicht im Entferntesten an diese Qualität heran. Das C12 gehört zu den Röhren-betriebenen Kondensatormikrofonen, und die Arbeit damit war wunderbar. Es war äußerst empfindlich und konnte Geräusche über eine weite Entfernung hin mit großer Klarheit aufnehmen – ein sehr „heißes" Mikro, wie die Amerikaner sagen würden. Doch auch dieses Modell wird nicht mehr hergestellt, und der Gebrauchtmarkt ist wie leer gefegt. Meiner Einschätzung nach achten die Mikrofonhersteller viel zu wenig auf die Bedürfnisse der Tonstudios. In ihren Entwicklungsabteilungen werden Mikros entworfen, die schöner aussehen und deren theoretisches Frequenzspektrum in einer Grafik optimal aussieht, doch die Ingenieure verzichten darauf, sich in kommerziellen Studios sehen zu lassen und vor Ort praxisbezogen zu recherchieren – und darauf kommt es doch eigentlich an!

Wir hingegen experimentieren ständig. Auch wenn ich ein bestimmtes Mikro bei einer Aufnahme für die Streicher benutze, bedeutet das noch lange nicht, dass ich es ständig bei diesen Instrumenten einsetzen werde. Ein Plattenproduzent muss auch Einschränkungen bedenken. Man darf ein C12 – obwohl es sehr gut ist – niemals für eine Bass-Drum oder eine elektrische Gitarre verwenden, denn durch die hohe Sensitivität würde es schnell zerstört.

Bei den hohen Lautstärken, mit denen wir heutzutage aufnehmen, ist die akustische Toleranz und Belastungsfähigkeit der Mikrofone von größter Bedeutung. Früher waren Mikrofone höchst empfindlich. Man konnte sie in Bezug auf die Belastungsfähigkeit mit dem menschlichen Gehör vergleichen. Heutzutage werden Mikros hergestellt, die weitaus höhere Lautstärken tolerieren. Besucht man ein Studio, in dem eine Rockband mit Gitarren aufnimmt, wird die Schmerzgrenze schon in wenigen Metern Abstand erreicht. Doch das Mikro ist in der Regel nur wenige Zentimeter vom der Lautsprechermembran entfernt, sodass die „arme" Technik einem unglaublichen Schalldruck ausgesetzt ist.

Das bedeutet im Umkehrschluss, dass für andere Tonquellen direkte Mikrofone notwendig sind, um nicht die Einstreusignale – in diesem Fall der Gitarren – zu übertragen. Hinsichtlich der erreichten Dezibelwerte sind diese Aufnahmesessions überhaupt nicht mit der Aufzeichnung eines Streichquartetts zu vergleichen. Das zeigte sich speziell bei der Aufnahme des Mahavishnu Orchestra für Columbia. Das Album trug den Titel *Apocalypse* und ist meiner Ansicht nach eine ihrer besten Platten. Das Mahavishnu Orchestra war die Jazz-Rock-Band von John McLaughlin. Sie wurden von dem London Symphony Orchestra unter der Leitung von Michael Tilson-Thomas begleitet. Da ich das Projekt als eine Art der Live-Darbietung interpretierte, riet ich den Musikern zu Beginn: „Wir sollten eine Live-Aufnahme versuchen. Es ist sicherlich nicht unproblematisch, aber wir werden ja sehen, ob unsere technischen Voraussetzungen da mithalten können." So lud ich das LSO in das große Air-Studio ein und ließ das Equipment von Mahavishnu in einer anderen Ecke aufbauen. Dennoch entstand ein wahres Gedränge.

Die Sound-Verhältnisse des Orchesters untereinander stellten kein Problem dar. Das galt auch für die Gruppe. Doch als beide Ensembles zu spielen begannen, war die Bezeichnung „Apokalypse" noch untertrieben! Nichts ging mehr. Ich stand neben Michael Tilson-Thomas auf dem Dirigentenpodest, und schon nach drei oder vier Takten warf er seinen Stab auf das Notenpult: „George, ich kann noch nicht mal die erste Geige hier vorne hören." Obwohl die Gruppe in der entgegengesetzten Ecke stand, übertönte sie alles. Der Lautstärkeunterschied muss sicherlich 60 Dezibel betragen haben. Letztendlich brachte ich sie in einem anderen Studio unter. Es wäre sinnlos gewesen, um eine niedrigere Lautstärke zu bitten, denn in dem Fall hätte sich für die Musiker das Spielgefühl und -empfinden grundlegend geändert. Weder der Schlagzeuger noch der E-Gitarrist wären in der Lage gewesen, ihren Instrumenten die für sie geeigneten Sounds zu entlocken.

Das ist nur ein Beispiel für die verschiedensten Einsatzmöglichkeiten diverser Mikrofone. Es sind sehr empfindliche Geräte, die schnell übersteuert werden können, was zu einem Ausfall oder sogar Defekt führt. Wir benutzten die U47 immer für den Gesang. Positionierte man sie vor einem Schlagzeugset, dann würde die Membran allein durch den Schalldruck nicht mehr funktionieren.

Trotz unseres Wissens jagen wir ständig Mikros durch, da wir versuchen, die Grenzen der Belastbarkeit zu testen. Eine unumstößliche

Tatsache bedingt diese Versuche – je näher man ans Limit geht, desto besser wird der Klang. Das lässt sich mit einem Rennwagen vergleichen. Jeder weiß, dass man das Getriebe bei einer Umdrehungszahl von 6.000 U/min überlastet. Darum wird es ein Fahrer mit 5.900 U/min ansteuern und dabei hoffen, dass sich die Technik nicht „zusammenfaltet". Wiederholt man den Versuch 16 Mal, dann ist es gut möglich, dass der letzte Test die Mechanik „plättet". In den Air-Studios müssen wir wöchentlich ungefähr ein Dutzend Mikrofone auswechseln. Das bedeutet, entweder die Module auszuwechseln oder es beim Hersteller komplett gegen ein Ersatzmikro umzutauschen.

Die Funktionsweise eines Mikrofons besteht in der Umwandlung von Klangfrequenzen in eine Reihe elektrischer Impulse, die mit einem Band aufgezeichnet und danach auf eine Schallplatte übertragen werden. Doch wie funktioniert so ein Vorgang?

Wir alle kennen die Rille einer Schallplatte, doch ich frage mich häufig, wie viele sich exakt die Optik vorstellen können. Bei einer Mono-Platte hat die Rille die Form eines V. Vergrößert man sie um ein Vielfaches, ähnelt sie einem Wasserlauf mit seitwärts abgerundetem Boden. Die durch die Rille laufende Abtastnadel lässt sich mit der Fahrt eines Wagens auf einer Straße vergleichen. Stellt man sich nun vor, dass die Platte still steht und sich die Nadel bewegt (also gegensätzlich zur Realität) wird diese zum eben angeführten Automobil. Jedoch ist die Straße nicht schnurgerade wie eine Autobahn, sondern eine lang gezogene Kurve, wie es oft bei britischen Landstraßen der Fall ist. Während die Nadel dem Straßenverlauf folgt, also der Rille, bewegt sie sich von Seite zu Seite. Je schärfer solch eine Kurve ist, desto höher sind die durch das Medium der Abtastnadel erzeugten Frequenzen.

Bei einer Monopressung folgt die Nadel einer konstanten Tiefe. Die Nadel bewegt sich also nur seitwärts in beide Richtungen, vergleichbar mit einer Welle [die in einem zylindrischen Körper nach links und rechts schwappt]. Möchte man nun eine Frequenz von 3.000 Hertz erzeugen, finden sich 3.000 solcher „Kurven" in jeder Sekunde Spielzeit, wodurch also auch die Nadel 3.000 Mal in der Sekunde vibriert. Die Lautstärke der Note wird von der Tiefe der „Kurven" bestimmt, und so bewegt sich eine Abtastnadel bei leisen Passagen kaum merklich.

Ein Auto wird beim Versuch, eine scharfe Kurve zu schnell zu durchfahren, einfach umkippen, und auch die Nadel ist diesen physikalischen Gesetzen unterworfen. Ist die Frequenz zu hoch und die Modulation – die Bewegung – zu ausladend, wird die Kurve, der die Nadel folgen muss, viel zu eng, was zur Folge hätte, dass sie von der Platte geworfen würde, vergleichbar mit einem Bob-Rennen. Und so ist der Vinylschnitt, bei dem die zur Produktion erforderliche Urplatte erstellt wird, eine große Kunst. Dabei versucht man das Maximum an Klang aus dem Material zu holen, ohne dass der korrekte Abtastnadelverlauf gestört wird. Vergleichbar mit den Mikrofonen werden die Möglichkeiten beim Vinylschnitt bis zum Limit ausgeschöpft, da sich jeder eine lautere Platte als sein Kontrahent wünscht. Nur ein Experte auf dem Gebiet kann problemlos ein Maximum an Klang garantieren, ohne dass die Nadel „springt“. Ich habe es mir zur Gewohnheit gemacht, bei allen Schnitten meiner Platten persönlich anwesend zu sein, um den Techniker zu Höchstleistungen anzustacheln. Allerdings hat ein Produzent eine genau so hohe Verantwortung, denn er muss leicht zu schneidendes Material abliefern.

Ich habe vorhin erläutert, wie eine Frequenz in der Rille entsteht. Doch Musik besteht natürlich aus Myriaden verschiedenster Frequenzen. Tatsächlich gibt es – mit der Ausnahme eines vom Computer erzeugten Tons – kein Geräusch, das nur aus einer Frequenz besteht. Spielt man zum Beispiel ein mittleres A auf dem Klavier, liegt die dominierende Frequenz bei 440 Hertz. Doch man hört zusätzlich, wenn auch wesentlich leiser, 660 Hertz und 330 Hertz, also die natürlichen Obertöne. Hielte man das Spiel eines Orchesters zu irgendeinem Moment abrupt an, träfe folgende Beobachtung zu: „Wir hören im Moment Violinen, Bratschen, Celli, Kontrabässe, Fagotte, Posaunen, Oboen, Hörner, generell Holzblasinstrumente, eine Harfe, ein Glockenspiel und noch weitere Instrumente.“ Mit Hilfe eines Computers wäre eine Analyse des gesamten Frequenzspektrums in diesem Moment möglich. Er würde folgende Informationen ausspucken: „Analysiert werden 120 Hertz mit einer Amplitude von 32 Dezibel, 121 Hertz mit einer Amplitude von 37 Dezibel…“ und so weiter. Die Rille einer Schallplatte spiegelt die komplizierte Kombination von Frequenzen wider und folgt keiner „reinen“ Folge von Kurven. Ein sauberes A mit 440 Hertz hat eine bestimmte, klar definierte Schwingung, doch fügt man eine Note mit

880 Hertz hinzu, wird die Kurve eine Kombination der beiden Schwingungen sein, was auch beim Hinzufügen zusätzlicher Frequenzen gilt.

Nun taucht die Frage auf, warum eine Frequenz, wird sie auf einem bestimmten Instrument gespielt, bei einem anderen Instrument unterschiedlich klingt. Die Antwort lautet: Jedes Instrument hat bestimmte und charakteristische Obertöne, die es von weiteren Instrumenten unterscheiden. Betrachtet man die Rille unter einem Mikroskop, entdeckt man beim Spielen eines A auf einem Flügel oder einem Pianino eine dominierende Schwingung bei 440 Hertz. Doch innerhalb dieser Schwingung finden sich minimal erscheinende andere Schwingungen, also zusätzlich Frequenzen, die bei allen Instrumenten unterschiedlich sind.

Doch es gibt noch einen weiteren Unterschied – die „Hülle" einer Note, was in etwa ihrer „Form" entspricht. Nehmen wir zum Beispiel eine Trompete: In den ersten Millisekunden des Anblasens ist die Note verhältnismäßig leise, nahezu kaum wahrnehmbar. Dann wird sie sehr laut, wonach der Pegel abfällt und einen konstanten Ton ermöglicht, der durch ein Vibrato steigt und fällt. Im Gegensatz dazu steht das Piano, bei dem der Anschlag, also wenn der Klavierhammer auf die Saite trifft, sehr laut ist. Danach fällt der Ton relativ schnell ab, fällt unter das normale Level, steigt, fällt und pendelt sich auf einen lang gezogenen Ton ein, dessen Lautstärke sich aber verringert. Jedes individuelle Instrument erzeugt eine bestimmte Form eines Tons, und zwar zusätzlich zu den Obertönen – und jeder dieser Obertöne bedingt Kurvenverläufe, die insgesamt betrachtet einen komplizierten Kurvenausschlag bewirken, der von der Abtastnadel interpretiert und umgewandelt wird.

So also funktioniert eine Schallplatte in Mono. Doch nun hat sich Stereo durchgesetzt. Kurz nachdem ich ins Plattengeschäft eingestiegen war, setzte sich das Wiedergabeverfahren durch. Doch schon vor der Stereo-Schallplatte wurden Stereo-Tonbänder veröffentlicht, und man hätte auch die alten Schellacks mit einer Umdrehungsgeschwindigkeit von 78 r.p.m. in Stereo fertigen können. Allerdings geschah das nicht. Erst als die Stereo-Schallplatten auf den Markt kamen, wurde das Wiedergabeverfahren allgemein akzeptiert.

Die Grundlage von Stereo besteht im Hören von mehr als einer Aufnahme zu einer bestimmten Zeit und basiert auf der Tatsache, dass ein

Mensch nun mal zwei Ohren hat. Vor einigen Jahren gab es einen Boom von sogenannten Stereo-Bildern (die scheinbar immer in Wartezimmern von Zahnärzten auftauchten), die durch eine Spezialbrille betrachtete einen 3D-Eindruck vermittelten. Der Effekt beruhte auf der Beziehung zwischen dem einen und dem anderen Auge. Da wir nun zwei Augen und zwei Ohren haben, ist es nur natürlich, bei Tonproduktionen einen Raum aufzubauen.

Die ursprüngliche Idee der Übertragung der beiden Tonquellen auf eine Rille bestand darin, nicht nur eine gleichmäßige Vorwärtsbewegung zu erzeugen, sondern Höhen und Tiefen zu gewährleisten: Die „Straße" hatte jetzt nicht nur „Kurven", sondern auch „Huckel". Diese Informationen wurden mechanisch interpretiert, wobei ein Teil des Abtastsystems die seitlichen Bewegungen erfasste und der andere die Auf-und-ab-Bewegungen Die zuletzt genannte Bewegung beschrieb man als „Berg-und-Tal-Fahrt"-Aufnahme. Schon bald stellten sich jedoch Defizite heraus. Es war schwierig, gute Schallplatten zu pressen, da es nun zwei Richtungen gab, in denen ein lautes Geräusch die Nadel zum Springen bringen konnte. Oftmals hatte man den Eindruck, dass die Nadel häufiger von der Platte geworfen wurde, als dass sie einwandfrei lief. Ein zusätzlich erschwerender Faktor bestand in der Rückkopplung zwischen den beiden Bewegungen, die je nach Musik eine bestimmte Quantität erreichte. Diese Interaktion führte zu einer Verzerrung.

Die Antwort auf das Problem lieferte ein Mann namens Blumlein, der für die EMI in Hayes arbeitete. Er stellte die Idee einer Rille vor, die verschiedene Bewegungsmöglichkeiten kombinierte, die parallel liefen, jedoch im Winkel von 45 Grad getrennt. Nun erfasste das Abtastsystem zwei seitlich gelegene Informationen, was zu einer deutlich höherwertigeren Wiedergabe führte. Jede einzelne der beiden Klanginformationen wird einer Lautsprecherbox zugeordnet. Doch am erstaunlichsten ist der Eindruck auf unsere Ohren, denn sie nehmen nicht nur zwei, sondern eine fast endlose Anzahl unterschiedlichster Varianten wahr.

Das zeigte sich bei den ersten Vorführungen der Stereo-Systeme, bei denen man die beiden Lautsprecherboxen hinter seidenen und undurchsichtigen Gardinen positionierte. Die eigens für den Zweck hergestellten Demonstrationsplatten wurden speziell zur Verdeutlichung des Klangphänomens entworfen. Es gab Aufnahmen von Ping-Pong-Spielen, dem metallischen Geräusch der Bahnschienen, über den ein Servicewagen fährt, Züge, die durch einen Bahnhof fahren, und Düsenjäger, die über die Köpfe der Hörer hinwegrasen. Die Klangwahrnehmung war nicht auf eine eindeutige Links-rechts-Zuordnung beschränkt, denn auch der Sound aus der Mitte zwischen den beiden Boxen bildete sich ab. Ich kann mich noch gut an das aufregende Gefühl erinnern, einer der Ersten zu sein, die die Ehre hatten, solch einer Vorführung beizuwohnen. Dann, am Ende der Demonstration, wurden die Vorhänge zur Seite gezogen, woraufhin das Publikum mit „Ahs" und „Ohs" reagierte, da natürlich keine Box in der Mitte stand, obwohl jeder hätte schwören können, dass er Geräusche aus exakt dieser Richtung gehört hatte. Und auf eine bestimmte Art stimmte das ja auch.

Das menschliche Gehör ist für diese Art der Wahrnehmung verantwortlich. Spielt man eine Mono-Schallplatte auf zwei Lautsprechern ab, stellte die Wahrnehmung des Gehirns eine Balance zwischen den beiden Tonquellen her, was zum Eindruck führt, der gesamte Klang komme aus der Mitte. Doch im Gegensatz zu Mono hat Stereo zwei unterschiedliche Tonquellen. Nun musste ein Produzent seine Arbeit unter Berücksichtigung des räumlichen Denkens leisten. Wurde ein Klang nur dem linken Lautsprecher zugeordnet, kam er nur aus der linken Box. Das galt auch für die rechte Seite. Wurde ein Klang beiden Lautsprechern zu gleichen Anteilen zugeordnet, entstand der Eindruck einer Monoaufnahme. Man hörte ihn also aus der Mitte. Man kann eine Tonquelle an jeder beliebigen Stelle zwischen den beiden Boxen platzieren, einfach durch die proportionale Zuordnung des einen Lautsprechers gegenüber dem anderen.

Das erreichte man durch die Platzierung der Mikrofone während einer Aufnahme. Hauptsächlich sind hierfür aber die Entscheidungen während eines Endmix verantwortlich. Ich machte mit Peter Sellers eine Aufnahme, bei der er fünf Charaktere im Gespräch spielte, ähnlich einer Konferenz. Ich nahm in Mono auf, und zwar auf fünf unterschiedlichen Spuren. Später mischte ich die Spuren zu einem Stereopanorama. Der Hauptredner oder Vorsitzende musste natürlich in der Mitte „sitzen", wodurch seine Stimme gleichmäßig links und rechts auftauchte. Die

Stimmen der beiden „Redner", die ganz hinten saßen, positionierte ich streng links und streng rechts. Als Nächstes erweckte ich den Eindruck des Halb-rechts/halb-links-Verhältnisses, indem ich drei Viertel auf die eine und ein Viertel des Signals auf die andere Spur legte. Es brachte den erwünschten Effekt. Die Zahl der verschiedenen Positionierungen der Tonquellen ist so gut wie grenzenlos und wird lediglich durch die technischen Möglichkeiten der Feinabstimmung zwischen den beiden Spuren begrenzt.

Ein Physiker vertritt die Auffassung, dass der Raum im Verhältnis zur Zeit steht. Ein Schallplattenproduzent wird versichern, dass darüber hinaus ein enges Verhältnis zum Klang besteht. Egal, die Stereo-Technologie vermittelte nicht nur den Eindruck eines seitlichen Klangverhältnisses. Es gab einen Bonus. Stereo bot uns eine Perspektive. Wie das besagte Stereo-Foto, durch das wir einen Vorder- und einen Hintergrund wahrnehmen, vermittelt uns Stereo den Eindruck von Tiefe. Nun hören wir Klänge oder Instrumente, die entweder „vorne" oder „hinten" stehen. Somit entsteht beinahe eine natürliche Atmosphäre. Bitte genießen Sie eine gute Stereoplatte und versuchen Sie dabei mit den Ohren „zu sehen". Sie werden hören, dass die Klangquellen in Bezug auf die Tiefe variieren.

Mit der Quadrophonie-Technik kann man noch einen Schritt weiter gehen und Sounds überall platzieren. Doch sie hat sich nicht durchgesetzt, und ich zweifle daran, dass es jemals geschehen wird. Sie ist für den durchschnittlichen Hörer zu kompliziert und mühselig in der Bedienung. Die liebe Ehefrau mochte es schon nicht, als ihr Ehegatte zwei Boxen im Wohnzimmer aufstellte, und sie wird sicherlich zu einem Tobsuchtsanfall neigen, wenn man sie mit vier Boxen bedroht.

Für den praktischen Gebrauch ist Stereo meiner Ansicht nach vollkommen ausreichend. Obwohl quadrophonische Bänder problemlos gefertigt werden können, ist der Herstellungsprozess von Quadrophonie-Schallplatten unendlich komplizierter. Man benötigt dazu einen Decoder und zwei Stereoverstärker. Wenn das Ziel in der Fertigung von Quad-Platten besteht, die auch auf einem Stereo-Plattenspieler laufen, stehen die Techniker vor noch größeren Herausforderungen, denn es gibt „Übersprechungen" zwischen den Spuren, wodurch der Klang im Vergleich zu einer herkömmlichen Stereo-Platte diffuser wird. Ich bin so sicher, dass

Quadrophonie ein vorübergehendes Phänomen ist, dass beim Design unseres neuen Studios auf Montserrat kein Platz für die dementsprechende Technologie berücksichtigt wurde.

Zu Beginn stellte uns das Medium Stereo vor einige Probleme. Wie sollte man die Mikrofone am besten platzieren? Zuerst stellten wir jeweils vier Mikros, die sich auf einer Diagonalen zwischen den Ecken des Aufnahmeraums gegenüberstanden. Somit erhielten wir unterschiedliche Klangbilder aus der gleichen Quelle. Eine weitere Methode bezeichneten wir als das „Stereo-Paar". Dabei werden zwei verschiedene Mikrofone – entweder Nieren- oder Bändchenmikrofone – zusammen im Zentrum der Aufnahmen positioniert, jedoch im 90-Grad-Winkel auseinandergestellt. Aufgrund der speziellen Charakteristika, also des Frequenzbereichs, den sie übertragen, wird das links aufgestellte Mikro nicht nur die eine Seite des Orchesters aufnehmen (das gilt natürlich auch für das rechts aufgestellte), sondern auch ein wenig vom „Hoheitsgebiet" des anders Mikros. Dadurch verteilt sich der Sound über das komplette Stereo-Panorama. Wenn die beiden Signale auf einem Band mitgeschnitten werden, entsteht ein der Position der Mikros äquivalenter Höreindruck.

Das war noch die einfache Technik, um eine Stereo-Aufnahmen zu „fahren". Heutzutage – egal ob in der Klassik oder bei der Produktion von Rockbands – ist daraus eine komplizierte Angelegenheit geworden. Wir nutzen Stereo-Paare, aber auch Mono-Mikrofone, deren Input den Wünschen des Produzenten gemäß ins Panorama eingearbeitet wird. Dabei beruhen die Entscheidungen rein auf dem persönlichen Geschmack. Zum Beispiel: Bei der Abnahme eines Fender-E-Pianos neigen viele Produzenten dazu, dem Instrument einen eigenen Stereo-Effekt zu geben. Dadurch klingt das Fender so, als oszilliere es zwischen den Lautsprechern. Stereo ermöglichte dem Produzenten eine „Alles ist möglich"-Attitüde. Er muss nicht mehr sklavisch einem Klangideal folgen, das den originalen Sound vor einer Bühne oder Konzerthalle als Maß aller Dinge voranstellt. Ein Produzent kann jeden nur erdenklichen künstlichen Klang erzeugen, vorausgesetzt er gefällt ihm.

Auf dem *Sergeant Pepper*-Album haben wir viele verschiedene Varianten des Stereo-Effekts realisiert. Wir positionierten Instrumente auf absurden Positionen im Klangbild. Wir simulierten die Bewegung eines von der einen auf die andere Seite fliegenden Instruments, was bei dem Hörer den Eindruck erweckte, als fliege es über seinen Kopf. Allerdings bestimmten die musikalischen Genres die Grenzen des Stereo-Einsatzes. Allein der Geschmack verböte einem Produzenten bei Rachmaninows *Zweitem Klavierkonzert* großartige Spielereien. Die Zuhörer im Bereich der Klassik möchten ihre Lieblingswerke auf eine Art aufgenommen wissen, bei der der Sound dem Klang in einer Konzerthalle entspricht. Sie wollen auf gar keinen Fall mitten in einer Kadenz ein fliegendes Piano hören, das unters Dach schwebt und dann auf der anderen Seite der Bühne landet. Es ist sicherlich nicht falsch, sich hierbei an den Urheber zu erinnern, denn ein Rachmaninow hätte das nie gewollt. Wenn ich jedoch ein auf elektronischer Musik basierendes Werk schreiben soll, zum Beispiel mit dem Titel „Space Odyssey", bieten sich mir im Studio unbegrenzte Möglichkeiten. Die ungezwungene Kreativität wird hier lediglich durch die Tatsache getrübt, dass ich so ein Werk nicht vor einem Publikum exakt reproduzieren kann.

An dieser Stelle muss ein weiterer wichtiger Punkt bedacht werden. Ein Publikum besteht nicht nur aus einem Hörer, der auf einem Stuhl sitzt, sondern aus vielen Personen, die von unterschiedlichsten Plätzen aus – vorne, hinten und zu beiden Seiten – dem Musikerlebnis lauschen. Wo sollte man also den imaginären Hörer hinsetzen, nach dem sich das Stereo-Panorama ausrichtet? Wie schon mehrmals erwähnt, ist das eine individuelle Geschmacksfrage. Bei der Aufnahme eines Klavierkonzerts möchte ich den Höreindruck erwecken, als stünde man vor dem Orchester, ein wenig hinter dem Dirigenten. Ich positioniere das Klavier in der Mitte, die ersten und zweiten Violinen links, und die Bratschen und Celli rechts. Die Harfe würde ich möglicherweise links anordnen, Trompeten und Posaunen vielleicht rechts, die Hörner und die Holzblasinstrumente mittig. Das wäre also eine grobe Skizze.

Ich würde hingegen niemals den Höreindruck der letzten Reihe eines Konzertsaals anstreben, und zwar aus einem guten Grund. Spielt man eine Schallplatte zu Hause ab, dann wird das Wohnzimmer zum Konzertsaal. Je weiter sich der Hörer von den Boxen entfernt, desto schlechter kann er den Stereo-Effekt genießen und hört mono. Um es als Absurdität auszudrücken – stände man eine Meile von den in einem Meter Abstand nebeneinander aufgestellten Lautsprechern entfernt, verschwände der Effekt völlig. Doch innerhalb des magischen Dreiecks, des gleichschenkeligen Dreiecks, bei dem die Lautsprecher die Basis bilden und Sie auf einer Geraden direkt gegenüber dem Zentrum der Basis sitzen, findet sich die ideale Position. Einige Hörer, darunter sogar Tontechniker, ziehen es vor, außerhalb des Dreiecks Platz zu nehmen, ich hingegen sitze lieber innerhalb der gedachten geometrischen Form. Wagte man den Versuch, den Klangeindruck auf den hinteren Plätzen zu simulieren, bräuchte man keine Stereo-Effekte mehr, denn er widerspräche dem authentischen Hören.

Die Probleme bei Stereo-Aufnahmen steigen mit der Anzahl der vorhandenen Mikrofone. Je mehr wir einsetzen, desto flexibler lassen sich die Tonquellen im Stereo-Panorama positionieren, da jedes einzelne Mikro einen ganz bestimmten Sound einfängt. Allerdings erhöht sich das Risiko zu vieler Einstreuungen, die zu sogenannten „Geisterbildern" führen. Zum Beispiel soll Mikro A vornehmlich eine Gitarre aufnehmen und Mikro B einen Bass. Steht Mikro B jetzt aber zu nahe an Mikro A, werden Gitarrentöne mit übertragen, die sich im gesamten Klangbild, im zusätzlichen Volumen der Gitarre und in unerwünschten Frequenzen niederschlagen. Bei einer Live-Aufnahme müssen unweigerlich bestimmte Übersprechungen in Kauf genommen werden. Das Streicher-Mikro wird immer einen Teil der Trompete mit übertragen, wohingegen das Trompeten-Mikro kaum Streicher einfängt, da die Trompete an sich sehr laut ist. Im Abbey Road Studio 1 erhalten wir durch die Größe, den Live-Charakter und den Raumhall einen fantastischen Streicher-Sound, doch unser Leben wird durch den enormen „Dreck" erschwert, den die Streicher-Mikros von anderen Instrumenten aufnehmen – zum Beispiel dem E-Bass, dem Schlagzeug und den Blechbläsern.

Ich würde das Phänomen jedoch nicht vollständig eliminieren wollen, denn eine bestimmte Menge führt zu einem farbigeren Klang. Manchmal fange ich den Raumklang absichtlich ein, zum Beispiel bei der Aufnahme eines Schlagzeugs, das somit natürlicher wirkt. Dafür gibt es einen guten Grund. Durch die heutzutage praktizierte Technik der nahen Mikrofonpositionierung bei den Drums verliert sich ein Großteil der natürlichen Obertöne. Hier sind Überschneidungen sogar vom Vorteil.

Dennoch ist eine nahe Mikrofonpositionierung notwendig, um die einzelnen Klangquellen beim Endmix angemessen zu separieren. Hierbei kommt es auf eine geschickte Platzierung an. Man richtet zum Beispiel ein Nierenmikrofon ungefähr drei Meter von einem Instrument entfernt ein. Danach wird ein weiteres Instrument drei Meter *hinter* dem ersten aufgebaut. Das Mikro wird in diesem Fall mehr Ton von dem zweiten einfangen. Platziert man das Mikro nur einen Meter vor dem ersten Instrument und stellt das zweite sechs Meter dahinter auf, wird natürlich der Klang des ersten Instruments dominieren. Allerdings taucht bei der nahen Mikrofonpositionierung ein weiteres Problem auf. Eine Geige klingt zum Beispiel bei einem Mikroabstand von einem Meter eher schlecht, denn die wunderschöne Resonanz des Körpers, durch den die Töne erzeugt werden, geht verloren. Stattdessen hörte man das Kratzen und Quietschen, welches am besten wahrnehmbar wird, wenn man sein Ohr ganz nahe an eine Geige hält. Ich erinnere mich noch immer gut an die John Barry Seven – noch vor John Barrys Zeit als Komponist von Filmmusik –, die ein Stück mit vier Violinen aufnahm. Der Mikrofonabstand betrug circa einen Meter, und zusätzlich wurde noch ein langes Echo daraufgelegt. Das Pizzicato (hierbei werden die Saiten kraftvoll gezupft) klang wie feuernde Maschinengewehre! Es war auf jeden Fall ein beeindruckender und effektiver Sound, doch eher als Gimmick gedacht. Ich möchte Geigen niemals so hören! Die exzellenten Klangeigenschaften einer Stradivari und ähnlich hochwertiger Violinen gingen komplett unter.

Die Bass-Drum eines Schlagzeugs klänge hingegen bei einer Abnahme aus großer Entfernung eher schlapp und polternd. Wird jedoch das Mikro in ungefähr fünf Zentimeter Entfernung aufgestellt, erhält man einen netten, knackigen Klang. Für all die geschilderten Mikrofonpositionierungen gibt es natürlich kein Patentrezept. Die Aufgabe eines Produzenten liegt darin, die Charakteristika der einzelnen Instrumente und die technischen Qualitäten der unterschiedlichen Mikrofone zu kennen und das Beste herauszuholen.

Als sich Stereo durchsetzte, konnte der Produzent mit den beschriebenen Mitteln das Maximum aus dem neuen „Werkzeug“ herausholen. Doch zu Beginn beschränkte Stereo die Arbeit des Produzenten. Im Grunde genommen waren es zwei verschiedene Aufnahmen, für die uns nur zwei Spuren zur Verfügung standen – zwei! Ein finaler Mix, wie seit Jahren üblich, war ausgeschlossen. Wir mussten schon bei der Aufnahme auf die Verhältnisse der Instrumente zueinander achten – denn das stellte das Endprodukt dar, bei dem nur noch mit dem Equalizer und dem Kompressor Veränderungen vorgenommen werden konnten. Die Balance zwischen den einzelnen Instrumenten ließ sich nicht nachträglich ändern. Das Verhältnis zwischen der Stimme und den Melodieinstrumenten, zwischen den Drums und dem Bass war nach einer Aufnahme fixiert. Natürlich wollten wir uns den Luxus erlauben, den Moment der Wahrheit, den Moment, in dem alle Elemente zu einem finalen Stück gemischt wurden, so lange wie möglich hinauszuzögern.

Für die Lösung des Problems gab es nur eine Antwort – mehr Spuren! Glücklicherweise arbeiteten die Ingenieure schon daran. In der Zukunft würden wir sie benötigen.

Kapitel 7

Harte Tage – harte Nächte

Im April 1962 erhielt ich einen Anruf von Syd Coleman, dem Vorsitzenden von Ardmore & Beechwood, dem Verlagshaus der EMI mit Büroräumen über dem HMV-Shop in der Oxford Street.

„George, ich weiß nicht, ob es dich interessiert, aber hier ist so ein Bursche mit einem Demotape einer Band, die er betreut. Sie haben keinen Plattenvertrag. Möchtest du ihn eventuell treffen und dir das Material anhören?"

„Aber sicherlich. Ich höre mir alles an. Bitte ihn doch vorbeizukommen."

„Okay, das werde ich. Seine Name ist Brian Epstein."

Als ich meine Bereitschaft signalisierte, mir alles anzuhören, traf das zu hundert Prozent zu. Die Platten mit den Comedians waren gut gewesen und hatten dabei geholfen, Parlophone wieder auf der Landkarte der Musikwelt zu etablieren. Doch ich suchte – beinahe schon verzweifelt – nach einem *Act* aus der Welt der Popmusik. Ich hegte einen offenen Neid gegenüber dem scheinbar mühelosen Erfolg, den andere mit solchen Interpreten feierten, besonders Norrie Paramor, mein Gegenüber bei Columbia, der mit Cliff Richard einen Freifahrtschein zum Welterfolg gelöst hatte.

Anscheinend benötigte man bei der Aufnahme-Session lediglich einen guten Song, wohingegen die Comedy-Platten zu den größten und schwierigsten Produktionen zählten – und zwar jede einzelne. Zum Beispiel produzierte ich „Hole In The Ground“ mit Bernard Cribbins, eine Arbeit, für die es zuerst kein schlüssiges Nachfolgewerk gab. Ich musste suchen und suchen, bis ich endlich „Right Said Fred“ fand. Um den hohen Ansprüchen zu genügen, entwickelten wir jedes Mal völlig neue Ideen, denn ein Bernard Cribbins verkaufte keine Platten, weil er ein Bernard Cribbins war. Die Kombination Künstler und ein sehr witziges Lied führte zu Verkaufserfolgen. Im Gegensatz dazu konnte ein Cliff Richard bis zu einem gewissen Grad alle seine Titel an den Mann bringen. Auch ich wollte so einen narrensicheren Act!

Am Tag nach Syds Anruf besuchte mich Brian Epstein, ein wortgewandter, höflicher – und, wie sich später herausstellte, cleverer – junger Mann mit einer einnehmenden Freundlichkeit. Damals wusste ich nicht, dass er sich in London aufhielt, um einen letzten und verzweifelten Versuch zu unternehmen, jemanden für seine Gruppe zu interessieren – die Beatles.

Decca hatte die Gruppe abgelehnt, ihnen aber zumindest ein zweimaliges Vorspielen gewährt. Pye, Phillips und auch die anderen gaben den vier Musikern noch nicht mal eine Chance. Epstein hatte sogar schon bei der EMI direkt vorgesprochen, und zwar mit freundlicher Unterstützung durch Ron White aus dem Verkäuferteam, den Brian und sein Vater von NEMS kannten, dem großen Musikgeschäft, das sie in Liverpool führten. Ron White verriet mir, dass zwei der vier EMI-Label-Chefs das Band schon vor mir gehört hatten. Die Kollegen hießen Norman Newell, Walter Ridley und Norrie Paramor. Zwei der drei müssen sich jetzt wohl mehr als lächerlich vorkommen, ähnlich dem armen, alten Dick Rowe von Decca, der die öffentliche Häme mit einer vollen Breitseite abbekam.

Für seinen letzten Versuch entschied sich Brian dafür, Testpressungen anfertigen zu lassen, denn sie ließen sich einfacher abspielen als die aufwendigen Tonbänder. Und das brachte ihn in den HMV-Shop in der Oxford Street, denn dort konnte sich jeder für 1 £ und 10 Schilling eine Privatpressung schneiden lassen. Ted Huntley war der Tontechniker, der diese Aufgabe erledigte. Er arbeitete in den EMI-Studios und hat sich meines Wissens jetzt zur Ruhe gesetzt und führt ein Hotel auf Jersey. Ted fand den Sound ziemlich gut und rief, noch während Brian bei ihm weilte, Syd Coleman eine Etage über ihm an. „Ich glaube, dich könnte diese Band interessieren", meinte er, „weil sie im Moment noch keinen Verleger haben."

Und so erklomm Brian die Stufen, unter dem Arm die frisch geschnittenen Scheiben. Er sagte Syd: „Ich möchte keinen Verleger, bevor ich nicht einen Plattenvertrag in der Tasche habe."

Syd wollte mehr wissen: „Was für Verträge haben Sie bislang mit Plattenfirmen abgeschlossen?"

Brian musste eingestehen, schon bei beinahe allen Labels gewesen zu sein.

„Warum versuchen Sie es nicht bei George Martin von Parlophone? Er betreut ständig ungewöhnliche Projekte. Er konnte schon einige Erfolge mit eher untypischen Künstlern feiern. Wenn Sie möchten, rufe ich ihn an und vereinbare einen Termin."

Und so suchte mich Brian in dem neuen Büro am Manchester Square auf, in das wir von der Great Castle Street aus gezogen waren. Gleich zu Beginn schwärmte er in höchsten Tönen von dieser tollen Band, die in Liverpool ganz groß rauskam. Jeder dort oben dachte, sie seien die Allergrößten. Er drückte sogar Erstaunen darüber aus, da ich noch nie etwas von der Gruppe gehört hatte – was unter den gegebenen Umständen schon reichlich dreist war. Ich hätte ihn beinahe gefragt, wo denn dieses Liverpool liegt. Allein der Gedanke, dass ein potentieller Star aus der Provinz kommt, schien zu der damaligen Zeit abwegig zu sein. Dann spielte er mir die Platte vor, und ich hörte zum ersten Mal den Sound der Beatles.

Die Aufnahme war – um es mal höflich auszudrücken – in keinerlei Hinsicht ein Knaller. Ich konnte es leicht nachvollziehen, warum die anderen ablehnend reagiert hatten. Das Material bestand entweder aus alten Songs wie zum Beispiel Fats Wallers „Your Feet's Too Big" oder eher durchschnittlichen Eigenkompositionen. Doch ... da war so eine ungewöhnliche Qualität des Klangbildes, eine bestimmte Ungeschliffenheit, die ich bislang noch nie gehört hatte. Nicht zu vergessen, dass mehr als eine Person sang, was damals unüblich war. Etwas berührte und reizte mich an der Musik. Ich wollte mehr hören, sie treffen und dann entscheiden, was ich für die Musiker tun konnte. Während des Hörens dachte ich: „Tja, möglicherweise ist da was." Zumindest lohnte es sich, die Band im Auge zu behalten. Ich machte keinen Handstand und schrie: „Das ist das Großartigste, das ich jemals hörte!“ Ich dachte einfach, dass sich ein Versuch lohnt.

Ich schlug Brian vor, die Jungs, die im Moment im Star Club in Hamburg auftraten, zu einer Testaufnahme in die Abbey Road Studios zu bestellen. Was ich zu dem Zeitpunkt nicht wusste – Epstein grummelte innerlich, denn er hatte dieses Liedchen schon mal gehört. Doch wir einigten uns auf einen Termin für den 6. Juni.

Es war Liebe auf den ersten Blick. So eine Floskel mag übertrieben wirken, doch wir harmonierten schon vom ersten Augenblick an. Ich traf sie im Abbey Road Studio 3, wo die Testaufnahme stattfinden sollte. Da standen sie – John, Paul, George und Pete Best, ihr Drummer, mit der gesamten Ausrüstung. Vom ersten Eindruck her empfand ich sie als recht geschniegelt, was sicherlich Brian Epsteins Einfluss widerspiegelte. Ihre Haarschnitte hingegen waren für die damalige Zeit recht schockierend, obwohl sie im Vergleich zu heutigen Stilen an der Seite und hinten noch recht kurz waren. Am meisten beeindruckten mich ihre Persönlichkeiten. Die vier waren tolle Menschen, mit denen man gerne die Zeit verbringen wollte.

Ich schätze mal, dass sie mich für einen berühmten Plattenproduzenten hielten. Sie waren große Peter-Sellers-Fans und wussten, dass ich seine und ähnliche Comedy-Platten produziert hatte, was mir wohl Vorschusslorbeeren eingebracht haben musste, denn auch sie mochten mich vom ersten Moment an.

George Harrison zeigte sich bei dem ersten Treffen als der gesprächigste Musiker, wohingegen Pete Best während des gesamten Nachmittags kein Wort über die Lippen brachte. Immerhin war er der am besten Aussehende der Band, mit einem mürrischen Gesichtsausdruck, vergleichbar mit James Dean. Allerdings mochte ich sein Schlagzeugspiel nicht. Am Ende der Testaufnahmen sprach ich mit Brian ein Wörtchen unter vier Augen: „Ich weiß nicht, was Sie mit der Gruppe vorhaben, aber das Schlagzeugspiel reicht mir persönlich nicht aus. Es ist nicht gleichmäßig genug. Es gibt dem Ganzen nicht den richtigen Sound. Falls wir uns zu einer Plattenproduktion entschließen, würde ich einen eigenen Drummer vorziehen – was für dich keinen großen Unterschied darstellen sollte, denn niemand weiß letztendlich, wer auf der Platte getrommelt hat." Zum dem Zeitpunkt wusste ich nicht, dass die Gruppe nicht mehr mit Pete Best spielen, sondern Ringo Starr in ihrer Mitte haben wollte. Meine Anmerkung wirkte also wie das Zünglein an der Waage.

Die Beatles insgesamt bestätigten durch ihr Spiel meinen ersten Eindruck, dass wir möglicherweise etwas gemeinsam auf die Beine stellen konnten. Doch was sollte diese „Etwas" sein? Das stellte eine gewichtige Frage dar. Beim Test spielten sie einige der eigenen Songs wie „Love Me Do", „Hello Little Girl", „P.S. I Love You" und „Ask Me Why". Der Rest bestand größtenteils aus altem Material wie „Besame Mucho", ähnelte also den Nummern, die Brian mir auf den Platten vorgespielt hatte. Um es mal geradeheraus zu sagen – die Stücke beeindruckten mich nicht, am wenigsten die Eigenkompositionen. Ich hatte das Gefühl, passende Stücke für sie suchen zu müssen, und war mir ziemlich sicher, dass sie als Songwriter in kommerzieller Hinsicht keine Zukunft hatten!

Im Juli war meine Entscheidung gefallen, und ich erklärte Brian die Absicht, die Beatles unter Vertrag zu nehmen. Es war ein harter Knebelvertrag. Die Dauer belief sich vorläufig auf ein Jahr. Während dieser Zeit garantierte ich ihnen die Aufnahme von vier Titeln. Im Gegenzug erhielten die vier und Brian einen Betrag von einem Penny pro verkaufter doppelseitiger Single. War das nicht eine hohe Summe, die sie untereinander aufteilen mussten? Zusätzlich beinhaltete der Vertrag vier finanzielle Optionen über vier Jahre. In meiner Großzügigkeit gewährte ich den Musikern eine jährliche Erhöhung um einen Farthing[16]. Nach fünf Jahren durften sie sich also auf die stattliche Summe von zwei Pennys pro verkaufter Einheit freuen. Falls ich mich dazu entschlösse, die Optionen in vollem Umfang wahrzunehmen, wären die Beatles fünf Jahre lang an die EMI gebunden, in denen ich lediglich zwei Singles jährlich produzieren müsste. Im Rückblick ist das ein guter Indikator der Manipulation und der Gehirnwäsche, der ich bei der Firma ausgesetzt war.

Doch zumindest hatten sie einen Plattenvertrag ergattert. So wie sich die Situation darstellte, war es ihre letzte Chance gewesen. Damals fungierte ich als eine Art Joker im Musikbusiness, und es ist nur schwerlich

16 Anm. des Übersetzers: Eine alte britische Währung, die dem Wert eines Viertel-Penny entspricht.

vorstellbar, was geschehen wäre, hätte auch ich sie abgelehnt. Wahrscheinlich hätten sie sich getrennt und wären in der Versenkung verschwunden.

Und sogar ein George Martin konnte ihr Potential anfänglich nicht im vollen Umfang erkennen. Als ich sie zum ersten Mal traf, gab es keinen eindeutigen Bandleader. Sie redeten alle abwechselnd, und ich ging nach Hause und stellte mir die Frage, wer denn wohl der Star der Gruppe wird. Mein Denkmuster war gefärbt vom Erfolg von Musikern wie Tommy Steele und Cliff Richard. Für mich war es unvorstellbar, dass eine Band als Band Erfolg haben könnte. Einer von ihnen würde sich doch sicherlich als bester Sänger herauskristallisieren! Wer auch immer das sein mochte, wäre der Star und die anderen seine Begleittruppe, ähnlich wie bei Cliff Richard und den Shadows. Ich lag in diesem Fall voll daneben.

Ich führte mit ihnen Aufnahmetests durch, wobei sie abwechselnd bestimmte Stücke singen mussten. Meinem ersten Eindruck nach hatte Paul McCartney die freundlichste Stimme, John Lennon mehr Charakter, und George Harrison war allgemein nicht so gut. Das abwägend, kam ich zu dem Entschluss, Paul zum Leader zu machen. Dann – nach einigem Nachdenken – kam ich zu der Überzeugung, dass ich durch diese Entscheidung den grundlegenden Charakter der Gruppe ändern würde. Und warum? Warum sollte man nicht alles so belassen, wie es war? Bislang war so ein Ansatz nicht verfolgt worden, aber meine Güte, ich hatte schon viele Platten veröffentlicht und damit Neuland betreten. Warum sollte ich bei der Popmusik nicht ähnlich experimentieren wie bei der Comedy?

Meine Idee wurde bekräftigt, als ich mich vor den eigentlichen Aufnahmen entschied, mit Judy nach Liverpool zu reisen, um vor Ort zu erleben, warum es so viel Aufsehen um die Gruppe gab. Der Cavern war ein verschwitzter kleiner Club, dessen Decke teils an die Bögen eines Viadukts erinnerte, und ähnelte sprichwörtlich einem Kerker. Überall erblickt man die gewölbten, aus Ziegelsteinen gemauerten Räume, und die Jungs spielten in einer dieser Höhlen. Ein Teil des Publikums stand unter den angrenzenden Bögen und konnte die Band noch nicht einmal sehen! Aber sie waren zu hören! Und wie man die Beatles hörte! Sogar die Leute von den Liverpooler Docks konnten sie noch hören.

Der Club war überfüllt mit Teenagern, die auf nackten Bänken saßen. Zum Tanzen blieb kein Platz mehr. Eine Geschichte des besagten Abends machte häufig die Runde: Als wir im Cavern eintrafen, hätten wir angeblich unsere Mäntel und Hüte bei der Garderobiere namens Cilla Black abgegeben. Allerdings streitet sie das vehement ab, und ich kann mich nicht mehr mit Sicherheit erinnern. Ich erinnere mich jedoch, dass uns die ganzen jungen Leute Platz machen wollten, was unmöglich war, denn im Cavern gab es keinen Platz mehr! Einige Kids mussten sogar rausbefördert werden. In einem Fall geschah das aus der Notwendigkeit heraus, denn ein junges Mädchen fiel in Ohnmacht. Es gab nur einen Weg – das arme Ding wurde über die Köpfe der Zuschauer hinweg nach draußen gehievt. Alle halfen mit und reichten sie weiter.

An den Wänden lief das Wasser herunter. Es mutete schon wie ein Wunder an, dass die Jungs keinen Stromschlag bekamen, denn das Wasser tropfte scheinbar überall. Es war eine Kombination aus genereller Feuchte, Atemluft und Schweiß. Dieses Gemisch kondensierte an den Ziegelsteinwänden. Die Atmosphäre war – wie man es oft fälschlicherweise bezeichnet – elektrifizierend. Die Beatles sangen Rock'n'Roll-Nummern, die sie von den amerikanischen Platten kopierten. Ich empfand das als ungestüm und ziemlich wild, doch die Kids liebten jede Minute. Bis zu dem Zeitpunkt hatte es niemals etwas gegeben, mit dem sich die Teenager so identifizierten, das sie so sehr packte. Die Rock'n'Roll-Tänzeleien eines Tommy Stelle und eines Cliff Richard wirkten klinisch, blutleer und sogar steril im Vergleich mit der totalen Hingabe der Beatles, die sich auf das junge Publikum übertrug und es elementar ergriff und überwältigte.

Sie waren eine Gruppe und mussten eine Gruppe bleiben. Am 11. September 1962 trafen wir uns schließlich, um die erste Platte einzuspielen. Da sie offensichtlich die eigenen Songs aufnehmen wollten, bat ich die vier Musiker um eine Liste zur Auswahl. Wir einigten uns auf „Love Me Do“ als A-Seite und „P.S. I Love You“ als B-Seite.

Ich wollte sie schon von Anfang an so gut wie möglich in den Aufnahmeprozess einbinden. Nach dem ersten *Take* rief ich sie zum Abhören des Playbacks in die Regie.

„Das habt ihr also eingespielt“, verdeutlichte ich ihnen. „Hört euch das aufmerksam an. Fällt euch etwas auf, das ihr nicht mögt, dann sagt es mir. Wir versuchen es dann zu ändern.“

In dem Moment sagte George Harrison – dieser Klugscheißer: „Tja, als Erstes gefällt mir deine Krawatte nicht." Sie schüttelten sich alle vor Lachen und boxten ihn spielerisch, wie kleine Schuljungen, die sich aufmüpfig gegenüber dem Lehrer verhalten hatten. Später erfuhr ich, dass die anderen, als sie aus meinem Hörbereich verschwunden waren, sich ihn zur Seite nahmen und maßregelten: „Hey, das kannst du nicht bringen. Er ist sehr empfindlich." Doch was sie nicht wissen konnten – auch ich fand es lustig. Wie sich später zeigte, was das der typische Beatles-Humor.

Doch trotz der lustigen Stimmung tauchte bei der ersten Session ein Problem auf. Sie hatten mir im Vorfeld von einem tollen, neuen Drummer erzählt, der vorher in einer anderen Band gespielt hatte. Er hieß Ringo Starr und sollte von nun an Pete Best ersetzen. Ich antwortete ihnen: „Gut, bringt ihn mit. Er kann sich da alles ansehen. Beim nächsten Mal ist er dabei." Als sie mit Ringo ins Studio kamen, erwarteten sie irrigerweise, dass er direkt einsteigen könne. Ich wollte das nicht, besonders, weil ich den erfahrenen und guten Session-Drummer Andy White als Schlagzeuger engagiert hatte. Ich musste die Jungs enttäuschen: „Das ist Quatsch. Ich habe schon mal schlechte Erfahrungen gemacht. Hier habt ihr einen guten Drummer, der wahrscheinlich besser als Ringo Starr ist, und der wird Schlagzeug spielen." Ringo fühlte sich vor den Kopf gestoßen. Wie ich später erfuhr, deprimierte ihn meine Entscheidung, da er dachte, ich wollte ihn fertigmachen. Doch das stimmte nicht. Ich wusste nicht, was er draufhatte, und wollte unter keinen Umständen ein Risiko eingehen.

Letztendlich einigten wir uns auf einen Kompromiss und nahmen zwei Versionen von „Love Me Do" auf. Auf der einen spielte Andy Schlagzeug und Ringo den Schellenkranz und auf der anderen Ringo die Drums. Wir veröffentlichten später die Fassung mit Ringo am Schlagzeug, doch ich weiß nicht, was aus dem anderen Take wurde. Damals war mir das vollkommen egal, und auch jetzt interessiert es mich nicht, obwohl ich weiß, dass alle Beatles-Maniacs einen Schreianfall bekämen: „Mein Gott! Solch ein wichtiges historisches Dokument. Sie hätten sich Notizen machen müssen."

Schnell erkannte ich Ringos Qualitäten, denn er war, was die an ihn gestellten Anforderungen anbelangt, ein exzellenter Drummer. Musiker wie Buddy Rich und Gene Krupa würden ihn in Grund und Boden trommeln, doch er ist ein solider Rock-Schlagzeuger mit einem äußerst gleichmäßigen Tempo-Gefühl und weiß, wie er dem Instrument den richtigen Klang entlockt. Hinzu kommt noch sein individueller Sound. Man kann Ringos Schlagzeugspiel deutlich von dem anderer Drummer unterscheiden, und dieser individuelle Klang war ein wichtiges Charakteristikum und eine Bereicherung der frühen Beatles-Aufnahmen.

Wir veröffentlichten „Love Me Do" am 4. Oktober. Ich machte mich auf den mühseligen Weg, der Single Gehör zu verschaffen. Nicht dass die EMI auch nur einen Finger gekrümmt hätte. Wegen meiner „schrägen" Produktionen behandelte man mich immer mit einer gehörigen Portion Skepsis. Als ich bei der monatlichen „Ergänzungs-Besprechung" bekannt gab, eine Platte von einer Band mit dem Namen The Beatles zu veröffentlichen, brach die versammelte Belegschaft in schallendes Gelächter aus. Einer fragte: „Das ist doch wieder einer von Georges Späßen, oder? Steckt dahinter etwa Spike Milligan?"

Ich musste mich wehren: „Ich meine das ernst. Es ist eine großartige Gruppe, von der wir in der Zukunft noch viel hören werden." Doch niemand beachtete mich. Sie waren viel zu sehr beschäftigt – mit Lachen! Und Ardmore & Beechwood, die EMI-Verleger, deren Syd Coleman den Kontakt zwischen mir und Brian Epstein hergestellt hatte, engagierten sich so gut wie gar nicht, die Platte im Rundfunk zu platzieren.

Doch ich zeigte mich fest entschlossen. Mittlerweile war ich vollkommen überzeugt, eine Hit-Gruppe gefunden zu haben, obwohl ich mir nicht vorstellen konnte, es mit der ersten Single zu schaffen, da die Qualität des Songs nicht reichte. Schließlich kletterte sie nur bis auf Platz 17 in den Charts, obwohl Brian Epstein nichts unversucht ließ, die Single über das Familiengeschäft zu vertreiben. Ich erinnere mich noch an ein Telefonat mit Brian, in dem er sich darüber beklagte, keinen Nachschub zu erhalten. Ich empfand das als ärgerlich und traurig, denn ein Großteil der Verkäufe, die die Platte überhaupt erst auf diesen Chart-Rang hievten, fand in Liverpool statt. „Was zum Teufel ist denn mit der EMI los?", wollte Brian wissen. Ich wusste sehr gut, was geschah, oder eher, was unterlassen wurde. Die Manager hier im „Süden" glaubten nicht an die Platte, obwohl eine Nummer 17 schon einen ganz netten Anfang darstellte. Brian war nicht sonderlich glücklich. Ardmore & Beechwood unterstützen uns als Musikverlag ebenfalls nicht. Er meinte: „Wenn die nächste Single erscheint, werde ich Ardmore & Beechwood die Verlagsrechte verwehren."

„Das ist alles schön und gut, doch die wichtigste Aufgabe für uns besteht darin, einen Hit-Song für die Jungs zu finden." Ich machte mich auf die Suche. Als Dick James mir „How Do You Do It?", geschrieben von Mitch Murray, präsentierte, spürte ich es sofort. Nachdem er mir den Titel vorgespielt hatte, sprang ich auf und meinte ganz aufgeregt: „Das ist es. Wir haben es. Das ist der Song, mit dem die Beatles in aller Munde sein werden, ähnlich einem Markenprodukt."

Zwischenzeitlich ließ Brian nichts unversucht, um einen neuen Verleger zu finden. Kurze Zeit später suchte er mich auf und erklärte, die Verwertungsrechte an eine amerikanische Firma namens Hill & Range abzutreten.

„Und warum gerade eine amerikanische Firma?", wollte ich wissen.

„Es sind eifrige und fleißige Verleger, und mal ganz nebenbei – sie kümmern sich sogar um die Titel von Elvis Presley."

„Tja, ich kann im Moment noch keinen Vorteil darin sehen, Brian. Du suchst jemanden, der sich für dich krummlegt, jemand, der uns nach vorne bringt, damit es mir wiederum leichter fällt, die Platten im Rundfunk zu platzieren. Mit anderen Worten – jemand, der noch hungrig ist."

„So, und zu wem soll ich nun gehen?", fragte er.

„Wie ich schon sagte – suche einen Verleger, der noch etwas erreichen will. Doch was am wichtigsten ist – einen Verleger, der sich stets korrekt verhält."

Ich machte ihm eine Liste mit den Namen von drei guten Freunden, alles ehrliche und hart arbeitende Menschen – David Platz, Alan Holmes und Dick James. Bei David und Alan gab es allerdings das Problem, dass sie, wie Hill & Range, unter der Fuchtel der Amerikaner standen. Auch waren sie nicht so hungrig wie Dick, der kurz zuvor Sidney Bron verlassen hatte, um seinen eigenen Verlag zu gründen. Er brauchte Arbeit, er brauchte Geld und unbedingt einen Hit. Ich schlug Brian vor, zuerst bei Dick vorstellig zu werden.

Zufälligerweise war Dick der Erste gewesen, den ich aus eigener Initiative heraus noch in den frühen Tagen mit Oscar Preuss aufgenommen hatte. Isobel Burdett, ein BBC-Kontakt meinerseits, hatte mir den

Tipp gegeben: „Dick ist über seine derzeitigen Aufnahme-Möglichkeiten zutiefst unglücklich. Warum triffst du dich nicht mal mit ihm? Ihr beide werdet gut miteinander auskommen." Das bewahrheitete sich dann auch. Wir produzierten einige ordentliche Platten. Eine von ihnen hieß „Tenderly". Hier gab ich zum ersten Mal einem jungen Arrangeur namens Ron Goodwin eine Chance, der sich schon mit Petula Clark einige Lorbeeren verdient hatte. Es war der Beginn einer langen Zusammenarbeit.

Dick freute sich über das Angebot. Er schlug sofort zu und setzte dabei einen cleveren Vertrag auf. Sein Plan war es, eine neue Firma mit Namen Northern Songs zu gründen. Er würde 50 Prozent besitzen, und die verbleibenden 50 Prozent gingen an die Beatles und Brian. Dick war insofern clever, als er ihnen den „halben Kuchen" anbot und sie dadurch für eine lange Zeit an sich binden konnte, in der die Verlagsrechte aller Kompositionen exklusiv an die Firma gingen. Wahrscheinlich wäre ein Vertrag nicht zustande gekommen, hätte er ihnen eine geringere prozentuale Beteiligung in Aussicht gestellt. Wie ich später erfuhr, hatte er auf einer zusätzliche Klausel bestanden: Northern Songs wurde von der Dick James Music geführt und gemanagt, die für ihre Arbeit zehn Prozent Kommission von der Bruttosumme einstrich. Das bedeutete: Von 100 £ Tantiemen zog Dick James Music 10 £ ein, woraufhin die verbleibenden 90 £ 50/50 zwischen beiden Vertragspartnern geteilt wurden.

Großzügig besuchte er mich und bot mir einen Firmenanteil an. Ich musste ablehnen: „Es ist sehr nett von dir, dass du an mich denkst. Allerdings ist es für mich unmoralisch. Ich arbeite für die EMI. Als Mitarbeiter der Firma habe ich eine Band quasi angestellt und somit auch dich. Ich finde es verwerflich und befürchte einen Interessenskonflikt."

Damals hätte ich nicht ahnen können, dass diese wenigen Worte bedeuteten, etliche Millionen Pfund auszuschlagen! Doch im Grunde genommen ärgere ich mich nicht. Ich bin sicherlich kein Millionär, kann jedoch reinen Gewissens behaupten, dass ich die damalige Entscheidung nicht bedauere. Ich habe in meinem Arbeitsleben sehr viel Glück gehabt. Und ich kann nachts immer noch gut schlafen.

Der Vertrag war unter Dach und Fach gebracht. Nun lag die nächste Aufgabe nicht fern, denn eine Nachfolge-Single musste so schnell wie möglich erscheinen. Beim nächsten Treffen mit den Beatles spielte ich ihnen „How Do You Do It?“ vor. Sie zeigten sich nicht sonderlich beeindruckt. Sie wollten ihr eigenes Material aufnehmen. Ich las ihnen erst mal die Leviten: „Wenn ihr so weit seid und so gute Songs schreiben könnt, werde ich sie mit euch aufnehmen. Aber jetzt produzieren wir diesen Song.“ Was auch geschah, wobei John den Soloteil übernahm. Es wurde tatsächlich eine sehr gute Platte, die immer noch in den Archiven der EMI schlummert. Ich habe sie erst kürzlich gehört und mag sie sogar noch nach so langer Zeit. Damals kam sie jedenfalls nicht auf den Markt. Die Jungs suchten mich auf und sagten: „Wir haben nichts gegen den Song, George, und du hast vermutlich auch recht. Aber wir wollen unsere eigenen Stück aufnehmen.“

Ein wenig provozierend fragte ich sie: „Habt ihr Stücke, die so gut sind?“

„Hör dir das doch mal an, George. Du kennst das Stück schon – ‚Please Please Me‘. Wir haben es umgearbeitet, und es klingt jetzt so ...“

Ich hörte es mir an. Großartig! „Ja, das ist gut. Wir werde es versuchen.“ Ich schlug ihnen noch ein Intro und ein Outro vor, und dann ging es auch schon ins Studio 2 zum Mitschnitt. Es lief wunderbar. Die ganze Session war eine einzigartige Freude. Am Ende drückte ich den Knopf der Gegensprechanlage im Regieraum und frohlockte: „Gentlemen, ihr habt gerade eure erste Nummer 1 eingespielt.“

Und das stimmte sogar! Nachdem die Platte im Januar 1963 veröffentlicht worden war, arbeitete Dick wie ein Besessener. Irgendwie schaffte er es, Philip Jones anzusprechen, der damals den Bereich „Leichte Unterhaltung“ bei einem der kommerziellen Fernsehsender leitete, und überzeugte ihn, die Beatles für *Thank Your Lucky Stars* zu verpflichten. Das war ein unnachahmlicher Coup. Darüber hinaus verweilten die Verantwortlichen der EMI nicht mehr länger auf den Hinterteilen und erkannten, dass George vielleicht doch nicht so verrückt war und dass es sich lohnte, die Platte aktiver zu unterstützen. Sie fädelten eine Präsentation bei Radio Luxemburg ein, was ja schon ganz ordentlich anmutete. Schnell erreichte die Single den ersten Platz. Plötzlich explodierte es, riss eine Lawine los und breitete sich „pilzförmig“ aus – man müsste an dieser Stelle noch alle ähnlichen Metaphern anführen, um die Bandbreite des Effekts zu beschreiben. Von dem Augenblick an gönnten wir uns nie wieder einen ruhigen Moment.

Nach dem bahnbrechenden Erfolg von „Please Please Me“ mussten wir so schnell wie möglich eine Langspielplatte auf den Markt bringen, um genügend Kapital aus dem bereits Erreichten zu schlagen. Eine Single, die eine halbe Millionen Einheiten verkauft, ist letztendlich ein nettes Geschäft, wohingegen ein Longplayer *Big Business* bedeutet. Ich kannte das Repertoire der Beatles aus dem Cavern und bestellte die Jungs zu mir ins Studio: „So, als Nächstes werdet ihr – und zwar heute noch – die Stücke spielen, die ich vom Cavern-Programm ausgewählt habe.“ Insgesamt waren es 14 Songs, einige von den Beatles und einige von amerikanischen Künstlern, die sie gerne nachspielten. Wir begannen um 10 Uhr morgens mit dem Tontechniker Norman Smith, der sich um die Aussteuerung und den Mix kümmerte, und nahmen auf einer 2-Spur-Bandmaschine in Mono auf. Um 23 Uhr hatten wir insgesamt 13 Songs aufgezeichnet, denen wir die bereits existierende Aufnahme von „Please Please Me“ hinzufügten.

Im Grunde genommen reproduzierten wir das Live-Programm in der verhältnismäßigen Ruhe des Studios. Ich meine „verhältnismäßigen“, da wir eine Nummer einspielten, die im Cavern immer für einen wahren Aufruhr sorgte – „Twist And Shout“. Johns Gesang wirkte hier eher wie ein Geschrei. Gott allein weiß, was er mit seinem Kehlkopf bei jeder Darbietung des Songs veranstaltete, denn es klang, als zerrisse er jede einzelne Faser. Sie mussten das Stück beim ersten Versuch schaffen. Hätten wir es ein zweites Mal aufgenommen, wäre es niemals so gut geworden.

Wie auch die gleichnamige Single schnellte das Album auf den ersten Platz der Charts. Aufgrund der enormen Popularität von „Twist And Shout“ (keine Eigenkomposition der Beatles) veröffentlichten wir darüber hinaus eine EP mit dem Song und drei zusätzlichen Stücken. Die Jungs schwebten wegen des Erfolgs auf Wolke sieben! Ich bat sie um einen weiteren Song, der so gut wie „Please Please Me“ war, und sie lieferten mir … „From Me To You“. Ich wollte noch mehr, und schon war „She Loves You“ geschrieben.

Scheinbar gab es hier eine unerschöpfliche Songquelle, und die Leute haben mich oft gefragt, wie es eigentlich dazu kam. Wer weiß es schon?

Die Beatles hatten schon als Jugendliche angefangen und mit Stücken experimentiert. Somit verfügten die Jungs über viele skizzierte Ideen, die nur noch in eine geeignete Form gebracht werden mussten. Viele der Hit-Songs klangen im „Embryonalstadium“ nicht sonderlich aufregend. Als sie mir zum ersten Mal „Please Please Me“ vorspielten, hatte das Stück noch einen vollkommen unterschiedlichen Aufbau.

Die Art, wie Lennon und McCartney zusammen arbeiteten, ließ sich nicht mit dem Verhältnis zwischen dem bekannten Duo Rodgers und Hart vergleichen. Bei meinen Schützlingen lief das anders. Einer der beiden versuchte sich an einem Stück, blieb stecken und fragte den anderen: „Ich brauche einen achttaktigen Mittelteil. Hast du was?“ Lennon und McCartney schmiedeten jeweils eigene Stücke und halfen sich bei Bedarf gegenseitig aus. In der frühen Zeit war das auch notwendig, doch als sie ihre Kunstform weiterentwickelten, schrieben beide die Stücke allein. Die Kooperation wurde immer seltener, mal abgesehen von einem einzelnen Wort oder einer Zeile. Es war entweder ein Stück von John Lennon oder eines von Paul McCartney. Wir einigten uns auf ein Arbeitsschema, bei dem der Komponist das Stück auch sang und die anderen die Harmoniestimmen übernahmen. War es Johns Song, dann sang er ihn, und wir stießen beim Mittelteil dazu, wo sich ein Stück für gewöhnlich ändert. Paul sang eine Terz (oder ein anderes Intervall) über oder unter seiner Stimme, und wenn ein dritter Teil benötigt wurde, kam George dazu. Eine sehr simple Formel!

Zum Anhören eines neuen Stücks traf ich John und Paul immer im Studio. Ich machte es mir auf einem Hocker bequem. Die beiden standen mit ihren Akustik-Gitarren neben mir und spielten und sangen die Nummer vor – meist waren Ringo oder George nicht dabei, außer wenn George die dritte Stimme sang. Ich machte einige Verbesserungsvorschläge, und wir versuchten es erneut. Bei uns in der Branche nennen wir das „Kopf-Arrangements“. Wir lösten uns erst am Ende – ich möchte es die erste Phase nennen – von diesem Arbeitsansatz. Die Ära begann mit „Love Me Do“ und führte uns über „Please Please Me“, „From Me To You“, „She Loves You“ bis hin zu „I Want To Hold Your Hand“, also den ersten Recordings.

Zum damaligen Zeitpunkt gab es keine großartigen Arrangements. Die Produzentenrolle ließ sich überhaupt nicht mit meiner heutigen Tätigkeit vergleichen, sondern bestand eher in verschiedenen Aufgaben. Ich stand einem Plattenlabel vor und organisierte Künstler sowie das Repertoire. Zusätzlich zu diesen vielfältigen Aufgabebereichen leitete ich die Aufnahme-Sessions und überwachte dabei die Arbeit des Tontechnikers und der Musiker. Im Fall der Beatles lenkte ich die Musik in die von mir gewünschte Richtung, doch es gab zuerst keinerlei Arbeit im Sinne einer groß angelegten Orchestrierung. Es waren vier Musiker – zwei Gitarristen, ein Bassist und ein Drummer – und ich versicherte mich, dass sie ein präzises, kommerzielles Statement abgaben. Dabei achtete ich auf eine Spielzeit von ungefähr 2:30 Minuten, auf die geeignete Tonart für den Gesang und auf eine saubere Produktion hinsichtlich der Form und der Lautstärkeverhältnisse zwischen den Instrumenten.

Am Anfang konzentrierte ich mich auf die Intros und Outros und die Instrumentalpassagen in der Mitte. Zum Beispiel machte ich den Vorschlag: „‚Please Please Me' dauert nur eine Minute und zehn Sekunden. Ihr müsst also zwei Refrains spielen, wobei wir im zweiten ‚dieses oder jenes' machen." Was das Arrangement anbelangte, war das eigentlich schon alles.

Bei „Can't Buy Me Love" begannen sie mit der Strophe, was ich ablehnte: „Wir brauchen eine geeignete Einleitung, etwas, das direkt ins Ohr geht. Lasst uns mal mit dem Refrain beginnen." Ich musste also lediglich den grundlegenden Ideen ein wenig Form geben. Diese Platte stellte jedoch den Aufbruch zu einer ausgefeilteren Produktion dar.

Bei „Yesterday" arbeiteten wir erstmalig mit einer Orchestrierung. Und von dem Zeitpunkt an bewegten wir uns hin zu unerschlossenem musikalischem Terrain. Unsere Beziehung – und ich empfand das damals als höchst merkwürdig – entwickelte sich in zwei entgegengesetzte Richtungen. Einerseits bedingten die zunehmende Verschachtelung und der hohe Entwicklungsstand der Musik einen immer größer werdenden Einfluss meinerseits. Das persönliche Verhältnis bewegte sich allerdings in die entgegengesetzte Richtung. Zu Beginn war ich eine Art Lehrer und sie die Schüler – sie machten das, was ich ihnen auftrug. Was Plattenaufnahmen anbelangte, hatten die Beatles nicht den blassesten Schimmer, aber der Himmel weiß, dass sie mit einer beeindruckenden Rasanz lernten. Zum Ende hin waren sie die Herren und ich ihr Diener. Sie sagten: „Okay, heute Abend geht es um 8 Uhr los", und ich hatte da zu sein. Ich möchte es als eine graduelle Verschiebung der Machtverhältnisse beschreiben und zugleich der Verantwortung. Obwohl ich am Ende der Kooperation mit den Beatles noch mein Bestes gab, konnte ich sie lediglich nur noch leicht beeinflussen. Die Zeit der direkten Anweisungen war Vergangenheit.

Doch ich möchte nicht zu viel vorwegnehmen. Das Jahr 1963 war sicherlich das turbulenteste meines Lebens. Die Aufregung und der ganze Trubel hatten auch mich ergriffen. Brian Epstein arbeitete rund um die Uhr. Wir verbrachten viel Zeit zusammen und wurden enge Freunde. Ich erinnere mich noch gerne an eine fast schon prophetische Aussage Brians: „Wir werden eine ideale Partnerschaft aufbauen. Wenn du meine Acts aufnimmst, kann uns niemand schlagen. Und mit Dick als Verleger sind wir ein unschlagbares Trio."

Alles deutete damals darauf hin. Als Nächstes schleppte er Gerry and the Pacemakers an. Ich griff in meine Song-Schatulle, holte eine alte Nummer heraus und produzierte sie erneut – „How Do You Do It?" – der Song, den die Beatles nicht veröffentlichen wollten. Gerry und sein Truppe nahmen ihn auf, und schon erreichte er den ersten Platz in den Charts. Sicherlich war das eine Bestätigung meines Glaubens an das Stück, doch Gerry und ich machten mit „You'll Never Walk Alone", einem amerikanischen Standard, eine weitaus interessantere Aufnahme. Wenn Gerry das Stück bei einem Auftritt spielte, flippten seine Fans immer aus, und so kam er auf die Idee, die Nummer mitzuschneiden. Zum ersten Mal unterstützte ich Gerry mit einem großen Streich-Ensemble, wodurch er sich von seinem eigenen Stil verabschiedete. Er war ein lustiger Rock'n'Roll-Star gewesen, spielte simple Songs mit wenigen Akkorden, und plötzlich sah er sich mit einer Ballade konfrontiert, die er stimmlich kaum bewältigen konnte. Ich glaube felsenfest daran, dass der Song aufgrund dieser Platte den heutigen Status der universalen Stadionhymne einnimmt.

Mit zwei erfolgreichen Gruppen immer noch nicht zufrieden, tauchte Brian mit einer dritten Band auf – Billy J. Kramer and the Dakotas. Billy war sicherlich ein sehr gut aussehender Junge, doch als ich ihn mir genauer anhörte, zwang mich die Darbietung zur Schlussfolgerung, dass er nicht der weltbeste Sänger ist. „Ich arbeite momentan an so vielen

Projekten, Brian, und ich glaube nicht, dass Billy die Stimme hat, die wir benötigen."

Brian hatte eine enormen Überzeugungsgabe, besonders was seine neuste Entdeckung anbelangte. „George, du weißt doch ganz genau, dass wir es mit Dick schaffen werden. Du wirst mit Billy eine gute Platte produzieren. Ich bin mir sicher, dass du das kannst!"

„Das hört sich alles gut und schön an, aber man kann keine großen Leistungen erbringen, wenn die Qualität des Rohmaterials nicht ausreicht."

„Hör ihn dir doch noch mal an. Ich bin mir sicher, dass du seine Stimme dann gar nicht mehr so schlecht finden wirst."

Der Gesang war leider nicht sonderlich gut, doch Brian engagierte sich so überzeugend, dass ich mich hinreißen ließ. Der einzige Weg, mit Billy einen Hit zu landen, bestand im „Double-Track-Recording". Ich würde also den Song mit ihm aufnehmen, woraufhin er eine zusätzliche Gesangspur – die exakt seiner ersten Stimme folgt – einsingen musste. Doch es gab auch Sänger bei denen das sogenannte „Double-Tracking" nicht funktionierte. Um den Gesang in diesem Fall zu unterstützen, erfand ich das – humorvoll betitelte – „aufgezogene Klavier". Nach der Aufnahme der grundlegenden Instrumente spielte ich selbst eine Klavierspur zur Musik, die ich in der halben Geschwindigkeit aufnahm, aber im normalen Tempo abspielen ließ. Das verlieh den Passagen einen Spinett-ähnlichen Charakter. Entwich eine schiefe Phrase den ungeübten Stimmbändern eines Sängers, legte ich genau so eine Pianospur dazu und mischte sie ein wenig in den Vordergrund. Für die „Inquisition" möchte ich Folgendes klarstellen: Ich habe mich für diese eher unscheinbaren musikalischen Beiträge nicht auf die Lohnliste setzen lassen, denn sonst hätte ich Geld bekommen, das eigentlich einem Musiker zusteht.

Für Billys erste Platten wählten wir „Do You Want To Know A Secret" aus, ein Song vom ersten Beatles-Album. Damals verfolgten wir die Politik, Beatles-Songs eines Albums nicht als Single zu veröffentlichen. Das Stück stammte vom Longplayer *Please Please Me* (wo wir diese Regel im Fall des Stücks „Please Please Me" brachen, um Kapital aus der Popularität der Gruppe zu schlagen). Die Beatles wollten es zu der Zeit nicht als Single auf den Markt bringen, doch waren sich der mannigfaltigen

Vorteile bewusst, wenn andere ihre Stücke nachspielten. Da die Nummer Billy wie auf dem Leib geschneidert war, entschlossen wir uns zu einer Produktion. Die Platte wurde am 26. April 1963 veröffentlicht. Sie kam auf Platz 1. Plötzlich hatte man den Eindruck, als würde dieser Prozess zur Normalität und sich ständig wiederholen.

Dann erlebten wir den ersten Rückschlag. Brian stellte mich einer Sängerin namens Priscilla White vor. Alle ihre Freunde nannten sie Cilla, und Brian – der aus irgendeinem Grund, den nur er selbst kannte, Cilla White nicht mochte – begab sich an das entgegengesetzte Ende des farblichen Spektrums und taufte sie Cilla Black. Für mich stellte sie im Vergleich zu Billy noch ein größeres Problemkind dar. Obwohl sie eine gute, wenn auch dünne Stimme hatte, lag ihre Stärke im Rock'n'Roll-Gekreische bester Cavern-Tradition. Darüber hinaus sang sie mit einem durchdringenden Nasalton. Daran war an und für sich nichts auszusetzen. Allerdings stand ich vor der schwierigen Aufgabe, geeignete Stücke für sie zu finden.

Zu dem Zeitpunkt „kochten" die Beatles vor Begeisterung über ihre eigenen Werke – und das zu Recht. Wir öffneten ein Ventil, das Öl schoss in die Höhe, und die Quelle – der ich ein frühzeitiges Versiegen prophezeit hatte – produzierte mehr und mehr. Im Cavern sang Cilla häufig „Love Of The Loved", ein Stück der Band, und wir entschieden uns, die Nummer einzuspielen, zusätzlich zu einem besonderen Arrangement, das ich für Trompeten geschrieben hatte. Der Titel verkaufte sich nicht gut, denn er erreichte nicht den ersten Platz!

Dann reiste Brian in die USA, wo er versuchte, Interessenten für seinen „Stall" voller Künstler zu gewinnen. Nach seiner Rückkehr brachte er mir den Song eines jungen Mannes mit Namen Burt Bacharach mit. Er hieß „Anyone Who Had A Heart". Vor Begeisterung machte ich wahre Freudensprünge, denn die Nummer klang wunderschön: „Brian, was für ein tolles Lied! Vielen, vielen Dank, dass du es mitgebracht hast. Man könnte glauben, er hätte es für Shirley komponiert." Damit meinte ich Shirley Bassey, die ich damals aufnahm.

Brian wirkte verdutzt: „Dabei hatte ich nicht an sie, sondern an Cilla gedacht."

„Glaubst du im Ernst, dass Cilla so einen Titel singen kann?", fragte ich zweifelnd.

„Ich kenne meine Cilla. Sie schafft das.“

„Okay, wir können es ja versuchen“, lenkte ich ein, immer noch nicht überzeugt.

Damals war ich so beschäftigt, dass mir keine Zeit zur Ausarbeitung der Begleitinstrumente zur Verfügung stand. Obwohl ich mich um den Trompetensatz auf ihrer ersten Platte gekümmert hatte, kannte mich noch kaum jemand als Mann, der für Orchester schreibt. Es wäre ein wenig dreist gewesen, mich in den Vordergrund zu spielen, da es andere mit einem hervorragenden Ruf gab, um diese Aufgabe zu erledigen. So brachte ich Johnny Pearson ins Spiel, der eine fantastische Orchestrierung für den Song wie aus dem Hut zauberte. Cilla nahm ihn auf, er kletterte auf Platz 1, und sie wurde dabei ein Star.

Ich hörte, dass Dionne Warwick, die den Titel in den USA aufgenommen hatte, vor Wut tobte, da wir ihre Fassung musikalisch übertrumpften. Tja, da gibt es natürlich ein Ja und ein Nein. Die meisten Kompositionen haben bezüglich des Aufbaus eine inhärente Struktur, die im Grunde genommen einem Arrangement gleichkommt. Johnny übernahm diese Struktur, was dem Titel auch gerecht wurde, und orchestrierte danach die Instrumente. Die beiden Platten klingen ähnlich, aber ich bin immer noch davon überzeugt, dass unsere die US-Produktion überragte. Jedenfalls hatten wir in Bezug auf den Satz des Orchesters einen besseren Klang, und somit rechtfertigte sich die Charts-Platzierung.

Mit all den uns umgebenden Talenten mussten sich Brian und ich auf festgeschriebene Abläufe einigen. Im Fall der Beatles nahmen wir uns vor, möglichst alle drei Monate eine Single auf den Markt zu bringen und eine LP im Jahr. Und da waren noch Gerry und Billy und Cilla, deren Singles wir irgendwo dazwischen „quetschten“, sodass es eine Überlappung, aber keine zeitgleichen Veröffentlichungen gab. Unser Plan schien aufzugehen. 1963 standen unsere Produktionen nicht weniger als 37 Mal an der Spitze der Charts.

Geregelter Schlaf wurde in dem Jahr zu einem Luxus, da ich zusätzlich zum Epstein-Stall noch meine früheren Künstler wie Ron Goodwin, Matt Munro und den guten, alten Jimmy Shand aufnahm. Die zwölf Monate gehörten aber den Beatles, und die Suche nach Talenten aus dem Norden ließ sich mit dem Goldrausch am Klondike vergleichen. Plattenfirmen sind dafür berüchtigt, auf einen fahrenden Zug aufzuspringen. Wenn auch nur der geringste Geruch eines neuen Trends in der Luft liegt, rennen sie wie Wahnsinnige zur Quelle – auch wenn es sich um so einen geschmacklosen Stil wie Punk handelt. Nachdem die Beatles wie Gold gehandelt wurden, schickte jede Plattenfirma ihre Talentscouts nach Liverpool, um eine Band aufzutreiben – und sie alle fanden eine! Wenige schafften es, die meisten nicht. Pye „angelten" sich die Searchers, die mit „Needles And Pins" einen großen Hit hatten. Sogar meinen persönlichen Assistenten Ron Richards verschlug es auf der Suche nach musikalischen Goldklumpen in den Norden. Er fand sogar eine Band, jedoch nicht in Liverpool, sondern in Manchester – es waren die Hollies. Er kam zurück und fragte mich: „Ich habe eine Gruppe. Und was soll ich mit denen machen?"

„Lass sie einen Vertrag unterschreiben", antwortete ich, wobei ich mir die Frage stellte, wann denn dieses Glücksrittertum endet. „Aber ich kann mich nicht damit beschäftigen. Du musst sie schon selbst aufnehmen." Wie sich herausstellte, feierten sie einen immensen Erfolg. Graham Nash, eins der Urmitglieder, ging in die USA und wurde dort mit Crosby, Stills and Nash zum Superstar.

Die ungebremste Verherrlichung der Musik aus dem Norden brachte einen Damm zum Einsturz. Der Norden Großbritanniens wurde plötzlich „schick". Autoren und Comedians waren „in". Es war der Beginn einer Dezentralisierung Londons, das immer als das Mekka der Unterhaltungsindustrie gegolten hatte und quasi eine Monopolstellung beim Fernsehen, dem Radio und der Plattenindustrie einnahm. Plötzlich erkannten wir, dass dort draußen noch andere Künstler ihrer Arbeit nachgingen.

Aus demselben Grund, also einer Art Heimatstolz, hätten die Bürger Liverpools erst kürzlich beinahe die Beatles verleugnet, da sie ihrer Geburtsstadt den Rücken zukehrten. Ich finde das sehr traurig. Der Plan, für die vier Musikern ein Denkmal zu erreichten, traf auf eine unvergleichliche Feindseligkeit. Die generelle Meinung lautete: „Warum, zum Teufel, sollten wir das tun? Sie haben uns sowieso verlassen und geben nicht das Geringste auf unsere Stadt." Das ist im höchsten Grade unfair, denn sie mussten Liverpool verlassen. Sie hätten nicht ihr ganzes Leben dort verbringen können. Warum suchte man sich gerade diese Gruppe aus, gibt es doch kaum einen Entertainer, der sich den Luxus leisten konnte, in seiner Heimatstadt zu wohnen? Die Beatles haben niemals ihre Herkunft verleugnet – Liverpool, eine Stadt, die der Welt zwei der größten Songschmiede aller Zeit schenkte, Genies, die diesem Begriff gerecht werden.

Ich wurde oft gefragt, ob ich eine der Beatles-Nummern hätte schreiben können, und die Antwort lautet eindeutig Nein. Und dafür gibt es einen guten Grund. Ich wäre nicht in der Lage gewesen, an die Musik mit einem vergleichbar einfachen Ansatz heranzugehen. Von den vieren war Paul der professionellste Musiker, da er das Handwerk erlernte, Noten, Harmonien und den Kontrapunkt studierte. Zu der Zeit führte er eine enge Beziehung mit Jane Asher, die aus einer musikalischen Familie stammte. Ihre Mutter war eine gute Musikerin, die sich als Privatlehrerin ihr Geld verdiente und mir durch reinen Zufall das Oboe-Spiel während der Zeit in Guildhall beibrachte. Ich glaube, diese Familie hat auf Paul einen großen Einfluss ausgeübt.

Schon kurz nach unserer ersten Begegnung nahm er Klavierstunden, wohingegen ich mir eine Gitarre zulegte und als Autodidakt das Instrument erlernte. Es gab einen guten Grund für die beiderseitigen Bestrebungen: Während der frühen Tage bestand ein Kommunikationsdefizit zwischen uns, und wir mussten eine gemeinsame Basis finden, auf der wir über Musik reden konnten. Wenn ich ihnen einen komplizierten Akkord vorschlug, den sie nicht kannten, ging ich zum Klavier und demonstrierte ihn. Dann schnappten sie sich die Gitarren und versuchten die entsprechenden Töne zu finden. Allerdings dauerte das ein Weilchen, denn obwohl sie meinen Fingersatz auf dem Klavier sahen, sagte der ihnen nicht viel. Sie versuchten die gehörten Töne umzusetzen. Aber wenn ich den Akkord selbst auf einer Gitarre vorführte, konnten sie ihn schnell auf ihre Instrumente übertragen, da sie exakt den Griff sahen: „Na klar, so wird der gegriffen." Bei einem Klavier und einer Gitarre lassen sich durch die Fingerhaltung schnell die Harmonien erkennen. Allerdings bestehen große Unterschiede zwischen den Instrumenten, was eine direkte Übertragung so gut wie unmöglich macht – und darum lernte ich das Gitarrenspiel. John und Paul hingegen lernten das Klavierspiel in kürzester Zeit. Da ich auf der Gitarre noch nicht so weit war, verzichtete ich auf weiteres Üben.

Zumindest hatten wir jetzt einen gemeinsamen Nenner gefunden, der es uns erlaubte, bestimmte Noten besser zu diskutieren. Zweifellos waren Lennon und McCartney gute Musiker. Sie zeichneten sich durch eine außerordentliche musikalische Wahrnehmung aus – eine Voraussetzung für Kreativität. Die Musik entsteht in einem kognitiven Prozess und nicht durch Fingerhaltungen, obwohl beide ihre Instrumente sehr gut spielten. Und seit damals haben sie sich alle verbessert, besonders Paul. Ich würde ihn als exzellenten musikalischen Alleskönner beschreiben, wahrscheinlich der beste Bassist momentan, ein erstklassiger Schlagzeuger, ein brillanter Gitarrist und ein kompetenter Pianist.

Doch all die erlernten und erreichten Fähigkeiten behindern nicht ihren eher pragmatischen Ansatz hinsichtlich der Musik. Zum Beispiel: John Lennon suchte mich einmal im Studio auf, während ich mit mehreren Saxophonisten eins seiner Stücke overdubbte. Er meinte: „Hör mal, ich mag diese Melodien, aber denke, es wäre eine gute Idee, es so zu umzusetzen….“. Das gesagt, nahm er seine Gitarre und spielte mit einige Noten vor.

„Ja, das ist ziemlich einfach“, antwortete ich. „Es ist sicherlich eine gute Idee, wenn die Saxophone die Phrase verstärken.“ Schnell notierte ich die Passage und gab sie den Musikern. „Okay Jungs, spielt doch mal diese Noten.“

„Nein“, wehrte sich John. „Das sind nicht die Noten. Hier, ich meine die – hör mal …“, und er spielte sie ein zweites Mal.

„Ich weiß, John“, beruhigte ich ihn. „Das sind deine gespielten Noten. Ich haben ihnen die Noten für ihre Instrumente notiert, die exakt mit deiner Melodie korrespondieren.“

„Aber die sind doch in einer falschen Tonart!“

„Nein. Ihre Instrumente sind alle unterschiedlich gestimmt. Das hier ist ein Eb-Saxophon und das hier ein B-Saxophon. Wenn du ein C auf diesem spielst, erklingt es in der Tonart B, und wenn du ein C auf dem anderen anbläst, in Eb. Darum muss ich die Noten für die jeweiligen Musiker entsprechend notieren. Versteht du?“

„Das ist doch total bescheuert, oder?“, meinte er angenervt.

„Ja, schätze ich mal.“

Er drehte sich um, ging raus und verließ das Studio. Er wollte diese kleinen, dummen Nebensächlichkeiten des Lebens nicht verstehen. Doch auch Paul zeichnete sich durch eine andere Perspektive aus. Hätte er „ordentlichen" Musikunterricht gehabt – und dabei meine ich nicht das Klavierspiel, sondern korrekte Notation und korrektes Notenlesen, all die Harmonielehre, die Kontrapunkt-Diskussion und die Grundlagen der Orchestrierung, die ich erlernte –, dann wären dadurch Hemmungen entstanden. Er sah das genauso. (Und warum sollte er sich auch um all die Belange kümmern, wenn ihm jemand zur Seite stand, der sich mit solchen Themen beschäftigt?) Beim Lernprozess wird das Bewusstsein auf eine bestimmte Art geprägt. Paul hatte diese Prägung nie erfahren und genoss eine gewisse Freiheit, durch die ihm Dinge einfielen, die ich von vorneherein als ungeheuerlich abgetan hätte. Ich genoss diese Ideen, doch meine musikalische Ausbildung hielt mich davon ab, in der Weise kreativ zu denken. Ich glaube, dass die Fähigkeit, gute Stücke zu schreiben, oft aufblüht, wenn der Musiker nicht durch das Reglement der Harmonielehre und des Kontrapunkts gefesselt ist. Ein nettes Stück lässt sich mit einem Finger auf dem Klavier spielen, man kann es auf der Straße pfeifen, und es hängt nicht unbedingt mit großartigen Harmonien zusammen. Die Fähigkeit der Melodieschöpfung ist einfach ausgedrückt eine Gabe.

In der Vergangenheit gab es viele großartige und ausgebildete Musiker, die keinen Popsong schreiben konnten, um dadurch anständig zu überleben. In der Welt der Popmusik gab es häufig Musiker, die nicht den blassesten Schimmer von der Theorie hatten, aber großartige Songs schufen. Ein Lionel Bart ist noch nicht mal eines Instruments mächtig. Ich glaube, er pfeift seine Einfälle anderen vor. Irving Berlin war des Notenlesens nicht mächtig und konnte Klavier nur in Gb spielen, also hauptsächlich auf den schwarzen Tasten. Er wusste es einfach nicht besser. Nachdem sich bei ihm die ersten Erfolge eingestellt hatten, ließ er sich eine Sonderanfertigung bauen. An der Seite des Klaviers befand sich ein Hebel, ähnlich wie bei einer Fruchtpresse, den er verstellte, wenn sich die Tonart änderte. Somit musste er nie die Fingersätze verändern.

Eins steht fest: Die Beatles waren in der Lage, großartige Songs zu schreiben, worin auch immer diese Genialität wurzelte. Natürlich wurden sie schon in Liverpool gefeiert, doch die Stadt lag weit entfernt. Ungefähr zur Mitte des Jahres standen plötzlich und unverhofft kreischende Teenager vor den Abbey Road Studios, wenn sie gehört hatten, dass die

Beatles auftauchen. Mich beeindruckte dieser Informationsfluss, da wir nichts unversucht ließen, die Uhrzeiten der Session geheim zu halten. Die Kids entwickelten sich zu einem ausgemachten Problem, und es wurde zunehmend schwieriger, in die Studios zu gelangen. Dennoch empfand ich es „nur“ als ein lokales Phänomen – eine der privaten, britischen Vergnügungen.

Doch das war *vor* den USA!

Kapitel 8

Backrezepte

Ich vergleiche eine Schallplattenproduktion gerne mit dem Malen eines Bildes. Falls ich das schon erwähnt haben sollte, liegt das daran, dass ich es nicht oft genug betonen kann. Es ist meine persönliche Metapher. Diese Wahrnehmung begann zu der Zeit, als ich die ersten Platten mit Peter Sellers produzierte. Wir malen Klangbilder, und uns steht dazu eine unendlich große Farbpalette zur Verfügung. Wenn wir es wünschen, können wir jeden nur erdenklichen Klang benutzen – von den Geräuschen einer Walpaarung über tibetische Holzinstrumente bis hin zu einem ordentlichen Orchester und Synthesizer-Sounds. Vermutlich sind aus dem Grund meine Lieblingsmaler alle Impressionisten – Renoir, Degas, Cézanne, Monet, Van Gogh und Sisley. Es ist sicherlich kein Zufall, dass sie auf der visuellen Ebene die Musik meiner bevorzugten Komponisten Debussy und Ravel widerspiegeln.

Die Faszination einer Aufnahme liegt in der unbeschränkten Bandbreite musikalischer Farben. Einer der Hauptgründe, warum ich die Zusammenarbeit mit den Beatles so sehr schätzte, lag im Umstand begründet, dass unser Erfolg mir persönlich eine große künstlerische Freiheit ermöglichte. Lange Jahre war ich der Einzelgänger der EMI, der ständig Neues ausprobieren wollte, aber selten die notwendige Unterstützung erhielt. Doch nun konnte ich endlich sagen: „Lasst uns das ausprobieren. Die Kosten sind egal – wir werden es versuchen.“ Die Bosse hätten mich jederzeit aufhalten können, doch sie wollten nicht das Huhn schlachten, das Goldene Schallplatten legt. Endlich erforschte ich die damals eher als unorthodox geltenden Randbereiche innovativer Aufnahmetechniken: Aufnahmen mit verschiedenen Bandmaschinengeschwindigkeiten (zum Beispiel ein Mitschnitt im Standard-Tempo, der dann mit doppelter Geschwindigkeit abgespielt wird), die sogenannten Rückwarts-Techniken (wobei ein Tonband vorwärts aufgenommen und danach umgedreht und abgespielt wird), ungewöhnliche Sound-Effekte – einfach alles, um ein Klangbild aufzubauen. Um das zu realisieren, benötigt ein Plattenproduzent – wie auch jeder andere Handwerker – geeignete Werkzeuge. Wie bereits erwähnt, verwandelte ihn die beginnende Stereo-Technologie in einen aktiven Künstler beim Entstehungsprozess. Stereo sollte dem *Zuhörer* eine breitere Klangerfahrung ermöglichen, was grundsätzlich zwei Spuren zuzuschreiben ist, die eine räumliche Dimension zwischen den beiden Lautsprecherboxen entstehen lassen. Bald schon erkannte ich weitere Möglichkeiten, die über die Veröffentlichung von Stereo-Platten hinausgingen. Der *Produzent* nahm zwei Spuren auf und mischte sie zu einer Monospur, womit er wieder eine freie Spur zur Verfügung hatte.

Das war der Anfang der Mehrspur-Aufnahmetechnologie. Die technischen Voraussetzungen bedingten eine fundamentale Änderung des Blickwinkels eines Produzenten, da sich ihm nun neue Möglichkeiten erschlossen. Er musste die beiden Spuren nicht mehr gleichzeitig aufnehmen. Darüber hinaus gab es bei den Mitschnitten keinen Qualitätsverlust mehr. Mit nur einer Spur war er gezwungen, die Musik und den Gesang zeitgleich aufzunehmen oder (durch das sogenannte Ping-Pong-Verfahren) zu überspielen, bei dem er eine Generation an Klangqualität verlor.

Mit zwei Spuren war es erstmalig möglich, den Grundrhythmus und die Melodieinstrumente aufzunehmen und den Gesang (und möglicherweise weitere Instrumente) synchron später hinzuzufügen. Dieser Vorteil zahlte sich bei Rockproduktionen aus. In der Zeit bis zu den Beatles lag die Musik für Jugendliche im stilistischen Spektrum leichter Popmusik, wobei Jim Dale meine Antwort auf Cliff Richard und Tommy Steele darstellte. Doch ungefähr am Ende der fünfziger Jahre hielt die Rockmusik, inspiriert von Musikern wie Elvis Presley, in Großbritannien Einzug, woraufhin unsere Platten härter wurden und speziell der Sound der Rhythmus-Sektion an Kontur gewann. Das führte zu vielen Experimenten. John

Burgess, mein heutiger Partner, nahm John Faith begleitet von John Barry auf. Sie versuchten zum Beispiel die Streicher mit geringem Mikroabstand mitzuschneiden, was zu den bereits geschilderten merkwürdigen Klängen führte. Merkwürdig oder nicht – die Platten verkauften sich.

Ich begann mit Jim Dale, nahm die Vipers-Skiffle-Gruppe auf bis hin zu den Beatles und erkannte dabei ein wichtiges Charakteristikum. Wenn ich den Rhythmus auf einer Spur aufzeichnete und alle Stimmen auf der zweiten, musste ich mir wegen des Gesangs keine Sorgen mehr machen, da ich ihn problemlos neu aufnehmen konnte. Ich konzentrierte mich auf einen laut aufgenommenen Rhythmus-Sound, da ich sicher sein konnte, dass er im Klangpanorama nachträglich immer noch lauter oder leiser zu regeln war, damit die Stimme gut zu hören war.

Zusätzlich bestand die Möglichkeit eines härteren Sounds – wobei die Transparenz nicht verloren ging – durch den Einsatz von Kompressoren. Ein Kompressor ist ein Effektgerät, das seinem Namen gerecht wird, denn er quetscht den Gesamtsound zusammen. Die Spitzen werden in Bezug auf die Lautstärke runtergefahren und die leisen Stellen hochgefahren. Das ist notwendig, wenn Aufnahmen eine zu große dynamische Bandbreite haben, bei der im Laufe des Stücks ständig Spitzen oder Löcher auftreten. Wenn eine Aufnahme nicht komprimiert wird, besteht die Gefahr, dass die Abtastnadel von der Schallplatte springt.

In den späten Fünfzigern und den frühen Sechzigern komprimierten Tontechniker regelmäßig, denn der Kompressor war eine Art neues Spielzeug, was oft zu einer viel zu starken Kompression führte. Ich erinnere mich daran, den Effekt so beschrieben zu haben, als schlüge er Löcher in den Sound. Hatte man zum Beispiel eine sehr laute und massive Schlagzeug-Spur und einen Gesang, der in der Lautstärke darüber liegen sollte, war es möglich, das Ganze so stark zu komprimieren, dass die Drums – eigentlich das lauteste Instrument der Platte – die Lautstärke bestimmten. Man konnte den Gesang also nur noch hören, wenn der Drummer keine harten Schläge spielte. Ein Schlagzeug hat einen hohen Eingangspegel, der nach dem Schlag schnell zerfällt. Trat der Effekt ein, tauchte die Gesangsstimme wie durch Magie in den Vordergrund, vergleichbar mit dem optischen Effekt eines Zauberers im Theater der zwanziger Jahre, der Personen durch einen Spiegel auftauchen und verschwinden lässt.

Komprimiert oder nicht – der Vorteil, zusätzliche Spuren der Originalaufnahme hinzuzufügen, wurde schnell offensichtlich. Man konnte sich beim Endmix wesentlich mehr Zeit für ein individuelles Instrument nehmen als während der Aufnahme selbst, die meist schnell über die Bühne ging. Die an einer Recording-Session beteiligten Musiker kosten Geld. Ökonomische Kalkulationen diktieren einem Produzenten die Aufnahme möglichst vieler Stücke in möglichst kurzer Zeit. Ein Produzent durfte sich nicht den Luxus erlauben, in so einer knapp bemessenen Zeit das hohe Ideal der Perfektion anzustreben. Doch die Möglichkeit, im *Nachhinein* mit Sounds zu arbeiten, veränderte die gesamte Grundsituation. Es war eine Innovation, die unverzüglich nutzbar gemacht werden musste. Allerdings bedingte das hohe Investitionskosten, was der EMI nicht sonderlich schmeckte. Ich drängte die Verantwortlichen ständig: „Wann stehen uns denn endlich mehr Spuren im Studio zur Verfügung? Wir rennen der Moderne hinterher! Es ist dringend erforderlich, die Studios auf den aktuellen Stand der Technik zu bringen." Schnell hatte ich bei der EMI den schlechten Ruf des Typen, der immer ein bisschen mehr wollte – aber es nie bekam!

1958 schickte mich die EMI in die USA – vielleicht, um mich auch für eine kurze Zeit los zu sein –, damit ich mir vor Ort ein Bild von der Arbeitsweise der dortigen Kollegen machen konnte. Allerdings gab es einen vordergründigen Anlass, denn ich hatte einen ganz ordentlichen Erfolg mit Ron Goodwins „Skiffling String" gehabt. Die Amerikaner benannten das Stück – aus Gründen, die vermutlich nur sie selbst kennen – in „Swinging Sweethearts" um. Da der Song in den Staaten erfolgreich war, schickte man Ron Goodwin auf eine Promotiontour, auf der ich ihn begleiten sollte.

Capitol Tower, an der Hollywood and Vine in Los Angeles, ist 13-stöckiges Gebäude in Form gestapelter Grammophon-Platten. Der Anblick beeindruckte mich sehr. Capitol, die von der EMI einige Jahre zuvor gekauft worden waren, ritten auf einer Erfolgswelle, vergleichbar mit der Dramatik eines Surfers am Strand von Malibu, mit Künstlern wie Sinatra, Nat King Cole, Peggy Lee und Stan Kenton. Voyle Gilmore, einer der Produzenten, lud mich zu einer Platten-Aufnahme von Sinatra im Studio C des Capitol Tower ein. Die Songs wurden später alle live eingespielt und auf dem Album *Come Fly With Me* veröffentlicht. Billy Mays Orchester, im Grunde genommen einige Blechbläser und „tränendrüsige“ Saxophone, begleiteten Sinatra. Doch Nelson Riddle hatte erst kürzlich einige Erfolge gefeiert, und da Sinatra den Klang seiner Streicher mochte, nahm er mit seinen Musikern an der Session teil.

Sinatra, unterstützt von seinem damaligen Schwarm Lauren Bacall, agierte wie ein Vollblutprofi – kontrolliert und effizient. Er kam in den Regieraum, hörte sich die aufgenommenen Takes an und störte weder den Tontechniker noch den Produzenten oder Billy May, bis auf kleine Ausnahmen bei Passagen, wo er sich den Gesang etwas lauter wünschte. Meist kam er und sagte: „Okay, das war's für mich.“ Er benötigte nur wenige Anläufe, und sie schafften fünf Titel in ungefähr vier Stunden.

Lediglich am Ende der Session hinterließ sein Verhalten einen schalen Beigeschmack. Voyle Gilmore präsentierte ihm das Design für das Cover. Sinatra explodierte. Er meckerte Gilmore mit jedem Schimpfwort an, das je unter der Sonne gefallen war, und verschwand immer noch tobend wie ein Berserker. Ich, der unwissende Landjunge aus England, konnte beim besten Willen nicht verstehen, warum er so einen Aufstand gemacht hatte. Man zeigte mir das Cover, und ich verstand: Es ist das gleiche Cover, das nach einigem Ringen veröffentlich wurde, und zeigt ihn mit einem breitkrempigen Hut vor dem Hintergrund einer TWA-Maschine. Sinatras Ansicht nach versuchte ihn Capitol durch eine geheime Nebenabsprache zu betrügen. Er spielte darauf an, dass die Manager nach Veröffentlichung des Albums Freiflüge oder was auch immer für ihre kostenlose Werbung bekämen. Letztendlich wusste niemand, ob es stimmte oder nicht, doch Sinatras Auffassung der Situation war offensichtlich – die TWA erhielt eine kostenlose Werbung mit seinem Gesicht. Bald nach dem Zwischenfall verließ er Capitol und gründete sein eigenes Label Reprise.

Mit dem Kopf voller Ideen kehrte ich nach Großbritannien zurück. In den USA war mir der wesentlich lautere Sound der Monitor-Anlage im Regieraum von Capitol aufgefallen, der trotzdem noch sauber, klar und transparenter ausfiel. In London hatte ich dieses Verfahren noch nie erlebt. Zudem verschaffte ich mir in den USA einen genauen Überblick über die technische Ausstattung, welche Mikrofone sie benutzten und wie die Akustik ausgelegt war. Das Fazit: Mein Gott, wir mussten in den Abbey Road Studios noch eine Menge lernen.

Im Vergleich zu unseren Zweispuraufnahmen auf einem Viertel-Inch-Band benutzten sie ein Halb-Inch-Band für eine Dreispuraufnahme, was einen deutlichen Unterschied zu unserer Herangehensweise darstellte. Der Grund dafür lag in einem beständigen Misstrauen gegen den „Sound aus der Mitte", eine Entwicklung aus dem Bereich des Films, der die Leute so verblüfft hatte, als sie das erste Mal Stereo hörten. Die Tontechniker dachten damals: Wenn wir mehr als eine Spur belegen können, sollten wir sofort auf drei Spuren drängen und darauf *achten,* exakt in der Mitte einen guten Sound zu fahren. Bei einer Zweispuraufnahme in Stereo ist das unmöglich. Dafür gibt es einen Grund: Nimmt man zum Beispiel ein Orchester auf der ersten Spur auf und ordnet es im Stereopanorama gleichmäßig zwischen beiden Lautsprecher an, entsteht ein Höreindruck, als käme alles aus der Mitte. Fügt man den Gesang hinzu, der auch so *angeordnet* wird, gleicht der gesamte Effekt einer Mono-Aufnahme. Bei drei zur Verfügung stehenden Spuren können davon zwei für ein schönes Stereopanorama eines Orchesters genutzt werden, wobei die dritte Spur dem Gesang vorbehalten bleibt, der zwischen den beiden Stereokanälen aufgeteilt wird und dann in der Mitte steht. Die Lautstärke kann separat geregelt werden, um die Stimme dem Orchester in Stereo anzupassen. Damals fand ich die Technik vernünftig und hochgradig wünschenswert.

Ich mag voller Enthusiasmus und mit vielen neuen Ideen nach Großbritannien zurückgekehrt sein, doch es dauerte noch geschlagene fünf Jahre, bis sich die EMI bewegte. Bei den frühen Beatles-Aufnahmen 1963 war ich immer noch gezwungen, all ihre Songs mit der Zweispurtechnik aufzuzeichnen und einen Mono-Sound zu produzieren. Diese Technik sollte mich noch Jahre später einholen und vor Probleme stellen.

Bhaskar Menon war mittlerweile Vorsitzender von Capitol Records in den USA. Als Student und Praktikant hatte er eine Weile mit mir bei Parlophone gearbeitet, um das Aufgabenfeld kennenzulernen. 1976 rief er mich an (ich lebte damals in Los Angeles), um mich von seinem Vorhaben zu unterrichten, eine Platte mit frühen Beatles-Songs zu veröffentlichen. Er wollte sie *Rock And Roll Music* betiteln. Er fragte mich, da sie keinen der Beatles erreichen konnten, ob ich die Bänder vor der Produktion prüfen würde. Ich war schließlich der Einzige, der so eng mit ihnen gearbeitet hatte. Ich machte mich also auf den Weg ins Studio, hörte mir die Musik an – und war entsetzt!

Die EMI hatte im Grunde genommen eine panische Angst vor der Band, da die vier eine Verfügung beschlossen hatten, dass die Original-Bänder nicht bearbeitet werden durften. Niemand durfte sie „verschandeln". Im Falle einer Neuveröffentlichung war es lediglich gestattet, sie in ihrer damals aufgenommenen Form auf den Markt zu bringen. Die EMI ließ sich auf die Klausel ein – und zwar wortwörtlich. Sie hatten die Bänder neu überspielt und wollten sie in der Urform veröffentlichen – aber in Stereo! Die Auswirkungen lassen sich nur als Desaster beschreiben. Meine Arbeitstechnik bestand bei den einstigen Aufnahmen darin, auf die eine Spur die komplette Rhythmusgruppe zu legen und auf die andere den Gesang. Wir mussten die Rhythmusspur hinsichtlich der Lautstärke runterfahren, um Verzerrungen zu vermeiden. In Stereo klang die Direktüberspielung mehr als gruselig! Die Stimmen standen viel zu weit im Vordergrund. Doch nicht nur das! In den Gesangpausen hörte man den ganzen „Dreck" überlaut, denn damals ließen wir die Vokal-Mikros immer auf – was in Mono natürlich niemanden störte. Aber in Stereo – du lieber Himmel! Hinzu kam noch der Effekt, die Rhythmusgruppe auf der einen und die Stimme eindeutig auf der anderen Spur zu hören, ein unangenehm künstlicher Klang.

„Das dürft ihr niemals so veröffentlichen!"

„Wir trauen uns nicht, etwas zu verändern, denn die Beatles wollen das nicht."

Dazu fiel mir nur eine Antwort ein: „Das ist mir egal. Wir werden jetzt was unternehmen."

Ich verbrachte daraufhin zwei Tage, um die Bänder neu zu überspielen. Dabei erleichterte mir das neue Equipment mit all den diversen Möglichkeiten die Arbeit ungemein. Ich filterte den Bass der Rhythmusspur und legte ihn mittig. Danach zog ich die Rhythmusspur als Ganzes aus den Ecken und ordnete die Stimmen mittig an. Als nächsten Arbeitsschritt zog ich die Lautstärke der Rhythmusspur hoch und komprimierte danach die Summe, damit die Musik einheitlicher klang. Mithilfe von ein wenig Echo – um die Musik leicht zu modernisieren – hörte sich das Endresultat vertretbar an.

Eigentlich war das nicht meine Aufgabe gewesen. Ich hatte die EMI schon lange verlassen und erhielt keine Entlohnung für den Job. Da es sich zudem um alte Stücke handelte, standen mir noch nicht mal Tantiemen zu. Ich wollte lediglich sichergehen, dass unsere gemeinsame Arbeit nicht unangenehm verfremdet wird. Doch die lobenswerten Absichten schützten mich nicht vor den Wuttiraden der britischen Manager. Roy Featherstone, Kopf der EMI, warf mir mein Engagement vor und befürchtete einen Riesenstreit mit den Beatles. „Na gut, dann versuchen Sie mal die Beatles zu erreichen. Erklären Sie ihnen, dass ich mich momentan bei Capitol aufhalte. Sie werden ja erfahren, wie die Musiker zu dem Vorhaben stehen." Doch die Beatles konnten oder wollten keine Stellungnahme abgeben. Jeder einzelne Musiker hatte sich von der Außenwelt mit einer undurchdringlichen Mauer abgeschottet. Letztendlich erschien die Platte in der von mir überarbeiteten, durchaus akzeptablen Version in den USA, doch ich befürchte, dass sie in Großbritannien in der Originalfassung auf den Markt kam, was mehr als schrecklich ist.

Das war also der Bumerang aus den guten, alten Zeiten der Zweispuraufnahmen. Ende 1963, mit dem Erfolg der Beatles, der meinen kontinuierlichen vorgetragenen Wünschen nach neuem Equipment Nachdruck verlieh, entschlossen sich die Bosse der EMI zu einem Schritt in die Welt der modernen Aufnahmetechnologie – und wir erhielten endlich eine Vierspurmaschine. Es hatte sehr, sehr lange gedauert, und so empfinde ich es als Ironie des Schicksals, dass das Abbey Road Studio zum besten Tonstudio der Welt wurde, während sich Capitol nur noch unwesentlich veränderte. Vor einigen Jahren besuchte ich das Studio C, in dem ich Sinatra bei der Aufnahme beobachtet hatte. Es erschien mir äußerst antiquiert. Die dort produzierte Musik klang reichlich altbacken. Mich bedrückte dieses Defizit, und ich musste Bhaskar Menon darauf ansprechen: „Um Himmels Willen, warum macht ihr nichts aus dem Studio? Das Studio, welches ich damals so bewunderte, hat sich in zehn Jahren kaum verändert." Ein Wandel ließ nicht lange auf sich warten, und nun steht dort ein neues Neve-Mischpult und eine NECAM-Automatik.

Im Jahre 1963 stellte eine Vierspurmaschine für uns jedoch schon eine Art Quantensprung in der Entwicklung dar. Sie lief mit Ein-Inch-Bändern, also dem europäischen Standard, und wir zogen sie den Bandmaschinen aus den USA vor, einfach deshalb, weil wir die Auffassung vertraten, dass drei Spuren zu sehr einschränken. Die Vierspur-Aufnahmetechnologie wurde in den nächsten Jahren unser Standard. Als wir die mannigfaltigen Vorteile zusätzlicher Spuren erkannten, beschränkten wir uns natürlich nicht auf vier Tracks – wir wollten so viele wie möglich! Allerdings konnten die Hersteller unsere Wünsche nicht verwirklichen. Sie argumentierten berechtigterweise, dass die Tonbandqualität an sich eine Reduzierung der Breite jeder einzelnen Spur verhindert. Aus diesem Grund mussten wir uns mir vier Spuren begnügen. Dennoch blieb nichts unversucht, um die Industrie anzutreiben. Die Plattenproduzenten erhöhten ihre Ansprüche, wonach es an den Herstellern lag, die Bedürfnisse zu befriedigen.

In der Anfangszeit der Vierspurtechnologie empfanden wir es als eine enorme Erleichterung, uns endlich keine Sorgen um den Generationen-Qualitätsverlust der Zweispurtechnik mehr machen zu müssen. Doch auch vier Spuren sind kein angenehmes Arbeitsmedium. Ich besitze immer noch den Arbeitszettel von „The Night Before" der Beatles. Darauf wurde der Beginn der Session exakt vermerkt (14.30 Uhr) und die Vorgehensweise. Das Schlagzeug, der Bass und die Rhythmus-Gitarre befanden sich auf einer Spur, George Harrisons Lead-Gitarre auf einer anderen und der Gesang auf der dritten. Die vierte Spur war für kleinere Extras reserviert worden, wie zum Beispiel Klavier-Overdubs oder Chorgesang. Damit bot sich einem Produzenten nur ein geringer Freiraum, der wenig Platz für Spielchen ließ. Wenn man mit einer Gruppe arbeitet und sich nur kleine „Uh-Ah"-Chöre für den Background wünscht, wird dafür eine komplette Spur „verbraucht". Will man das für ein breiteres Gesangspanorama zwei Mal aufnehmen, sind schon zwei Spuren belegt.

Man muss keinen Mathematiker zu Rate ziehen, um die Beschränkungen der Vierspurtechnologie zu verdeutlichen. Die einzige Möglichkeit, zusätzliche Spuren zu nutzen, war das Kopieren der gemischten Vierspuraufnahme auf eine zweite Vierspurmaschine – was aber natürlich mit einer Minderung der Klangqualität einherging. Dennoch war das ein Anfang und ermöglichte uns in zweierlei Hinsicht einen Vorteil. Erstens: Denken Sie bitte daran, dass Vierspuraufnahmen im Grunde genommen vier individuelle Mono-Aufnahmen sind. Hier ergab sich das Problem, in welchem Verhältnis die Spuren untereinander in perfekter Synchronisation gemischt werden. Die Leute vom Film hatten den Vorteil, dass sie genormtes, auf die Filmrollen abgestimmtes Bandmaterial nutzten. In der Welt des herkömmlichen Bandmaterials gab es keinerlei mechanischen Hilfsmittel. Die Vierspurtechnologie ermöglichte uns nun vier unterschiedliche Aufnahmen, die sich aber auf *einem Band* befanden und darum schon rein physisch synchron zueinander standen. Bei einem Endmix erübrigte sich somit eine Anpassung, was uns vor einer Vielzahl von Problemen schützte.

Der zweite bahnbrechende Vorteil lag in den klanglichen Veränderungen, mit denen wir eine Spur bearbeiteten, ohne auf die verbleibenden Tracks Rücksicht nehmen zu müssen. Es war von nun an möglich, die Spur mit einem Equalizer anzusteuern – zum Beispiel den Bass leicht abzuschneiden, die Höhen leicht abzuschneiden und dafür die Mitten zu verstärken. Wir konnten mit verschiedenen Mischgraden und Typen eines Echos arbeiten. Uns beschränkte nicht mehr ein herkömmlicher Hallraum, denn wir arbeiteten mit einem Tape-Delay-Echo, das wir Steed nannten. Es ist eine Mischung aus der Bandverzögerung und einem konventionellen Hallraum. Nur einen Track komprimieren – kein Problem. Später gab es Techniken wie das künstliche Double-Tracking, das durch einen Effekt erzeugt wurde, durch den der Künstler nicht mehr jede einzelne Spur separat singen musste.

Doch als am bedeutendsten empfand ich die Möglichkeit, bei Nichtgefallen eine Spur komplett zu löschen und alles von vorne aufzunehmen. Endlich ließ sich alles auf eine Karte setzen, und der Künstler kitzelte die Höchstleistung aus sich heraus. Ich schätze, dass die Möglichkeit, sich von Spur zu Spur vorzuarbeiten, mich auf die Metapher brachte, den Aufnahmeprozess als Aufbau einer Torte zu beschreiben. Als Tortenboden nehmen wir knusprigen Biskuit. Darauf streichen wir eine Lage leckerer Marmelade, und als Nächstes luftige Creme. Für den obersten Teil könnten wir entweder wieder Biskuit oder wohlschmeckenden Zuckerguss verwenden. Das ist bildlich dargestellt die Technik einer Plattenaufnahme. Der erste Track wird immer mit der Rhythmusgruppe belegt. Heutzutage verteilt man die verschiedenen Komponenten der Rhythmusinstrumente auf unterschiedliche Spuren [meist nimmt allein das Schlagzeug bis zu 8 Spuren in Anspruch], doch in den Zeiten der Vierspuraufnahmen reservierte man den ersten Track für die Drums und den Bass. Als zweiter Schritt werden die sogenannten Harmonieinstrumente – Gitarren, ein Klavier oder ein anderes Instrument – auf die zweite Spur „geroutet". Die erste Stimme belegt dann die dritte Spur, wohingegen die vierte den kleinen Extras vorbehalten bleibt, die wir scherzhaft „Versüßung" nennen.

Nun sind vier „Lagen" vorhanden, physikalisch auf einem Band zusammengefasst. Jetzt kann man nach Herzenslaune mit der Lautstärke und der dynamischen Bandbreite jeder Spur arbeiten und sie in die richtige Balance untereinander bringen. Allerdings stand noch das letzte Produktionsstadium aus – die vier einzelnen Spuren in ein Stereo-Panorama einzuordnen. Man verteilte sie nach Belieben über das gesamte Panorama und schuf damit das Stereobild, das die Käufer des Albums schließlich hören. Wie ich bereits erklärte, wurde das durch die proportionale Zuordnung jeder Spur zu jeder Seite [also jeder Lautsprecherbox] erreicht – und dieses Ergebnis kam letztendlich aus den Boxen der Musikfans. Angestachelt vom ungebändigten Enthusiasmus für die neue Technologie, verhielten wir uns wie kleine Kinder und wollten immer mehr – mehr – mehr. Und schon bald „fehlten" uns bei einer Vierspurmaschine Spuren! Wir benötigten mehr, und der einzige Weg bestand in der Überspielung von einer Vierspurmaschine auf eine andere, wobei wir aber immer auf ein nach unserem Geschmack ideales Stereobild achten mussten.

Unsere Technik zur Lösung des Problems bestand darin, die vier Spuren auf zwei Spuren zu mischen (wodurch die Links/rechts-Verhältnisse bewahrt bleiben) und diese dann auf zwei Spuren einer neuen Vierspurmaschine zu überspielen. Allerdings war eine Generation Sound-Verlust bei dem Prozess unvermeidlich. Wünschte man sich einen harten und massiven Klang auf einer Spur – und hatte den nötigen Mut –, konnte man alle vier Spuren auf einer zusammenmischen, vorausgesetzt man entschloss sich dazu, den Sound mitten ins Stereopanorama zu legen. Nun verfügt ein Tontechniker wieder über drei freie Spuren, um sie mit den „Süßigkeiten" zu verzieren. Ich arbeitete allerdings fast immer nach dem Verfahren der „4 auf 2"-Überspielung. Als wir später *Sergeant Pepper* aufnahmen, reizte ich diese Technik bis ins Absurde aus. Um all die

Gimmicks und bizarren Klänge „unterzubringen", benötigte ich jede Spur. Und ich hatte sie nicht!

Leider bekam ich die neusten technologischen Errungenschaften erst nach den Aufnahme-Sessions von *Sergeant Pepper*. In dem Jahr lieferte man uns eine Achtspurmaschine in die Abbey Road. Zu dem Zeitpunkt hatte sich die Qualität des Bandmaterials deutlich verbessert, wodurch wir in der Lage waren, alle acht Spuren mit einem Ein-Inch-Band aufzunehmen. Doch – und das „doch" ist wichtig – hatte sich die Breite jeder Spur halbiert. Man könnte nun denken, dass das eigentlich kein Problem darstellen sollte, denn in der „Steinzeit" nahmen wir zwei Spuren auf einem Viertel-Inch-Band auf. Warum sollten dann nicht problemlos acht Spuren auf einem Ein-Inch-Band funktionieren? Es gab einen guten Grund: Nebengeräusche.

Wie ich schon früher erklärte, läuft das Tape am Aufnahmekopf vorbei und nimmt nicht nur den Input vom Mikrofon, also die gewünschte Tonquelle, auf. Auch die verschiedenen Unzulänglichkeiten des Bandes werden mitgeschnitten. Die Unzulänglichkeiten des Tonbandes erzeugen magnetische Impulse am Tonkopf, die wieder auf dem gerade aufnehmenden Teil des Bandes zu hören sind. Das sind also die Nebengeräusche – kaum wahrnehmbares Zischen, Knacken und sonstige Missklänge –, die sich niemand wünscht. Diese Problematik wird noch verstärkt: Je schmaler eine Spur ist, desto mehr Nebengeräusche werden in Relation auf den Tonkopf übertragen, was wiederum bedeutet, dass sich die Nebengeräusche mit der Anzahl der Spuren vervielfachen. Es ist der Preis für die Mehrspurtechnologie. Man darf nicht vergessen, dass eine Stereoaufnahme am Ende auf zwei einzelne Spuren reduziert wird, egal ob man mit zwei, vier oder tausend Spuren mitschneidet. Doch leider verschwinden die Nebengeräusche nicht bei diesem Prozess oder dem vorherigem Mischen. Beginnt man mit vier Spuren, muss man sich letztendlich mit den Nebengeräuschen von vier Spuren abplagen. Beginnt man mit tausend Spuren, steht man vor dem Problem der Summe der Nebengeräusche von tausend Spuren.

Aber diese Stufe der technologischen Entwicklung haben wir noch nicht erreicht. Doch beim Übergang von acht Spuren auf sechzehn und darauf folgend vierundzwanzig – der heutige Standard – konnte die Problematik der Nebengeräusche nicht mehr ignoriert werden. Doch ein Mann hielt eine Lösung parat – ein Amerikaner namens Dr. Ray Dolby. Er erfand das „Dolby-Rauschverminderungsverfahren", auch Rauschunterdrückung genannt. Es wurde zuerst in diesem Land vermarktet, denn obwohl Mr. Dolby Amerikaner war, stieß er anfänglich nur in Großbritannien auf offene Ohren.

Die Technologie für dieses Verfahren existierte wahrscheinlich schon viele Jahre, doch man nutzte es aus einem einfachen Grund nicht – keiner benötigte es! Die europäischen Hersteller von Bandmaschinen lassen sich ohne schlechtes Gewissen als konservativ charakterisieren. Sie entwarfen Maschinen, die sie dem technischen Stand der Bandqualität anpassten. Und darum bauten sie die erste Vierspurmaschine so, dass sie mit einem Ein-Inch-Band gefahren wurde. Sie vervierfachten also die Größe von einem viertel Inch auf ein Inch, statt – was logischer gewesen wäre – den Betrieb mit einem Halb-Inch-Band zu gewährleisten. Als sie schließlich bei 16 Spuren angelangten, für die ein Zwei-Inch-Band die Voraussetzung war, wurde es offensichtlich, dass sie das Problem nicht mehr beherrschten. Im Studio mussten wir uns mit weitaus höheren Nebengeräuschen abplagen als erwartet.

Ein Weg zur Vermeidung bestand darin, die jeweilige Spur bis zur Maximal-Lautstärke anzusteuern, um somit die Nebengeräusche zu überlagern. Doch das führte zu weiteren Schwierigkeiten. Stellen Sie sich eine leise Flötenpassage mitten in einem Stück vor. Man legt das Instrument auf eine separate Spur. Dazu kommen möglicherweise noch ein harter Drum-Track, ein sehr harter Bass und ein harter Gesang – und vielleicht eine ruhige Spur, auf der sich ein Streich-Ensemble befindet. Wenn das Stück natürlich aufgenommen wird, wären das Schlagzeug, der Bass und die Stimme allein dadurch schon gut ausbalanciert, da sie in ihrer normalen Lautstärke spielen. Würden nun die leise Flöte und die leisen Streicher ähnlich mitgeschnitten, befänden sie sich weit unter dieser Lautstärke.

Durch so eine Aufnahmetechnik kämen die Nebengeräusche auf den zwei Spuren voll zur Geltung. Die Antwort auf die Problematik besteht darin, die Spuren bis zum Maximum auszusteuern, aber immer noch eine gute Aufnahme ohne Verzerrungen zu gewährleisten. Allerdings wären dann die Flöte und die Streicher im Verhältnis zu den bereits aufgenommenen Spuren unangenehm laut. Um das Problem der Nebengeräusche zu vermindern, entsteht also eine neue Schwierigkeit, und zwar die der Balance. Also sollte jeder Produzent darauf achten, so natürlich wie möglich aufzunehmen.

Der gute Dr. Dolby entdeckte also einen Weg, um die Problematik der ungewünschten Geräusche zu beherrschen. Um es einfach auszudrücken: Das vorhandene Signal wird in eine Dolby-Einheit „geschickt", die die Lautstärke der leisen Signale automatisch hebt, aber die der lauten beibehält. Darüber hinaus greift Dolby auf drei Ebenen des Frequenzspektrums zu.

Stellen Sie sich bitte den Gesamtsound eines Orchesters vor. Die Dolby-Einheit wird wie folgt arbeiten: Der untere Teil des Frequenzspektrums wird von 20 bis 800 Hertz definiert. Das ist der tiefe Frequenzbereich des hörbaren Spektrums. Er wird im Grunde genommen wie ein Klangmodul interpretiert und bearbeitet. Beim nächsten Schritt werden die Frequenzen von 800 Hertz bis 4 Kilohertz bestimmt. Ich beschreibe das als den mittleren Klangbereich. Der dritte Schritt besteht in der Definition des Bereichs von 4 Kilohertz bis 20 Kilohertz, den ich als oberes Frequenzspektrum beschreibe.

Diese drei Frequenzbänder werden nun separat behandelt. Innerhalb jedes Bandes werden die lauten Stellen ungehindert „durchgelassen". Die ruhigen Stellen hingegen erfahren eine starke Anhebung – sagen wir mal um 15 Dezibel. Das wollte man im Studio aber gerade nicht, doch keine Sorgen, denn wir sprechen hier von den Eingangssignalen. Die Dolby-Einheit hat eine weitere Funktion. Nachdem alle Signale auf das Aufnahmeband übertragen wurden, wird der Prozess nämlich umgekehrt. Alle angehobenen Lautstärken werden bei der Wiedergabe nun um den gleichen Anteil wieder „heruntergefahren". Das Resultat klingt wie folgt: Der auf Band aufgezeichnete Klang ist nun identisch mit dem Sound, den man im Studio hören würde.

Das bedeutet, dass die leisen Passagen, die aufgezeichnet wurden, [durch die Bearbeitung] keine leisen Passagen mehr waren. Sie wurden verstärkt, was mit der Unterdrückung der Nebengeräusche einherging. Und wenn man sie durch das Dolby-Verfahren wieder „herunterfuhr", erlangte der Tontechniker einen reinen, leisen Klang, wiederum abzüglich der Nebengeräusche.

Dolby-Kritiker behaupten, dass das System zur ungewollten Einfärbung des Klangbilds führt, aber ehrlich gesagt, habe ich kaum einen Unterschied gehört. Allerdings empfand ich die komplizierte Handhabung und die Kosten als höchst unangenehm – besonders wenn wir mit 24 Spuren arbeiteten, denn jede Spur benötigte eine eigene Dolby-Einheit. Hinzu kommt das Problem der Verkabelung, der regelmäßigen Feinabstimmung und der Wartung. In meinen AIR-Studios bin ich mir sicher, dass sich die Techniker regelmäßig darum kümmern. Doch in amerikanischen Studios wird die Ausrüstung eher stiefmütterlich behandelt, wodurch Dolby den Klang hörbar einfärbt. Bei Aufnahmen in den USA vermied ich folglich den Einsatz der Technologie.

Ich möchte zur Klarheit noch ein wichtiges Charakteristikum erwähnen. Durch Dolby werden die Nebengeräusche nicht vollständig eliminiert, was auch niemand behauptet. Wie schon zuvor sagt, reduziert Dolby die Nebengeräusche. Dr. Dolbys Erfindung bedeutete nicht, dass ein Tontechniker sorglos mit seiner Achtspur weiterarbeiten und sie immer wieder und wieder überspielen konnte, denn es taucht noch ein generelles Problem auf. Arbeitet man mit zusätzlichen Spuren, werden sich die Nebengeräusche rein logisch verstärken, und darum stehe ich einer 32-Spur-Technologie, die von vielen befürwortet wird, eher skeptisch gegenüber. Persönlich sehe ich nicht den Bedarf, mal abgesehen vom Ärgernis, sich komplett neues Equipment zulegen zu müssen. Wahrscheinlich würden sich die Bänder von Zwei-Inch auf Drei-Inch vergrößern, und mit Sicherheit würden alle Bandmaschinen dann neue Tonköpfe benötigen.

Wenn Produzenten unbedingt die Ansicht vertreten, mehr Spuren zu benötigen, gibt es einen einfachen Weg, den wir stets gegangen sind und der hervorragend funktioniert – die Synchronisation von zwei 24-Spur-Maschinen. Mal abgesehen von der Tatsache, dass man bei jeder Maschine eine Spur für den Puls der Synchronisation freihalten muss, stehen immer noch 46 Spuren zur Verfügung. Und Gott weiß, dass eigentlich niemand mehr braucht.

Die Technik hat gegenüber der Konstruktion einer einzelnen 48-Spur-Maschine einen zusätzlichen Vorteil, der auf der herkömmlichen und üblichen Arbeitsweise bei Mehrspurverfahren beruht. Bei dem „Torten-System“, das ich beschrieb, nehmen wir die sogenannten Basic-Tracks auf [meist das Schlagzeug, der Bass und eine Rhythmus-Gitarre] und dann die zusätzlichen Instrumente. Beim Aufnahmeprozess wird das Band ständig vor- und zurückgespult. Im Verlauf mehrerer Wochen, die eine Produktion in Anspruch nehmen kann, bedingt durch all die kleinen Veränderungen, die sich ein Produzent oder Künstler wünscht, hat das Tonband den Tonkopf Tausende Male passiert. Trotz der modernen hohen Qualität besteht die Gefahr der Abnutzung. Obwohl wir uns bislang nicht mit größeren Problemen herumschlagen mussten, erreichen wir in der Zukunft sicherlich den Punkt, an dem das der Fall sein wird. Werden für eine Produktion tatsächlich mehr als 24 Spuren benötigt, finde ich es vernünftig, die komplette Musik der ersten 24 Spuren auf einen zweispurigen Rohmix zu mischen, der danach auf zwei Spuren der neuen Maschine überspielt wird. Dieser Rohmix stellt dann die Grundlage für neue Overdubs dar, mitgeschnitten auf einer Maschine mit frischem Bandmaterial.

Bei der Endabmischung werden die Tonquellen der ersten und der zweiten Bandmaschine vereint, die ja aufgrund der Puls-Spur synchron laufen. In den Tagen der Vierspur- oder Achtspurmaschinen war das technisch nicht machbar. Nachdem das erste Band auf zwei Spuren „heruntergemischt“ und auf eine weitere Maschine überspielt worden war, hatte man die Balance/das Verhältnis zwischen den einzelnen Instrumenten unweigerlich fixiert. Es gab kein Zurück mehr. Auch wenn damals schon Dolby auf dem Markt gewesen wäre, hätte die Überspieltechnik einen großen Nachteil dargestellt.

Doch es gab in den meisten Fällen ein Defizit – die Unmöglichkeit des Double-Trackings[17], aufgrund fehlender Spuren. Ich habe das Double-Tracking schon kurz erwähnt. Wir entdeckten, dass eine zweimalige Aufnahme von Stimmen oder Instrumenten ihnen einen anderen Klang verlieh. Zum Beispiel: Fred Smith singt ein Lied, wonach er das gleiche Lied ein zweites Mal möglichst identisch aufnimmt. Das Resultat wird nicht wie zwei identische Fred Smiths klingen [sondern ein voluminöseres Klangbild ergeben].

---

17 Double-Tracking: Aufnahme einer in musikalischer Hinsicht fast identischen Passage auf zwei Spuren.

Bisher konnte das niemand zufriedenstellend erklären. Teilweise mag das an der Reibung des Vibrato liegen, die sich bei zweifachem Singen erhöht. Möglicherweise liegt der Grund teilweise in den minimalen Verstimmungen und Tonschwankungen begründet, denn niemand singt ein Stück absolut identisch. Unternimmt ein Musiker den Versuch, absolut perfekt zu sein, können sich daraus merkwürdige Implikationen ergeben. Ich habe erst kürzlich mit den Bee Gees gearbeitet. Besonders Barry Gibb ist hinsichtlich der tonalen Genauigkeit seines Gesangs sehr pingelig. Ich sah mich gezwungen, ihn darauf hinzuweisen, dass er durch die Genauigkeit dazu tendiert, den gewünschten Effekt des Double-Trackings außer Kraft zu setzen. Er sang tatsächlich so akkurat, dass beide Spuren wie eine einzelne Stimme klangen.

Dennoch eignen sich nicht alle Stimmen zum Double-Tracking. Tatsächlich besteht hier sogar ein Umkehrschluss, denn je besser ein Sänger ist, desto schlechter klingt das Double-Tracking! Frank Sinatra klingt bei zwei aufgenommenen Spuren zum Beispiel nicht so gut. Billy J. Kramer musste andererseits fast immer zwei Spuren einsingen, damit sich die tonal unsauberen Passagen gegenseitig aufhoben.

Heutzutage wird das Verfahren oft angewendet. Elton John singt häufig zwei Spuren ein. Paul McCartneys „Live And Let Die“ ist ein Beispiel für die Technik. Paul singt so tongenau, dass es fast wie eine einzelne Stimme anmutet. Trotzdem ergibt sich bei ihm der Effekt eines kräftigeren und besseren Sounds. Doch es besteht eine Gefahr, die für alle Effekte zutrifft – es kommt auf die Dosis an. Wird Double-Tracking inflationär benutzt, verliert sich die Wirkung.

Das künstliche Double-Tracking (Artificial Double-Tracking; ADT) beruht auf der Idee eines ehemaligen Hilfs-Tontechnikers in den EMI-Studios. Ken Townshend, nun Leiter der Abbey Road Studios, nahm an zahlreichen meiner Sessions in den frühen Sechzigern teil. Er sah, wie viel Zeit und Mühe in die doppelte Aufnahme des Gesangs oder der Instrumente investiert werden musste. Eines Nachts 1964 ging er nach Hause und dachte über diese Problematik nach. Er hatte folgenden Eingebung: Man muss das Signal vom Aufnahme-Tonkopf und vom Wiedergabe-Tonkopf nehmen (und nicht nur von der Wiedergabe) und es so weit verzögern, dass das Signal vom Aufnahme-Tonkopf fast mit dem Signal des Wiedergabe-Tonkopfs zusammen fällt. Somit erhält man zwei Klangbilder statt eines einzelnen. Darüber hinaus besteht die Möglichkeit, die relative Distanz zwischen den beiden Klangbildern zu variieren, so weit, bis man den Anteil des gewünschten Effekts erhält.

Das erste Maschinchen war ein kompletter Fehlschlag. Um seine Idee zu realisieren, experimentierte er noch mit weiteren Tonbandmaschinen und auch der Mehrspurmaschine. Natürlich konnte er die Mehrspur nur während einer Abmischung manipulieren, um eine bereits existierende Aufnahme zu bearbeiten. Wir fanden heraus, dass eine leichte Geschwindigkeitsänderung des zweiten Klangbilds vorteilhaft klang. Dadurch änderte sich der Frequenzgang minimal, was zu einer leichten Änderung des Stimmcharakters führte. Durch die Variation der Entfernung konnten wir ein langes Echo erhalten, dann das ADT, später ein Phasing[18], bis schließlich beide Klangbilder zu einem verschmolzen. Man kann sich das ADT auch als zwei übereinanderliegende Dias vorstellen, die man gegeneinander verschiebt.

Ohne es zu wissen, prägte ich einen neuen Begriff in der Sprache der Technik. Als ich zum ersten Mal ADT bei John Lennons Stimme ausprobierte, war er völlig verblüfft. Was war das denn? Wie wurde der Effekt erzeugt? Ich antwortete John im Kauderwelsch, ernst und ohne eine Miene zu verziehen: „Es ist ein sich doppelt gabelnder Effekt, leicht variiert mit einem Flansch[19].“ Er merkte sofort, dass ich ihn verkohlen wollte, doch er bezeichnete den Effekt auf seiner Stimme immer als Flanging[20]. Viele Jahre später hielt ich mich in einem amerikanischen Studio auf und hörte, wie einer der Anwesenden den Begriff benutzte. Ich fragte ihn, woher er das Wort kenne, und er antwortete mir, dass es aus der Frühzeit der Studioaufnahmen stamme, in der man den Effekt noch erzeugte, indem man mit einem Daumen auf den Flansch der Bandspule drückte!!!

Heutzutage stehen einem Produzenten viele hochentwickelte Effekte zur Verfügung, mit denen der Gesang modifiziert werden kann – ADT, Flanger, Phaser und weitere, mal abgesehen von den Harmonizern. Der

18 Phasing: Studio-Effekt, besonders Ende der Sechziger und in den Siebzigern populär.

19 Anm. des Übersetzers: engl. Flange = dt. Flansch

20 Eigentlich ein Effekt, der dem Phasing sehr nahe kommt und entfernt an einen Chorus-Effekt erinnert.

Begriff Flanger wird mittlerweile sprachlich anders verwendet: für ein separates Effektgerät, oft von Gitarristen benutzt, und unterscheidet sich vom ADT.

Das Double-Tracking ist sicherlich ein eher extravagantes Spielzeug, stehen einem Tontechniker nur vier oder acht Spuren zur Verfügung. Obwohl es gute Gründe gab, sich mehr Spuren zu wünschen – die man nicht unbedingt benötigte –, erfordern die modernen Mehrspuraufnahmemöglichkeiten ein gehöriges Maß an Disziplin. Luxus auf der einen erfordert Beschränkungen auf der anderen Seite. Zum Beispiel verhalte ich mich bei der Spurbelegung im Fall der Rhythmusgruppe recht „verschwenderisch". Meist lege ich die Bass-Drum auf eine Spur, dann reserviere ich zwei Spuren für den Overhead-Sound, um die räumliche Atmosphäre einzufangen, und danach wird eine Spur mit der Snare belegt. Das sind allein vier Spuren für das Schlagzeug. Den Bass lege ich in der Regel auf eine Spur. Manchmal mache ich mir Sorgen hinsichtlich des Klangs und fange den Raumklang mit einem Mikrofon ein. Zusätzlich nehme ich das Instrument direkt ab [und zwar über den direkten Ausgang des Verstärkers]. Das Piano wird meist in Stereo aufgenommen, wofür zwei Spuren vorgesehen sind. Möglicherweise werde ich beide Spuren später zusammenmischen und nicht im Stereo-Panorama verteilen, doch ich kann mir bei dieser Herangehensweise immer die Option offenhalten, beide Tonquellen in der Breite zu verwenden, um einen voluminöseren Klang zu garantieren. Bevor ich mit den Gesängen, den Bläsern, den Chören, den Streichern oder weiteren Instrumenten beginne, habe ich also schon acht Spuren „verbraucht". In der Dekade seit *Sergeant Pepper* haben sich die technischen Möglichkeiten rasant entwickelt. Damals haben Geoff Emerick und ich das Album auf einer Vierspur produziert. Rückblickend erscheint mir das manchmal als unmöglich. Trotzdem schafften wir es, wobei das „Wie" eine tragende Rolle spielte, aber das ist eine Geschichte für sich.

Kapitel 9

Der Durchbruch

Die USA – das Land der Träume. Warum? Aus dem einfachen Grund, weil die Vereinigten Staaten der größte Absatzmarkt für Tonträger in der Welt waren. Als „I Want To Hold Your Hand" im Januar 1964 den ersten Platz der dortigen Charts erreichte, eröffnete sich dieser Markt für uns.

Obwohl unsere Aufregung über den Erfolg im Rückblick etwas dramatisch anmuten mag, muss man sich immer vor Augen führen, dass es bis zu dem Zeitpunkt keinem britischen Künstler gelungen war, auf diese Art und Weise dort Fuß zu fassen. Die USA ließen sich schon seit vielen Jahren mit dem Eldorado der Unterhaltungsbranche vergleichen. In den glorreichen Tagen Hollywoods vergötterten wir die britischen Stars, die es dort geschafft hatten – Robert Donat, Madeleine Carroll, Ronald Colman, C. Aubrey Smith, Cary Grant, Ray Milland und natürlich Charlie Chaplin. Um ein Weltstar zu werden, musste man zuerst in den Staaten erfolgreich sein.

Im Musikbusiness schien jeder zu akzeptieren, dass die Amerikaner das Zepter in der Hand hielten. In Großbritannien dominierten US-Importe den Markt, und es gelang nicht, uns aus dem kommerziellen Würgegriff zu befreien. Wenn heutzutage der Import japanischer Automobile als bedrohlich empfunden wird, lohnt es sich daran zu erinnern, dass amerikanische Tonträger den britischen Markt im Verhältnis 5:1 beherrschten. Und das stellt nun wirklich keine Überraschung dar, wirft man nur einen kurzen Blick auf die Liste der Künstler, die von Sinatra über Presley und Crosby bis hin zu Mitch Miller, Guy Mitchell und Doris Day reichte. Das waren quasi Markennamen, nicht zu vergessen die zahlreichen Jazz-Musiker wie Ellington, Armstrong, Basie und der Rest. Vor dem traditionellen Hintergrund Großbritanniens schien eine Umkehrung des Trends undenkbar. Vera Lynn platzierte sich mit „Auf Widersehen" hoch in den US-Charts, doch nur Little Laurie London konnte mit „He's Got The Whole World In His Hands" gleichziehen. Allerdings waren das Eintagsfliegen in Hinsicht auf das Single-Geschäft. Kein britischer Musiker verbuchte einen dauerhaften Erfolg im Bereich Singles und Langspielplatten. Den Ruhm und die Popularität, die die Beatles erlangen sollten, war beispiellos und für uns kaum fassbar. Ich empfand es als eine außerordentliche Erfahrung, dort zu sein und all die amerikanischen Stars zu beobachten, die Schlange standen, um der Gruppe ihre Hochachtung auszusprechen.

Dennoch war es nicht leicht gewesen. Von dem Moment ihres Durchbruchs in Großbritannien an setzten wir all unsere Kräfte ein, um sie in den USA zu verkaufen. Jedoch schien jeder Versuch mit einer schallenden Ohrfeige belohnt zu werden. Da die EMI Capitol erworben hatte, war ich natürlich guter Dinge, sie als unsere Vertreter und unsere dortige Firma zu nutzen. Direkt nach dem Erfolg von „Please Please Me" meinte ich: „Gut! Lasst uns unverzüglich Beatles-Platten in die USA exportieren, damit sie dort so schnell wie möglich verkauft werden können." Darauf erhielt ich eine schroffe Antwort von Alan Livingston, dem damaligen Geschäftsführer von Capitol: „Wir glauben nicht, dass sich die Beatles hier durchsetzen werden."

Rückschlag Nummer 1. Doch Brian Epstein und ich wollten auf gar keinen Fall aufgeben. Wenn Capitol sich auch desinteressiert zeigte, musste es doch eine andere Plattenfirma geben, die eine Band wie die Beatles mit Kusshand nimmt. Diese Firma war VJ Records, ein mehr als winziges Label, doch leider das einzige, das anbiss und die von uns offerierte Single „She Loves You" in den Vertrieb übernahm. Sie verkaufte sich nicht gut, hinterließ aber wenigstens einen kleinen Eindruck – und wir hatten einen Tonträger auf dem amerikanischen Markt platziert. Bei der nächsten Veröffentlichung traten wir erneut an Capitol heran.

Wieder bekamen wir einen Korb. Da die Resultate mit VJ Records nicht als spektakulär bezeichnet werden konnten, suchten wir uns ein anderes kleines Label, nämlich Swan Records, um deren Vermarktungstalente zu nutzen. Auch sie bewirkten kaum etwas. Doch wie schon im Fall von VJ blieb zumindest ein flüchtiger Eindruck der Musik der Beatles übrig. Dann erschien die dritte Single. Erneut sprach ich bei Capitol vor: „Um Himmels Willen, macht doch endlich was für die Band. Die Jungs kommen ganz groß heraus, werden bald schon Weltstars sein und es überall schaffen. In Gottes Namen, lasst euch doch die Chance nicht entgehen." Doch im Gegensatz zu Petrus erhielten sie eine vierte Chance. Anfang 1964 willigte Capitol ein: „Wir lizenzieren eine Platte und schauen, wie es läuft." Die Entscheidung basierte nicht auf einem besonderen Fingerspitzengefühl. Zu dem Zeitpunkt feierte die Band in Großbritannien einen wahren Siegeszug, und so viele Menschen arbeiteten daran, die Beatles an allen Fronten zu bewerben, dass sogar ein Alan Livingston zu der Erkenntnis kommen musste, dass er so gut wie kein Risiko einging. Natürlich hätte jeder EMI-Manager mit den nötigen Befugnissen Capitol den Auftrag zur Veröffentlichung geben können. Doch niemand machte sich für die Beatles stark, und ich war immer noch eine kleine Kraft, ein Mann, der sein kleines Königreich bei Parlophone kontrollierte, aber auf die US-Geschäfte keinen Einfluss nehmen konnte.

Als die Beatles erstmalig amerikanischen Boden betraten – mit mir im Schlepptau –, fühlten sich die Capitol-Manager vor den Kopf gestoßen. Sie hatten sich wohl ausgemalt, dass die Beatles ihr Produkt waren, und meine Anwesenheit trübte ihr Wunschdenken deutlich ein. Als Reaktion darauf wollten sie mich mit allen Mitteln zur Seite drängen. Bei der ersten Pressekonferenz der Beatles in New York spielte sich Alan Livingston regelrecht als Entertainer auf. Er hielt mich von der Presse fern, was mir recht merkwürdig aufstieß. Um dieses flegelhafte Verhalten noch zu überbieten, stellte er die Beatles als Capitol-Künstler dar! Es waren Worte aus dem Munde eines Mannes, der mich drei Mal abgelehnt hatte. Ich empfand das als zutiefst heuchlerisch.

Allerdings war das nicht das einzige verrückte Ereignis, das wir bei der Ankunft der Beatles in New York erlebten. Der kollektive Wahnsinn hatte sich breitgemacht, und das ist für jemanden, der nicht dabei war, schwerlich nachzuvollziehen. Männer mittleren Alters schlenderten die Fifth Avenue entlang und trugen Beatle-Perücken, um zu beweisen, wie hip sie waren. Die Jungs residierten im Plaza Hotel am Ende der Fifth Avenue auf Höhe des Central Parks. Vor dem Hotel befand sich eine Art Fußgängerbereich. Während des gesamten Aufenthalts der Band drängelten sich dort Fans, ähnlich wie auf dem Trafalgar Square an einem Wahlabend.

Bei der ganzen Manie und dem Wahnsinn gab es eigentlich nur eine Ausnahme. Judy hatte ihr eigenes Flugticket bezahlt, um sich den Trubel aus der Nähe anzuschauen. Sie wohnte im Vassar Women's Club, da eine ihrer Freundinnen einst das College für amerikanische Damen der Oberschicht besucht hatte. All die dort anwesenden Society-Ladys schlugen Judy die Sehenswürdigkeiten von kulturellem Interesse vor, die sie unbedingt während des Aufenthalts in der Stadt besuchen sollte. Sie hütete sich davor, den wahren Grund für ihre Reise in das Land der unbegrenzten Möglichkeiten zu nennen – nämlich, die Konzerte der Beatles zu sehen.

Fast alle schienen die Auftritte besuchen zu wollen. Schaltete man das Radio zu jeder nur erdenklichen Zeit ein, konnte man auf einem der Sender einen Beatles-Song hören – und die Stadt leidet sicherlich nicht an zu wenigen Rundfunkstationen. Aber letztendlich lag vor dem US-Besuch ein Jahr vollgepackt mit Aufnahme-Sessions, während deren wir ein Album, eine EP und fünf Singles auf den Markt brachten. Ich hatte ungefähr 20 Titel mit ihnen produziert. Die Amerikaner spielten alle – und das die ganze Zeit über.

Natürlich lag die Hysterie nicht nur in der Musik begründet, wie auch die Musik nicht mein einziger Grund gewesen war, die Beatles unter Vertrag zu nehmen. Ihr freundliches und einnehmendes Charisma strahlte in die ganze Welt aus, die ein bisher ungekanntes Phänomen erlebte. Es war ein Ausdruck der Jugend, ein behutsames Wegschieben der alten Werte, das bei den Teenagern seinen Widerhall fand. Kurioserweise schienen die Eltern diesen Widerhall, auch wenn sie die Musik nicht selber mochten, ihren Sprösslingen nicht zu missgönnen. Beim ersten Konzert in Washington kamen sogar viele ältere Damen und Herren. Der Auftritt fand in einem Box-Stadion statt, sodass die Beatles vom Publikum umzingelt waren. Nach ungefähr jeder vierten Nummer drehten sie sich um 90 Grad und spielten vor einem anderen Teil der Zuschauer.

Das meist aus Teenagern bestehende Publikum tobte und war wie aus dem Häuschen – trotz der Anwesenheit der Erziehungsberechtigten. Auf dem Platz neben mir sprang ein junges Mädchen auf und ab und schrie in meine Richtung: „Sind sie nicht einfach toll? Sind sie nicht super?"

Ich antwortete schätzungsweise ein wenig steif: „Ja, sie sind es."

„Mögen Sie sie auch?", fragte die Kleine.

„Ja, sehr sogar", antwortete ich, mir voll bewusst, dass das Mädchen nicht verstehen konnte, warum denn da so ein alter Mann neben ihm saß. Möglicherweise entspannte sie sich ein wenig, als die Jungs „I Want To Hold Your Hand" sangen und das gesamte Publikum einstimmte, auch Judy und ich, die aufstanden und mit dem Rest lauthals losschrien.

Das mag jetzt ein wenig dumm und pubertär klingen, ließ sich aber mit den Schreien von Erwachsenen bei einem Fußballspiel vergleichen. Wir empfanden es als unvergleichliches Erlebnis. Inmitten von 60.000 Zuschauern zu stehen, die vor Freude tobten und sich völlig mit den Musikern identifizierten – den Menschen, die wir scheinbar schon seit einer Ewigkeit kannten, mit denen wir all die Platten und jeden kleinsten Ton produziert hatten – das war ein erhabenes Gefühl, durch das man sich gehen ließ und von einer Welle überschwänglicher Freude und Glücks weggetragen wurde.

Danach kam die Ernüchterung. Es schneite, und Brian Epstein begleitete uns zu einer draußen theoretisch wartenden Limousine, doch bei dem Höllentrubel fanden wir besagtes Vehikel nicht. Wir machten uns auf die Suche nach einer Transportmöglichkeit und waren gezwungen, dabei durch ungefähr fünf Zentimeter hohen Schneematsch zu stapfen. Auch die Beatles waren nicht sonderlich glücklich, denn sie mussten eine Party in der britischen Botschaft über sich ergehen lassen. Die dort in voller Anzahl angetretenen reichen Schnösel führten sich abscheulich auf. Sie traten den Jungs mit Fragen wie „Oh, welcher Beatle bist du denn?" gegenüber, und ein besonders dreister Vertreter der Oberschicht hatte eine Schere mitgebracht und schnitt – während er sich mit einem anderen Gast unterhielt – eine Strähne von Ringos Haaren ab! Beinahe hätte das einen diplomatischen Zwischenfall nach sich gezogen. Doch als wir mit dem Zug nach New York zurückkehrten, wurde es – es ist ja kaum zu glauben – noch schlimmer. Die Fans belagerten die Grand Central Station regelrecht. Aus Sicherheitsgründen schloss man uns zuerst im Wagon ein. Nach einigem Hin und Her entkamen wir über ein Fließband, eigentlich nur zur Verladung von Gepäckstücken und schwerem Material bestimmt.

Allerdings packte mich auch einmal die nackte Angst – und zwar in Denver. Ich kann mich nicht mehr erinnern, von wo aus wir dorthin geflogen waren. Bei dem um uns tobenden Chaos verlor man schnell die Orientierung. Eine Rocktournee durch die USA ist durch viele Zwischenstopps gekennzeichnet, und man weiß tatsächlich nicht, in welcher Stadt man sich im Moment aufhält. Man wird in ein Flugzeug getrieben, landet irgendwo, geht zum Konzert, sucht das Hotel, lässt sich direkt ins Bett fallen oder besucht noch eine Party – und dann sitzt man schon wieder in einer Maschine. Die Jungs fragten: „Sind wir in Oklahoma oder Kansas? Ist das hier New York oder Cincinnati?" Es gab nur eine Möglichkeit das herauszufinden – man musste jemanden fragen, aber Ortskundige waren in den USA schwer zu finden. Ich erinnere mich noch genau an Denver. Es liegt in einer Höhe von circa 1.600 Metern über dem Meeresspiegel. Das Flugzeug drehte vor der Landung in eine lang gezogene Steilkurve. George Harrison war darauf nicht vorbereitet und fürchtete sich zu Tode. Abwechselnd betete und schrie er: „Wir werden abstürzen!"

Fünf Cadillacs standen an der Landebahn, und man bugsierte uns schnell in die Edelkarossen. Doch statt zum Hotel zu fahren, bat uns der Bürgermeister zu einer Rundfahrt entlang der Flughafenabsperrung. Schon bald wussten wir, warum. Um den ganzen Airport herum standen Fans an den Stacheldrahtzaun gepresst. Hinter ihnen drängten sich vielleicht drei Meter weit noch mehr Anhänger, was beinahe einem Kriegsgefangenenlager glich. Wir fuhren meilenweit in einer Entfernung von circa einem Meter am Zaun vorbei und starrten in ein Meer von glücklichen, schreienden Menschen, die wie die Wahnsinnigen winkten.

Nach Beendigung der „königlichen" Prozession machten wir uns auf den Weg zum Brown's Hotel in der Stadt. Es wurde von so vielen Menschen belagert, dass man ein Ablenkungsmanöver einleitete. Einige Statisten spielten die Rolle der Beatles und fuhren mit Limousinen vor das Hotel, während wir uns durch den Kücheneingang von hinten ins Gebäude schlichen. Allerdings hatten die Fotografen und Reporter unsere Finte durchschaut und drängten hinter uns durch die kleine Tür. Das resultierte in einem

Handgemenge unter den Journalisten, wobei Töpfe und Pfannen in alle Richtungen flogen. Brian, die vier Jungs und ich schafften es schließlich zum Serviceaufzug, doch bevor wir die Türen zuknallen konnten, quetschten sich Reporter, die wohl skrupellosesten Menschen auf dieser Welt, wenn eine Story auf dem Spiel steht, einfach zwischen uns. Noch bevor sich die Türen schlossen, hatte ich das Gefühl, im schwarzen Loch von Kalkutta zu stecken, da niemand mehr in den Lift passte. Irgendjemand drückte auf den Stockwerkanzeiger des obersten Geschosses, woraufhin sich die gequälte Mechanik schwerfällig in Gang setzte, da der Aufzug weit über seine Toleranzgrenze belastet war. Er schaffte es sogar noch zweiundeinhalb Stockwerke, verabschiedete sich dann aber. Wir steckten zwischen zwei Etagen fest! Da wir auf dem beengten Raum kaum Luft zum Atmen hatten, lag die Wahrscheinlichkeit sehr nahe, dass auch uns das Schicksal des Lifts ereilt und wir uns von der Welt verabschieden mussten.

Schließlich gelang es dem Hotelpersonal, die Türen in der oberen Etage zu öffnen, und wir kletterten einer nach dem anderen aus dem Notausstieg. Mich hatte dieses Zwischenspiel zu Tode geängstigt. Doch damit nicht genug. Am Abend wartete schon die nächste Zerreißprobe. Das Konzert fand im Red Rock Stadium statt, einem natürlichen Amphitheater, aus dem Felsen herausgewaschen. Ungefähr 20.000 Zuschauer fanden darin Platz. Die Bühne befand sich unten, und die Fans saßen auf den Rängen einer langgezogenen Mulde. In zwei monumentalen Türmen an den Bühnenseiten waren die Lautsprecher- und die Lichtanlage untergebracht.

Während des Konzerts entschieden sich Brian und ich, uns das ganze Spektakel aus der Vogelperspektive anzusehen. So erklommen wir einen der Türme, dessen höchster Punkt auf Höhe der obersten Zuschauerreihe lag. Sogar noch hinter dem Amphitheater hatten sich Fans versammelt, von denen einige in den Bäumen saßen. In dem Moment erkannten wir, wie angreifbar und verletzlich die Beatles waren. Wir erkannten sie unter uns als kleine Punkte. Ein Scharfschütze hätte sie nur allzu leicht ins Visier nehmen können. Dieser Gedanke stellte sicherlich keine übertriebene Dramatisierung dar. Die Geschehnisse in jenen Tagen waren hektisch und verrückt und muteten irreal an. Brian machte sich um die Sicherheit der Beatles ständig Sorgen.

Präsident Kennedy war 1963 erschossen worden, und das Denver-Konzert fand kurz nach John Lennons Kommentar über das Popularitätsverhältnis zwischen den Beatles und Jesus Christus statt, den alle Medien ausschlachteten. Wir wussten vom religiösen Fanatismus in den USA, was auch nicht unbedingt zur Beruhigung beitrug. Damals wurde von medialer Seite so viel in die Welt gesetzt und berichtet, dass das Phänomen der Beatles überhaupt nicht mehr im Bezug zur Realität stand. Ich kann mich nicht an Johns Worte erinnern, jedoch an seine Intention. Ihn amüsierte die Euphorie, die die Beatles auf der ganzen Welt entfachten, und seine Aussage beruhte auf einer eher nüchternen Analyse. Er sagte etwas in der Art wie: „Wenn man die ganze Situation betrachtet, sind wir tatsächlich berühmter als Jesus." Und das entsprach der Wahrheit. Es gab wesentlich mehr Menschen, die sich die Beatles-Platten anhörten oder ihre Konzerte besuchten, als Kirchgänger. Er wollte nicht ausdrücken, dass die Beatles wichtiger seien als Christus, wie die meisten die knappe Bemerkung interpretierten. Ganz im Gegenteil – John fand diese Tatsache entsetzlich und bedauerte sie.

Bei dem andauernden Blitzlichtgewitter und der ständigen Präsenz der Medien – je nach Standpunkt leiden Menschen darunter oder sie genießen es – war so ein Missverständnis unvermeidbar. Jede noch so belanglose Information wurde in der Medienmühle verarbeitet: was sie aßen, was sie tranken, wie sie schliefen – na ja, ich hätte mich nicht gewundert, hätte so ein Reporter die Frage vom Stapel gelassen, wie sie atmen. Interviews entwickelten sich innerhalb kürzester Zeit zu einer reinen Tortur, denn man stellte ihnen wieder und wieder die gleichen Fragen. Wenn mal eine ungewöhnliche (und meist dumme) Frage gestellt wurde – was allzu selten vorkam –, versuchten die Beatles sie durch eine witzelnde Bemerkung abzuschütteln. Zum Beispiel gab es einige Standard-Fragen: „Wie komponieren Sie?" oder „Schreiben Sie auch den Text zur Musik?" Stellen wir uns vor, dass jetzt ein besonders „helles Licht" seiner Zunft wissen wollte: „Äh, glauben Sie, dass Cornflakes die Intelligenz eines männlichen Durchschnittsamerikaners beeinflussen?" John Lennon hätte in der Situation wahrscheinlich spontan provoziert: „Nein, aber ich denke, dass das mit Kokain klappt." Am nächsten Tag hätten Schlagzeilen wie JOHN LENNON BEFÜRWORTET KOKAIN auf den Titelblättern der Zeitungen gestanden. Jede noch so unbedeutende Bemerkung wurde in eine Art Beatles-Instruktion übersetzt, die einem Verhaltenskodex für die Menschheit gleichkam!

Man muss bedenken, dass sie damals noch nicht über die Erfahrungen eines Jim Callaghan oder Harold Wilson verfügten, wie man Fragen angemessen pariert und die lauernden Gefahren der Fehlinterpretation in Antworten vermeidet. Und so schob man ihnen andauernd Aussagen unter. Plötzlich machten sich die Beatles für die eine oder die andere Sache stark, über die sie kaum etwas wussten. Sie wurden angegriffen, in eine Ecke gedrängt und sahen sich zur Rechtfertigungen genötigt. Für unerfahrene Menschen war das eine höllische Achterbahnfahrt.

Leider beschränkte sich die Problematik nicht auf die Medien, denn auch die Öffentlichkeit verhielt sich schonungslos gegenüber der Band. Wann immer die Musiker etwas vorhersahen, das dubios anmutete, verständigten sie sich über eine Losung, die nur sie verstanden – „Cripples!“[21]. Auf dieses Wort hin gingen alle so schnell wie möglich in Deckung. Allerdings hatte „Cripples“ eine reale und gleichzeitig für sie unangenehme Bedeutung. Sie hatten zum Beispiel einen Auftritt in einer Fernsehsendung. Während einer Pause in der Garderobe nahmen die Jungs ein Häppchen zu sich. Plötzlich öffnete sich die Tür, und der Regieassistent rollte einen spastisch Gelähmten in den Raum, der unbedingt die Beatles kennenlernen wollte. Nun mussten sie sich mit dem tragischerweise Behinderten unterhalten und sich dabei so freundlich wie möglich geben.

Und das geschah die ganze Zeit über. Oft drängte sich der Eindruck einer Wallfahrt nach Lourdes auf. Es gab sogar Menschen, die einen Teil ihrer Kleidung berühren wollten. Die Königlichen Hoheiten werden schon von Geburt an auf solche Zwischenfälle und den Umgang damit vorbereitet, wohingegen die Beatles „Neulinge“ waren. Man darf ihnen keinen Vorwurf machen, dass sie so schnell wie möglich eine Mauer um sich herum errichteten.

Der Einwand, dass die Hysterie und die Götzenverehrung den Plattenumsatz in die Höhe trieben, ist nicht von der Hand zu weisen. Natürlich

21 Anm. des Übersetzers: dt. Krüppel, Behinderte

wollten wir Platten verkaufen. Doch an irgendeiner Stelle hätte eine klare Trennlinie gezogen werden müssen, was aber nie geschah.

Wie dem auch sei – die Musik verkaufte sich und verkaufte sich und verkaufte sich! Nachdem der Damm in den USA erst mal gebrochen war, konnten die Umsatzzahlen nur als enorm hoch bezeichnet werden, obwohl das immer noch ein Tropfen in einem Ozean darstellte, verglichen mit dem, was noch folgen sollte. Ich empfand damals großen Stolz und führte ein aufregendes Leben. Doch der Glamour beeindruckte mich kaum, denn ich hatte schon einige Erfahrungen im Umgang mit den Peter Sellers und Sophia Lorens dieser Welt gesammelt. Viel mehr stand die Vorstellung im Vordergrund, dass ein von mir geschaffenes Werk in Millionen von Haushalten auf der ganzen Welt gehört und sprichwörtlich zu einem Bestandteil der Alltagssprache wird. Darüber freute ich mich wahnsinnig. Ich empfand das als höchst zufriedenstellend, obwohl sich das in finanzieller Hinsicht kaum bemerkbar machte, denn ich verdiente bei der EMI immer noch weniger als 3.000 £ im Jahr.

Heute denke ich, dass die Beatles den Irrglauben hegten, ich erhielte sehr viel Geld für meine Tätigkeit und sie seien auch für mich verantwortlich. Ich sprach weder mit ihnen noch mit Brian darüber, mal davon abgesehen, dass sie in den ersten beiden Jahren kaum selbst etwas verdienten. Es dauert lange, bis Tantiemen dem Konto eines Künstlers gutgeschrieben werden, und so hatte es Brian nicht allzu eilig, einige Rolls Royce zu bestellen. Gedanken an Geld zu verschwenden war wegen der Hektik sowieso kaum möglich. Wir arbeiteten wie die Besessenen, um die Karriere auf solide Füße zu stellen.

Die Beatles machten sich damals keine großen Gedanken über die gesamte Situation oder zeigten sich in irgendeiner Hinsicht dankbar. Obwohl sie meine Arbeit schätzten, gehörten sie nicht zu den Menschen, die das ausdrückten oder mir drei Wochen Urlaub zubilligten. Allerdings erwartete ich das nicht von ihnen. Die Musiker strahlten eine unabhängige und starrköpfige Haltung aus und scherten sie nicht um die Meinungen anderer. Darin lag einer der Gründe, warum sie mir augenblicklich sympathisch waren, und einer der Faktoren, die mich zu einem Vertragsabschluss bewegten.

Um ehrlich zu sein, wünschte ich mir von ihnen weder Dankbarkeit noch Anerkennung. Ich wollte gute Songs! Und diese bekam ich auch. Zu Beginn dachte ich, dass die Quelle bald versiegen wird. Die Beatles hatten so viel gutes Material geliefert, dass ich kaum weitere hochwertige Titel erwarten konnte. Doch es gelang ihnen, sich selbst zu übertreffen. Die künstlerische Fruchtbarkeit beeindruckte mich. Anfänglich waren die Songs noch rau und ungestüm, doch innerhalb kürzester Zeit entwickelten sie ihr Können und ihre Geschicklichkeit als Komponisten. Schon während des Jahres 1963 wurden die Harmonien und die Stücke zunehmend cleverer. Um Schallplatten einen kommerziellen Anstrich zu geben, musste man natürlich ein guter Produzent sein. Doch es wäre verfehlt, meine Rolle im Frühstadium als genial zu beschreiben. Einige andere Produzenten hätten den Job genauso gut erledigen können. Den Wendepunkt würde ich bei „Yesterday" vom Album *Help!* festmachen, das wir 1965 veröffentlichten. Im Rückblick begann zu dem Zeitpunkt mein direkter Einfluss auf die Musik. Ich hinterließ ein bestimmtes Markenzeichen, und eine Musik entwickelte sich, die zum Teil auf mich zurückzuführen war. Bei „Yesterday" begann ich mit der Notation der Instrumente. Bei diesem Song setzten wir erstmalig Musiker und Instrumente ein, die aus einem weiteren Umfeld kamen. (Ich hatte zuvor schon mal bei Bedarf Klavier gespielt, zum Beispiel auf *A Hard Day's Night*.) Bei „Yesterday" lag die neue „Zutat" zum Songmenü in nicht mehr und nicht weniger als einem Streichquartett, was in der damaligen Welt der Pomusik ein gewagter Schritt war. Wir lösten uns von der Formel der vier Instrumente und begaben uns auf experimentelles Terrain, obwohl unsere Entfaltungsmöglichkeiten durch die uns zur Verfügung stehenden recht beschränkten Werkzeuge limitiert wurden. Durch meine Erfahrungen als Produzent gelang es uns aber, ein Maximum herauszuholen.

Wie bereits angedeutet, entwickelte sich eine Art zweischneidige Eigendynamik in der Beziehung zwischen den Beatles und mir. Während sich der Stil, die Musik und die Aufnahmetechniken entwickelten, nahmen meine Kontrolle und die Möglichkeiten zur Beeinflussung des Endprodukts zu. Allerdings bestand nicht mehr die Notwendigkeit, wie in den früheren Tagen die rohen Ideen, also die Songs an sich, zu verändern. Ich beobachtete das aufkeimende Talent und erkannte, dass eine ihrer Ideen besser war als einer meiner Vorschläge, obwohl ich letztendlich entscheiden musste, welcher Vorschlag genommen wurde. Auf eine bestimmte Art zog ich mich taktisch zurück, da ich merkte, dass sie über weitaus mehr Talent verfügen als ich selbst.

Es war ein immenses Talent! Sie waren die Cole Porter und George Gershwin ihrer Generation, und daran besteht überhaupt kein Zweifel. Irgendjemand verglich sie mit Schubert, was ich als hochgestochen empfinde. Allerdings teile ich so eine Auffassung in dem Sinne, dass ihre Musik, die Zeit in der sie lebten, perfekt repräsentierte. Natürlich gab es einige eher belanglose Passagen, doch auch ein Cole Porter konnte nicht immer den hohen Grad der Perfektion halten. Ein Text wie „A Day In The Life" mag zwar nicht an einen Meister wie Lorenz Hart heranreichen, ist aber dennoch ein sehr, sehr guter Text mit bizarren Untertönen. Solche Zeilen spiegelten die Generation der Beatles wider. Sie machten die Kids an, und sie passten zum Zeitgeist.

Auch darf man nicht vergessen, dass die Stücke der Beatles von Hunderten Künstlern gecovert wurden. Viele vertraten die Ansicht, dass dieser Aspekt ein Kriterium für ihre Fähigkeiten als Komponisten sei. Wenn eine hochangesehene Interpretin wie Ella Fitzgerald „Can't Buy Me Love" sang, erhielten die Jungs daraufhin das „königliche Gütesiegel". Ich widerspreche der Meinung, denn viele Künstler sprangen auf den Zug auf. Sogar die Ella Fitzgeralds dieser Welt heben sich nicht von anderen Interpreten ab, wenn es darum geht, die Verkaufszahlen in die Höhe zu treiben. Sie muss das Stück nicht unbedingt für die größte Komposition aller Zeiten gehalten haben und hätte vielleicht lieber „Moonlight In Vermont" aufgenommen. Doch ein Beatles-Song war in kommerzieller Hinsicht eine sichere Nummer. Man sollte aber nicht den Snobismus in der Musikwelt vergessen. Einige Leute vertreten sicherlich die Ansicht, dass Ella Fitzgerald die Beatles musikalisch überrage und die gute Frau ihnen durch die Coverversion einen Gefallen erweise. So ein Urteil trifft nicht zwangsläufig zu. Sie ist eine fabelhafte Sängerin, aber in Bezug auf die Kunstfertigkeit an sich würde ich so einem Vergleich nicht unbedingt zustimmen.

Sicher hingegen bin ich mir bei ihren Kompositionen. Beginnend bei „Please Please Me" hatten wir zwölf aufeinander folgende Nummer-1-

Hits. Es lohnt sich, diese einzigartige Folge aufzuzählen: „From Me To You“, „She Loves You“, „I Want To Hold Your Hand“, „Can’t Buy Me Love“, „A Hard Day’s Night“, „I Feel Fine“, „Ticket To Ride“, „Help!“, „Day Tripper“, „Paperback Writer“ und „Yellow Submarine“. Es ging so weit, dass wir den ersten Platz in den Charts für normal hielten. Die Frage, ob eine Platte den ersten Platz erreichte, stellte sich nicht mehr, hingegen interessierte es uns, wie viel Zeit sie dafür benötigte. Zum Schluss geschah das schon in der ersten Woche mit Vorbestellungen in Höhe der 1-Millionen-Marke.

Dann kam die Nummer 13 – die gefürchtete Unglückszahl! Sie erreichte nur den zweiten Platz, was mich außerordentlich verwunderte, denn meiner Einschätzung nach war es die beste Platte, die wir je aufnahmen – „Penny Lane“ mit der Rückseite „Strawberry Fields Forever“. (Der Begriff „Rückseite“ ist in dem Fall höchst unangebracht, denn es war eine Single mit zwei A-Seiten, was bedeutet, dass die Platten-Promoter beide Stücke mit der gleichen Gewichtung behandeln sollten.) Die Single, die den ersten Platz blockierte, war von Peter Sullivan produziert worden, meinem späteren Geschäftspartner. Das Stück hieß „Release Me“ und stammte von einem Kerl namens Engelbert Humperdinck. Kühl überlegend und mit „unparteiischer“ Meinung fragte ich mich: „Ist das gerecht?“ Mich erstaunt das bis zum heutigen Tag. Trotzdem war es glücklicherweise nur ein „Stottern des Motors“, denn der „Normalbetrieb“ der sofortigen Nummer-1-Platzierungen lief danach ungehindert weiter.

Bei dem ganzen Chaos um die Beatles durfte ich die eigenen Künstler nicht vergessen. Mit dem Ruhm der Beatles – und dem geringer ausfallenden Erfolg der „sonstigen“ Interpreten in Brians Stall – hätten sich eigentlich Frustration und Eifersucht bei den anderen einstellen müssen, ein Gefühl, dass es eine Gruppe gab, die weitaus mehr Beachtung fand. Ich bin froh, dass so eine emotionale Haltung nur ein einziges Mal deutlich wurde, und zwar bei Shirley Bassey.

Shirley hatte zu dem Zeitpunkt schon eine recht turbulente Karriere hinter sich. Sie war eine eher launische und instabile Frau, die schon bei verschiedenen Plattenfirmen Verträge unterschrieben hatte, darunter auch bei der EMI, wo sie von Norman Newell produziert wurde. Na ja, schließlich suchte sie mich auf, weil ich damals wohl der „heiße Mann“

im Business war, mit den Beatles und all den anderen Produktionen. Trotz ihrer Emotionalität mochte ich sie sehr, nicht zu vergessen die beeindruckenden stimmlichen Qualitäten. Zuerst hatte ich mit ihr den Hit „I Who Have Nothing“ und später dann „Goldfinger“.

Wir führten eine solide Arbeitsbeziehung, bis sie eines Tages zur „Auslese“ in mein Büro kam. „Auslese“ bedeutet im Musikjargon die Auswahl einiger Songs durch den Produzenten, die dieser für den Künstler geeignet findet. Ich spielte Shirley die Stücke auf dem Klavier vor. Nachdem wir uns auf die Songs festgelegt hatten, wollten wir die passenden Tonarten für den Gesang auswählen und weitere Details klären: Welchen Eindruck soll das Endprodukt erwecken? Wie viele Refrains müssen die einzelnen Songs haben, wie sollen sie beginnen und enden und wie muss das Orchester aufgebaut sein? Wir verbrachten den ganzen Nachmittag mit der Skizzierung der jeweiligen Kompositionen. Am Ende der Unterredung wies ich sie darauf hin: „Shirley, jetzt müssen wir nur noch eine Kleinigkeit klären, denn wir haben noch keinen Termin für die Aufnahme fixiert.“

„Oh ja, ich weiß schon, wann ich ins Studio kommen möchte. Ich verreise kurz und werde am Sonntag wieder da sein. Ich möchte also am liebsten am Montagabend aufnehmen.“

„Gut“, antwortete ich und warf einen Blick in meinen Terminkalender. „Oh, ich kann an dem besagten Termin nicht. Es tut mir leid, Shirley. An jedem anderen Abend passt es mir, und auch der Montagnachmittag käme in Frage. Doch leider nicht der besagte Abend.“

„Aber ich will an diesem Abend aufnehmen.“

„Es tut mir schrecklich leid, aber ich kann wirklich nicht. Dienstag, Mittwoch, Donnerstag und Freitag – alles kein Problem. Aber nicht am Montag.“ Ich bin mir heute noch sicher, dass sie den Grund dafür kannte. Dann ging die Quengelei los: „Wenn ich dir etwas bedeutete, würdest du meine Wünsche berücksichtigen. Ich will am Montagabend aufnehmen!“

„Es tut mir leid“, beschwichtigte ich erneut. „Aber ich werde an diesem Abend nicht arbeiten, denn ich habe dringende Verpflichtungen.“

Plötzlich stampfte sie aus dem Büro und knallte die Tür so laut zu, dass beinahe das Glas herausgeflogen wäre. Ich hörte nur noch: „Ich habe viel zu lange im Schatten der Beatles und von Cilla Black gelebt, George Martin!“

An dem fraglichen Abend war eine Sondervorstellung für den königlichen Hof geplant, und ich hatte versprochen, daran teilzunehmen. Shirley wusste das und wollte darauf anspielen, dass sie die Rolle der Zurückgewiesenen einnahm, eine Art zweite Wahl ist, was nicht stimmte.

Sie zählte zu den vielen hervorragenden Künstlern, die ich betreute, und mein Terminkalender war zum Bersten voll. Ich hätte ihr im Flur hinterherrennen und die Aufnahme für den Montag bewilligen müssen. Dann wäre sie nett und zufrieden gewesen und hätte die Session ohne Probleme absolviert. Doch manchmal kann ich ein richtig starrköpfiger Ziegenbock sein. Ich dachte mir: „Ich mag dich sehr, Shirley. Aber ich bin nicht auf dich angewiesen."

Ich produzierte nie wieder Platten mit ihr. Ich schätze mal, für uns beide bedeutete das keinen großen Verlust. Sie blieb trotzdem bei der EMI, und soweit ich weiß, übernahm sie Wally Ridley. Wir haben uns seit dem Zwischenfall noch oft gesehen und sind gute Freunde geblieben. Das Zerwürfnis mit Shirley war jedoch ein gutes Beispiel dafür, dass der Erfolg der Liverpooler auf dem friedlichen Teich der Parlophone einige Kräuselungen verursachen konnte.

Es waren allerdings nicht die einzigen Probleme, mit denen ich konfrontiert wurde. Das nächste Mal kamen sie aus einer anderen Richtung, nämlich von der Apple-Organisation, die die Beatles 1965 gründeten. Über Apple wurde schon viel geschrieben und berichtet. Um Ihnen eine Vorstellung von den damit gehegten Hoffnungen zu geben, könnte ein Zitat aus dem Anhang von Hunter Davies' autorisierter Biografie[22] nicht geeigneter sein, der einige Jahre später verfasst wurde: „Apple. Während ich diese Zeilen schreibe, entwickelt und expandiert die Firma. Sie wird in den kommenden Jahren das hautsächliche Unternehmen der Beatles sein. Es gibt bereits die Apple Corps Ltd., Apple Films Ltd., den Apple Verlag, Apple Electronics und Apple Records. Von den Firmen aus werden verschiedene Geschäfte geleitet wie die Apple Boutique in der Baker Street, London, der zahlreiche Filialen auf der ganzen Welt folgen sollen. Geplant sind zudem Ton- und Filmstudios. Die Beatles wünschen sich, dass Apple eines Tages mit den gigantischen amerikanischen Unterneh-

22 Hunter Davies: *Die Beatles – Die einzige autorisierte Biografie*, Hannibal Verlag

men gleichauf liegt und dabei Produkte aller Art vertreibt und darüber hinaus andere Menschen und Firmen unterstützt. Apple gehört allein den Beatles, wird von persönlich ausgewählten Mitarbeitern geführt und durch ihre enormen finanziellen Ressourcen unterstützt."

Apple entwickelte sich auf der ganzen Linie zu einen Fiasko. Schon von Anfang an – und das sage ich nicht aus der heutigen Perspektive – betrachtete ich die Geschäftsvorgänge eher misstrauisch, denn ich spürte den desaströsen Verlauf, die Tatsache, dass das Unternehmen zum Scheitern verurteilt war. Doch es ging mich wirklich nichts an, denn Brian musste sich damit rumschlagen, und er konnte immer weniger und weniger ausrichten. Die zugrunde liegende Problematik bestand darin, dass Apple von vier Idealisten geführt wurde, von denen niemand federführend die Kontrolle übernahm. Angeblich sollte ihr Roadmanager Neil Aspinall als Geschäftsführer die Verantwortung tragen, doch jeder einzelne der Beatles gab ihm Anweisungen, die sich manchmal sogar widersprachen! Ich erinnere mich an ein Treffen mit Sir Joseph Lockwood, dem Geschäftsführer der EMI, der mir ganz aufgebracht verriet: „Wissen Sie was? Neil Aspinall hat mich heute angerufen und gemeint: ‚Von einem Geschäftsführer zum anderen – könnten Sie mir bitte einen Ratschlag zu diesem oder jenem Problem geben'?"!!! Neil war sicherlich ein schlaues Bürschchen, doch die Kommunikation mit Wirtschaftsbossen lag weit außerhalb seiner Fähigkeiten.

Ich sah das sich anbahnende Fiasko als regelrechte Tragödie an, denn die Idee hinter Apple war äußerst lobenswert. Die Beatles wollten ihre Einnahmen sinnvoll und vernünftig anlegen. Die Motivation: Mit den uns zur Verfügung stehenden Ressourcen können wir alles erreichen. Wir stellen Menschen ein, die etwas für uns aufbauen, entwickeln und fördern neue Kunstformen und Wissenschaften, motivieren Wissenschaftler zu bedeutenden Erfindungen, bestärken neue Autoren … und so weiter. Es war eine wunderschöne, utopische Idee. Allerdings zog Apple einige seltsame Gestalten an, und zudem gab es so gut wie gar keine Kontrolle im Bereich Forschung und Entwicklung.

Ich erinnere mich besonders an eine Person der ganzen Armee der „Abhänger", da dieser Mann – Magic Alex – sich auf die Arbeit und meine musikalische Beziehung zu den Beatles negativ auswirkte. Leider ist mir der tatsächliche Name entfallen, aber er war ein Grieche, der sich bei John Lennon eingeschmeichelt hatte. Dieser vollkommen absurde Mensch wäre vielleicht witzig gewesen, hätte er im Tonstudio nicht für so viel Ärger und Schwierigkeiten gesorgt.

Er gehörte zu einer Gruppe von opportunistischen Schmeichlern, die ständig Unfug veranstalteten und den Jungs erzählten, sie würden nicht gut genug behandelt und man müsse ihnen besseres Equipment zur Verfügung stellen und nicht diese Steinzeit-Maschinerie (die alle anderen benutzen), denn sie verdienten es ja auch.

Solche Kommentare waren überflüssig, wusste ich doch besser als alle, dass uns bestimmte technologische Errungenschaften fehlten, die in unabhängigen amerikanischen Studios zur Standardausrüstung gehörten. Ich arbeitete immer noch mit Vierspurmaschinen, wusste aber, dass Achtspur schon längst im Gebrauch war und Sechzehnspur schon an der nächsten Ecke wartete. Mich, aber auch die Jungs, ärgerten die Kommentare. Doch ein Erlebnis hätte ich mir sparen können, denn eines Tages tauchte Magic Alex auf und gab in einem hochnäsigen Tonfall bekannt: „Ich arbeite im Moment an der Entwicklung einer 72-Spur-Bandmaschine."

Alex war sicherlich ein schlauer Mensch und ein guter Elektrotechniker, doch die Jungs gingen ständig seinen wildesten Ideen auf den Leim. Er brachte andauernd kleine elektronische Geschenke mit ins Studio, was den Beatles natürlich gefiel. Eines Tages trug er eine kleine Maschine bei sich, ungefähr so groß wie eine halbe Kassette, angetrieben von einer Knopfzelle. Wenn man das Ding anstellte, erklangen zufällige Pieptöne.

„Fantastisch", rief John aus. „Du hast das gebaut?"

„Oh, nur ein kleines Spielzeug. Habe ich in zehn Minuten zusammengehauen." Dann begann er sein ausgeklügeltes Verkaufsspiel. „Das ist nur ein kleines Beispiel für all die Dinge, die wir bauen könnten. Im Moment schwirrt mir eine Idee für eine neue Erfindung durch den Kopf. Es ist eine ganz besondere Farbe. Wenn man sie auf eine Wand sprüht und mit zwei Anoden verbindet, leuchtet die komplette Wand. Man braucht nie wieder eine Beleuchtung!"

„Fantastisch", kommentierte John.

„Aber Vorsicht", erwiderte Magic Alex. „Um das alles in die Wege zu leiten, bräuchte ich eine kleine finanzielle Unterstützung."

„Fantastisch", meinte John.

Ein anderes Mal besuchte mich Paul, um von Alex' neuster Idee zu berichten. Es handelte sich um ein Telefon. „Die Telefone in diesem Land sind so veraltet. Aber Alex arbeitet an etwas Neuem. Wir werden noch nicht mal mehr die Frauen vom Amt benötigen. Ich werde dann in meinem Wohnzimmer sitzen und sagen: ‚Bitte George Martin', was vom computerisierten Telefon verstanden wird. Es wird deine Nummer automatisch wählen und die Verbindung herstellen. Ich muss mich um gar nichts kümmern. Mit einem Computer wird das wie von selbst laufen. Alex hat das alles schon ausgetüftelt."

„Tatsächlich?", antwortete ich skeptisch.

Ich muss gestehen, dass ich mich der Lachanfälle nicht erwehren konnte, wenn die Beatles mir von dem nächsten Produkt berichteten, das Alex' kaum zu bändigender Vorstellungskraft entsprungen war. Sie reagierten immer gleich: „Du wirst nichts mehr zu lachen haben, wenn Alex uns die Erfindung präsentiert." Aber natürlich geschah das nie.

Eine wirklich preisverdächtige Idee stellte der „akustische Schutzschirm" dar. Die Jungs informierten mich eines Tages von diesem kaum zu überbietenden Geniestreich. „Warum musst du Ringo mit dem Schlagzeug immer hinter die schrecklichen Trennwände setzen? Wir können ihn nicht sehen. Wir wissen, dass dadurch der Schlagzeugsound besser wird und unsere Instrumente nicht von seinen Mikros eingefangen werden, aber verdammt noch mal – diese große Trennwände sperren ihn regelrecht ein. Er kriegt echt Platzangst."

Ich wartete schweigsam, mir bewusst, dass dieses Problem durch einen griechischen Geistesblitz gelöst worden war. Und das stellte sich dann auch heraus.

„Alex hatte eine brillante Idee. Ihm ist was Tolles eingefallen – der akustische Schutzschirm. Er wird um Ringo rundherum Strahler aufbauen, die mit einer sehr hohen Frequenz arbeiten. Sind sie angestellt, können die Schallwellen weder nach außen abstrahlen noch eindringen. Sie bilden eine Mauer der Stille."

Mir fehlten die Worte!

Alex besuchte uns ständig im Studio, um zu erfahren, was wir gerade anstellten, und davon zu lernen. Das wurde zu einem Problem, denn gleichzeitig warf er uns technische Rückständigkeit vor. Mir fiel es schwer, ihn fernzuhalten, denn die Jungs mochten ihn sehr. Da ich mich dieses Menschen nicht erwehrte, mündete das in Unstimmigkeiten und einem kleineren Zerwürfnis.

Die Beatles entschieden sich letztendlich dafür, ihr eigenes Studio im Gebäude an der Savile Row einzurichten – es musste natürlich das beste auf der ganzen Welt sein. Und von wem sollten sie sich hinsichtlich des elektronischen Mekkas beraten lassen? Ironie! Natürlich Magic Alex! Nach Vollendung der Inneneinrichtung setzten sich die Jungs hin und warteten auf die Installation der berühmten 72-Spur-Maschine. Sie warteten. Und warteten. Kurz vor den Aufnahmen des Albums *Let It Be* Ende 1969, die sie in ihrem eigenen Studio machen wollten, musste sie sich eingestehen, dass es mit der Magie von Magic Alex nicht weit her war.

„Kannst du uns vielleicht das Equipment bereitstellen?“, fragten sie mich.

„Okay, wir werden das mobile Studio benutzen“, versprach ich ihnen und suchte die EMI auf, die ich zu dem Zeitpunkt schon verlassen hatte. Mit Keith Slaughter und Dave Harries, der später bei AIR das Studio leitete, bauten wir bei Apple die notwendigen Mehrspurmaschinen auf und die weitere Ausrüstung, die man zur Aufnahme einer ordentlichen Platte benötigte. Das Equipment war für eine Produktion als Leihgabe gedacht. Mein nächster Schritt bestand darin, das von Alex entworfene Studio auf seine Akustik hin zu prüfen. Zuallererst fiel mir ein nervtötendes „Zwitschern“ in einer Ecke auf. Doch damit begannen erst die Probleme. Alex hatte ein „unwichtiges“ Detail vergessen. Zwischen dem Regie- und dem Aufnahmeraum befand sich kein Kabelschacht. Die einzige Möglichkeit, die Strippen zu verlegen, bestand darin, die Tür zu öffnen und sie über den Korridor zu führen.

Nächste Schwierigkeit: Die Heizungsanlage für das komplette Gebäude stand in einem kleinen Raum neben dem Studio. Und da eine vernünftige Schallisolierung keinen magischen Gesetzen unterliegt und Lautstärke nicht gebannt werden kann, hörten wir des Öfteren mitten in einer Aufnahme ein Geräusch, als spränge ein riesiger Dieselmotor an.

Abgesehen von den eher „unerheblichen“ Schwierigkeiten war es kein so schlechter Versuch, ein Studio zu bauen.

Aber so lief es halt bei Apple! Es ist eine Ironie des Schicksals, dass Allen Klein, der Mann, der engagiert wurde, um das organisatorische Chaos zu beseitigen, daraufhin die Kontrolle übernahm und alles auf eine gesunde Basis stellte, letztendlich derjenige war, der einen maßgeblichen Einfluss auf den Split der Beatles hatte, denn Paul hegte gegen ihn eine große Antipathie.

Klein übernahm die Position des Managers, weil Brian Epstein gestorben war. Während der fünf Jahre, in denen ich Brian kannte, wurden wir gute Freunde. Er hatte Stil, verzichtete nie auf eine Sympathiebekundung und zeigte sich immer mehr als spendabel. Fish and Chips? Niemals! Bei Brian stand nur Champagner und geräucherter Lachs auf der Speisekarte.

Es ist schon lange kein Geheimnis mehr, dass Brian homosexuell war. Da er so gut wie nie eine Dame im Schlepptau hatte, entwickelte sich zwischen Judy, ihm und mir eine enge Freundschaft. Brian zeigte sich von Judy sehr angetan, und wir sahen uns oft gemeinsam Pferderennen an. Einen unserer schönsten Tage verbrachten wir in Portmeirion, das er als Liverpooler gut kannte. Er hatte eine schlimme Schulzeit durchstanden und niemals eine feste Beziehung mit einem Mann oder einer Frau geführt. Aus diesem und auch anderen Gründen, wie zum Beispiel dem misslungenen Versuch, sich als Schauspieler zu etablieren, erlebte er in seinem Leben viele Stunden der Frustration und Niedergeschlagenheit. Mit dem Erfolg der Beatles endete dieser deprimierende Lebensabschnitt, da er maßgeblich an ihrer traumhaften Karriere gearbeitet hatte. Er schenkte ihnen sein Herz und seine Seele. Die meisten Menschen hätten schon lange aufgegeben, doch Brian ließ nicht locker, bis er mich bei Parlophone von seinen Jungs überzeugt hatte.

Auch für ihren Stil zeichnete er verantwortlich. Er erklärte den vier Musikern: „Wenn ihr erfolgreich sein wollt, dann aber bitte auf meine Art." Er bestand auf einer uniformierten Frisur und steckte sie in die kragenlosen Anzüge, die die Beatles hassten. Er behielt recht. Das Image wurde zu einem wichtigen Teil des Gesamteindrucks. Hätte man jemals Männer mittleren Alters gesehen, die zum Kauf einer Rolling-Stones-Perücke in einer langen Schlange warten?

Später emanzipierten sie sich von ihm, setzten ihren individuellen Modestil durch und gaben sich in vielerlei Hinsicht provokant. Die Beatles wollten sehen, wie weit sie gehen, wie viel die Leute verkraften konnten. Ich muss gestehen, dass sogar ich peinlich berührt war, als sich John einen Rolls Royce anschaffte, um ihn komplett in mattem Schwarz überzupinseln (bevor man die Edelkarosse mit psychedelischen und bunten Mustern verzierte, war sie tatsächlich schwarz). Sicherlich stieß das bei den Managern von Rolls Royce auch auf Missfallen! Andererseits waren das alles Ausschweifungen, die sie sich leisten konnten und die man ihnen nachsah, weil sie niemandem schadeten.

Doch Brians Einfluss und seine Kultiviertheit hinterließ Spuren bei den Beatles. Zum Beispiel „verdrehte" Paul die Kulturgeschichte – und ließ sich von ihr inspirieren, denn die Idee eines Apfels als Marketingsymbol von Apple stammte von einem Magritte-Gemälde, das er erstanden hatte.

Fish and Chips und Marmeladenbrötchen gehörten der Vergangenheit an und wurden von erlesenen Speisen und guten Weinen abgelöst, obwohl es dabei einige Verfehlungen gab. Einmal saßen wir in einem Restaurant, und der Ober fragte John, ob er „Mange-touts" wolle, eine seltene Erbsensorte. Er antwortete: „Okay, aber bitte legen Sie sie hier an die Seite, nicht in die Nähe des Essens."

Brians Djagilew[23]-Stil kam nie so gut zum Vorschein wie im Juni 1966. Ich hatte mich von meiner ersten Frau scheiden lassen, woraufhin Judy und ich zu heiraten beschlossen. Bei unseren ersten unterkühlten Begegnungen – als ich 1950 bei der EMI begann – hätte ich mir das niemals träumen lassen. Zur Feier der freudigen Nachricht richtete Brian in seinem Haus ein Essen aus. Wie gewöhnlich war der Tisch mit wunderschönen Silberbesteck und exquisiten Gläsern gedeckt worden. Der Wein schmeckte fabelhaft, wie auch das Essen, zubereitet von seinem erstklassigen schwarzen Küchenchef Lonnie Trimball. An dem Abend hatten sich elf Gäste eingefunden – Paul und Jane, John und Cyn, George und Patti, Ringo und Maureen, Judy und meine Wenigkeit und Brian. Wir setzten uns hin und nahmen die Servietten aus den silbernen Ringen. Dann sagte er: „Ich möchte euch bitten, noch einen Blick auf die Ringe zu werfen, denn ich befürchte, dass ich sie nach dem Abend nicht mehr sehen werde." Bei näherem Hinschauen entdeckte

23 Anm. des Lektors: Sergei Pawlowitsch Djagilew (1872–1929), russischer Impresario, Kurator, Herausgeber und Kunstkritiker. Er trug maßgeblich dazu bei, die russische Kunst, insbesondere Ballett, weltweit bekannt zu machen.

ich die Gravur des Buchstabens „M" – es war ein Hochzeitsgeschenk für Judy und mich. Elf Ringe, um uns an das Dinner dieses Abends zu erinnern – das war sein Stil.

Später, nach seinem Tod, spielten die Beatles bei der Kostüm-Feier, gleich zu Beginn ihres Films *Magical Mystery Tour*, darauf an. Scheinbar wusste jeder in London von der Party und wollte kommen. Die Sicherheitsmaßnahmen mussten verschärft werden, aber trotz der heiklen Situation bestanden die Jungs auf Kostümen. Das resultierte in einigen verrückten Verkleidungen. Cilla Black kam als Straßenhändlerin aus dem Arbeitermilieu und trug eine Schlägermütze und Hosen, während ihr Bruder Bobby Willis sich als Nonne verkleidete.

Bobby hatte schon immer einen recht blassen Teint, was natürlich die Authentizität der Verkleidung unterstrich. Als er mit Cilla in ihrem Rolls-Royce-Corniche-Kabriolett auf dem Weg zum Filmset beim Westbury Hotel vorbeifuhr, um einen Freund abzuholen, hatte er sich schon in Schale geworfen. Er sah seinen Freund und fuhr direkt vor das Hotel, wo die Taxis in einer Schlange standen und auf Fahrgäste warteten. Unverzüglich klopfte es an der Scheibe. Es war der Portier. „Entschuldigen Sie, Schwester, aber Sie können den Wagen leider hier nicht stehen lassen. Würde es Ihnen etwas ausmachen, ihn um die Ecke herum zu parken?"

Bobby blickte dem höflichen Mann direkt in die Augen und meckerte: „Warum verziehen Sie sich nicht einfach?" Der Gesichtsausdruck soll angeblich einer Studie der vollkommenen Fassungslosigkeit gleichgekommen sein.

Judy und ich verkleideten uns als Queen und Prinz Philip, was zu der Zeit zu den beliebten Schelmereien zählte. Die Jungs hatten ständig den Eindruck, dass ihr Tonfall dem der Queen zum Verwechseln ähnele, und fragten sie bei jedem Treffen: „Wie geht es denn Ihrem Mann, Königliche Hoheit?" Ich beschaffte mir von einem Marineausstatter eine Admiralsuniform der Royal Navy. Da sie mir leider keinen Degen ausborgen wollten, nähte ich mir aus reiner Starrköpfigkeit meine alten Abzeichen an. Judy trug eine reizende Tiara und ein seidenes Ballkostüm, eine blaue Schärpe mit feinen Verzierungen und eine Handtasche, die an ihrem Arm baumelte. Paul meinte hinterher: „Du weißt, dass uns euer Auftritt alle beeindruckt hat?"

Die Leute stellten sich in eine Reihe auf, verneigten sich vor uns, um ihre Rolle als „Volksvertreter" zu bekunden, während Judy den Untertanen vornehm die Hand reichte. Aus den hinteren Reihen hörte ich: „Mein Gott, dass hätte ich nicht für möglich gehalten. Die Beatles haben sogar *sie* für den Film begeistern können!" Das war wirklich lustig.

Für Brian wurde das Leben zunehmend schwieriger. Er betreute immer mehr Künstler, was ihm Probleme bereitete. Dann schleppte er Interpreten an, in die ich so gut wie keine Hoffnung setzte, was mich in die höchst unangenehme Lage brachte, ihm das mitzuteilen. Doch – überzeugt durch seinen Charme – produzierte ich sie schließlich dennoch.

Das war grundlegend falsch, und ich sagte es ihm auch.

Langsam, aber sicher verlor er die Kontrolle. Als Cilla ihr Eröffnungskonzert im Savoy sang, verärgerte er sie sehr, weil er den Termin vergaß. Das musste Brian schleunigst wiedergutmachen und schenkte ihr daraufhin einen kleinen Fernseher. Er konzentrierte sich nur noch auf das Nötigste, und das zunehmend komplizierter werdende Privatleben begann seine geschäftlichen Belange zu beeinflussen. Er hielt sich nur noch mit Tabletten über Wasser – Uppers und Downers, Beruhigungsmittel für die Nacht und Aufputschtabletten für den Tag.

Die Beatles äußerten sich kritisch über seine Rolle bei ihrem Plattenvertrag – den, den ich vor Jahren unterschrieben hatte und der mit einer Beteiligung von einem Penny pro Platte startete. Doch das lag nicht an ihm, denn Brian war zu dem Zeitpunkt überhaupt nicht in der Lage gewesen, Forderungen zu stellen, und das wusste er auch. Nachdem die Beatles erst mal Blut geleckt hatten, wurden ihnen klar, dass sie weitaus höhere Tantiemen einstreichen könnten.

Doch wie bei ähnlichen Situationen ließ sich das Debakel als ein zweischneidiges Schwert beschreiben. Einerseits, wie auch viele andere Künstler, die den großen Durchbruch schaffen, waren sie sehr zufrieden und dankbar, dass man ihnen eine Chance gegeben hatte. Allerdings erinnerten sie sich nicht so gerne an die Situation vor dem Vertragsabschluss. Andererseits taktierte die EMI offen gesagt sehr dumm in ihrem Verhältnis zu ihren wertvollsten Künstlern. Sie behandelten sie auf Basis des Vertrags unverschämt schlecht. Als er auslief, hatten die Jungs die Firma in der Hand. Das endete damit, dass die EMI einen wahren Wucherpreis für das Privileg bezahlen musste, die größte Band aller Zeiten in ihrem Stall zu haben. Die Beatles wären sicherlich nicht so weit gegangen, hätte sich die Firma schon zu Beginn gerecht und fair verhalten. In Wahrheit fühlten sich die Beatles der EMI nicht verpflichtet, und zwar aus einem Grund – die Firma hatte ihnen niemals einen Anlass dazu geboten.

Der Fall führte zu revolutionären Umbrüchen im gesamten Musikbusiness. Zum Zeitpunkt des ersten Vertragsabschlusses waren die Umsatzbeteiligungen allgemein sehr niedrig. Der am besten dotierte Vertrag belief sich auf 5 Prozent. Nach dem Fiasko mit den Beatles kam es zu regelrechten Verwerfungen, und die Tantiemen stiegen in astronomische Höhen. Jetzt sahen sich die Firmen zur Umkehrung ihrer Firmenpolitik genötigt, was zu höheren Plattenpreisen führte.

Doch das geschah erst nach Brians Tod. Auch wenn er weitergelebt hätte, wäre sein Leben nicht in glatten Bahnen verlaufen, was ich zutiefst bedauere. Ich bin felsenfest davon überzeugt, dass Brian die Beatles über kurz oder lang verloren hätte. Seine Kinder zu verlieren, den einzigen Grund, weiterzuleben – das wäre für ihn nicht zu verkraften gewesen. Niemals hätte er sich von ihnen trennen können, so wie ich es tat – in Freundschaft und ohne das Gefühl eines großen Verlustes. Eine Aussagen wie „Brian, wir möchten dich nicht mehr als Manager haben" wäre einem Todesstoß gleichgekommen. Aber die Beatles hätten neue Wege einschlagen müssen, das steht außer Frage!

Am 9. August 1967 brachte Judy unser erstes Kind, Lucy, zur Welt. Nachdem sie aus dem Krankenhaus gekommen war, fuhren wir zu unserem Cottage auf dem Lande. Am Sonntag, dem 20. August, gingen wir auf einen Drink in den kleinen Pub im Dorf, wo der Lokalbesitzer direkt auf uns zukam.

„Es tut mir leid, aber ich habe schlechte Nachrichten für Sie. Ihr Freund ist gestorben."

„Wer?", erkundigte ich mich völlig ahnungslos.

„Mr. Epstein."

Ich glaube, dass es ein Unfall gewesen ist. Er hatte getrunken, einige Schlaftabletten zu sich genommen, war dann möglicherweise mitten in der Nacht aufgewacht, ohne sich zu erinnern, wie viele Pillen er geschluckt hatte. Daraufhin nahm er weitere zu sich, was zu einer unbeabsichtigten Überdosis führte.

Judy und ich fuhren direkt in unser Londoner Haus. Dort – auf dem großen Flügel – wartete ein wunderschönes Blumengesteck auf uns. Es stammte von Brian, der Judy zu Lucys Geburt gratulieren wollte. Es musste schon vor einigen Tagen abgeschickt worden sein und war vertrocknet. Und Brian lebte nun nicht mehr.

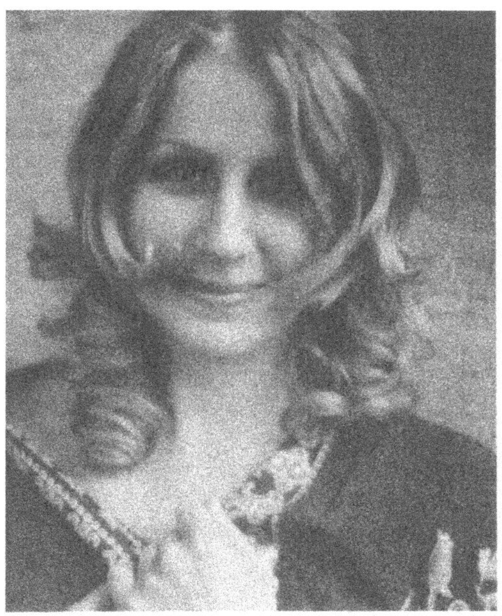

Links: Meine Tochter Bundy im Alter von 25 Jahren. (© W. Bent)

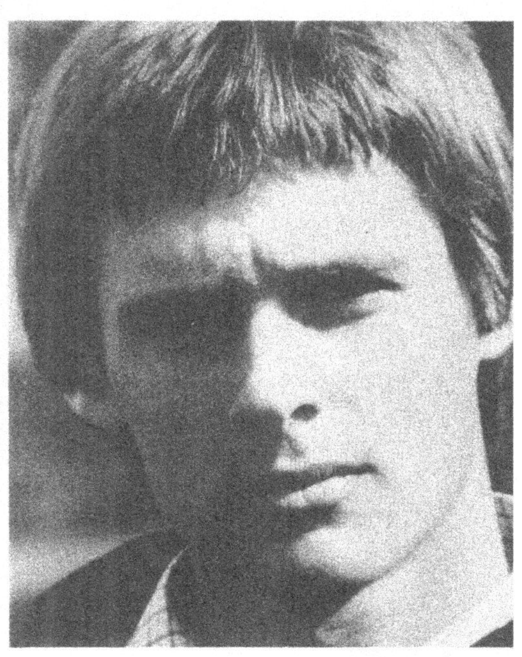

Rechts: Mein Sohn Greg im Alter von 22 Jahren. (© W. Bent)

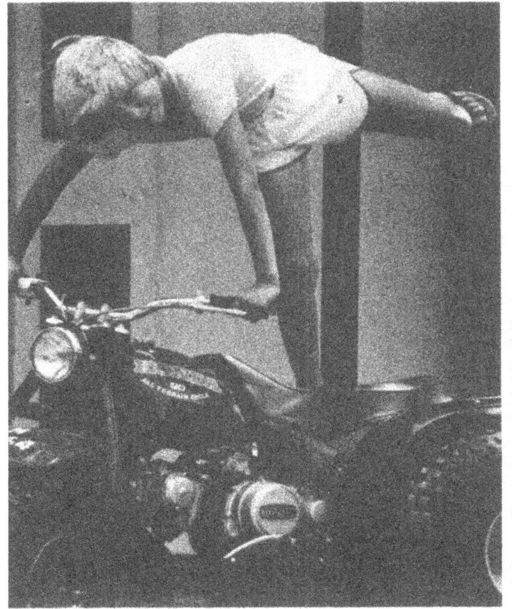

Links: Mein Sohn Giles im Alter von 9 Jahren. (© W. Bent)

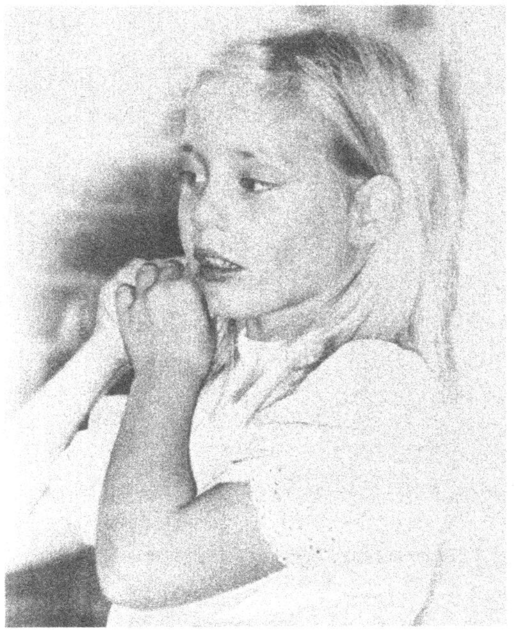

Rechts: Meine Tochter Lucy im Alter von 11 Jahren. (© W. Bent)

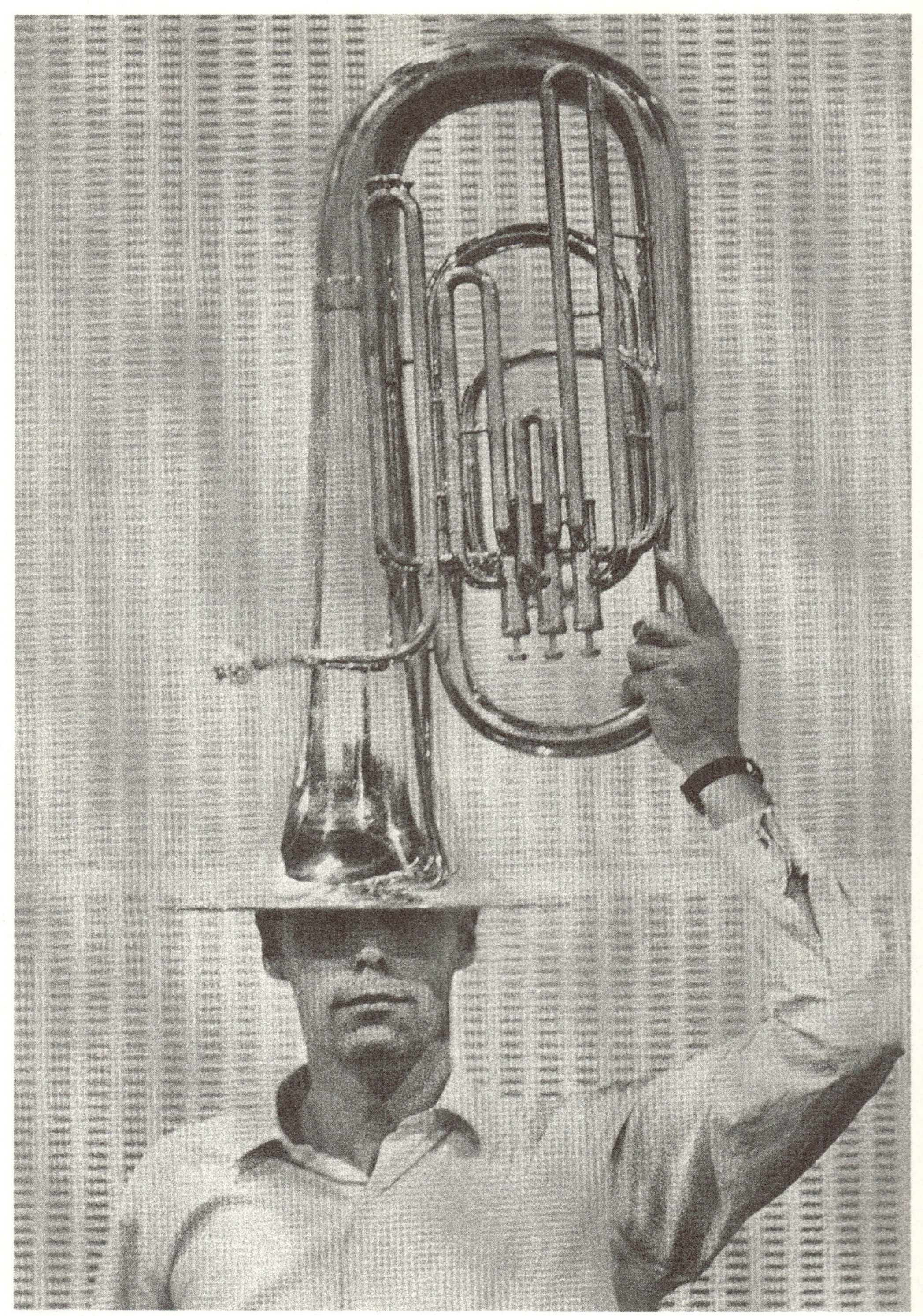

Top Brass und ich.

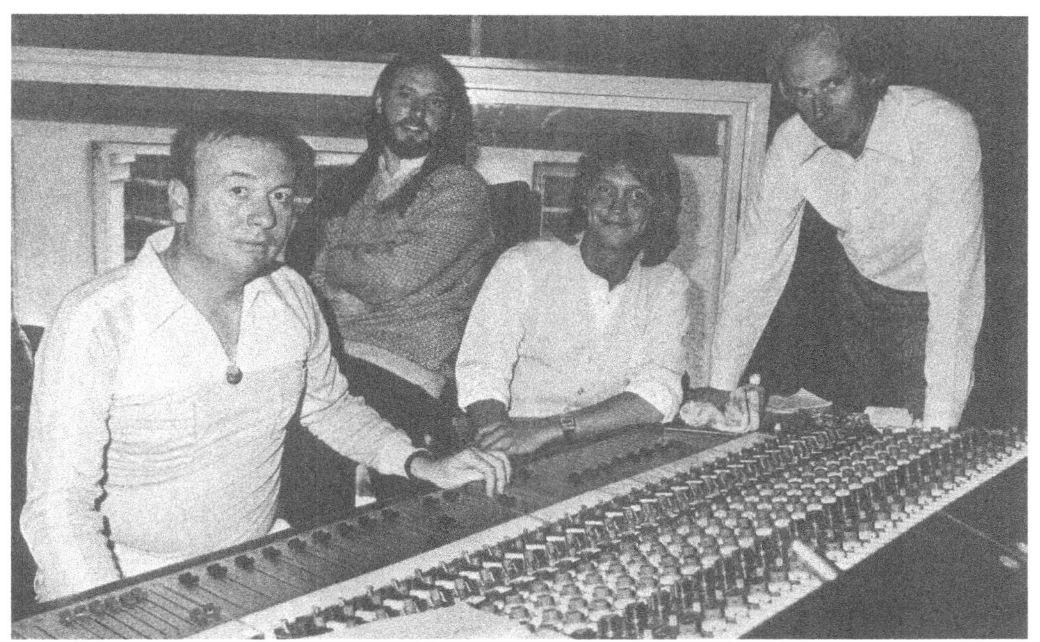

V.l.n.r.: Geoff Emerick mit Dewey Bunnell und Gerry Beckley von der Gruppe America („A Horse With No Name") und mir 1979 in den AIR-Studios.

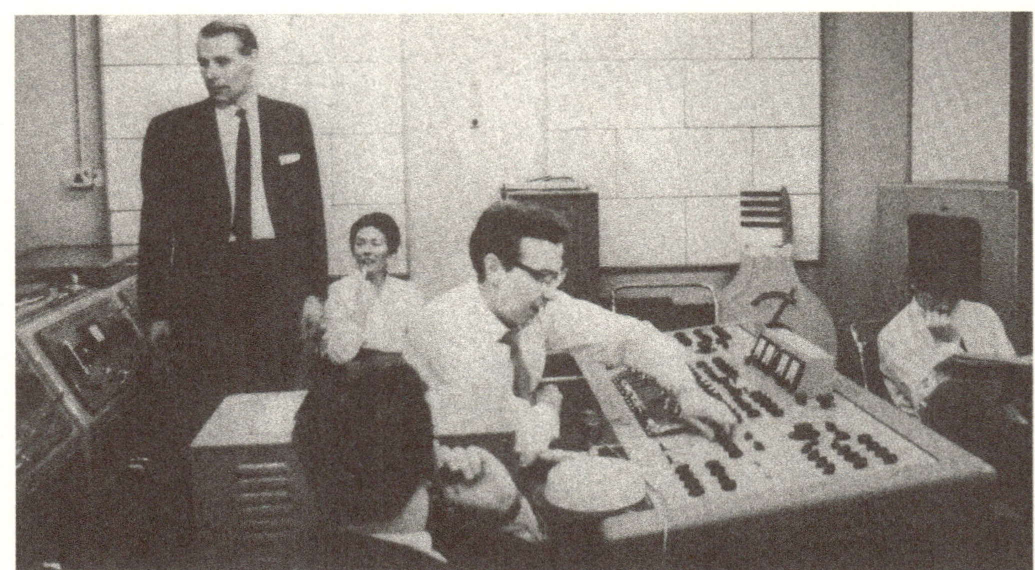

Norman „Hurricane" Smith an der alten *Valve Console* in Number Two Studio, Abbey Road.
(© Dezo Hoffman Ltd.)

Dave Harris an einer 52-Input, 32-Track *Neve Console* in den AIR-Studios, Montserrat, im Jahr 1979.

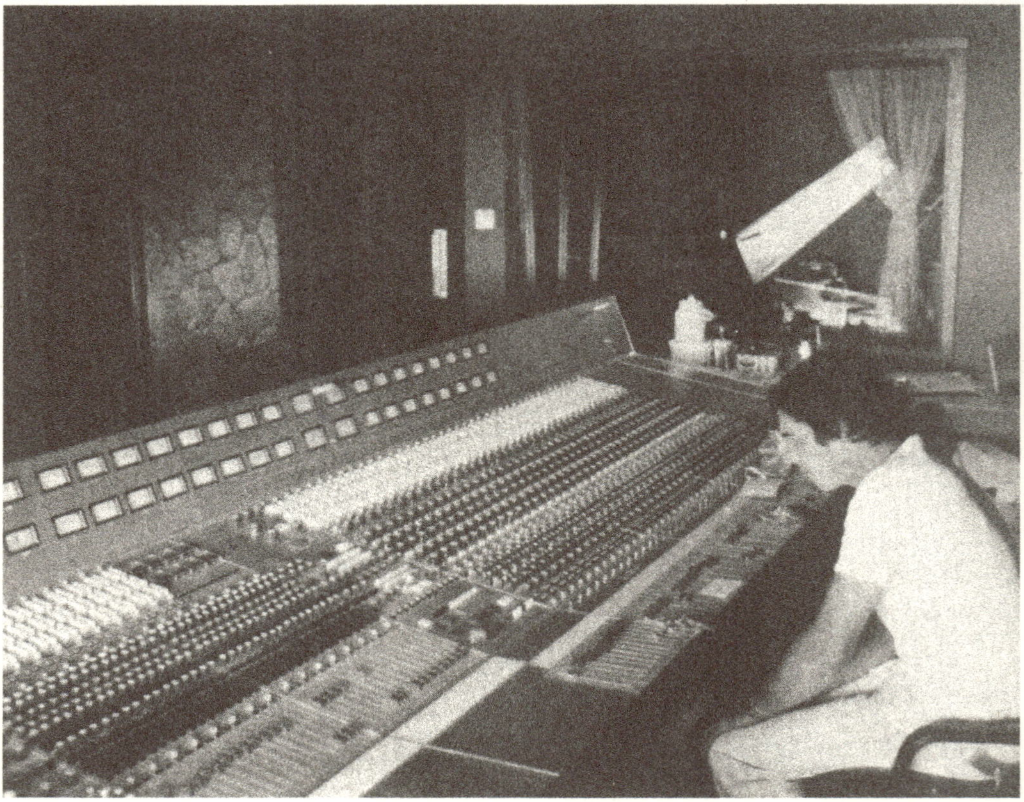

Kapitel 10

Endlich durchatmen

Unzufriedenheit hat viele Väter, aber nur wenig Kinder, unter ihnen Verbitterung, Zorn und Ressentiment. Und diese Emotionen bestimmten meine generelle Haltung gegenüber der EMI.

1959 stand ich Parlophone schon seit vier Jahren vor. Die Aufnahmen mit Peter Sellers, Milligan und Flanders verliehen dem Label wieder eine bestimmte Bedeutung. Zuerst ein ungeliebtes Stiefkind, war es nun wieder ein eigenständiges Sub-Label, auf das man bauen konnte. Allerdings machte sich das noch nicht in der Lohntüte bemerkbar, denn ich verdiente immer noch ungefähr 2.700 £ im Jahr. Ein Dienstwagen? Daran war überhaupt nicht zu denken! Etwas über 50 £ wöchentlich waren für den Geschäftsführers eines Labels eine verschwindend geringe Summe – besonders wenn man einen Vergleich zu den 25.000 £ jährlich zieht, die mir zehn Jahre später angeboten wurden, um wieder bei der EMI einzusteigen.

Meine Wünsche bezogen sich nicht auf eine simple Lohnerhöhung, denn ich wollte eine Beteiligung am Profit, den Parlophone abwarf. Wenn ich schon mein Leben dem Aufbau einer Firma verschrieb, die mir nicht gehörte, hielt ich eine Art der Gewinnbeteiligung nur für gerechtfertigt. Wenn schon die Vertreter eine Provision erhielten – warum sollte ich dann leer ausgehen?

1959 unterzeichnete ich einen Dreijahresvertrag, der mir einen beeindruckenden Lohnzuwachs von jährlich 75 £ zusicherte. Als er im April

1962 auslief, boten sie mir einen neuen Vertrag an, der mein Einkommen auf ungefähr 3.000 £ im Jahr festsetzte. „Das ist ja schön und gut, doch ich würde lieber bei dem derzeitigen Gehalt bleiben und zusätzlich eine Umsatzbeteiligung erhalten."

Das wollten sie nicht hören.

„Dann muss ich das Unternehmen verlassen."

Die Antwort symbolisierte die „Großzügigkeit" der EMI: „Wenn Sie das so sehen, wünschen wir Ihnen alles Gute für die Zukunft. Auf Wiedersehen."

Doch ich blieb. Entgegen meinen Wünschen und Bestrebungen unterschrieb ich den Vertrag, denn ich konnte es mir nicht leisten, arbeitslos zu sein. Doch ich stand kurz vor dem Ausstieg, da ich in der Zeit eine neue Generation erlebte, junge Produzenten *und* Unternehmer wie Mickie Most und Andrew Oldham – Letzterer zeichnete für die Rolling Stones verantwortlich–, die für dieselbe Arbeit bessere Verträge erhielten. Das Jahr 1962 stand unter dem Stern Brian Epsteins und der Beatles. Hatte ich vorher gedacht, hart zu arbeiten, war das nichts im Vergleich zu den aufregenden, rasanten und nahezu manischen Aktivitäten dieser Monate. Ich arbeitete jeden Abend und fast jedes Wochenende. Es war hart, machte aber immer noch sehr viel Spaß, denn zumindest „entsprangen" meinen Händen und meinem Gehör äußerst erfolgreiche Schallplatten. Doch darauf beschränkte sich mein Lohn – auf den Spaß an der Arbeit, denn mir wurde nicht die geringste finanzielle Erhöhung in Aussicht gestellt.

Tatsächlich bekam ich noch weniger. Angestellte der EMI erhielten zu Weihnachten eine Bonuszahlung, abhängig vom Einkommen. In der Regel belief sich das auf ein Wochengehalt. So durfte ich mich Ende 1963 zumindest auf das Geld freuen. In dem Jahr – die Beatles standen seit zwölf Monate unter Vertrag – gaben die Manager der EMI in ihrer unübertrefflichen Großzügigkeit einen Bonus bekannt, der in der Höhe von vier Arbeitstagen lag. Vier Tage zusätzlichen Lohn, in einem Jahr, in dem ich 37 Wochen lang Nummer-1-Hits in den Charts hatte! Doch ich bekam noch nicht mal das Geld für die vier Tage! Als ich keine Gutschrift entdeckte, rief ich die Buchhaltung in Hayes an.

„Da muss Ihnen ein Fehler unterlaufen sein. Meine Sekretärin hat die Bonuszahlung erhalten, ich hingegen nicht."

„Oh nein, da liegt kein Fehler vor. Sie bekommen sie nicht mehr."

„Was meines Sie da – ich bekomme keinen Bonus?"

„Tja, es ist eine der Verfügungen der Geschäftsführung, dass Angestellte mit einem Einkommen über 3.000 £ sich in einer anderen Gehaltsklasse befinden und keinen Anspruch auf den Weihnachtsbonus haben. Und Sie verdienen nun mal über 3.000 £."

Das war es also! Doch ich wurde später noch belohnt – und zwar mit einer Dankeskarte, auf der ungefähr stand: „Sie haben wunderbare Arbeit geleistet, George. Großartige Leistung. Machen Sie es im nächsten Jahr bitte noch besser." Das brachte mich zum Grübeln. So durfte es nicht weitergehen. Ich hatte die Schnauze voll! Ich würde kündigen. Zu dem Zeitpunkt hatte ich den aktuellen Vertrag zur Hälfte erfüllt, in dem festgeschrieben war, dass ich im Falle einer Neuorientierung ein Jahr vorher kündigen musste. Beim Versäumen der Frist verlängerte sich der Vertrag automatisch. Also verfasste ich sechs Monate später ein Schreiben mit dem Wortlaut: „Ich möchte Sie darauf hinweisen, dass ich gedenke, Ihr Unternehmen in einem Jahr zu verlassen."

Das wirkte, als wäre eine Katze inmitten der ach so netten Täubchen des Managements aufgetaucht.

„Was wollen Sie uns mit Ihrem Schreiben sagen?", fragte man mich. „Denken Sie bitte daran, dass Sie schon 14 Jahre bei uns arbeiten. Und jetzt das?"

„Es ist ganz einfach. Ich habe genug von der EMI."

Sie wollten wissen, ob mich jemand abzuwerben gedenke. Ich erklärte ihnen, dass dies nicht der Fall sei, was sie mir aber nicht glaubten. Als ich von meiner beabsichtigten Selbständigkeit berichtete, erhielt ich nur abwertende Kommentare: „Oh-oh, das werden Sie nicht lange durchhalten." Dann änderten sie die Methode. Während der folgenden zwölf Monate luden sie mich in regelmäßigen drei- oder vierwöchigen Intervallen zu Essen und Drinks ein, wo ich mir Schmeicheleien und Überredungsversuche anhören musste: „Na los, alter Junge. Ich glaube, dass du dich da ein wenig voreilig entschlossen hast. War doch nur eine kleine Dummheit. Wenn ich recht darüber nachdenke, solltest du wirklich mehr Geld bekommen."

Meist verhandelte ich mit Len Wood, dem obersten Manager der EMI. „Ich will kein höheres Festgehalt, Len. Ich wünsche mir eine Beteiligung.

Ich hätte gerne sichtbare Resultate für die von mir geleistete Arbeit, nicht mehr und nicht weniger. Ich möchte eine Beteiligung an jeder von mir produzierten Platte, egal wie gering sie ausfallen mag."

Schließlich fand das entscheidende Meeting statt. Len Wood bestellte mich in sein Büro und sagte: „Schau mal. Ich weiß, dass du dich in der Angelegenheit recht hartnäckig gibst. Ich möchte nichts unversucht lassen, dich bei uns zu halten. Du bist ein großartiger Produzent und ein netter Kerl, ein viel zu wichtiger Mensch, den man nicht verlieren will. Du wirst bei uns bleiben. Auf jeden Fall."

„Okay, und wie lautet dein Angebot?"

„Also – du wirst auf jeden Fall eine Beteiligung an den Verkaufsumsätzen erhalten. Ich schlage 3% von unserem Profit vor, abzüglich der laufenden Geschäftskosten."

„Das hört sich ein wenige vage an. Kannst du mir erklären, auf welche Summe das hinausläuft?"

„Ja, ja, warte mal", meinte er wie ein Angler, der überzeugt ist, dass der Fisch auch anbeißen wird. „Wir nehmen mal letztes Jahr als Beispiel. Hätte diese Vereinbarung schon 1963 bestanden, wärst du mit einem Bonus von 11.000 £ nach Hause gegangen. Und wie hört sich das für dich an?", fragte er triumphierend.

„Das hört sich sehr gut an. Aber wie kommst du auf die Summe?"

„Wir addieren deinen Lohn, den der Sekretärin, des Assistenten und der Schreibkraft, und – um nicht kleinlich zu sein – verdoppeln diese Summe, die dann zu den laufenden Geschäftskosten gerechnet wird. Dazu kommen noch die Musikergehälter für das Jahr. Zusammengerechnet ergibt das für deine Abteilung eine Kostensumme von 55.000 £."

„Ich weiß, was ich letztes Jahr geleistet und wie hart ich gearbeitet habe. Ich bin mir sicher, immer im wirtschaftlichen Rahmen gelegen zu haben!"

„Ja, zweifellos warst du sehr gut. Du bist immer gut. Da gibt es überhaupt keine Diskussion. Nun schauen wir uns die andere Seite an, bei der du 3% Kommission hinsichtlich unseres Profits erhältst. Letztes Jahr lag die Summe bei 66.000 £. Davon ziehen wir also die 55.000 £ ab. Somit blieben für dich 11.000 £ über."

Es entstand eine Pause, da ich mir die Kalkulation noch mal durch den Kopf gehen ließ. Er betrachtete mich, offensichtlich davon überzeugt, dass mich seine Großzügigkeit überwältigte. In Wahrheit dauerte es ein wenig, bis ich die unglaubliche Unverschämtheit seiner Berechnung realisieren konnte.

„Warte mal kurz. Ich glaube, ich habe dich missverstanden. Du sprichst doch sicherlich vom Umsatz und nicht vom Gewinn. 66.000 Pfund sind in etwa 3% von *zwei Millionen zweihunderttausend Pfund*!"

„Das stimmt", entgegnete er in aller Seelenruhe.

„Aber das muss doch der Umsatz sein!", rief ich.

„Nein, nein. Das ist der Profit. Das ist der Gewinn, den wir durch die Verkäufe deiner Platten erwirtschaftet haben."

Mit diesem einfachen Satz durchschnitt er die hauchdünne Nabelschnur, die mich immer noch an die EMI fesselte.

Doch ich musste nachfragen, mich vergewissern, dass das Gehörte stimmte, dass mich nicht eine Kombination aus Frustration und der ausbeuterischen Boshaftigkeit meines Gegenübers zu einem Paranoiker gemacht hatte. „Da gibt es noch was, Len. Du scheinst Netto mit Brutto zu verrechnen – das Netto deines Gewinns gegen mein Brutto. Hätte – um nur mal ein Beispiel zu nennen – der Profit 1,5 Millionen £ betragen, dann ergäben die 3 % eine Summe von 50.000 £. Bei meinen Kosten von 55.000 £ müsste ich dir theoretisch noch 5.000 *bezahlen*!

„So in etwa sieht es aus", erwiderte er mit unvergleichlicher Gelassenheit. „Vielleicht war das erste Beispiel nicht anschaulich genug."

Ich war wie vor den Kopf geschlagen. Erstens: Die hinter diesen Gedankengängen steckende Boshaftigkeit war nur zu durchsichtig. Zweitens: Ich konnte kaum glauben, dass der Mann sich so dumm verhielt und mir auf diese Art seine fehlende Wertschätzung ausdrückte.

„Vielen Dank auch. Ich habe es mir nicht anders überlegt und werde die EMI verlassen."

Aus heutiger Sicht fällt es mir schwer, die bodenlose Verbitterung angemessen zu schildern. Ich hatte mich der Firma mit ganzem Herzen verschrieben. Loyalität stellt einen meiner höchsten Werte dar, besonders in Bezug auf Menschen. Doch es kommt ein Moment, in dem man erkennen muss, dass hingebungsvolle Arbeit und unkompliziertes Verhalten nicht gewürdigt und man selbst ausgenommen wird. Ich war verbittert und traurig – traurig, die Gesellschaft der von mir so geschätzten Mitarbeiter zu verlieren.

Zu der Zeit kümmerten sich ungefähr acht Leute um den kreativen Bereich des Pop-Segments der EMI. Mal abgesehen von meiner Person arbeiteten da noch Norman Newell für Columbia, Wally Ridley für HMV und Norrie Paramor zusammen mit ihren jeweiligen Assistenten. Ich entschied mich, den jungen Mitarbeitern eine Chance zu geben und ihnen anzubieten, mir in die Selbständigkeit zu folgen: meinem eigenen Assistenten Ron Richards, Norman Newells Assistenten John Burgess und zusätzlich Peter Sullivan, der zuvor für Wally Ridley gearbeitet hatte, aber schon seit einem Jahr bei Decca seine Brötchen verdiente. Ich wusste, dass Peter in einem freundschaftlichen Verhältnis zu Ron und John stand. Auch die Frauen, die sich mit vollem Einsatz für uns engagierten, ließen sich nicht lange bitten. Johns Sekretärin Carol Weston erklärte sich sofort bereit, uns zu folgen. Shirley Spence (nun Mrs. Burns) und Judy kamen zusammen mit Ron Richards und mir. Wir starteten die neue Firma mit sieben Personen. August 1965 verließen wir die EMI und raubten den Managern das jüngere Personal. Nun hielten nur noch die alten Haudegen die Stellung. Ich nenne diesen Schachzug gerne „Martins Rache".

Doch der Aderlass des Konzerns begann erst, denn die von uns produzierten Künstler ergaben eine hübsche Liste. John betreute Adam Faith, Manfred Mann und Peter and Gordon. Ron Richards produzierte P. J. Proby und die Hollies. Ich hatte die Beatles, Cilla Black, Gerry and the Pacemakers, Billy J. Kramer and the Dakotas und die Fourmost unter meine Fittiche genommen. Als wir das eigene Unternehmen gründeten, entschieden sich die meisten für eine weitere Zusammenarbeit. Für die EMI bedeutete das einen herben Verlust.

Die grundlegende Idee für AIR – Associated Independent Recording – glich dem Aufbau einer Kommune in den Sechzigern. Es gab eine Blaupause basierend auf dem Konzept Spike Milligans, als er Associated London Scripts zuerst mit Eric Sykes ins Leben rief und später mit Galton und Simpson, Frankie Howerd und anderen fortführte. Ich schlug den Partnern Folgendes vor: „Wir beginnen mit einer Produzentenorganisation – einer für alle und alle für einen, wobei es vier Personen sind. Wir werden die Einnahmen in einen großen Topf fließen lassen und je nach unserem Verdienst ausschütten. Ich bevorzuge immer noch ein Leistungssystem, doch zu Beginn sollten wir über gleiche Anteile, also 25 %, verfügen." Allerdings konnte ich mir einen kleine Bemerkung nicht verkneifen: „Ich schätze mal, dass wir alle gleich sind, aber ich – so hätte es George Orwell ausgedrückt – bin ein wenig gleicher. Wie dem auch sei – zu Beginn steht das Viertel im Vordergrund."

Ich führte meine Ideen aus: „Betrachten wir das Einkommen. Wenn es sich um individuelle Produktionen handelt, besteht die Verpflichtung, der Firma einen bestimmten Prozentsatz zukommen zu lassen. Wenn ich also 10.000 £ durch die Plattenproduktion verdiene, werde ich AIR davon 2.500 £ zukommen lassen. Falls Du 1.000 £ verdienst, wirst du nur 250 £ einbezahlen müssen. Gleichzeitig – wenn es um das Einkommen der einzelnen Produzenten geht – gilt eine Obergrenze von 10.000 £ und eine Untergrenze von 3.000 £, unter die niemand fallen kann. Alle Überschüsse werden wieder investiert."

Das waren die Eckpfeiler, auf die wir uns einigten. Das größte Problem bestand jedoch im Kapital, und zwar im fehlenden Kapital. Um eine Firma zu gründen, benötigt man einen gesunden Grundstock, um Löhne, Miete, Schreibwaren, Möbel und Schreibmaschinen anzuschaffen. Natürlich hatte uns die EMI beim Verlassen des Unternehmens weder mit Gold oder Silber überschüttet noch uns mit einem steifen Händedruck verabschiedet. Len Wood fragte mich zum Abschied: „Und wie steht es nun um die Pension? Wenn du selbstständig wirst, verfällt die Altersvorsorge." Ich erhielt sämtliche über die Jahre geleisteten Beiträge zurück, die sich auf 1.800 £ beliefen. 1.800 £ – und das bei einer 15-jährigen Firmenzugehörigkeit.

Trotzdem ließen sich die Geschäftsbeziehungen mit der EMI nicht vermeiden. Die Verhandlungen drehten sich um die Beatles, die einen Erfolg nach dem anderen feierten. Ich hatte Brian Epstein natürlich über meine bevorstehende Kündigung in Kenntnis gesetzt, der sich sehr verständnisvoll zeigte, weil er die Schwierigkeiten kannte. Ich versuchte ihn jedoch nicht unter Druck zu setzen. „Das bedeutet aber noch lange nicht, dass du unsere Geschäftsbeziehung fortsetzen musste, Brian. Die EMI kann auch einen firmeneigenen Produzenten für die Beatles verpflichten. Es liegt ganz an dir – du musst entscheiden. Ich will auf gar keinen Fall, dass die Kündigung sich für andere zu einem Fiasko entwickelt. Mein

Entschluss steht fest. Ich werde gehen, egal ob ich die Beatles weiterhin aufnehme oder nicht."

Die Entscheidungsfindung erübrigte sich, denn allein aus Gründen der Kontinuität musste wie bislang produziert werden. Ich war wahrscheinlich der erfolgreichste Produzent, den die EMI je gehabt hatte. Sie hatten wahrscheinlich panische Angst, das Team mitten im Spiel anders aufzustellen, weshalb die Verantwortlichen mich aufsuchten und unsicher nachfragten. „Wenn Sie uns verlassen, werden Sie auch die Beatles verlieren, oder etwa nicht?"

„Das kommt ganz auf die Musiker an."

„Gesetzt den Fall, dass sie mit Ihnen weiterarbeiten wollen – ständen Sie uns dann zur Verfügung?"

„Sicherlich werde ich Ihnen zur Verfügung stehen, aber nur auf Basis eines Tantiemenvertrags. Ich möchte nie wieder etwas von diesem alten Quatsch von 3.000 £ im Jahr hören."

Gekoppelt an die Vereinbarung war ein Vertrag, der besagte, dass die EMI unsere Produktionen übernehmen durfte. Wenn wir neue Künstler entdeckten und sie produzierten, hatte die EMI das Erstveröffentlichungsrecht. Bei den jeweiligen Verhandlungen musste ich mich mit Len Wood herumstreiten, dem Mann, der mich durch sein unverschämtes Gebaren letztendlich zur Kündigung zwang – und was Geschäfte anbelangt, ist er ein gerissener Bursche.

Ich möchte nicht unerwähnt lassen, dass meine Beziehung zu Len von einer kuriosen Ambivalenz geprägt ist. Ich habe bittere und sehr schlechte Erfahrungen mit ihm gemacht. Gleichzeitig wuchsen wir zusammen im Musikbusiness auf. Als ich bei Parlophone begann, arbeitete er als Verkaufsmanager für Columbia. Ich konnte ihn immer gut leiden. Ich würde das recht unglückliche Geschäftsgebaren teilweise seiner grundlegenden Persönlichkeit zuschreiben. Er hat eine puritanische Ader, die dem Draufgängertum zuwiderläuft, das er durch eine bestimmte Zurückhaltung zu unterdrücken versucht. Ironischerweise ist er der erfolgreichste Mann im Musikgeschäft. Bei den Britannia Awards 1977, ausgerichtet zum silbernen Thronjubiläum der Queen, wurde mir der Preis des besten Plattenproduzenten der letzen 25 Jahre überreicht. Direkt vor meiner Auszeichnung verlieh man den Award für außergewöhnliche Leistungen für die britische Musikindustrie. Und raten Sie mal, wer sich aufs Rednerpodest stellte, um den Preis zu empfangen? Na klar – Len Wood!

Ich unterschrieb bei ihm einen hochgradig komplizierten Vertrag, und verbracht vorher Stunden, um den Text gründlich zu studieren, sowie den Anhang, in dem alle Vertriebsländer und verschiedenen Aufnahmen penibel aufgelistet und definiert waren.

Mir erschien er unnötig komplex.

Der springende Punkt bestand in der Klausel, dass AIR im Fall einer selbst finanzierten Platte diese der EMI anbieten musste.

Bei einer Übernahme zeigte sich die EMI bereit, 7 % vom Einzelhandelspreis abzutreten. Wenn wir aber Künstler der Firma produzierten, erhielten wir Produzententantiemen, die ich auf 2 % des Einzelhandelspreises festsetzte. Damals lagen die höchsten Tantiemen für einen Interpreten bei 5 %. Bedenkt man die Tatsache, dass Künstler kaum von den eher niedrigen Plattenverkäufen leben konnten, war es sicherlich keine unverschämte Forderung, was sich auch dadurch zeigte, dass die EMI schnell zustimmte.

Wie Sie sich schon denken können, gab es einen Punkt, der im Vertrag nicht unter den allgemeinen Vereinbarungen aufgelistet wurde – die Beatles. Tantiemen in Höhe von 2 % waren dem Unternehmen viel zu hoch. Sie vertraten den Standpunkt – der unter den gegebenen Umständen reichlich kurios anmutete –, dass ich nicht berechtigt sein könne, mir eine goldene Nase bei einem schon längst etablierten Act zu verdienen. Dabei übersahen sie beflissentlich die haarige Frage, wer die Gruppe denn etabliert und wer ihr einen Vertrag gegeben hatte!

Nach monatelangen Verhandlungen erklärte ich mich schließlich zu verschiedenen Tantiemensätzen bereit, wobei einer für Großbritannien galt, ein weiterer für die USA und der dritte für den Rest der Welt. Wie üblich stellten sich die Verträge als extrem kompliziert heraus. In Großbritannien erhielten wir 1 % des Großhandelspreises und in den USA 0,5 % des Einzelhandelspreises. Zusätzlich erhielten wir 5 % der Lizenzgebühr der US-Lizenznehmer der EMI, was aber kaum ins Gewicht fiel.

Capitol Records Inc. war ein Subunternehmen der EMI, doch es war nicht auszuschließen, dass andere Firmen Beatles-Platten auf den Markt bringen wollten. Der Soundtrack des Films *A Hard Day's Night* war bei

United Artists erschienen, die sich die Option auf zwei weitere Filme gesichert hatten, in denen die Beatles auftraten. Heutzutage sind Tantiemenzahlungen eindeutig festgeschrieben, und zwar in Prozentabgaben des Verkaufspreises in den verschiedenen Handelsgebieten. In den Sechzigern gehörte es zum Alltag, einen Anteil der von der Firma erhaltenen Lizenzgebühr zu bekommen. Vor dem Durchbruch der Beatles wurden nur ganz wenige Titel britischer Herkunft in den USA gefertigt.

Ich ließ mich auf einen scheinbar verrückten Vertrag ein, doch es bot sich mir leider keine Alternative. Der Unterschrift war ein monatelanges Tauziehen vorangegangen, das mir letztendlich nur die Wahl ließ, zuzustimmen oder die Beatles aufzugeben. Hinzu kam noch, dass ich mich nicht auf ihre Unterstützung verlassen konnte, da sie sich zu der Zeit sehr unzufrieden mit ihrer eigenen Gewinnbeteiligung zeigten. Sie schoben mir dafür die Schuld in die Schuhe, was ich auch berechtigt fand, da ich sie unter Vertrag genommen hatte, ohne mich gegen die ach so geheiligten Prinzipien der EMI aufzulehnen. Sie wussten nicht, dass ich nach dem ersten Jahr, in dem wir schon unglaublich hohe Umsatzzahlen verzeichnen konnten, Len Wood aufsuchte, um mich für die Jungs einzusetzen.

„Das ist glatter Unsinn – wir sollten den Vertrag zerreißen und von vorne anfangen", versuchte ich ihn zu bewegen. „Wir haben sie ja schon im Stall. Wir müssten die Option aus dem Juli 1963 ändern, der ihnen eine jährliche Steigerung von einem Farthing zusagt. Sie müssten augenblicklich auf zwei Pence gesetzt werden."

„Okay, das ist eine gute Idee. Lass sie für fünf Jahre unterschreiben."

„Nein, du hast mich nicht verstanden. Ich möchte dafür keine Gegenleistungen. Ich will ihnen lediglich zwei Pence zubilligen."

„Das zeugt von keinem guten Geschäftssinn, mein Lieber. Gib ihnen ruhig eine Erhöhung, aber nur im Gegenzug mit einer Verlängerung der Vertragslaufzeit."

Ich weigerte mich. Auf eine bestimmte Art wusch ich meine Hände in Unschuld, denn beim Verlassen des Büros wies ich ihn erneut darauf hin, dass er den Beatles die zwei Penny geben musste. Letztendlich bekamen sie eine Tantiemenerhöhung, doch nur nach mühseligen Verhandlungen.

Nun lastete das Gewicht der EMI-Verhandlungsmaschinerie auf mir, besser gesagt der Verhandlungsmechanismen. Zusätzlich zum AIR-Vertrag drängte man mich, ein zweites Dokument zu unterzeichnen, in dem ich mich bereit erklärte, während der nächsten zehn Jahre jederzeit – und zu den gleichen Bedingungen – für Aufnahmen der Beatles zur Verfügung zu stehen.

Das wurde ein Bumerang für mich, und zwar ein großer. Einige Jahre später, nachdem sich die Beatles schon getrennt hatten, suchte mich Paul auf und fragte, ob ich mit ihm an „Live And Let Die" arbeiten wolle. Ich freute mich sehr und dachte zuerst überhaupt nicht an die Finanzen. Geld steht bei mir nie an erster Stelle, denn zunächst einmal interessiert mich die Aussicht auf eine interessante Arbeit. So produzierten wir den Song, den ich auch orchestrierte. Danach rief ich Len Wood an: „Hallo Len, ich habe gerade diese Platte mit Paul McCartney aufgenommen, die er auf jeden Fall als Single veröffentlichen möchte. Ich möchte mich kurz erkundigen, welche Tantiemen dir vorschweben, da es sich um eine Soloproduktion Pauls handelt, die deshalb außerhalb der vertraglichen Vereinbarungen liegt. Für mich wären 2 % fair, da dieser Prozentsatz mittlerweile ein Standard ist, den alle bekommen. Ich will hier überhaupt nicht gierig erscheinen. Eigentlich beläuft sich meine Beteiligung auf 3 %."

„Mein lieber Freund", antwortete Len, „Du hast wohl den von dir unterschriebenen Vertrag vergessen, in dem du dich bereit erklärst, für eine Dauer von zehn Jahren, beginnend ab 1965, zu den gleichen Konditionen zu arbeiten. Wir befinden uns noch in diesem Zeitraum."

„Aber Len, die Beatles haben sich aufgelöst", protestierte ich.

„Schau dir doch bitte noch mal genau den Wortlaut an. Er besagt, dass du die Beatles und somit jeden Einzelnen der Band produzierst."

„Das stimmt wohl, doch es gibt die Beatles nicht mehr!"

„Tja, mein Freund ... es tut mir leid ... Du kannst dich gerne um eine gerichtliche Klärung bemühen, aber ..."

„Len!", unterbrach ich ihn. „Du willst mir doch nicht allen Ernstes erzählen, dass ich im Falle eines Nummer-1-Hits in den USA, der eindeutig vorauszusehen ist, nur 0,15 Cent pro verkaufter Einheit erhalte? Das mal außer Acht gelassen, hat Paul ein selbst produziertes Stück für die B-Seite vorgesehen, wodurch sich meine schon niedrigen Tantiemen noch halbieren!"

„Das ist Pech, mein guter Freund“, antwortete Len, ohne sich die Mühe zu geben, zumindest vorzuheucheln, dass er es auch so meinte. Kurz darauf lud er mich in sein Büro ein. „Ich habe es mir durch den Kopf gehen lassen. Es ist wirklich ein wenig mager. Ich verrate dir mal, was ich vorhabe. Ich behandele die Single in der Bilanz so, als hättest du beide Seiten produziert.“

„Du willst mir allen Ernstes das Doppelte von einem Kleckerbetrag anbieten!“

Er ließ die Bemerkung an sich abgleiten und fuhr fort: „Doch bevor ich dir eine endgültige Zusage geben kann, muss ich noch Bhaskar anrufen, weil er das letzte Wort hat.“

Während ich also in dem Büro saß, telefoniert er mit Bhaskar Menon in Kalifornien. Sogar von meinem Platz aus hörte ich das Lachen des Mannes am anderen Ende der Leitung. Nach dem Telefonat fragte ich: „Was sagt er, was bedeutet das für mich, Len?“

„Für 100.000 verkaufte Einheiten erhältst du zusätzlich 155 Dollar.“

Ich saß auf dem Stuhl und kochte vor Wut. Wäre ich nicht zu Len Wood gegangen, hätte meine Firma die unglaubliche Summe von 155 Dollar für 100.000 Singles erhalten. In seiner unglaublichen und unvergleichlichen Großzügigkeit verdoppelte Wood die Summe auf stattliche 310 Dollar. Das war der Tropfen, der das Fass zum Überlaufen brachte. Meine Beziehung zur EMI erreichte eindeutig den Tiefpunkt.

Doch es kam noch schlimmer. Wir erhielten für *Let It Be* der Beatles überhaupt kein Geld, was uns dazu zwang, andere Saiten aufzuziehen. Ich suchte einen Rechtsberater auf. Während ich mit ihm den Fall besprach, schnitt ich kurz das Fiasko um „Live And Let Die“ an. Er hatte den Vertrag schon ausgiebig unter die Lupe genommen. Seiner Auffassung nach war ich zu dem Zeitpunkt der Produktion nicht mehr an die alte Vereinbarung gebunden gewesen. Ich hätte die EMI direkt vors Gericht zerren können und mich nicht mit unnötigen „Vertragsverhandlungen“ mit Len Wood abplagen müssen, wäre ich nur rechtzeitig zu einem Anwalt gegangen. Das Wissen verstärkte meine Verbitterung zusätzlich. Ich bin heilfroh, dass ich endlich die Lektion meines Lebens verstanden hatte.

Glücklicherweise bestand die Arbeit bei AIR nicht nur aus Vertragsstreitigkeiten, denn wir verbrachten auch einen Teil unserer Zeit mit der Produktion von Platten, worin ja eigentlich das Hauptziel der Firma bestand. David and Jonathan waren die ersten Interpreten, die wir unter Vertrag nahmen. Sie hießen mit bürgerlichen Namen Roger Cook und Roger Greenaway und waren Songwriter, die schon einige Stücke für meine Künstler geschrieben hatten, darunter den Hit „You've Got Your Troubles". Zuerst spielten sie noch bei den Fortunes, wonach sie als Duo Musik machten. Es stand außer Frage, die beiden The Two Rogers zu nennen. Da wir Cook and Greenaway nicht mochten, kam Judy auf die Idee, ihnen Namen der biblischen Charaktere David und Jonathan zu geben, um auch auf ihre große Freundschaft hinzuweisen. Zuerst produzierte ich mit ihnen „Michelle", das die Beatles nicht als Single auf den Markt gebracht hatten. Hier und in anderen Ländern wurde das Stück ein Riesenhit. Kurz danach konnten sie einen riesigen Erfolg mit dem Coca-Cola-Song feiern – Greenaway war bei Jingles schon immer sehr stark gewesen, schließlich als „I'd Like To Teach The World To Sing" veröffentlicht.

Trotz der Tatsache, dass ich den Großteil meiner Zeit etablierten Künstlern wie Cilla und den Beatles widmen musste, gelang es mir, noch ein wenig Raum für meine „Spinnereien" zu finden. Da gab es zum Beispiel die Mastersingers, eine Gruppe von vier Lehrern, die sich auf Kirchengesang spezialisiert hatten, und das mit Bravour und glasklaren Stimmen. Zufälligerweise kam mir ein witziges Liedchen zu Ohren, denn sie sangen die britische Straßenverkehrsordnung im Stil eines Kirchenchors. Es wurde ein Hit, was viele aus dem Musikgeschäft mild überraschte. Verständlicherweise wollte ich einen Nachfolger produzieren. Ich fragte sie, ob sie etwas im Sinn hätten, und sie präsentierten mir die Idee, das Telefonbuch einzusingen! Wundervoll! Unglücklicherweise zerquetschte die Bürokratie mit ihrem unerbittlichen Daumen das Projekt. Das Postministerium schrieb mir: „Wir untersagen Ihnen die angestrebte Produktion. Es ist wahrscheinlich, dass ein Joe Bloggs vom Lanchester Drive seine Adresse nicht in einem Lied erwähnt wissen will." Meiner Ansicht nach hätte sich Mr. Bloggs darüber gefreut, doch das Ministerium interessiert das nicht, und so verlief die Idee im Sande.

Leider arbeitete ich mit den Mastersingers nur noch ein einziges Mal: auf der B-Seite von Peter Sellers' Shakespeare-Parodie, bei der er den bekannten Darsteller Laurence Olivier persiflierte. Auf der A-Seite befand sich „A Hard Day's Night", bei dem er dem Tonfall von Oliviers Version von *Richard III.* folgte. Für die B-Seite wählten wir „Help" aus. Hier sangen die vier Pädagogen im besten kirchlich-religiösen Tonfall den Background, während Peter die Textzeilen wie ein Prediger von der Kanzel herab intonierte.

Die Platte wurde zu einer Art Klassiker, und die Mastersingers – ja, ich glaube, sie unterrichten weiterhin. Nicht selten kommt es im Musikgeschäft zu solch zufälligen Produktionen, bei denen Künstler etwas Unvorhergesehenes in die Welt setzen. Zu den charakteristischen Beispielen zählt Stanley Holloway mit „Albert And The Lion". Es gab auch einen Chor, der „Happy Wanderer" sang, was sich als großer Erfolg entpuppte – es ist der Obenkirchen Children's Choir. Wer? Ich versichere Ihnen, dass dieses Ensemble danach noch viele Platten veröffentlichte, doch keine davon übertrumpfte den Erfolg des Stücks. In der Klassik lassen sich viele ähnliche Beispiele finden wie Litolffs „Scherzo" aus dem *Concerto Symphonique*. Ich schätze mal, dass nicht viele Menschen Musik von Litolff[24] gehört haben.

Eine weitere Facette meiner neu gewonnen Unabhängigkeit bestand in dem Freiraum, selbst zu komponieren. 1967 rief mich eines Tages Dick James an, der Manager von Northern Songs, dem Verlag der Beatles: „Wusstest du schon, dass die BBC ihr neues Radio One starten? Der Verantwortliche heißt Robin Scott, er möchte, dass Paul McCartney eine Erkennungsmelodie für den Sender schreibt. Paul lässt sich allerdings dafür nicht breitschlagen. Wärst du interessiert, wenn ich Scott für die Idee begeistern könnte?"

„Sicher. Aber wenn er Paul McCartney möchte, bin ich im Vergleich ein schlechter Ersatz."

„Egal, du solltest dich mal mit ihm treffen."

Ich befolgte seinen Rat, und Robin Scott – ein überaus sympathischer und charmanter Mann – erläuterte mir die Einzelheiten. Die Musik musste eindeutig britisch klingen, zeitgenössisch, jedoch mit klassischen

24 Anm. des Lektors: Henry Charles Litolff (1818–1891) war ein englischer Klaviervirtuose, Komponist und Musikverleger.

Untertönen und schnell ins Ohr gehen. Ich empfand das als einen recht hohen Anspruch, machte mich aber sofort an die Arbeit, wobei mir „Theme One" einfiel.

Da er dabei eher an ein Orchester dachte und nicht an einen Pianisten, der die Melodie in die Tasten haut, entschied ich mich für eine Plattenaufnahme, die ich ihm als Arbeitsmuster zukommen lassen wollte. Zur Eröffnung hatte ich eine Kirchenorgel ins Auge gefasst. Nachdem der Rest schon im Kasten war, ging ich in die Central Hall in Westminster, wo eine große Orgel mit wohlklingenden Pfeifen steht. Mir schwebte vor, den dort aufgenommenen Teil vor die andere Aufnahme zu schneiden. Das war schon eine Erfahrung für sich! Ich spielte die Orgel selbst und fand heraus, dass der Ton erst ungefähr eine gute Viertelsekunde nach Drücken der Tastatur erklingt. Da die Klangerzeugung so eine lange Zeit in Anspruch nimmt, war es sehr schwierig, den Rhythmus zu halten. Angeblich rief die bereits verstorbene Anna Instone von der BBC Record Library beim ersten Hören: „Allgütiger Himmel, das klingt ja wie ein wahnsinnig gewordener William Walton!" Doch sie zeigten sich äußerst zufrieden und sendeten das Stück morgens und abends jeweils zu Sendebeginn und Sendschluss. Wenn ich so darüber nachdenke, sind vermutlich viele Menschen in Großbritannien beim Kampf „George Martins Finger gegen die störrische Orgel" aufgewacht.

Einige Jahre später, 1969, rief mich Richard Armitage an, einer meiner alten Freunde aus der Welt der Musik, der sich eine Weile um meine Verpflichtungen in den USA kümmerte. Zu seinen Klienten zählte David Frost, den ich noch aus den Tagen von *That Was The Week That Was* kannte, als ich die komplette Show unter anderen mit Lance Percival und Millie Martin aufzeichnete. Richard verriet mir, dass David eine neue Serie von Fernseh-Shows in den USA plane, aber die alte Erkennungsmelodie nicht mehr hören könne. Würde ich netterweise ein neues Stück komponieren? „Natürlich", lautete meine spontane Antwort. Ich schrieb eine Parodie, bei der ich mir David im Land der unbegrenzten Möglichkeiten vorstellte. Er wollte immer zu den populären Menschen gehören und versuchte ständig weltmännisch und lässig zu wirken, obwohl er eigentlich ein recht steifer Kerl war. Das Stück klang wie ein behutsamer, klar erkennbarer Scherz, unterlegt mit einem Swing-Rhythmus, der den Songs von Sinatra ähnelte. Ich nannte es „By George, It's The David Frost Theme". Ja, warum denn nicht?

Die wohl traumatischste Woche der frühen Jahre bei AIR – wahrscheinlich sogar meines ganzen Lebens – war im Juni 1967. Judy war zu der Zeit hochschwanger. Am Dienstag dieser Woche verstarb mein Vater. Wir befanden uns mitten in einem Umzug. Und am Ende der Woche waren die Beatles und ich für den britischen Beitrag zu einer weltweiten Satelliten-Übertragung im Fernsehen vorgesehen, betitelt *Our World.*

Die live übertragene Show würde geschätzte 200 Millionen Zuschauer haben, und sogar die Beatles, die sich nicht so leicht von etwas beeindrucken ließen, sahen dem Ereignis aufgeregt entgegen. „Wir dürfen das nicht aus dem Stegreif machen. Wir müssen unbedingt etwas vorbereiten", flehte ich sie an. Sie zogen sich zur Vorbereitung zurück, wobei John „All You Need Is Love" aus dem Hut zauberte. Wir mussten die Vorbereitungen unter dem Siegel der Verschwiegenheit durchführen, denn hinter dem Projekt stand der Gedanke, dass die Zuschauer die Beatles bei der Aufnahme ihrer neuen Single erlebten – obwohl wir das trotz der moderneren Ausrüstung nicht exakt realisieren konnten. Und so nahmen wir als Grundlage den Rhythmus-Track auf. George war für eins der kleineren Probleme in der Vorbereitungsphase verantwortlich. Er hatte irgendwo eine Geige aufgetrieben, die er unbedingt spielen wollte, obwohl er das Instrument überhaupt nicht beherrschte!

Ich schrieb die Begleitung für das Stück, was wegen der knappen Vorbereitungszeit allerdings auf ein eher grobes Arrangement hinauslief. Als ich zum Ende des Songs gelangte, also zum Zeitpunkt des Ausblendens, fragte ich sie: „Wie stellt ihr euch das Ende vor?"

„Schreib einfach das, was dir gerade in den Kopf kommt, George", lautete der gemeinsame Tenor. „Nimm dir Stücke, die du magst, und streu die Melodien ins Arrangement."

Ich dachte mir eine Mixtur aus der „Marseillaise", der französischen Nationalhymne, und der zweistimmigen *Invention Nr. 8* von Bach aus und ließ „Greensleeves" und eine kleine Wendung aus „In The Mood" einfließen. Ich „verwob" sie zu einer Art Klangteppich mit leicht unterschiedlichen Tempi, sodass man sie immer noch als unterschiedliche Einheiten wahrnehmen konnte.

Dann kam der große Tag des Auftritts. Die Fernsehkameras wurden ins Studio 1 der Abbey Road gerollt. Ich hegte trotzdem noch Bedenken wegen des Auftritts, speziell wegen der erbarmungslosen Live-Situation. Ich rief die Jungs zu mir: „Wir werden auf Nummer sicher gehen und wie folgt arbeiten: Ich habe die Vierspurmaschine schon in Position gebracht. Wenn die Übertragung beginnt, spiele ich euch den Rhythmus-Track ein, und ihr tut so, als wäre alles live. Der Gesang und das Orchester werden hingegen live sein. Ich mische beide Tonquellen zusammen, und wir übertragen es in die weite, wartende Welt."

Der mobile Regieraum der BBC stand im kleinen Vorhof der Studios, und ich war für die Übertragung des Mix in das Studio verantwortlich. Geoff Emerick, mein Tontechniker, hatte direkt neben mir Platz genommen. Trotzdem war es so gut wie unmöglich, sich ungehindert zu unterhalten, denn über uns hatte man eine Fernsehkamera installiert, die jede kleine Bewegung aufzeichnete. In der letzten Minute brach die große Panik aus. Der Produzent, der in einem Übertragungswagen saß, rief erregt: „George, die Leitung zu den Studiokameras wurde unterbrochen. Sie können mich nicht mehr hören. Kannst du meine Anweisungen an sie weiterleiten?" Mal abgesehen von der Nervosität, vor so einem großen Publikum aufzutreten, das mich die ganze Zeit beobachtete, den Sorgen um den Sound, den wir produzierten, und den Sorgen um das von Mike Vickers dirigierte Orchester im Studio, musste ich mir im Moment der Wahrheit auch noch Sorgen um die Verbindung zwischen dem Produzenten und den Kameraleuten machen. Plötzlich wurde alles so kompliziert, dass ich kurz vor einem hysterischen Lachanfall stand. Ich erinnere mich noch an meine Gedanken. Wenn wir was vermasseln, dann aber stilvoll und vor 200 Millionen Zuschauern!

Die Übertragung wurde ein großer Erfolg. Nach einigen Verfeinerungen und Änderungen an den aufgenommenen Spuren, die ich während der Sendung mitgeschnitten hatte, veröffentlichten wir „All You Need Is Love" als Single. Eine tolle Erfahrung, wäre da nicht schon wieder ein Widerhaken gewesen. Ich erhielt die großzügige Summe von 15 £ für das Arrangement und für die Komposition der kleinen Teile des Intros und des Outros. Zusätzlich hatte ich die Songfragmente ausgewählt, und das mit der festen Überzeugung, sie unterlägen nicht mehr dem Urheberschutzgesetz. Ich hätte nicht dümmer sein können! Wie sich herausstellte, war „In The Mood“ urheberrechtlich gesehen abgelaufen, doch nicht das Glenn-Miller-Arrangement. Das winzige von mir genutzte Fragment zählte dazu, was dazu führte, dass die Rechteinhaber bei der EMI wegen ausstehender Tantiemen nachfragten.

Berechtigterweise wollten die Beatles ihre Vervielfältigungstantiemen nicht abtreten. Und so trat Ken West an mich heran, der es bis an die Spitze des Managements der EMI gebracht hatte, und forderte: „Schau mal George, du hast das Arrangement geschrieben. Sie erwarten dafür eine Zahlung.“

„Sie sind doch wohl nicht bei Trost. Ich habe für die Arbeit 15 £ erhalten. Sie können doch wohl nicht ernsthaft behaupten, dass ich jetzt die ausstehenden Urheberrechtskosten von den 15 Piepen übernehme?“

Seine Antwort war kurz und unmissverständlich: „Doch!“

Zu guter Letzt einigte sich die EMI mit den Rechteinhabern.

Seit damals ist viel geschehen, doch auch Kummer begleitete die lange Reise. Scheinbar gibt es einige Menschen, die mich vereinnahmen, mich besitzen wollen, und das behagt mir nicht. Als ich vor vielen Jahren Brian Epstein von meiner angedachten Kündigung bei der EMI erzählte, sagte er: „Es wäre schön, wenn wir geschäftlich enger zusammen arbeiten könnten. Du würdest dich um die Produktionen kümmern, und gemeinsam mit Dick James, der den Verlag führt, wären wir ein tolles Team, das eine großartige Firma vertritt.“ Doch er dachte dabei nicht an eine gleichberechtigte Partnerschaft, sondern sah sich als Herrscher über ein großes Königreich voller Talente und mich eher als einen Angestellten der Abteilung „Plattenaufnahmen“ – und ich verspürte keine besondere Lust, eine Firma zu verlassen, um bei einer anderen weiterzuarbeiten. Auch ich wollte mein eigener Boss sein. Epstein war darauf vorbereitet, mich mit einer Gewinnbeteiligung bei seiner imaginären Plattenfirma einzustellen, doch schloss er eine Beteiligung an den weiteren Geschäftszweigen, wie dem Musikverlag und dem Management, aus. Ich antwortete ihm frei heraus: „Ich halte das für keine gute Idee. Mir gefällt die jetzige Position, so wie sie ist.“ Wir führten nur nebensächliche Geschäftsunterredungen, und das Thema wurde nie wieder angeschnitten, worüber ich ganz froh bin. Wie sich später in meinem Leben zeigte, sollte man nie mit Freunden Geschäfte machen.

Kurz nachdem wir unsere eigenen Studios eröffnet hatten, wurde ich erneut angesprochen. Diesmal war es Gordon Mills, der seine Firma Management Agency Music (MAM) durch den Erfolg mit Tom Jones und Engelbert Humperdinck gründen konnte. Peter Sullivan hatte Gordon noch während der Zeit bei Decca mit Tom Jones bekannt gemacht. Tom war bei Decca wegen Probeaufnahmen gewesen und suchte händeringend einen Manager. Zu der Zeit unternahm Gordon die ersten Gehversuche im Management. Peter brachte sie zusammen, und seitdem produzierte er die Platten von Tom und später auch Engelbert. Nun trat Gordon mit einem atemberaubenden Angebot an uns heran. „Ich möchte eure Firma für zwei Millionen £ übernehmen."

„Aber ich will nicht verkaufen. Es wäre töricht – nach all den Anstrengungen, die wir unternommen haben, um das Geschäft zu etablieren."

Andererseits verfügte keiner von uns über einen Penny. Es war verdammt hart, der Versuchung von einer halben Millionen pro Teilhaber zu widerstehen. Und so stand wieder eine unvermeidliche Diskussion an, die er seinen gewieften Hintermännern überließ, damit sie ihm ein akzeptables Ergebnis präsentierten. Dabei tauchten die wahren Details auf. „Natürlich können wir Ihnen die Summe nicht direkt überweisen. Sie erhalten Anteile an MAM, die nach aktuellen Einschätzungen einen Wert von ..." Und so ging das weiter. Übrig blieben realistisch gesehen weniger als zwei Millionen, aber zumindest noch mehr als eine Millionen £.

Selbstverständlich hing der Vertrag an einem wahren Knäuel von Zusatzbedingungen, die darauf hinausliefen, dass wir bei einer Unterschrift unsere Autonomie verlieren würden. Doch dann setzte man uns das Messer auf die Brust, indem uns die Manager zu verstehen gaben, dass im Fall einer Ablehnung dieses schon fast sittenwidrigen Vertrags Peter nicht mehr Tom und Engelbert produzieren dürfe. Damit war das Schicksal der möglichen Zusammenarbeit besiegelt. „Gut", entgegnete ich. „Wenn das so sein soll, dann zieht es durch. Zur Hölle mit euch." Wir wollten Peter allerdings nicht unter Druck setzten. Er hätte AIR jederzeit verlassen können, um bei Gordon zu arbeiten, was er jedoch ablehnte. Gordon reagierte verständlicherweise barsch und giftete etwas in der Art wie: „Sie sollen Leine ziehen. Ich werde ihnen Tom und

Engelbert entziehen und sie selbst produzieren. Warum soll ich diesen Kerlen Tantiemen in den gierigen Rachen schmeißen, wenn ich den Job selbst erledigen kann?“

Das war’s also. 1972 tauchte Dick James auf, der Mann, dem ich die Beatles „gegeben“ hatte und der in Folge zum Multimillionär wurde. Ich glaube, dass er mir das nie verziehen hat. Es ist ja auch eine Belastung, die man da mit sich rumschleppen muss. Er beklagte sich sogar: „Wie oft muss ich denn ‚Vielen Dank‘ sagen?“ Ich hatte das nie erwartet und immer versucht, das Geschäftliche aus unserer persönlichen Beziehung herauszuhalten. Doch das ließ sich leider nicht vermeiden.

Dick bot uns eine Millionen £, diesmal in Form einer möglichen Direktüberweisung, also cash! Da wir nun mal ein Privatunternehmen führten, lag die Entscheidungshoheit allein bei den vier Teilhabern. Wir standen immer noch mehr oder weniger mittellos dar. Bei der Aussicht auf eine Viertelmillion £, die man uns vor die Nase hielt, entschieden wir uns, die Option zu diskutierten. Abgesehen von den individuellen finanziellen Schwierigkeiten konnten wir auf keine nennenswerten Rücklagen zugreifen, außer auf das bescheidene Firmenkapital, das wir in mühseliger Arbeit zusammengekratzt hatten. Um den Kapitalstock zu erhöhen, waren wir damals bereit, einen Firmenanteil zu veräußern. Doch genau darin bestand das Problem – ein Firmenanteil war nicht genug. Dick James’ Vorstellungen nach musste der Anteil so groß sein, dass er gleichzeitig ein Mitspracherecht erwarb.

Die Besprechungen wurden sporadisch während des Jahres 1973 geführt und begannen erneut Anfang 1974, was eindeutig an der Verärgerung über den Sachverhalt lag; denn ich erkannte, dass er nicht nur die Firma beeinflussen, sondern mich und meine Zukunft kaufen wollte. Darin lag seine eigentliche Absicht. Der Umgangston bei den Meetings wurde zunehmend verbitterter. Er begann buchstäblich mit der Faust auf den Tisch zu schlagen, und ich schrie ihn an. Schließlich gingen wir getrennte Wege. Ich wollte das um alles in der Welt vermeiden, doch es gelang nicht. Mit Sicherheit lag dem das Problem zugrunde, dass ich unbewusst ein entgegenkommenderes Verhalten erhofft hätte, das auf der Tatsache basierte, dass ich damals Brian Epstein Dicks James als Verleger vorschlug.

Der Verkauf war abgeblasen, doch schon wieder mussten wir uns mit einem unangenehmen Widerhaken abplagen. Zu unserem Erschrecken stellten wir fest, dass die Anwaltshonorare (die sich auf hohe Summen beliefen, da die Juristen an allen Verhandlungen teilgenommen hatten) nicht von unserer Firma beglichen werden durften, sondern nur von den einzelnen Teilhabern als Privatperson. Erschwerend kam hinzu, dass die Honorare nicht von der Steuer absetzbar waren. Wir verloren also Geld wegen eines nicht zustande gekommenen Verkaufs und standen schlechter da als jemals zuvor.

Die schwierige Lage drängte uns zur Kapitulation – wenn man den Begriff hier überhaupt anwenden kann –, als das nächste Angebot eintrudelte. Diesmal machte uns Chrysalis, das von Chris Wright und Terry Ellis gegründete Imperium, ökonomische Avancen. Allerdings präsentierten sogar sie uns eine Wundertüte voller merkwürdiger Tricks. Zuerst wollten sie nur einen kleinen Firmenanteil erwerben, wodurch wir an das so dringend benötigte Kapital gelangten. Sie verlangten zusätzlich die Option, einen größeren Anteil zu kaufen, der ihnen ein Mitspracherecht erlaubte – das sie nun auch haben –, allerdings mit der klaren Vorgabe, dass sie uns nicht in der internen Führung behinderten. AIR sollte in Bezug auf Ausrichtung und Zweck des Unternehmens von unseren Entscheidungen abhängen. Bis auf finanzielle Ratschläge und Hilfe beim Management wollten wir in Ruhe gelassen werden. Für mich glich das einer Art Befreiungsschlag, denn ich hatte endlich genügend Zeit, mich auf die Arbeit in den USA zu konzentrieren, die die Einkünfte der Firma steigerte und bis zu einem bestimmten Grad auch mein Einkommen.

Im Nachhinein finde ich den Deal überaus günstig, denn er kostete mich nicht meine Individualität und die uneingeschränkten Entfaltungsmöglichkeiten. Ich kann exakt das tun, was ich möchte, und bin, wie man so schön sagt, frei wie der Wind. Egal, ob ich die Musik für einen Film komponieren will oder eine vollständige Symphonie – ich tue es. Falls nicht, etwa wenn ich mir eine Auszeit nehme, um an diesem Buch zu arbeiten, dann kann ich das ohne vertragliche Behinderungen oder Fallstricke tun. Diese Freiheiten bedeuten mir sehr viel. Hätte ich den Status eines Millionärs angestrebt, der ich nicht bin, der ich aber problemlos hätte sein können – und das ist mir bewusst –, hätte ich dafür meine Freiheiten teilweise aufgeben müssen. Ich habe nur einen Wunsch: Wenn ich zu alt zum Arbeiten bin, krank werde oder der Musik überdrüssig, möchte ich meiner Familie und mir ein angenehmes und sorgenfreies Leben garantieren. Die Vorstellung von einer Armada von Yachten oder Privatjets spricht mich nicht an. Diese Ziele im Leben bringen nur Ärger mit sich.

Nicht dass der Aufbau von AIR ohne Kopfschmerzen ablief – und es sollte noch schlimmer kommen! Als ich mich 1976 in den USA aufhielt, erhielt ich eine schockierende Nachricht. Ich hätte es nicht für möglich gehalten und war vor Unglauben wie erstarrt. Jedem der vier ursprünglichen Geschäftspartner von AIR wurde ein Einschreiben zugestellt. Darin erklärte die EMI, dass der Vertrag mit ihr im folgenden Herbst gekündigt wird, was durchaus im Bereich der Möglichkeiten lag. Allerdings fand sich eine weitere Ankündigung, die den vertraglichen Vereinbarungen zuwiderlief, die besagten, dass Tantiemen über einen Zeitraum von 25 Jahren zu zahlen sind. Die EMI hingegen wollte ab Vertragsende keine anteiligen Zahlungen mehr leisten.

Wir waren am Boden zerstört. Niemand hatte einen persönlichen Anruf in Erwägung gezogen und uns schonend auf diese Schritte vorbereitet. Lediglich ein Einschreiben! John Burgess war – um es milde auszudrücken – äußerst aufgebracht, und erneut mussten wir Anwälte zu Rate ziehen. Wir entdeckten eine Vertragsklausel (die sie entweder ehrenhaft oder verschlagen anwenden konnten), die wegen der hinterhältigen Doppeldeutigkeit der EMI eine Basis dafür abgab, die geplanten Schritte einzuleiten. Allerdings gab es einen anderen Grund für das unverschämte Gebaren der Plattenfirma. Wir waren mit den erhaltenen Tantiemen höchst unzufrieden und hatten schon seit 18 Monaten keine Abrechnung mehr erhalten. Ermüdet davon, ständig hingehalten zu werden, hatten wir eine Buchprüfung bei der Firma eingeleitet – und als Resultat ein Einschreiben erhalten. Letztendlich gelangten wir zu einer Einigung, doch nicht ohne massives Säbelrasseln.

Alles in allem lässt sich die Beziehung zwischen AIR und der EMI seit unserem damaligen Befreiungsschlag als „weniger freundlich" beschreiben – und das trotz der vielen erfolgreichen Platten, die wir seitdem für sie produzierten. Auch schien keiner der Verantwortlich darüber nachgedacht zu haben, dass die Beatles und ich *das* Album für die Firma produzierten, das von vielen Menschen netterweise als das einflussreichste Werk in der Geschichte der Popmusik bezeichnet wird – eine Platte mit dem Titel *Sergeant Pepper's Lonely Hearts Club Band*.

Kapitel 11

Eine Prise Pfeffer

Die Ära der Experimente begann. Die Beatles wussten es, ich wusste es. Im November 1966 konnten wir auf eine wahre Kette von Hits zurückblicken. Wir hatten mittlerweile das Selbstvertrauen – einige würden es Arroganz nennen –, alles nur Erdenkliche zu tun. Bei den erreichten Verkaufszahlen hätten wir sogar musikalischen Müll produzieren können, falls uns das in dem Moment sinnvoll erschienen wäre. Allerdings hätte die Öffentlichkeit eine „Müllproduktion" nicht allzu lange geduldet.

Die Single „Yellow Submarine" und „Eleanor Rigby" und das Album *Revolver* wurden im August des Jahres veröffentlicht. Unser letzter Studioaufenthalt lag nun schon einige Monate zurück; dadurch verfügten wir über genügend Zeit, uns Gedanken über etwas „Neues" zu machen. Wie sich zeigte, war das Ergebnis eindeutig „neu".

Die ersten Anzeichen für einen musikalischen Quantensprung gab es schon vor dieser Zeit. „Eleanor Rigby" und „Tomorrow Never Knows" (von *Revolver*) kündigten für Musikverständige den Umbruch an. Sie waren Vorboten eines radikalen Stilwandels. Allerdings erkannte ich damals die bahnbrechende Bedeutung nicht und war mir auch der Ursachen nicht bewusst. Flower Power, die Hippie-Bewegung und die Drogen-Revolution hatten Großbritannien verändert und auch die Jungs. Das geschah vor meine Augen, doch die mir eigene Naivität trübte mir die Sicht. Ich erkannte nicht den Wandel und hatte keine Ahnung, wie Marihuana roch, obwohl sie direkt vor meiner Nase kifften. Zumindest bemerkte ich die Veränderung in der Musik, die ich aufregend und spannend fand.

Der Ursprung von *Sergeant Pepper* lag in einem Song, der merkwürdigerweise gar nicht auf der Platte war – „Strawberry Fields Forever". In diesem November kam John Lennon ins Studio, und wir begannen mit der üblichen Routine. Ich saß auf dem Hocker, Paul stand neben mir und John vor uns. Er spielte auf seiner Akustik-Gitarre und sang das Stück. Es überwältigte mich, war bezaubernd und wunderschön. Daraufhin versuchten wir den Song mit Ringo an den Drums, Paul am Bass und George an der E-Gitarre zu spielen. Es entwickelte sich eine recht harte Version, die nicht mehr dem sanften Stück glich, das ich gehört hatte. Wir nahmen das Stück auf, das sich als guter, harter Rock entpuppte. Offensichtlich wollte John das exakt so. Er zuckte mit den Schultern und meinte: „Tja, das habe ich mir so nicht vorgestellt, aber es ist in Ordnung." Dann verließ er das Studio.

Eine Woche später kehrte er zurück und lenkte ein: „Ich habe noch mal darüber nachgedacht, George. Vielleicht war das doch nicht sonderlich gut. Wir versuchen es ein weiteres Mal." Bis zu dem Zeitpunkt hatten wir niemals eine Einspielung verworfen, um das Stück an sich zu verändern. Wenn es bei den ersten Takes nicht klappte, empfanden wir es als Zeitverschwendung, weiter daran zu arbeiten. Doch jetzt änderten wir unsere Arbeitsweise. „Vielleicht sollten wir das Stück anders gestalten", schlug John vor. „Könntest du mir wohl bitte eine Partitur dazu schreiben? Vielleicht können wir mit Streichern arbeiten oder mit Bläsern?" Wir einigten uns darauf, dass ich mir Melodien für Celli und Trompeten ausdenken würde, die mit der Band harmonierten. Nachdem ich mit der Orchestrierung fertig war, nahmen wir das Stück auf. Meinem Empfinden nach klang es jetzt wesentlich besser. Und John verließ wieder das Studio.

Wenige Tage später rief er mich an: „Ich mag die Version, wirklich. Aber die andere hat auch was für sich."

„Ja, ich weiß. Sie sind beide gut. Ist das nicht mittlerweile Haarspalterei?"

Vielleicht hätte ich nicht den Begriff „Spalten" erwähnen dürfen, denn John antwortete: „Ich mag den Anfang der ersten Version und den zweiten Teil der zweiten. Warum schneiden wir sie nicht zusammen?"

„Zwei Gründe sprechen dagegen. Ersten sind sie in zwei verschiedenen Tonarten und zweitens in unterschiedlichen Tempi."

„Ja, aber du kannst da sicherlich was machen. Das weiß ich. Bieg das mal hin, George."

John überließ mir stets diese Art von Problemlösungen. Er versuchte nie, sich Wissen über die Aufnahmekunst anzueignen, und war der technisch am wenigsten begabte Beatle. John war felsenfest von meiner Fähigkeit überzeugt, mit den Problemen umzugehen, ein Glaube, der nicht immer angebracht war – und das dachte ich in diesem Moment. Er hatte mir eine nahezu unlösbare Aufgabe übertragen. Ich musste es wenigstens versuchen. Ich hörte mir beide Fassungen konzentriert an und erkannte plötzlich, dass ich mich mit ein wenig Glück geschickt aus der Affäre ziehen konnte, denn die langsamere Version war verglichen mit der schnelleren einen Halbton niedriger.

Ich überlegte mir folgendes Konzept. Wenn ich die eine ein wenig beschleunigte und die andere ein bisschen verlangsamte, wären die Tonhöhen angeglichen. Mit ein wenig Glück würde der Tempounterschied so gut wie gar nicht wahrnehmbar sein. Ich setzte mich an ein Tonband mit stufenlos regelbarer Bandlaufgeschwindigkeit, wählte die bestmögliche Stelle für den Schnitt, holte das Leader-Tape heraus, machte den Schnitt und klebte die beiden Teile aneinander. Und so kam „Strawberry Fields Forever" auf den Markt und wurde bis heute nicht verändert – zwei Aufnahmen, die sich perfekt ergänzen.

Als Nächstes nahmen wir „When I'm Sixty-Four" auf, was ungleich einfacher fiel. Es war ein Stück in der Tradition der Varietés. Paul fielen gelegentlich solche Nummern ein; er wünschte sich dazu eine Art „trötigen" Sound, und ich schrieb eine Partitur für Klarinetten und Bassklarinette. Ich erinnere mich noch an die Aufzeichnung im riesigen Studio 1 in der Abbey Road. Die Klarinettisten wirkten darin so verloren wie ein Schiedsrichter und zwei Linienrichter mitten im Wembley Stadium.

Danach machten wir uns an „Penny Lane", das im Frühstadium ein simples, harmloses Liedchen war. Paul wollte wieder einen besonderen Sound, und nachdem er eines Tages eine Aufführung von Bachs *Brandenburgischen Konzerten* besucht hatte, meinte er: „Da war so ein Typ, der spielte eine fantastisch hohe Trompete."

„Ja, es ist eine Piccolotrompete, auch Bach-Trompete genannt."

„Das ist ein toller Klang. Sollten wir es damit mal versuchen?"

„Kein Problem", antwortete ich, und er bat mich, alles zu organisieren. Die Standard-Trompete ist in B gestimmt, doch es gibt auch die D-Trompete, die von Bach am häufigsten eingesetzt wurde, und die F-Trompete. In diesem Fall entschied ich mich für eine B-Piccolotrompete. Für die Aufnahme engagierte ich David Mason vom London Symphony Orchestra. Es war eine schwierige Session, und zwar aus zwei Gründen. Erstens: Diese kleine Trompete ist ein wahrer Teufel, wenn man sie tongenau spielen muss, da sie nicht in Stimmung mit sich selbst ist. Um reine und exakte Noten zu garantieren, muss der Instrumentalist jeden Ton mit den Lippen bilden, was natürlich bei schnelleren Läufen noch schwieriger wird.

Zweitens: Wir hatten nichts vorbereitet. Uns schwebten lediglich Trompeten-Zwischenläufe vor. Erfahrene Profimusiker hatten sich schon öfter ein wenig missbilligend über die Arbeitsweise der Beatles geäußert: „Wären die Beatles richtige Musiker, wüssten sie schon, was wir spielen sollen, bevor wir im Studio erscheinen." Glücklicherweise hob sich David Mason von seinen Kollegen ab. Die Beatles waren damals die ganz große Sensation, und ich glaube, dass ihn die Vorstellung faszinierte, auf einer ihrer Platten zu spielen, mal abgesehen von der Tatsache, dass er für seine schwierige Arbeit sehr gut bezahlt wurde. Wir ließen das Band laufen, und bei jedem geeigneten Zwischenraum in der Musik, den Paul sich aussuchte, dachte er sich Noten aus, die ich für David transkribierte. Das Resultat war einzigartig, ein Ansatz, den man in der Rockmusik bisher noch nie verfolgt hatte. Das verlieh „Penny Lane" einen eindeutigen Charakter.

Dann kam Weihnachten. Wir einigten uns auf ein späteres Treffen, damit sie genügend Freiraum hatten, um neues Material zu schreiben. Für die Zwischenzeit bestanden die EMI und Brian Epstein auf einer neuen Single, da seit der letzten Veröffentlichung schon einige Zeit verstrichen war. Ich antwortete ihnen: „Okay, das bedeutet aber, wir müssen für das Album neues Material finden. Lasst uns die beiden besten Stücke nehmen, die wir haben – ‚Strawberry Fields Forever' und ‚Penny Lane' –, und sie als Single mit zwei A-Seiten veröffentlichen." Bis zum heutigen Tag kann ich es mir nicht erklären, warum diese Platte es nicht auf Platz 1 schaffte, denn meiner Ansicht nach ist sie eindeutig die beste Single, die wir je veröffentlichten. Doch so lief es nun mal. Nun stand uns nur noch „When I'm Sixty-Four" für das nächste Album zur Verfügung.

Im Februar 1967 ging es weiter. Die Jungs brachten verschiedene neue Songs mit ins Studio. „Sergeant Pepper" tauchte aber erst auf, als wir ungefähr die Hälfte des Albums beendet hatten. Es war Pauls Song, eher eine normale Rockkomposition und nicht sonderlich brillant im Vergleich zu anderen Stücken. Die Aufnahme lief reibungslos. Auch bezüglich besonderer Feinheiten wurde ich hier nicht gefordert. Nach dem Mitschnitt sagte Paul: „Warum machen wir nicht ein Album und stellen uns vor, dass es die Pepper-Band tatsächlich gibt, dass ein gewisser Sergeant Pepper in Wahrheit die Platte einspielt? Wir spielen noch einige Effekte und Schnörkel zusätzlich ein." Ich verliebte mich augenblicklich in die Idee, und von dem Moment an entwickelte *Pepper* ein Eigenleben. Es entwickelte sich scheinbar von selbst und nicht durch bewusste Anstrengungen der Beatles oder meiner Person, daraus ein „Konzeptalbum" zu machen oder bestimmte Stücke zu integrieren.

„With A Little Help Form My Friends" wurde ursprünglich als eigenständiger Song konzipiert, eigens für Ringo geschrieben, da wir auf jedem Album einen Platz für ihn reservieren wollten. Da er nie eine brillante Stimme hatte, unterstützten ihn die Jungs mit geschichteten Refrains, doch dieses Stück lag ihm auch so.

Georges Beitrag „Within You Without You" war – bei allem Respekt – ein eher trübseliger Titel, stark beeinflusst von seiner damaligen Obsession für indische Musik. Ich arbeitete bei der Partitur sehr eng mit ihm zusammen, wobei wir ein Streicher-Orchester einsetzten. Darüber hinaus lud er einige Freunde von der Indian Music Association ein, um spezielle Instrumente aufzunehmen. Ich lernte die Dilubra kennen, eine indische Violine, für deren Spiel man die sogenannte Slide-Technik einsetzte. Das war bei der Partitur des Stücks zu berücksichtigen. Die Geiger mussten indische Musiker simulieren, die Noten nicht direkt anspielen, sondern leicht ziehen und auch [nach dem westlich geprägten Hörempfinden] unsaubere Töne spielen.

Auch so grundlegend unterschiedliche Songs schienen durch die „Arbeit" von Sergeant Pepper zu einem Werk zu verschmelzen, das den Hörer vom allerersten Moment an in seinen Bann zieht – dem Stimmen der Instrumente und den Publikumsgeräuschen. Die besondere Art, durch die der Zusammenhang des Werkes für den Hörer deutlich wird, wurde während des Schnitts offensichtlich. „Good Morning Good Morning“, ein schnellerer, recht lärmender Titel mit einem irregulären Metrum, ist ein perfektes Beispiel dafür. Meist blendeten wir die Musik aus, doch in diesem Fall entschieden wir uns, das Ausblenden mit verschiedenen Klangeffekten, speziell Tiergeräuschen, zu überlagern. Wir „packten“ alles drauf, von einem kläffenden Hunderudel bis hin zu auf einem Bauernhof üblichen Geräuschen. Die von uns bestimmte Titelfolge bedeutete, dass auf den Track eine Reprise des „Sergeant Pepper“-Songs folgt. Natürlich versuchte ich den Fluss des Ganzen zu bewahren und die Empfindung eines Stockens zu vermeiden. Sie können sich sicher meine Freude vorstellen, als ich am Ende von „Good Morning“ das Geräusch eines gluckenden Huhns entdeckte, das dem Gitarrensound zu Beginn von „Sergeant Pepper“ stark ähnelte. Nun war ich in der Lage, die beiden Stücke so zu schneiden, dass die erste Nummer harmonisch in die zweite überging.

Es war einer der schönsten Schnitte, mit der ein Produzent im gesamten Arbeitsleben konfrontiert wird. Bei anderen Nummern hofften wir auf „wahnsinnige“ Ideen und Geistesblitze, um die von uns gewünschten Effekte zu kreieren. Offensichtlich wurde das bei „Being For The Benefit Of Mr. Kite!“. Das Stück basierte – wie fast alle Songs von John – auf einer Beobachtung. Er schlug häufig die Zeitung auf und sah zum Beispiel ein Bild, das ihn zu einem Song anregte. Im Falle dieses Titels inspirierte ihn ein altes Zirkusplakat, das in seinem Haus hing. Darauf stand: „Being for the benefit of Mr. Kite, a Grand Circus, the Hendersons, Pablo Fanques' Fair …“ Alle Artisten und verschiedene Tiere waren aufgeführt, darunter Henry, the Horse. Beim mittleren Teil des Songs angelangt, bei „Henry, the horse dances the waltz“, mussten wir aus offensichtlichen Gründen im ¾-Takt spielen. John wollte, dass die Musik einer vertikal anmutenden Richtung folgt und sich dreht, um dem Ganzen eine Zirkus-Atmosphäre zu geben. Wie üblich – nachdem er einen großartigen Song geschrieben hatte – ging er und überließ mir den Job: „Mach das Beste draus.“

Ich machte mir Gedanken. Um einen Leierkasten-Effekt zu simulieren, sprach ich Mal Evans, den Roadie, an, damit er seine Bass-Mundharmonika spielte, während John und ich zwei elektrische Orgeln benutzten – eine Wurlitzer und eine Hammond. Leider beschränkten sich meine Fähigkeiten auf eine herkömmliche Orgel, und ich fand heraus, dass ich die für diese Läufe nötige Geschwindigkeit nicht spielen konnte. Ich schlug John vor: „Wir werden den Teil in der halben Geschwindigkeit spielen. Du spielst deinen Teil also um die Hälfte verlangsamt und eine Oktave tiefer, und ich gebe mein Bestes, deinem Tempo zu folgen, aber auch eine Oktave über der Ziellage. Später verdoppeln wir die Bandlaufgeschwindigkeit und haben eine netten, sanften und wirbelnden Effekt."

Natürlich hätten wir jederzeit einen professionellen Organisten engagieren können, doch das widersprach unserer Grundhaltung: „Warum, zum Teufel? Warum sollen wir uns von einem fremden Musiker den Spaß nehmen lassen?" Mal davon abgesehen, waren es meist spontane Entscheidungen, die man unverzüglich umsetzten musste. Ein weiterer Musiker hätte eine beträchtliche Verzögerung und langwierige Erklärungen bedeutet.

Obwohl wir den Teil mit diesem ungewöhnlichen Trick aufs Band gebracht hatten, überzeugte mich das Resultat noch nicht, und ich bat John, ein wenig intensiver darüber nachzudenken. Dann fand ich die Antwort. Ich beschaffte mir Schallplatten mit alten viktorianischen Dampforgeln – die Art, die man bei Karussellen auf Landjahrmärkten hört und auf denen traditionelle Stücke gespielt wurden, Militärmärsche von Sousa und so weiter. Allerdings durfte ich keine leicht identifizierbaren Schnipsel davon verwenden. Ich überspielte also einige der Platten auf Band, gab es dem Tontechniker und bat ihn: „Ich möchte 0,5 Minuten hiervon haben, 1,5 Minuten davon, eine Minute von diesem … und so weiter."

„Und was soll ich damit machen?"

„Du schneidest das Tape in ungefähr 30 Zentimeter lange Stücke."

„Wie bitte?!!"

„Zerschnipsele es in kleine Stückchen, circa 30 cm lang, und gib dir keine große Mühe bei den Schnitten."

Er dachte, ich hätte den Verstand verloren, folgte aber meinen Anweisungen und legte mir einen Haufen Bandschnipsel von circa 30 cm Länge auf den Tisch – es müssen circa 60 gewesen sein. „Was *nun*?"

„Wirf sie hoch."

Spätestens jetzt war er fest davon überzeugt, dass die ganze Welt ein Irrenhaus ist, dennoch befolgte er meinen Wunsch.

„Und jetzt hebst du sie nach Belieben wieder auf und schneidest davon ein Band zusammen.

Jetzt konnte der arme Kerl nicht mehr ruhig bleiben: „Warum hast du das gemacht?"

„Das wirst du schon sehen."

Nachdem er mit viel Mühe sämtliche Schnipsel zusammengeschnitten hatte, hörten wir uns das Ergebnis an. Ich sagte ihm: „Dieser Teil klingt zu sehr nach dem Original. Schneid ihn doch bitte raus, dreh das Stück um und füg es wieder ein." So machten wir weiter, bis sich das Tape wie eine Mischung von Karussellklängen anhörte, die musikalisch keinen Kontext erkennen ließen, da es aus Lied-Fragmenten von ungefähr einer Sekunde bestand. Es war ein Sound-Mischmasch ohne Sinn oder Rhythmus. Integrierte man den Teil aber als verwaschenen Hintergrund zu den bereits aufgenommenen Orgeln und der Bass-Mundharmonika, vermittelte das den Eindruck, in einem Zirkus zu sitzen.

Verglichen mit Pauls Songs, die sich alle durch einen gewissen Realitätsbezug auszeichneten, drückten Johns Stücke eine psychedelische, beinahe schon mystische Stimmung aus. In dieser Hinsicht ist „Lucy In The Sky With Diamonds" eine für ihn typische Komposition. Später versuchten Psychologen und Kritiker das Stück als den charakteristischsten Drogen-Song aller Zeiten zu deuten. Das war natürlich Unsinn, doch seitdem haftet das Image an der Nummer. Erst kürzlich regte ich mich über eine Sendung im Fernsehen auf, die von der Drogenrazzia „Operation Julie" handelte, bei der einige der weltweit größten LSD-Lieferanten den Strafverfolgungsbehörden ins Netz gingen. Die Reportage wurde von „Lucy" eingeleitet, als wäre der Track *der* Drogen-Song schlechthin. Diese „Tatsache" scheint sich für die Leute zu bestätigen, da es einen „Beweis" gibt – die Anfangsbuchstaben von „Lucy", „Sky" und „Diamonds" ergeben zusammen LSD.

Tatsächlich liegt die Inspiration für den Song in einem alltäglichen Erlebnis. Julian, Johns junger Sohn, kam eines Tages aus der Schule und trug das Bild eines kleinen Mädchens vor dem Hintergrund eines Nachthimmels bei sich, das von Sternen umgeben war. John fragte, ob er das Bild selbst gemalt habe. Als er das bejahte, hakte John nach: „Und was stellt es dar?"

Julians beste Freundin in der Schule war ein kleines Mädchen namens Lucy, und er antwortete: „It's Lucy, in the sky, with diamonds."

Bei diesem Werk gefällt mir speziell Johns bildhafte Sprache – „tangerine trees", „marmalade skies" und „cellophane flowers". Ich hoffe, dass es nicht überzogen wirkt, aber ich habe ihn immer als den Salvador Dalí der Klänge gesehen und nicht als einen mit Drogen vollgepumpten Musiker.

Andererseits wäre ich recht einfältig, wollte ich die Rolle, die Drogen damals im Leben der Beatles spielten, verkleinern. Sie wussten, dass ich den Drogenkonsum in meiner Lehrerrolle nicht gutheißen konnte, weshalb sich die Jungs in die Kantine zurückzogen, die Tür abschlossen und ihre Joints rauchten. Ich hatte damit nichts zu tun und erkannte überhaupt keinen Sinn darin. Hätte ich auch gekifft, wäre aus *Pepper* niemals so ein Album geworden! Vielleicht lag die Magie der Platte in der Kombination Dope/kein Dope? Wer weiß? Was mich störte, war das Herumgekichere, da es der Arbeit im Weg stand. Ich erinnere mich da an eine ganz bestimmte Situation, die mich besonders nervte.

Wir nahmen gerade den Gesang für die *Pepper*-Tracks auf. John stand unten im Studio und fühlte sich augenscheinlich nicht wohl. Ich erkundigte mich über die Gegensprechanlage: „Was ist mit dir los, John? Fühlst du dich nicht gut?"

„Nein", lautete die knappe Antwort.

Ich ging runter und schaute ihm ins Gesicht. Er sagte: „Ich weiß nicht. Ich fühle mich heute so seltsam."

Er sah wirklich sehr krank aus, und ich riet ihm: „Du brauchst dringend frische Luft. Lass die anderen weiterarbeiten. Ich begleite dich nach draußen."

Doch es gab eine kleine Schwierigkeit – wohin sollten wir gehen? Vor dem Studio hielten sich über 500 Kids auf, die das Gebäude wie Wachhunde belagerten. Hätten wir gewagt, uns im Eingang sehen zu lassen, wäre es zu einem Tumult gekommen. Möglicherweise hätten sie sogar das Tor niedergerissen. Sicherheitshalber führte ich ihn auf das Dach über Studio 2. Es war eine lauschige Nacht mit sehr hellen

Sternen. Ich erkannte plötzlich, dass nur eine vielleicht 15 cm hohe Brüstung das Flachdach begrenzte. Von dort aus ging es fast 20 Meter steil nach unten. Ich warnte ihn: „Geh nicht bis an den Rand – da ist kein Geländer.“ Wir spazierten eine Weile auf dem Dach herum. John hatte sich wieder ein wenig erholt, und wir gingen ins Studio und bliesen die Session ab.

Erst viel später erfuhr ich, dass John regelmäßig „Uppers“, also Aufputschmittel, nahm, um für die nächtlichen Aufnahmen genügend Energie zu haben. An dem Abend hatte er aber versehentlich die falsche Pille genommen, die eine hohe Dosis LSD enthielt. Paul wusste, was seinem Bandkollegen widerfuhr, brachte ihn nach Hause und nahm auch eine Pille, damit John nicht so allein war. Die beiden hatten offensichtlich einen angenehmen Trip. Mir war klar, dass sie Haschisch rauchten und Pillen nahmen, aber mit meinem unschuldigen Gemüt hätte ich mir niemals vorstellen können, dass die Beatles sogar LSD konsumierten.

John nach Hause zu begleiten verdeutlicht Pauls typisches Einfühlungsvermögen, das zu seinen wichtigsten Charaktereigenschaften zählt. Allerdings verletzte er mich während der Produktion von *Pepper* wie sonst nur wenige Menschen in meinem Leben. Es betraf den Song „She’s Leaving Home“. Zu der Zeit der *Pepper*-Sessions musste ich noch andere Künstler produzieren. Eines Tages rief mich Paul an: „Ich habe da einen Song und würde gerne mir dir daran arbeiten. Könntest du morgen Nachmittag vorbeikommen? Ich möchte das Stück schnell fertig stellen. Wir buchen ein Orchester, und du schreibst die Partitur.“

„Ich bin morgen leider verhindert, Paul. Ich nehme Cilla um 14.30 Uhr auf.“

„Na los – komme doch einfach um14 Uhr vorbei.“

„Nein, das geht nicht. Ich muss die Session machen.“

„In Ordnung“, sagte er und beendete das Gespräch.

Wie sich später herausstellte, rief er unverzüglich Neil Aspinall an, den Tourmanager, der sich nach einem geeigneten Ersatz umhören sollte, da ich nicht sofort dazu in der Lage gewesen war. Schließlich erreichte er Mike Leander, der Zeit hatte. Tags darauf präsentierte Paul mir die Noten und sagte: „Hier ist es. Ich habe eine Partitur. Wir können es sofort aufnehmen.“

Ich änderte einige Passagen, damit die Partitur besser klang, und nahm sie auf. Innerlich fühlte ich mich zutiefst verletzt. Ich dachte: „Paul, du hättest wirklich warten können." Es gab für mich an dem Nachmittag keine Alternative, denn sonst hätte ich mich nur noch exklusiv um die Beatles kümmern müssen und nie wieder andere Künstler produzieren dürfen. Paul schien es nicht so wichtig zu sein, dass ich alle Arrangements erledigte. Für mich war es aber wichtig. Wenn ich schon in finanzieller Hinsicht nicht viel verdiente, war zumindest meine Zufriedenheit durch die Arbeit garantiert. Die Partitur klang zufriedenstellend und hat die Zeit gut überstanden, doch es war der einzige von einem anderen Arrangeur kreierte Beitrag während meiner Zeit mit den Beatles. Egal, es passierte und ließ sich nicht mehr ändern.

Dann begannen wir die Arbeit an einem zentralen Song des Albums: „A Day In The Life". Das Stück wurde – wie so viele von Johns Ideen – durch die Zeitung inspiriert: „I read the news today, oh boy." Zum Beispiel bezieht er sich auf „four thousand holes in Blackburn, Lancashire". Einige „Interpretationszauberer" behaupten, dass die Textpassage auf die Einstichstellen im Arm eines Junkies hindeutet, doch in Wahrheit hatte John einen Artikel über unglaubliche Straßenschäden in Blackburn gelesen. Ein Stadtratsmitglied wurde zitiert, das meinte: „Es wird höchste Zeit, dass endlich etwas unternommen wird. Wissen Sie, ich bin durch die Stadt gegangen und habe viertausend Löcher gezählt." John ließ die Wörter einfach in den Text einfließen.

Danach fragte John Paul, ob er eine Idee für den mittleren Teil des Stücks habe, der mit „Woke up, got out of bed …" aufwartete, einem eigentlich anderen Song. Der Teil verschmolz problemlos mit Johns Komposition, da er eine Art Traumsequenz bildete. Wir separierten die beiden mit einer verhältnismäßig langen musikalischen Pause. Bei der Aufnahme der Originalspur spielte Paul eine einzelne Klaviernote, und das über 24 Takte. Wir einigten uns darauf, dass der Part in die Kategorie „Darum kümmern wir uns später" fiel. Um den Rhythmus zu halten, schnappten wir uns Mal Evans, der die Takte mitzählen musste. Auf der Platte ist sogar seine Stimme zu hören, weil er direkt neben dem Piano stand und zählte: „One – two – three – four." Als Witz stellte Mal einen Wecker, der exakt nach 24 Takten bimmelte, und auch der ist deutlich wahrnehmbar.

Wir ließen ihn nur aus einem Grund auf der Spur – wir konnten das Ding nicht mehr löschen!

Nun stellte sich die Frage, wie man die 24 Takte der Leere am besten füllt. Alles in allem war es ja verdammt langweilig! Ich fragte John, ob ihm etwas einfalle. Wie fast immer war es meine Aufgabe, mich in seine Gedankengänge einzuschleichen, zu entdecken, welche Bilder er malen wollte, und sie für ihn zu verdeutlichen. Er meinte: „Ich würde am liebsten einen bombastischen Aufbau hören, der wie aus dem Nichts entsteht und sich zu einem Sound entwickelt, der wie eine Apokalypse klingt. Die Steigerung sollte nicht nur von einer stillen Passage bis zu einer extremen Lautstärke reichen, sondern sich auch in einer Expansion der Musik ausdrücken. Ich würde da am liebsten ein Symphonieorchester einsetzen. Weißt du was, George? Du buchst ein Orchester, wir bringen sie ins Studio und erzählen ihnen dann, was sie spielen."

„Hey, John! Das geht nicht! Man kann kein Symphonieorchester ins Studio setzen und ihnen erklären: ‚Hey Leute, das werdet ihr jetzt spielen.' Du kannst sie nicht aus dem Stegreif dazu bringen, deine Ideen umzusetzen. Man muss ihnen die Musik ausnotieren."

„Warum?", fragte John mit seinem typisch blauäugigen Denken, was solche Dinge anbelangte.

„Weil sie alle verschiedene Instrumente spielen. Es würde nur funktionieren, wenn man genügend Zeit hätte, um durch die Runde zu gehen und jeden einzelnen Musiker seinen Teil zu erklären."

John gelang es zumindest, mir seine Ideen so gut zu vermitteln, dass ich die Partitur schreiben konnte. Für den Teil „I'd like to turn you onnnnnnn ..." setzte ich Celli und Bratschen ein. Ich ließ sie die beiden Noten spielen, die Johns Stimme widerspiegeln. Dabei achtete ich darauf, dass sie keine eindeutig klaren Töne spielen, sondern mit den Fingern die Griffbretter auf- und abwärts rutschen und langsam die Intensität verstärkten, bis zum Beginn des orchestralen Höhepunkts.

Dieser Höhepunkt stellte etwas ganz Besonderes dar. Zum Anfang der 24 Takte notierte ich den tiefstmöglichen Ton jedes Instruments. Für das Ende der Passage notierte ich den höchsten Ton des jeweiligen Instruments, die noch vor einem E-Dur lag oder mit dem Akkord zusammenfiel. Dann schrieb ich einen sich windenden Melodiebogen über die

24 Takte mit Referenzpunkten, damit die Musiker ungefähr wussten, welche Note am Ende des jeweiligen Takts erreicht werden muss. Den Musikern gab ich darüber hinaus Instruktionen, so elegant wie möglich von einer Note zur nächsten zu gleiten. Im Fall von Saiteninstrumenten mussten die Instrumentalisten also das Griffbrett aufwärts spielen. Bei Blasinstrumenten, wie der Klarinette oder der Oboe, wurde die Bewegung durch die verschiedenen Fingersätze für jede Tonart ausgedrückt. Allerdings bat ich sie, die Übergänge so gut wie möglich über das Anspielen mit den Lippen zu simulieren.

Den Anfang der 24 Takte versah ich mit einem „Pianissimo“ und das Ende mit einem „Fortissimo“. Sie sollten so leise wie möglich beginnen – also fast unhörbar – und dann in einem (bildlich gesprochen) „Lungenzerreißenden“ Chaos enden. Zusätzlich zu diesem außergewöhnlichen Beispiel für eine musikalische „Gymnastikübung“ wies ich die Musiker darauf hin, die fundamentale Rolle eines Orchesters zu ignorieren.

Ein gut ausgebildetes Orchester folgt den Anweisungen des Dirigenten im Idealfall wie ein einzelner Mensch. Ich betonte, dass sie das genau nicht tun sollten. „Ich möchte, dass sich jeder als ein Individuum begreift. Jeder ist ein Einzelkämpfer. Bitte hören Sie nicht auf Ihren Nachbarn. Falls er eine Terz über Ihnen spielt und Ihnen das zu schnell vorkommt, lassen Sie ihn einfach weiterspielen. Konzentrieren Sie sich auf Ihre eigenen aufsteigenden Melodieläufe.“ Es muss wohl nicht erwähnt werden, dass sich die Musiker sehr erstaunt zeigten. Mit Sicherheit hatte ihnen niemand zuvor *so* eine Anweisung gegeben.

Um das extravagante Stück umzusetzen, baten mich John und Paul, ein komplettes Symphonieorchester zu engagieren. Obwohl ich mich bei den Beatles mittlerweile auf die recht luxuriösen Produktionsmöglichkeiten eingestellt hatte, schwirrte mir immer noch der von der EMI indoktrinierte Sparzwang im Kopf herum. „Mit allem Respekt – ich glaube, es ist ein wenig übertrieben, 90 Musiker für einen solchen Effekt zu engagieren.“ So einigten wir uns auf ein „halbes“ Orchester – also eine Flöte, eine Oboe, ein Fagott, eine Klarinette und so weiter, anstelle von zwei Instrumenten. Letztendlich saßen 42 Musiker im Studio.

Die Aufnahmen sollten im Studio 1 stattfinden. Wir alle spürten eine aufgeregte Erwartungshaltung, da es das größte Orchester war, das jemals auf einer Aufnahme der Beatles spielte. Und so war ich auch nicht sonderlich überrascht, als Paul mich anrief und fragte, ob ich etwas dagegen hätte, in Abendgarderobe zu erscheinen.

„Warum? Was versprichst du dir davon?"

„Wir wollen uns einen kleinen Spaß machen. Da wir bisher niemals mit so einen großen Orchester gearbeitet haben, wäre es doch ganz lustig, oder? Du erscheinst also in Abendgarderobe? Ich wünsche mir, dass sich die Musiker des Orchesters angemessen kleiden."

„Tja, das wird wohl ein wenig mehr kosten, aber wir können es gerne machen. Und was willst du anziehen?"

„Oh, einfach unsere ausgeflippten Klamotten." Damit meinte er ihr knallbuntes Hippie-Outfit, Blümchenjacken und so weiter.

Am Abend der Session fand ich heraus, dass sie all ihre verrückten Freunde eingeladen hatten, wie Mick Jagger, Marianne Faithfull und Simon und Marijke, die Psychedelic-Künstler, die den Apple-Shop in der Baker Street führten. Sie liefen mitten im Orchester herum und reichten den Orchestermusikern Champagner und Joints und weiß Gott was. Um dem noch eins draufzusetzen, hatten sie verschiedenste Party-Utensilien mitgebracht.

Nach einer Probe ging ich in die Regie, um mich kurz mit Geoff Emerick zu beratschlagen. Zurück im Studio, erwartete mich ein unglaubliches Bild. Der Dirigent des Orchesters, David McCallum, der darüber hinaus das Royal Philharmonic leitete, saß dort mit einer knallroten Pappnase. Er schaute zu mir hoch, und erst da erkannte ich, dass er auch noch eine Scherzbrille trug. Eric Gruenberg, jetzt Solokünstler und einst Leiter des Symphonieorchesters der BBC, spielte munter vor sich hin, wobei seine linke Hand ganz normal über die Geigensaiten glitt, die rechte aber, mit der er den Bogen hielt, in einer gigantischen Gorillapranke steckte. Jedes Orchestermitglied trug zur Abendgarderobe eine Kopfbedeckung aus der Scherzartikelkiste, was reichlich verrückt anmutete. Irgendwo existiert ein Film von diesem Kostümball, den ein mit den Beatles befreundeter indischer Kameramann aufnahm.

Die Orchestermusiker empfanden das alles als albernes Spektakel und reine Geldverschwendung. Trotzdem ließen sie sich von der guten Partylaune mitreißen, denn es war herrlich absurd. An dieser Stelle möchte ich noch erwähnen, dass wir nur ein einziges Mal einen Zwischenfall mit einem Orchestermitglied erleben mussten, und zwar während der Aufnahme von „Hey Jude", der erfolgreichsten Single. Ich wollte sie dazu bewegen, neben dem Instrumentalteil noch zu singen und den Rhythmus mit den Händen zu schlagen. Plötzlich verließ ein Mann brüskiert den Aufnahmeraum: „Ich werde nicht mit den Händen klatschen und Paul McCartneys dämlichen Song singen!" Und das trotz der Tatsache, dass er für seine Bemühungen die doppelte Gage erhielt!

Am Ende stellte sich heraus, dass die „A Day In The Life"-Party keine Geldverschwendung darstellte, denn wir produzierten ein unglaubliches Klangbild. Zurückblickend denke ich oft, dass ich vielleicht doch ein ganzes Orchester hätte engagieren sollen. Egal, das Endresultat klang nicht wie ein, sondern sogar wie zwei Orchester. Nach den Proben zeichneten wir die Passage vier Mal auf, wonach ich diese Teile mit leicht versetzten Intervallen zusammenmischte. Wenn Sie sich das Stück aufmerksam anhören, werden Sie den Unterschied hören. Sie liegen ein wenig auseinander.

Wir benutzten so ein Klangbild zwei Mal. Beim ersten Teil baute ich ein künstliches Ende ein, indem ich einen radikalen Schnitt machte. Musikalisch gesehen gibt es kaum einen aufregenderen Effekt, als auf einen bombastischen Teil völlige Stille folgen zu lassen. Das zweite Mal war für das Ende der Platte vorgesehen. Hierfür hatte ich mir einen Endakkord überlegt, den wir später aufnahmen. Ich wollte den Akkord so lange wie möglich ausklingen lassen und erklärte Geoff Emerick, dass er für den Kunstgriff verantwortlich sei und nicht die Jungs. Gemeinsam mit der kompletten Band ging ich zu den zwei Flügeln und dem Klavier und zeigte ihnen die massiv klingenden Akkorde.

Dann rief ich: „Ready? One, two, three – go!" Mit aller Kraft griffen wir in die Tastatur. Im Regieraum saß Geoff an seinen Fadern – die den Pegel der aus dem Studio kommendem Signale bestimmen – und zog sie erst wegen des heftigen Schalldrucks leicht runter. Dann, als der Akkord langsam ausklang, zog er sie wieder behutsam hoch, während wir mucksmäuschenstill waren. Am Ende standen sie auf der höchsten Position, wodurch die Mikros sogar das leise Geräusch der Klimaanlage aufnahmen. Das Ganze dauerte 45 Sekunden, und wir wiederholten es drei oder vier Mal und erzeugten eine regelrechte Klangmauer. Dieser Akkord stellt einen würdigen Abschluss für „A Day In The Life" dar.

Nun, beinahe den Abschluss. Bei der Zusammenstellung des Albums meinte Paul: „Bei den Pressungen gibt es ja diese Endrille, bei der bei Plattenspielern die Scheibe endlos weiterläuft. Warum schneiden wir da keine Musik rein? Irgendetwas Albernes?“

„Okay, wenn du den Spaß haben möchtest. Ich glaube, dass niemand das bisher gemacht hat, also warum nicht?“

„Lass uns ins Studio gehen“, muntere Paul die anderen auf. Und so intonierten die vier alberne Geräusche – ohne Zusammenhang und ohne Sinn – „yum, tum, tim, ting“. Ich schnitt ungefähr zwei Sekunden des Bandes in das Masterband, sodass die Passage für die Endrille bestimmt war. Als das Album auf den Markt kam, entbrannten endlose Diskussionen unter den fanatischen Fans. Was bedeutete das? Warum hatten die Beatles es gemacht? Daraufhin begannen die Interpretationen mit den für mich verrücktesten Ergebnissen. „Hey, wenn du den Teil rückwärts spielst, hörst du eine obszöne Phrase.“ Mit einer überbordenden Vorstellungskraft wird man wohl so etwas hören, doch es lag niemals in der Intention der vier. Im Grunde genommen war es typisch für den ganzen Beatles-Kult: Jede Platte wurde von oben bis unten und von vorne nach hinten durchleuchtet, um versteckte Botschaften zu entdecken.

Solche Fanatiker entdeckten sogar die Aufnahme speziell für Hunde, was niemand hätte voraussehen können, denn diese Stelle war nur als eigener Joke konstruiert worden. Niemand außer den daran Beteiligten wusste davon. Noch nicht zufrieden mit dem Endrillen-Gag, meinte Paul: „Warum nehmen wir nicht etwas speziell für Tiere auf? Du weißt, was ich mir vorstelle? Lass uns ein Geräusch mitschneiden, das nur ein Hund hören kann.“

„Klar. Die Bandbreite des Gehörs eines Hundes ist weitaus größer als die eines Menschen. Wir sollten einen Ton um die 20.000 Hertz dafür nutzen.“ Es war ein Witz, speziell für Hunde. Sie konnten den Klang hören, doch sie waren keine Beatles-Fans. Sie hassten den Ton und begannen jedes Mal bei dieser Passagen zu winseln. Ich zweifle sehr daran, dass der Gag noch auf modernen Pressungen zu hören ist. Die EMI-Oberen haben sich sicherlich gedacht: „Dumme Zeitverschwendung. Wegschneiden.“ Da ich kein Hund bin, kann ich das aber nicht genau sagen.

Kurz vor Veröffentlichung herrschte im Beatles-Lager die allgemeine Überzeugung, dass sie ein bedeutendes Werk geschaffen, einen Ansatz verfolgt hatten, den bislang niemand so versucht hatte. Sie waren fest entschlossen, dass diese Leistung auf dem Cover verdeutlicht werden sollte. Zur Komposition des Bildes wählten die Beatles Peter Blake aus. Es wurde nicht unbedingt ein preisgünstiges Unterfangen! Sie wollten auf dem Foto zusammen mit den Gesichtern aller Menschen zu sehen sein, die sie verehrten – und zum Teufel noch mal – auch einiger Personen, die sie überhaupt nicht mochten. Die Beatles liehen sich ihre eigenen Wachsfiguren bei Madame Tussaud aus, nicht zu vergessen die Plastiken von Diana Dors und Sonny Liston. Na ja, warum auch nicht? Marlene Dietrich erschien zusammen mit D.H. Lawrence in Form eines Pappaufstellers. Danach platzierten sie noch für die damalige Zeit charakteristische Gegenstände: Musikinstrumente, eine indische Wasserpfeife, einen Fernseher … und Hanfpflanzen. Wie zu erwarten gab es hinsichtlich der Hanfpflanzen einigen Streit.

Leider wurde das Cover insgesamt missbilligt. Um es milde auszudrücken – die EMI lief Amok.

Sie riefen mich an: „Das mit dem Cover geht so nicht. Du kannst die Platte in der Form nicht veröffentlichen."

„Und warum nicht?"

„Weil … ist dir das nicht klar? All die Gesichter auf der Plattenhülle … wir müssen uns von allen eine Erlaubnis einholen. Wir wissen auch, dass Marilyn Monroe tot ist, müssen jedoch den Rechteinhaber fragen. Das gilt auch für W.C. Fields. Mae West lebt noch – die können wir ja direkt kontaktieren." Und so ging es weiter und weiter. Ich ließ eine wahre Litanei über mich ergehen. In einigen Fällen kannten sie die dargestellten Personen nicht und fragten bei mir nach. Die Manager sorgten sich sprichwörtlich zu Tode, denn ein Schauspieler wie Marlon Brando hätte sehr leicht aus der Reihe tanzen und seine Zustimmung verweigern können. Sie mussten Hunderte von Briefen in die ganze Welt schicken, um die Freigaben einzuholen.

Und damit nicht genug! Die Beatles kamen plötzlich auf die Idee, sich verrückte Uniformen in feinster Seide von Douglas Hayward, einem populären Schneider, anfertigen zu lassen. Nachdem sie sich in Schale geworfen hatten, wollte jeder ein für ihn untypisches Instrument in der Hand halten – John ein Waldhorn, Ringo eine Trompete, Paul ein Englischhorn und George eine Flöte. Es gab da nur eine kleine Schwierigkeit – die Jungs wussten nicht, wie man die Instrumente korrekt hält!

Wie in einem schönen Märchen lief alles auf ein gutes Ende hinaus, und das Album wurde ihr größter Verkaufserfolg. Für mich bedeutete das Werk einen Schnitt in der Karriere der Gruppe, denn es kennzeichnete den Übergang von einer „normalen" Rock'n'Roll-Band zu Künstlern, die einen nennenswerten Beitrag zur modernen Musikgeschichte leisteten. Es war ein Wendepunkt – der Wendepunkt! Durch *Sergeant Pepper* wandelte sich die Kunst der Aufnahme von der reinen Aufzeichnung netter Klänge zu einem Medium, das die Zeit als gültige Kunstform überdauert – und eine Art Skulptur der Musik erschafft.

Technisch gesehen war die Arbeit zeitweise albtraumhaft. Mit Acht- oder Sechzehnspurmaschinen hätte ich sicherlich einen besseren Job gemacht, doch mir stand nur eine Vierspur zur Verfügung, und die reizte ich bis zum Maximum aus. Jeder Hörer erkennt augenblicklich, dass bei vielen Songs zur Aufzeichnung der Instrumente und Klänge mehr als vier Spuren nötig waren – und die musste ich irgendwie bereitstellen. Ich überspielte also die Tracks einer Vierspur auf eine andere, manchmal nicht nur ein, sondern zwei Mal. Durch das an früherer Stelle im Buch beschriebene Verfahren verlor ich also bis zu neun Generationen Klangqualität. Das Verhältnis zwischen Signal und Rauschen war somit neun Mal höher.

Ich ging folgendermaßen vor: Ich nahm den Rhythmus-Track, also den lautesten Teil der Aufnahme, auf vier Spuren auf. Diese mischte ich zusammen und überspielte sie auf eine einzelne Spur einer anderen Maschine. Somit standen mir drei freie Spuren der neuen Maschine zur Verfügung. Falls ich nach der Belegung der drei Spuren zusätzliche Spuren benötigte, überspielte ich das Material der zweiten Maschine auf zwei Spuren einer dritten Maschine. Das bedeutete also, dass nur der ursprüngliche Rhythmus-Track sich in Bezug auf das Rauschen neun Mal verschlechterte, was aber so gut wie niemand hören konnte, da die Instrumente wegen ihrer charakteristischen Lautstärke Nebengeräusche überlagerten. Die zweite Spur der dritten Maschine, die mit dem Mix der drei Spuren der zweiten Bandmaschine belegt war, hatte nur vier Generationen Klangqualität verloren. Mit dieser Technik konnte ich bis zu neun Spuren aus unseren Vierspurmaschinen herauskitzeln.

Doch die *Sergeant Pepper*-Story war noch nicht zu Ende. Im November 1976, nahezu zehn Jahre nach der Produktion des Albums, sprach mich Robert Stigwood an. Er produzierte gerade den *Sergeant Pepper*-Film und wünschte sich von mir geeignete Partituren.

Zuerst wollte ich augenblicklich ablehnen. Ich wusste einfach, dass die Beatles das missbilligt hätten. Obwohl ich keine Erlaubnis brauchte oder einen Ratschlag, wie ich mein berufliches Leben zu führen habe, dachte ich lange darüber nach, ob es günstig sei, altes Terrain erneut zu betreten. Robert versicherte mir, dass ich bei einer Zusage vollständige künstlerische Freiheit bezüglich der Musik hätte. Die Klanggestaltung lag also ausschließlich in meinen Händen. Hinzu kam noch, dass er mich mit einem kleinen Vermögen lockte, eine Summe, die mein bisheriges Honorar für einen Film bei Weitem überstieg. Allerdings stellte sich für mich in dieser Situation die Frage, ob das Geld das ausschlaggebende Motiv war. Falls Geld der ausschlaggebende Anreiz für eine Tätigkeit ist, die man sonst vermeiden würde, stellt das sicherlich den falschen Grund dar. Dann sollte man davon Abstand nehmen.

Ich versuchte aufrichtig zu mir selbst zu sein, doch in solchen Situationen ist man sich nicht immer sicher. Am Ende vermittelte mir Judy – wie Frauen es häufig tun – die notwendige Perspektive. „Ich verstehe dein Problem. Du suchst unbedingt eine künstlerisch adäquate Lösung. Hast du mal darüber nachgedacht, dass – gesetzt den Fall, du entscheidest dich gegen eine Mitwirkung – ein anderer den Job macht und du das Resultat hassen wirst? Du hättest keinerlei Möglichkeit, die Geschlossenheit der Musik zu wahren. Wenn du aber das Angebot annimmst, bist du in der Lage, jegliche musikalische Verunglimpfung zu verhindern."

Diese Einsicht und Roberts Versprechen hinsichtlich der totalen Freiheit, das sich bei der Produktion als wahr herausstellte, erleichterten mir die Entscheidung.

Die Aufnahmen sollten im April 1977 beginnen, was sich leider durch die Schwierigkeit hinauszögerte, geeignete Künstler zu finden. Die Bee Gees und Peter Frampton standen schon unter Vertrag, doch die weiteren

Rollen blieben zuerst unbesetzt. Alle nur erdenklichen Namen tauchten auf – einige vorstellbar, andere vollkommen indiskutabel – und wurden diskutiert. Hinzu kam noch Ärger mit dem Regisseur. Der zuerst verpflichtete hatte bislang nur als Fernsehregisseur gearbeitet und stellte sich als ungeeignet heraus. Es dauerte eine Weile, bis die Produzenten einen dem Film angemessenen Ersatz fanden.

Michael Schultz war eine gute und richtige Wahl. Er hatte sich mit seinem Regiejob in dem Film *Car Wash* in die vorderste Reihe katapultiert. Vom ersten Moment an bestand zwischen uns eine angenehme Beziehung. Ich konnte ihn augenblicklich einschätzen, und was noch wichtiger war – wir teilten die gleiche Auffassung, wie man die Musik integrieren sollte. Das sah alles vielversprechend aus, aber für einen Film benötigt man zwangsläufig Schauspieler, und das Casting zog sich unerträglich in die Länge. George Burns war für die Rolle des Mr. Kite vorgesehen, dann kam Mick Jagger für eine andere Besetzung ins Gespräch, und schließlich gehörten Aerosmith, die amerikanische Hard-Rock-Band, zum auserlesenen Kreis der Mitwirkenden. Durch die Verzögerungen begann der Dreh erst im Oktober 1977.

Doch vor den Aufnahmen musste ich die Musik vorbereiten. Da es sich um einen Musikfilm handelte, mimten die Darsteller die Szenen zu einem bereits vorhandenen Playback. Das bedeutet nicht unbedingt komplett produzierte Tracks, sondern zeitgleiche musikalische Skizzen mit dem Rhythmus und den Stimmen. Mit beinahe zwei Stunden Musik lag ein wahrer Berg an Arbeit vor mir, den ich abtragen, also aufnehmen musste. Ich startete am 1. September in Los Angeles. Als Band rekrutierte ich Keyboarder Max Middleton, einen alten Freund von der Jeff Beck Group. Wilbur Bascombe (auch von Beck) spielte Bass, Robert Awhai, der schon häufig mit Max gearbeitet hatte, Gitarre, und Bernard Purdie, ein toller Musiker aus New York, saß hinter dem Schlagzeug.

Obwohl ich mit groben Partituren ins Studio ging, arbeiteten wir hauptsächlich nach „Kopf-Arrangements", wie wir sie nannten. Ich gab ihnen Notenblätter mit Akkord-Symbolen und Bass-Linien, doch der tatsächliche Stil und Ausdruck wurde spontan entschieden. Zum Beispiel: „In der Passage möchte ich diese Stimmung verdeutlichen, hier bevorzuge ich den Rhythmus, dort jenen Stil, hier sind diverse Modulationen zu beachten und so überbrücken wir die beiden Teile. An der Stelle stehen die Instrumental-Parts im Vordergrund und an jener der Gesang …"

Bei der Aufnahme der einzelnen Stücke arbeitete ich mit dem Regisseur sehr eng zusammen, der mir bis ins Detail erklärte, wie lang eine Szene dauerte und was in ihr geschah, und mit dem Choreographen, der die Bewegungen bis ins Kleinste abstimmte. Oftmals wurden Änderungen vorgenommen: „Dieser Song ist nicht lang genug. Wir brauchen einen Teil, wo sie durch die Stadthalle stolzieren" – oder was auch immer sich die Herren wünschten. Nach ihren Vorgaben schnitt ich zum Beispiel XY Takte zur Musik.

Die Arbeit mit den Bee Gees und Peter Frampton war mühelos und ungezwungen. Die Bee Gees sind Vollblutmusiker, und ich empfand die Arbeit mit ihnen auf eine kuriose Art als ein Déjà-vu. Obwohl ich sie in Bezug auf ihre Persönlichkeiten nie mit den Beatles verglich, haben sie jedoch den gleichen respektlosen Humor. Es war schon merkwürdig, wie sich bestimmte Situationen und Ereignisse wiederholten – und das nach zehn Jahren.

Den Satzgesang meisterten sie beeindruckend mühelos. Der Film beschränkte sich nicht auf Songs des *Pepper*-Albums. Als wir bei „Because" von *Abbey Road* angelangten, entschied ich mich, den authentischen Sound als Background so gut wie möglich zu simulieren. Das bezog sich auf die harmonische Schichtung der Stimmen, das elektrische Spinett, das ich selbst spielte, und den allgemeinen recht dünnen Gesamtsound der Rhythmus-Instrumente. Ich begann also mit der Aufnahme der Spinett-Spur und überreichte den Bee Gees danach die sehr komplizierten Harmonien. Es gab drei Spuren mit jeweils drei Stimmen. Die Bewegung der Melodielinien fiel äußerst komplex aus, doch der Gesang fiel ihnen so leicht wie den Beatles. Das verblüffte mich. Ein Ensemble von klassisch ausgebildeten Sängern hätte wesentlich mehr Schwierigkeiten damit gehabt, aber die Bee Gees spürten förmlich die Entwicklung der einzelnen Noten voraus.

Bei anderen Songs oder Sängern stand ich vor schwierigeren Problemen. Die Kompositionen waren für den Gesang von entweder John Lennon oder Paul McCartney ausgelegt, die charakteristische, deutlich erkennbare Stimmen haben. Ohne ihre Stimmfärbung fehlt eine wichtige Facette des Songs, besonders wenn der Gesang anderer Musiker in Bezug auf den Ausdruck weit entfernt liegt. „Strawberry Fields Forever", ursprünglich von John geschrieben und gesungen, wurde im Film von Sandy Farina gesungen. Die Tonart lag mehr als zwei Ganztöne über Johns, und ich fand es wirklich faszinierend, wie sich das auf die Grundstimmung des Stücks auswirkte, denn es stand plötzlich in einem völlig unterschiedlichen Zusammenhang.

Trotzdem musste es bei der Endproduktion verändert werden, da Michaels visuelle Umsetzung, manchmal nicht mit der Musik übereinstimmte. Und so passte ich die Musik dem Film an. Zuerst stellte ich mir „Strawberry Fields Forever" in einer rauen und hypnotischen Fassung vor. Im Film singt sie es in einer gefühlvoll ausgelegten Sequenz mit Peter Frampton, weshalb ich die Nummer glätten musste und Streicher arrangierte, um das Stück als Love-Song herauszuarbeiten. Insgesamt gab es viele Abweichungen vom ursprünglichen Song-Konzept der Beatles, die allerdings einer übergeordneten Idee folgten. Ich wollte die Band im Film, also die Bee Gees, zu Anfang mit möglichst nahe am Original angelegten Fassungen präsentieren. Wenn sie aber erfolgreicher werden und ausgefeilter musizieren, verwandelte sich das Klangbild, wurde zeitgenössischer und anspruchsvoller.

Was jedoch die Songs von Künstlern außerhalb der Band anbelangte, sah ich mich nicht an die Originale gebunden. Mr. Mustard, dem bösartige Elektronikzauberer, gespielt von Frankie Howerd, stehen zwei Roboter-Assistentinnen zur Seite. Sie singen natürlich „Mean Mr. Mustard" von *Abbey Road*, eine ursprünglich schnelle und ungestüme Nummer. Ich verlangsamte sie und verstärkte den tanzbaren Aspekt. Als Nächstes tauchte das Problem auf, wie denn die beiden Stimmen der Roboter klingen sollen – ja, eben wie die von Androiden. Ich kreierte den Sound mit einem sogenannten Vocoder, der die Silben und Konsonanten einer Stimme übernimmt, jedoch nicht den Ton. Man kann den Ausgang des Effektgeräts auf einen gespielten Synthesizerton legen und damit eine düstere und Roboter-ähnliche Stimme erzeugen.

Die Produktion des Films war zwar eine Herausforderung, die aber viel Freude bereitete. In einer Sequenz marschiert die Band durch die Straßen, wobei die verschiedenen Zeitabschnitte vom Ersten Weltkrieg aufwärts durch den Musikstil symbolisiert werden. Und so arrangierte ich das Stück „Sergeant Pepper“ im Ragtime-Stil, Charleston, ähnlich eines Gershwin-Titels, Swing, Big Band und zeitgenössisch – alles auf drei Minuten zusammengeschmolzen!

Der Film wurde kein großer Erfolg, obwohl der Soundtrack mehrmals Platin erlangte. Ich genoss die aufwendige Arbeit, die mit dem Film einherging, ärgerte mich allerdings über die eher ungünstigen Vergleiche mit *Yellow Submarine*. Für diesen Zeichentrickfilm war – abgesehen von den Beatles-Stücken – eine eigenständige Komposition von mir von ungefähr einer Stunde Länge vorgesehen. Das zahlte sich sowohl künstlerisch als auch finanziell aus. Der *Pepper*-Film durfte keine neu komponierten Stücke enthalten, doch ich musste insgesamt zwei Stunden Musik mit unterschiedlichen Künstlern bereitstellen, was verglichen mit *Yellow Submarine* einen deutlich höheren Arbeitsaufwand bedeutete.

Yellow Submarine wurde als Kunstwerk gefeiert, während *Sergeant Pepper* eher ungehaltene Kommentare erntete. Möglicherweise lag allein schon im Titel ein Nachteil, denn der Streifen war sicherlich keine filmische Umsetzung der Platte. Aber alles in allem bin ich der festen Überzeugung, dass niemand einen Film von *Sergeant Pepper's Lonely Hearts Club Band* machen kann. Es war und ist ein einzigartiges Werk.

Kapitel 12

Die Welt des Films

Als Kind träumte ich immer davon, Filmmusik zu schreiben. Als sich mir 1962 die erste Chance eröffnete, stellte sich das schnell als ein Albtraum heraus.

Es war ein britisches B-Movie mit einem minimalen Budget und den Temperance Seven in den Hauptrollen. Ich hatte mit ihnen keine Platten produziert, wurde aber trotzdem gebeten, die Filmmusik zu schreiben – und das für das unschlagbare Honorar von 112 £. Ich scherte mich nicht so sehr ums Geld, denn hier bekam ich meine ganz große Chance. Zumindest glaubte ich das.

Die Songs für die Gruppe und die Begleitmusik, in einem typischen Zwanzigerjahre-Stil, klangen gut und unterstrichen die generelle Atmosphäre hervorragend. Doch als wir die Musik mit den „laufenden Bildern" in Einklang brachten, begann für mich der Ärger. Das war in Shepperton und für mich die erste Erfahrung in einem „richtigen" Filmstudio. Ich hatte nicht den blassesten Schimmer, wie schwierig es für mich werden würde. Die ersten Probleme bestanden darin, dass ich die Temperance Seven in ihren Filmrollen sah und meine Musik dem Ganzen anpassen musste. Hierin bestand ein grundlegender Fehler der Produzenten, denn sie hätten zuerst die Musik aufnehmen müssen, damit die Schauspieler dazu ihre Bewegungsabläufe abstimmen. Das wäre deutlich einfacher gewesen. Da ich nun sprichwörtlich vor vollendeten Tatsachen stand, musste ich also „rückwärts" arbeiten. Es war die anstrengendste, nervenzerreißendste Erfahrung in meinem ganzen Leben, und ich schlängelte mich nach dem Zufallsprinzip und reinem Ausprobieren durch das Desaster. Die Temperance Seven als gut ausgebildete Musiker zu beschreiben wäre eine Übertreibung, und diese Tatsache erschwerte meine Arbeit zusätzlich. Sie konnten kaum den Dirigentenanweisungen folgen, was natürlich nicht besser wurde, wenn sie die ganze Zeit auf die große Leinwand starrten, die als Monitor diente, und sich den Film ansahen!

Die damalige Technik in Shepperton war mehr als antiquiert – extrem antiquiert. Sie besaßen nicht mal einen sogenannten „Rock-and-Roll"-Projektor zum schnellen Vor- und Zurückspielen, der auch damals schon überall Standard war. Wenn wir also etwas verpatzten – und das geschah kontinuierlich –, wurde die komplette Spule neu gewickelt, was eine Verzögerung von zehn Minuten mit sich brachte. Sicherlich kein Balsam für die ausgefransten Nerven!

Der Filmtitel lautete *Take Me Over*, doch ich empfand das exakte Gegenteil und fühlte mich machtlos und der Situation ausgeliefert. Ich erinnere mich noch gut daran, wie ich nach dem Ende der Aufnahmen nach Hause ging und zu meiner Frau sagte: „Ich werde niemals mehr an einem Film arbeiten. Wenn das Filmmusik bedeutet, können sie das gerne selbst machen." Darüber hinaus hegte ich die feste Überzeugung, dass nach diesem Debakel niemand mehr willens sein werde, meine Dienste in Anspruch zu nehmen. Als Muir Matheson, ein großer Name im Geschäft, der mehr Erfahrungen beim Dirigieren von Orchestern für die britische Filmmusik gesammelt hatte als jeder andere, an mich herantrat, überraschte mich das sehr. Matheson, ein angenehmer Mensch (und Schotte), hatte den Auftrag erhalten, die Musik für den Comedy-Film *So ein Gauner hat's nicht leicht* zu schreiben, in dem Wilfred Hyde White, Leslie Phillips und James Robertson Justice spielten. Wie der Zufall es wollte, produzierte ich damals Leslie Phillips.

Muir, obwohl ein erstklassiger Dirigent und Arrangeur, schwächelte auf dem Gebiet der Komposition. Er dachte, dass ich den kompletten Soundtrack schreiben könne. Er fragte mich: „Warum schreibst du nicht einen Song für Leslie Phillips? Wir reservieren das Stück für die Eröffnungssequenz, und dann kannst du mit ihm an weiteren Titeln arbeiten. Du konzentrierst dich auf die dominierenden Passagen, und ich kümmere mich um den Kleinkram." Und so geschah es auch. Es war eine nette und fruchtbare Kooperation, wobei ich von ihm vieles über die Techniken der Filmkomposition lernte.

Das einzige „kleine" Problem war der schwache Gesang von Leslie Phillips (der es sogar als Erster zugab). Der Regisseur und der Produzent entschieden sich in der letzten Minute dagegen, dass er das Titelstück sang. Aus einem unerfindlichen Grund fragte uns niemand nach einer alternativen Lösung. Als ich mir die Filmpremiere im Odeon Acton anschaute, fühlte ich mich wie vor den Kopf geschlagen. Bei der Eröffnungssequenz hörte ich die Einleitung für das Stück von Phillips. Das war ja in Ordnung. Doch beim Einsatz des Gesangs – nichts! Kein einziges Wort. Ich hörte lediglich die Begleitung zu einer fehlenden Stimme. Die Begleitung fiel scheinbar so üppig und voluminös aus, dass niemand das Fehlen des Gesangs bemerkte. Der Film entwickelte sich zu einem mittelmäßigen Erfolg.

Das nächste Angebot erhielt ich zu meinem Erstaunen von den Produzenten des ersten Streifens. Ich sollte die Musik für *Calculated Risk* komponieren und die Szenen-Abstimmung überwachen. Sowohl von ihrem als auch von meinem Standpunkt aus traf der Titel ins Schwarze, doch ich willigte ein und machte einige wichtige Erfahrungen. Vielleicht war es gar kein so großes Glücksspiel, da ich durch die Zusammenarbeit mit Muir viel gelernt hatte. Ich wusste nun, wie man Musik passend zu den Bildern arrangiert, hatte einiges über die Einzelbilder eines Films gelernt und die Laufgeschwindigkeit einer Kamera. Mir war klar geworden, wie ich Maßstäbe für die Musik an den Film anlegte und wie ich mit dem Maßstabsgefühl anderer umging.

Die Arbeit fand noch während meiner Anstellung bei der EMI statt. Ich musste dafür meine Freizeit opfern, doch diese Zeit war gut investiert, denn ich stand bei meinem ersten großen Durchbruch 1964 auf einer soliden Basis. Es war der erste Beatles-Film *A Hard Day's Night* und vielleicht auch ihr erfolgreichster.

Dick Lester führte Regie, und ich machte mit den Beatles spezielle Aufnahmen, produzierte also mit dem Film im Hinterkopf. Danach musste ich alles verknüpfen und die Begleitmusik schreiben. Es lief hervorragend. Zuerst enttäuschte mich die Entscheidung, in Schwarz-Weiß zu drehen statt in glamourösen Farben – Letzteres hätte ich als angemessen empfunden –, doch wie sich zeigte, überzeugte das ältere Medium. Dick Lesters verrückte Schnitttechnik und seine Erfahrungen bei Werbespots, durch die er gelernt hatte, das Material in bündige, kurze Sequenzen zu unterteilen, war brillant.

Allerdings entwickelte sich ein kleineres Problem. Er zählte zu den Gelegenheitsmusikern, die auf einer Party oder in einem Nachtclub zum Klavier in der Ecke gehen und zum Amüsement der Gäste ihre Idee, wie Jazz klingen sollte, zum Besten geben. Er ist ein ordentlicher Jazz-Musiker, doch vermittelte er mir ständig den Eindruck, als sei ich ihm musikalisch unterlegen. Erneut zeigte sich die Gefahr eines Teilwissens oder auch begrenzten Könnens, das zu einer unerfreulichen Trennung führte. Eine meiner Partituren widerstrebte ihm besonders. Das hätte ich ihm noch durchgehen lassen, doch er wartete bis zu den tatsächlichen Aufnahmen, um mir seine Meinung kundzutun. Ich stand auf dem Dirigentenpodest, als er wutschnaubend in den Saal rannte und mich bildlich gesprochen in Grund und Boden stampfte. „Das ist absoluter Mist, was du hier geschrieben hast“, krakeelte er. „Was zum Teufel hast du dir dabei gedacht? Du bist ein verdammter Trottel! Wie nennt man so – so eine Scheiße?“

Mir war das äußerst peinlich, und ich fühlte Wut in mir aufsteigen: „Das habe ich in deinem Auftrag komponiert“, erwiderte ich. Doch das Argument zählte nicht und entfachte nur eine dieser dummen Auseinandersetzungen, die niemanden zum Vorteil gereichen. Ich lenkte ein, änderte zügig einige Passagen und nahm die Partitur nach seinen Vorstellungen auf. Nach diesem Zwischenfall sprachen wir nicht mehr miteinander.

Nach der Premiere wurde der Film in den USA mit zwei Nominierungen für die Academy Awards bedacht. Die eine war für das Drehbuch und die andere ironischerweise für meine musikalische Leitung. Dick wurde nicht genannt. Vielleicht stellte das ein exzellentes Beispiel ausgleichender Gerechtigkeit dar? Es war darüber hinaus die einzige Oscar-Nominierung meines Lebens. Ich besuchte nicht die Feierlichkeiten, da ich genau wusste, dass man gegen Filme wie zum Beispiel *Mary Poppins* und *My Fair Lady* keine Chance hat. Bei der Verleihung erhielt André Previn für das letztgenannt Werk den Oscar für die musikalische Leitung.

Zum Glück musste ich mich bei dem nächsten Auftrag, einer Arbeit für die Boulting-Brüder, mit keinerlei Unannehmlichkeiten herumschlagen. Der Film hieß *Honigmond 67*. Sie hatten bereits Paul McCartney für die Komposition der grundlegenden Themen verpflichtet. Ich sollte die Partituren ausarbeiten und die Begleitmusik schreiben. Die Handlung spielte im Norden. Man sah häufig steile Straßen mit Kopfsteinpflaster, und Paul kam auf die gute Idee, eine Art Bläser-Sound im lokalen Stil zu komponieren. Ich besuchte ihn und sagte: „Ich brauche dringend ein kurzes Stück mit einem wehmütigen Unterton. Du sollst die Musik schreiben, und ich kümmere mich um das Orchestrieren. Dafür muss ich aber ein Lied von dir haben."

„Okay, was willst du?"

Ich erklärte ihm nachdrücklich meinen Wunsch, doch er verwickelte sich in Ausflüchte, und so sagte ich: „Falls du mir kein Stück liefern kannst, dann werde ich selbst eins schreiben." Der Trick zeigte volle Wirkung, und er gab mir ein wirklich niedliches Fragment eines Walzers. Das reichte schon, damit ich mich um die Partitur kümmern konnte.

Wie bei meinem ersten Film fanden die Aufnahmen in Shepperton statt. Ich war so unglücklich über die Ineffizienz der Räumlichkeiten, verglichen mit einem anständigem Studio, dass ich John Boulting aufsuchte: „Ich möchte nicht in Shepperton arbeiten und würde CTS vorziehen."

CTS in Bayswater war das damals beste Studio für die Aufnahme von Filmmusik.

„Warum? Gibt es einen speziellen Grund dafür? Wir verfügen doch in Shepperton über ein ausgezeichnetes Studio."

„Ich habe dort schon gearbeitet und finde es fürchterlich."

Leider gehörten die Boulting-Brüder zur Filmgenossenschaft British Lion und waren Mitbesitzer von Shepperton, was sich für sie natürlich in niedrigen Studiokosten ausdrückte. Dadurch erklärte sich seine Zögerlichkeit, andere Räumlichkeiten anzumieten. Ich konnte das gut verstehen, verdeutlichte aber auch meine Ansicht.

„Ich werde bei den meisten Passagen mit einem Bläserquartett und einem Streichquartett arbeiten, und das sind wirklich nicht viele Musiker. Dadurch reduziere ich die Kosten, obwohl hervorragende Instrumentalisten dabei sind. Doch die Aufnahme eines Bläserquartetts oder eines

Streichquartetts ist eine kritische Angelegenheit und sehr schwierig, da ich besonders auf die Balance achten muss. Es gibt keinen Spielraum für Fehler, denn die Musik klingt gestochen scharf. Bei einem großen Symphonieorchester fällt ein quäkender Ton von einem Geiger auf den hinteren Plätzen nicht auf. Allerdings hört man bei einem Streichquartett jeden Ton – und ich möchte eine perfekte Aufnahme erzielen."

Dann entschloss er sich wenigstens zu einem Kompromiss. „Wir werden Folgendes machen. Dirigiere in meiner Anwesenheit eine Aufnahme in Shepperton. Ich verspreche, dass es ein Test sein wird. Wenn ein positives Ergebnis erzielt wird, und davon bin ich felsenfest überzeugt, werden wir dort weiter aufnehmen. Kannst du mich jedoch überzeugen, dass das Studio den Ansprüchen nicht genügt, hast du mein Einverständnis, andere Räumlichkeiten zu nutzen."

Wir zeichneten die Probeaufnahme in Shepperton auf, und zwar mit dem Streichquartett unter der Leitung von Neville Marriner von der Academy of St. Martin-in-the-Fields. Neville, ein wunderbarer Musiker, war mir eine große Hilfe, aber als ich ins Studio kam und die Platzierung der Musiker sah, traute ich meinen Augen nicht. Sie hatten die Streicher ähnlich einem Kammerorchester bei einer Wigmore-Hall-Aufführung zusammengesetzt. Die Mikrofone hingen ungefähr fünf Meter über ihnen in der Luft. „Nein, mal ehrlich – so funktioniert das nicht. Ich muss das Anstreichen des Bogens beim Cello hören, aber nicht den Raumklang." Ich schaute in Richtung der Bläser. „Darüber hinaus wird man viel zu viel Lärm der Bläser mit den Streichermikros einfangen. Das wird nicht klingen."

Die Bemerkungen erzeugten keinen Anfall von fiebriger Arbeitswut oder eine Art Hilfestellung. Das Studiopersonal war offenkundig der Ansicht, dass sie bei einem Betrieb, der seit 65 Jahren erfolgreich produzierte, keinen Jungspund brauchten, der ihnen erklärte, wie man aufnimmt. Ihre Haltung war geradeheraus gesprochen engstirnig und dumm. Nachdem ich dem Tontechniker meine Mikropositionierungswünsche – besonders was das Cello anbelangte – erklärt hatte, meinte er von der Regie aus gelangweilt über die Gegensprachanlage: „Ernie … äh … könntest du bitte den Galgen für Mr. Martin einen Meter niedriger stellen?" Der Mann träumte noch nicht mal davon, sich hierhinzubewegen und es selbst zu machen. Er überließ den Job dem Arbeiter von der Gewerkschaft –

Ernie. Nachdem Ernie den Galgen ein wenig niedriger eingestellt hatte, konnte ich keinen nennenswerten Unterschied im Klang feststellen. Es entwickelte sich – gelinde ausgedrückt – eine wenig erfreuliche Session.

Das überzeugte John Boulting: „Jetzt wird mir klar, wo die Probleme liegen. Nehmen Sie bei CTS auf. Schauen Sie mal, ob das da besser wird." Es wurde nicht nur besser, sonder sogar sehr gut. Letztendlich zeichneten wir die ganzen Partituren dort auf. Für John war das eine Art Schlüsselerlebnis. Beim Lunch in Bayswater, nach einer der CTS-Aufnahmen, fragte er mich: „Worin liegt eigentlich der Unterschied, George? Ich konnte deutlich die besseren Arbeitsbedingungen erkennen. Warum funktioniert das nicht in den Shepperton-Studios?"

„Ehrlich, John? Das ist ein langes Thema. Zuallererst ist die Technik veraltet. Wir benutzen solche Mikrofone schon lange nicht mehr. Das Personal? Solche Mitarbeiter kämen für uns nicht in Frage. Sie haben eine grundfalsche Einstellung zu ihrem Beruf." Ich wusste, dass ich mich auf sicherem Boden bewegte, denn Roy und Johns Film *Junger Mann aus gutem Haus* war ein klarer Hinweis auf ihre grundsätzliche Einstellung zu kleinkarierten Gewerkschaftsvorschriften. Glücklicherweise haben sich Filmstudios seit damals deutlich weiterentwickelt.

Und bei den Beatles? Der nächste Film hieß *Help!* und wurde ohne meine Hilfe realisiert. Natürlich produzierte ich die Stücke der Band, was sie glauben ließ, ich schriebe auch die Filmmusik. Allerdings saß Dick Lester erneut auf dem Regiestuhl, und so war es keine Überraschung – um mal Sam Goldwyn zu zitieren –, dass man mich einlud, fernzubleiben. Für die Musik zeichnete Ken Thorne verantwortlich, ein Kumpel Lesters.

1966 stand plötzlich *Yellow Submarine* auf dem Produktionsplan. Der Streifen brachte lauter Probleme mit sich, ganz zu schweigen davon, dass sich die Beatles schon von Anfang an gegen die Idee aussprachen. Damals schienen ihnen Vorschläge von anderer Seite hochgradig verdächtig. Und dieser Deal wurde zwischen der EMI, Brian Epstein und den Produzenten abgeschlossen. Geplant war ein Zeichentrickfilm, produziert von King Features, dem amerikanischen Konsortium, das mit *Familie Feuerstein* Ruhm geerntet hatte. Die Beatles dachten, es handele sich um einen weiteren schlechten Vertrag, bei dem sie den Kürzeren ziehen würden, und wollten nichts damit zu tun haben.

Epstein hatte eine vertragliche Vereinbarung geschlossen, dass im Film circa zwölf alte Songs der Beatles genutzt werden und darüber hinaus vier brandneue Titel. Ihre Reaktion fiel dementsprechend aus: „Okay, wir werden diese blöden Songs liefern, uns aber dafür kein Bein ausreißen. Wir geben ihnen die Songs, wenn wir so weit sind, und wir geben ihnen nur Stücke, die uns gefallen."

Wenn wir Stücke für zukünftige Alben aufnahmen, alberten die Beatles am Ende der Session noch ein wenig herum. Klang das Resultat irgendwie vertretbar, meinten sie: „Für den Film ist das gut genug. Das Stück können sie ruhig haben."

Für *Yellow Submarine* kratzten die vier als neues Material den Überschuss, um nicht zu sagen Ausschuss, zusammen – „Only A Northern Song", „All Together Now", „Hey Bulldog" und „It's All Too Much".

Ein weiteres Problem bestand in der Produktionsgeschwindigkeit des Films, denn wir hatten nur ein Jahr zur Verfügung, was im Vergleich zu einem Disney-Streifen, für den zwei Jahre angesetzt werden, sehr wenig ist. Üblicherweise wird zuerst die Musik arrangiert und orchestriert, und erst dann beginnt die Animation, wie zum Beispiel bei *Fantasia*. Bei *Yellow Submarine* war das schlichtweg unmöglich. Für die Regie zeichnete George Dunning verantwortlich, ein brillanter kanadischer Spezialist auf dem Gebiet des Zeichentrickfilms. Er wollte wegen des Zeitdrucks Komposition und Visualisierung parallel laufen lassen, weshalb wir uns ein System überlegten, nach dem ich Seite an Seite mit ihm und seinem Team arbeiten konnte. Er erklärte mir: „Wir können dir keine Zeit vor der Produktion gewähren, und nach Abschluss haben wir auch keine Zeit. Darum bietet sich uns nur die Möglichkeit, dass du komponierst, während wir den Film machen."

„Und wie zum Himmel soll ich das bewerkstelligen?"

„Nach Beendigung unseres Jobs schicken wir dir immer eine Spule. Dann musst du so schnell wie möglich komponieren und aufnehmen. Ich habe keine Zeit, mich mit dir zu beratschlagen, an welchen Stellen die Musik platziert wird. Du schreibst also am besten nach Gefühl zu den Ausschnitten, die dir wichtig sind, und wir passen das später an."

Es war zwar einerseits nett, ohne Einschränkungen und starre Vorgaben zu arbeiten, doch haarsträubend chaotisch. Zum Beispiel erhielt ich

Rolle 4 gefolgt von Rolle 7 – und sogar bei diesen Sequenzen konnten noch Szenen fehlen. In solchen Fällen hatten sie ein kleines Zettelchen beigefügt, mit einem Vermerk über die exakte Zeitdauer. Ich verbrachte einen hektischen Monat mit der Komposition von 45 Minuten Musik, wobei ich mir nicht den geringsten Fehler erlauben durfte. Jeder kleinste Ton musste für den Film maßgeschneidert werden. Wenn sich zum Beispiel eine Tür öffnete oder ein lustiges Gesicht vor dem Fenster auftauchte, sollten diese kurzen Augenblicke mit der Musik unterstrichen werden. Glücklicherweise hatte ich bei meinen frühesten Erfahrungen in der Welt der Filmmusik gelernt, wie man solche Aufgaben bewerkstelligen kann.

Ich besuchte Nelson Riddle in den Filmstudios Elstree, bei einer Aufnahme-Session für *Lolita* mit Peter Sellers in der Hauptrolle. Mir fiel speziell eine Szene auf, in der Peter mit dem jungen Mädchen davonfuhr. Riddle hatte das Arrangement für seine charakteristischen, Rhythmus-betonten Streicher geschrieben, die einen Klangteppich bildeten und nicht ein eigentliches Stück. Peter schaute in den Rückspiegel. Plötzlich riss er die Augen auf, denn er hatte einen Verfolger bemerkt. Das geschah zwei Mal, und exakt in diesen Momenten spielten die Musiker eine beißende Disharmonie, um die Handlung zu verstärken. Dieser Mehrklang stand außerhalb des eigentlichen Rhythmus und wurde nicht auf der 1 gespielt, sondern mitten in einem Takt, passte aber exakt ins Klanggefüge, und das sogar beim ersten Take. Wie hatte Nelson Riddle diesen beeindruckenden Effekt erreicht?

Die Antwort lag auf der Hand. Man plant das exakte Tempo eines Rhythmus und nimmt dann einen sogenannten „Click-Track" auf einer separaten Spur auf. Dieser dient zur Orientierung. Die Musiker hören ein „Klicken", das auf die Anzahl der Einzelbilder pro Sekunde abgestimmt ist. Ein 35-mm-Film läuft mit einem Tempo von 24 Einzelbildern pro Sekunde. Man muss vom Regisseur lediglich die Zeitspanne des Musikbeitrags erfahren, um den Click haargenau einzustellen. Der Dirigent trägt während der Aufnahme Kopfhörer, mit denen er die „Clicks" genau erkennt, und kann nun das gesamte Orchester auf die festgelegte Geschwindigkeit einschwören. Mit diesem „Präzisionsinstrument" im Hinterkopf ist ein Komponist in der Lage, die Partitur zu schreiben. Wenn jetzt ein Effekt gewünscht ist – zum Beispiel nach einem Drittel der

Zeitdauer oder mitten in einem Takt –, kann er mit absoluter Sicherheit und Genauigkeit die Einspielung vornehmen, denn sie wird zum Film passen. So arbeitete Riddle, und ich machte mir die Methode bei *Yellow Submarine* zunutze. Ich schrieb präzise auf Zeit, sogar bei avantgardistischen Teilen oder bizarren Klängen wie bei dem Stück „Sea Of Holes", weil ich mich immer die Takte „entlanghangeln" konnte, wohl wissend, dass der „Click-Track" die Regelmäßigkeit des Tempos garantiert.

Yellow Submarine als Gesamtwerk steckte voller innovativer Ideen und Experimente. In der Sequenz, bekannt als „Sea Of Monsters", fährt das U-Boot durch das Meer, wobei alle nur erdenklichen Fantasie-Lebewesen den Meeresgrund bevölkern: Einige habe drei Beine, andere rollen herum wie Deckel einer Fahrradklingel. Eins dieser Lebewesen ist ein wahres Monster – riesengroß, ohne Arme und mit zwei Beinen, die in Wellington-Stiefeln stecken. Der auf dem großen Rumpf ragende Kopf hat statt einer Nase eine lange Trompete. Es ist eins der Monster, das sich kleinere Geschöpfe mit der Trompete einverleibt. Später verschluckt es auch das gelbe Unterseeboot und schließlich die Ecke des Bildschirms, bis das Bild durch ein grelles Weiß ersetzt wird. Natürlich musste so eine Szene mit einem „saugenden" Geräusch unterlegt werden. Doch wie sollte man mit einem Orchester solch einen Klang erzeugen?

Plötzlich fiel mir der naheliegendste Trick ein – eine Rückwärtsspur. Rückwärts abgespielte Musik klingt an sich schon äußerst merkwürdig, und eine Posaune oder ein Becken ergeben eben diesen „saugenden" Klang. So komponierte ich ungefähr 45 Sekunden für das Orchester, die beim Rückwärtsabspielen optimal zum Film passen. Der damals bei CTS arbeitende Tontechniker war ein liebenswerter Mensch namens Jack Clegg, der, nachdem ich ihm die Idee erklärt hatte, voller Begeisterung ausrief: „Toll! Großartige Idee! Ich werde also den Film umdrehen, und du nimmst dazu die Musik auf. Danach spielen wir ihn wieder vorwärts ab, und schon hast du deine Rückwärtsmusik!" Das klang für mich wie eine Szene aus einem Drehbuch der Goons!

Wir machten das genau so, und am Ende des Takes meinte ich, statt der üblichen Bitte, in die Regie zu kommen, eine merkwürdige Sprache zu erkennen, die für mich wie Japanisch klang. Ich hörte das über meine Kopfhörer, wusste aber überhaupt nicht, was dort vor sich ging. Dann, als wir uns den Film wieder richtig herum anschauten, um das Ergebnis zu überprüfen, verstand ich, was er im Schilde führte. Zu Beginn der Aufnahme hörte man Jacks Stimme, die etwas in der Art sagt wie „Myelloo Saamerin, teek sri". Während wir probten, hatte sich der verrückte Kerl geschickt ausgeklügelt, wie er seine Bekanntgabe rückwärts spricht, damit sie beim normalen Abspielen (also vorwärts) in Englisch erklingt! Na gut, so ungefähr Englisch. Das ist sehr, sehr schwierig und wir konnten uns vor Lachen nicht mehr halten. Jack hat mich durch diese unglaubliche Leistung wirklich aus den Schuhen gehauen, und ich klopfte ihm anerkennend auf die Schulter.

Nach dem Abschluss der Aufnahmen überspielten wir die Musik zum Film, was erwartungsgemäß neue Probleme mit sich brachte. An einige Stellen schnitten wir die Musik zugunsten der Klangeffekte heraus, bei anderen verabschiedeten wir uns von den Effekten, da meine Komposition besser dazu passte. Trotz aller Mühsal und der Erschwernisse wurde der Soundtrack ein Riesenerfolg, der mir sprichwörtlich tonnenweise Fanpost einbrachte. Sogar Jimmy Webb fragte mich, ob er die Eröffnungssequenz „Pepperland" für eine Sondersendung über Ringo Starr in den USA benutzen dürfe.

Als wir uns an die Arbeit zum Album des Soundtracks machten – das die Produzenten auf jeden Fall haben wollten –, standen wir vor neuerlichen Problemen. Die Beatles hielten sich aus dem ganzen Projekt heraus und überließen uns die Entscheidungen. Ich schlug den Managern vor: „Offensichtlich gibt es nur einen zufriedenstellenden Weg. Die Beatles suchen sich die Stücke aus, die sie veröffentlichen wollen, und ich veröffentliche meine Musik separat, denn ich möchte nicht auf einen Erfolgszug aufspringen."

Die Gruppe entschied sich daraufhin für die Veröffentlichung einer EP mit den vier neuen Tracks des Films. Sie vertraten die Auffassung, dass die Filmleute eine LP mit der Hintergrundmusik auf den Markt bringen wollten, mit Stimmen aus dem Streifen und einem Erzähler. Die Geschichte des Yellow Submarine stand im Vordergrund und sollte von dem Autor konzipiert werden, der die ursprüngliche Story geschrieben hatte – Erich Segal, der sich später mit *Love Story* einen unsterblichen Namen machte. Ich hatte mit ihm eng beim Drehbuch für den Film zusammengearbeitet. Die Platte war also, ähnlich *Peter And The Wolf*, als Kombination aus Worten und Musik konzipiert. Wir standen kurz vor Beginn der Arbeit, als sich die Beatles gemeinsam dagegen entschieden. „Nein, wir wollen das so nicht. Wir wollen eine LP veröffentlichen." Ihnen war natürlich klar geworden, dass EPs sich in den USA so gut wie gar nicht verkaufen, ganz im Gegensatz zu LPs. Sie hatten wahrscheinlich auch erkannt, dass trotz ihres Desinteresses und der mangelnden Kooperationsbereitschaft der Film ein Erfolg werden würde, wie sich auch schnell herausstellte.

So entschied man sich dafür, auf der einen Seite ihr und auf der zweiten mein Material zu platzieren. Neben den vier neuen Titeln wählten sie die ursprüngliche Single „Yellow Submarine" aus und „All You Need Is Love". Auf meiner Seite befanden sich „Pepperland", „Sea Of Time", „Sea Of Holes", „March Of The Meanies", „Pepperland Laid Waste" und „Yellow Submarine In Pepperland", die ich komplett neu einspielte. Es war zufriedenstellender und verursachte auch keine neuen Kosten, da wir das erste Orchester bei Nutzung der Musik für den Soundtrack sowieso zwei Mal hätten bezahlen müssen.

Der Erfolg von *Yellow Submarine* zahlte sich schon bald für mich aus. Unerwartet rief ein Regisseur namens Mike Hodges Shirley Burns an, meine langjährige und ständig überarbeitete Assistentin, und erkundigte sich nach einem Termin. Er besuchte mich im Büro, erläuterte mir das Vorhaben, auf Malta einen Film mit Michael Caine zu drehen, und bat mich, die Musik zu schreiben. Ehrlich gesagt war ich ziemlich erstaunt.

„Viele Komponisten haben sich ausschließlich auf Filmmusik spezialisiert", erklärte ich ihm. „Bei den bisherigen Projekten ging es meist darum, eine Paul-McCartney-Komposition zu orchestrieren oder etwas Ähnliches. Warum wenden Sie sich an mich?"

„*Yellow Submarine* ist das Beste, was ich seit vielen Jahren gehört habe, und aus diesem Grund möchte ich Sie als Komponisten für den Film verpflichten."

„Oh, vielen Dank. Nett, dass Sie das so sehen. Ich hoffe, Ihre Erwartungen nicht zu enttäuschen."

Hodges war ein großartiger Kollege und ich zufrieden mit der Musik, doch leider wurde der Film eher ein Flop, was meiner Meinung nach an der schlechten Distribution lag. Er hieß *Malta sehen und sterben* und handelte von einem Schundroman-Autor, der sich plötzlich in einer Situation wiederfand, die der in seinen Romanen stark ähnelte. Mit der erstklassigen Besetzung Michael Caine, Mickey Rooney, Elizabeth Webb und Lionel Stander überzeugte der geschickt in Szene gesetzte und gut durchstrukturierte Streifen. Darüber hinaus gefiel er mir sehr gut, was aber nichts an der Tatsache ändert, dass er „nicht zündete".

Nach diesem Rohrkrepierer machte ich mich an die Arbeit eines explosiveren Stoffs – Bond, James Bond! Paul McCartney war gebeten worden, einen Song für *Live And Let Die* zu schreiben. Ich übernahm das Orchestrieren und die Aufnahme. Nachdem die Produzenten Albert „Cubby" Broccoli und Harry Saltzmann das Ergebnis gehört hatten, setzte sich Harrys Assistent Ron Cass mit mir in Verbindung, denn sein Chef wollte mich persönlich treffen. Ron und Cubby luden mich zum Lunch ins Tiberio in der Curzon Street ein. Da sie meine Arbeit an dem McCartney-Song beeindruckte, zogen sie mich für die komplette Filmmusik in Erwägung. Sie fragten mich, ob es mir etwas ausmachen würde, auf Firmenkosten nach Jamaika zu fliegen, um Harry Saltzmann zu treffen, der dort schon drehte.

„Ich habe nichts dagegen und kann mir die Zeit freihalten", antwortete ich erfreut.

Die Außenaufnahmen fanden in Ocho Rios statt. Bei meiner ersten Begegnung mit Saltzmann kam er sofort zur Sache. Wir setzten uns hin, und er sagte: „Großartig. Mag deine Arbeit. Sehr schöne Platte. Mag die Partitur. Nun verrat mir mal deine Meinung – wer soll das singen?"

Ich war vor den Kopf gestoßen. Er hatte doch schon die Produktion von Paul McCartney. Und Paul McCartney – meine Güte, Paul McCartney war Paul McCartney. Doch er verstand das Endprodukt offensichtlich als Demo-Aufnahme.

„Ich kann da nicht ganz folgen. Sie haben doch schon Paul McCartney …"

„Ja, ja. Doch wen sollen wir engagieren, um das Stück für den Film einzusingen?"

„Es tut mir leid, aber ich verstehe Sie immer noch nicht", erwiderte ich mit dem Gefühl, dass mir bislang etwas verschwiegen worden war.

„Du weißt doch – wir brauchen ein Mädchen dafür, oder? Was hältst du von Thelma Houston?"

„Ja, sie ist eine sehr gute Sängerin. Aber ich sehe da keine Notwendigkeit, da Sie schon einen Paul McCartney für den Gesangsteil haben.“

Vielleicht verhielt ich mich wie ein Trottel? Er war wohl die ganze Zeit davon ausgegangen, dass eine Frau den Titelsong seines Films übernehmen werde, wie Shirley Bassey in *Goldfinger* oder Lulu. Egal, wer es denn nun werden sollte – er bestand auf einer deutlich erkennbaren Stimme und lehnte Paul ab.

So behutsam wie es nur ging, wies ich ihn auf McCartney als die ideale Wahl hin – obwohl er keine schwarze Sängerin war – und auf die Tatsache, dass Paul das Stück wahrscheinlich nicht freigeben würde, wenn es nicht der Titelsong würde. Dafür benötigte ich eine gehörige Portion Fingerspitzengefühls. Hätte ich ihm meine Meinung direkt unter die Nase gerieben, wäre das nicht gut angekommen – um es milde auszudrücken. Wahrscheinlich hätte er abgelehnt und alles abgeblasen. Nach einigen charmanten Sätzen willigte Saltzmann ein.

Mir schadete das Treffen nicht, denn zurück in London, erhielt ich den Auftrag für die Komposition der Filmmusik. Guy Hamilton führte Regie, ein Mensch, mit dem man problemlos arbeiten konnte. Wie Roy Boulting, der bei *Honigmond 67* Regie führte, war er kein Musiker, was mir den nötigen Freiraum ließ. Allerdings drückte er sich stets sehr genau in Bezug auf seine Spezifikationen und Anweisungen aus. Er erklärte mir exakt die Passagen für die Musik und den damit verbundenen Effekt.

Zum Beispiel: In dieser Sequenz klettert Bond auf einen Hügel. Er weiß nicht, was dahinterliegt. Langsam nähert er sich dem Kamm. Wir sehen ihn und einen von den Bösen, der Bond auf einem Monitor beobachtet. Irgendetwas wird geschehen. Als er die Spitze erreicht hat, blickt er herunter, und wir wissen, was er sieht. Nun möchte ich, dass du Musik schreibst, mit der die Spannung beim Aufstieg und der Observation durch den Bösewicht unterstrichen wird. Oben angelangt, zeige ich Bonds Gesicht in Nahaufnahme. Er schaut sich um. Man erwartet etwas Schreckliches. Dann – und erst in dem Augenblick – sieht der Zuschauer das Bild, das sich Bond bietet: nichts als Felder! Und dieses Überraschungsmoment will ich auch durch die Musik umgesetzt wissen.“

Nachdem ich die Partitur fertig gestellt hatte, besuchte er die Aufnahmen und hörte genau zu, wie das Orchester die Akzente setzte. Danach bat er mich um einige kaum nennenswerte Änderungen, was mich natürlich erfreute, denn einerseits sagte das etwas über die Qualität der Musik aus und andererseits über seine Fähigkeit, haargenaue Vorgaben zu machen. Der Film hatte insgesamt 45 Minuten Musik, und ich benutzte Pauls Songs zwei Mal – zuerst in der Eröffnungssequenz und danach in einer Version, gesungen von Brenda Arnau.

Das nächste Projekt war *Sergeant Pepper*, worüber ich bereits berichtete.

In vielerlei Hinsicht hat sich Filmmusik zu einem Teil unserer Kultur entwickelt. Ein Publikum weiß allein durch die musikalische Vorgabe, wann zum Beispiel ein Mord geschehen wird oder die Kavallerie kommt, wann sich Liebende küssen werden – diese klanglichen Konventionen haben mittlerweile eine allgemeingültige Wirkung. Ohne so einen Spannungsaufbau würden die meisten Filme klinisch und steril wirken. Doch ein Publikum ist sich häufig der Musik gar nicht bewusst!

In *Leben und Sterben lassen* gibt es eine aufregende Autoverfolgungsjagd, bei der ein Gegner Bond mit einem Giftpfeil töten will, aber nur dessen Fahrer trifft. Der Wagen gerät außer Kontrolle und beschleunigt, da das Gaspedal vom Fuß des Toten eingeklemmt wird. Bond versucht die Kontrolle über den Wagen wiederzuerlangen, wobei er ständig auf die andere Fahrbahnspur gerät. Schließlich kann er ihn stoppen, steigt aus, glättet den Anzug und erwägt eine Glattrasur. Die gesamte Sequenz ist äußerst aufregend. Als er seine Worte spricht, empfindet das Publikum ein Gefühl der Erleichterung. Bei einer Befragung der Zuschauer hinsichtlich der Musik hätten sich die meisten wahrscheinlich bewusst an gar nichts erinnern können. Doch sie war die ganze Zeit über präsent. Ohne die Musik und die Klangeffekte wäre die hohe Spannung der Szene nie erreicht worden.

Ein Problem der zeitgenössischen Filmmusik ist die hohe Quantität, besonders durch die zunehmende Dominanz des Fernsehens. Dadurch nehmen Klischees unvermeidbar zu und werden konstant eingesetzt, da es für bestimmte Anwendungsgebiete eben keine unbegrenzten Möglichkeiten der musikalischen Gestaltung gibt. Hat man eine Verfolgungsjagd gesehen, hat man alle gesehen, was vergleichbar auch für die musikalische Begleitung gilt.

Letztendlich überrascht das nicht, bedenkt man die Tatsache, dass in Los Angeles wahre „Musikfabriken" entstanden sind. Ich entdeckte das schon vor vielen Jahren, bei einem Besuch mit Brian Epstein. Ich wollte einen jungen Songwriter namens Randy Newman treffen, damals noch ein Unbekannter, heute allerdings ein berühmter Künstler. Sein Verleger hatte mir einige von Randys Stücken zukommen lassen. Ich fand sie sehr ansprechend und nahm eines davon mit Cilla Black auf. Ich wusste, dass Randy mit Alfred Newman verwandt war, einem großartigen Filmkomponisten, und dass Lionel Newman, sein Onkel, bei Twentieth Century-Fox die Abteilung Filmmusik leitete. Also besuchte ich zuerst Lionel, den ich kannte. Er meinte: „Randy arbeitet in der Abteilung Arrangement und Auftragsbearbeitung. Sie werden ihn dort drüben finden."

„Dort drüben" stellte sich als ein großes Gebäude heraus, Teil einer ganzen Siedlung, die ein typisches Hollywood-Studio ausmacht. Die Musikabteilung wirkte auf mich wie ein Großraumbüro für Sekretärinnen – überall saßen anonym wirkende Männer an ihren Schreibtischen und komponierten. Dort hockte ein kleiner, dunkelhaariger Junge, mit einer Brille und einem leichten Schielen: Randy Newman.

Wir stellten uns vor, und ich erklärte Randy meine Hochachtung vor seiner Musik. Gleichzeitig wunderte ich mich, was zum Himmel er mit so einem herausragenden Talent hier verloren hatte. Dann, als ich die langen Reihen entlangschaute, entdeckte ich einen mir bekannten britischen Komponisten, der oft für Tony Newley und Leslie Bricusse geschrieben hatte. Das erstaunte mich. Natürlich verdiente er sich hier einen anständigen Lebensunterhalt, allerdings mit einer einschläfernden Tätigkeit: Das hier war Fließbandarbeit, vergleichbar mit den eben erwähnten Sekretärinnen, die tagtäglich tippen. Man erhielt zum Beispiel Aufträge für eine 17-sekündige Verfolgungsjagd oder 45 und 2/3 Sekunden einer klassischen Liebesszene. Manchmal wussten die Komponisten noch nicht mal, um was für einen Film es sich handelte. Da jedoch so viele Filme für den Moloch Fernsehen benötigt wurden, die sich immer wiederholende Szenen enthielten, musste dafür maßgeschneiderte Musik geschrieben werden.

Die schon erwähnten Click-Tracks gehörten hier natürlich zum täglichen Brot, sodass ihnen davon eine akustische Bibliothek zur Verfügung stand, mit jedem Tempo, von einem 5-sekündigem Click bis hin zu jeder

Millisekunde. Es handelte sich hier tatsächlich um einen beinahe schon maschinellen Prozess. Sobald die Komposition fertig war, wurden die Noten ins Studio gebracht, wo schon die Musiker warteten, bereit für die Aufnahme. Sie mussten nicht mehr parallel zum Film aufnehmen, weil sie durch den vorgegebenen Click die Musik exakt einspielten.

Die Grundeinstellung und der dahinterstehende Produktionsprozess erklären die Vorhersehbarkeit von Fernsehmusik – immer dieselben Sounds, die man nahezu identisch orchestrierte. Gelegentlich tauchten einige gute Stücke auf, aber bei so viel Material war Langeweile die Regel. Ich möchte jedoch nicht ungerecht klingen, da ich mir sicher bin, dass die Komponisten versuchten, etwas anderes durchzusetzen. Doch wenn man ständig in einer Maschinerie steckt, werden Innovationen schwieriger und schwieriger.

Das gehört zu den Gründen, warum ich froh bin, dass sich mein Traum – die Karriere eines Filmkomponisten – nicht verwirklichte. Arbeitete ich ständig in diesem Segment der Musikindustrie, wäre eine Qualitätsminderung die logische Folge. Ein Film im Jahr kommt mir gelegen, doch sich darauf zu beschränken ist nicht einfach, da sich die Arbeit schnell zu einer goldenen Tretmühle entwickeln kann. Man muss ständig neue Leistungen erbringen, um von den Produzenten akzeptiert zu werden. Ein Erfolg muss auf den nächsten folgen, und das bedeutet ausschließliche Konzentration auf das Genre. Ein gutes Beispiel hierfür ist John Williams. Er schrieb die Musik für *Der weiße Hai*, gefolgt von *Star Wars*, wiederum gefolgt von *Unheimliche Begegnung der dritten Art*. Wahrscheinlich erhält Williams mehr Angebote, als er tatsächlich bewältigen kann, und muss sich nur noch auf seine Arbeit konzentrieren.

Ich bin in der glücklichen Lage, zusätzlich zur Filmarbeit noch Platten zu produzieren, Tonstudios zu bauen, mich in unterschiedlichen Stilen kompositorisch auszudrücken und sogar dieses Buch zu schreiben (mit ein klein wenig Hilfe eines Freundes). Möglicherweise kann ich mir noch etwas Zeit gönnen für den Versuch, eine lebenslange Ambition zu verwirklichen: die Komposition für ein Ballett. Ich bin glücklicherweise in finanzieller Hinsicht nicht auf die Filmmusik angewiesen. Müsste ich damit mein Geld verdienen, wäre ich schnell gelangweilt und als Konsequenz dessen von der Musik gelangweilt.

Allerdings möchte ich nachdrücklich darauf hinweisen, dass ich auf gar keinen Fall behaupte, Soundtracks seien Routinejobs. Ganz im Gegenteil, viele Partituren sind hoch kreativ und inspirierend. Wenn ich Musik für Filme schreibe, will ich nicht unbedingt „massentaugliche“ Durchschnittsware kreieren. Ich versuche gute und angemessene Stücke zu komponieren, und wenn sie sich nicht Millionen Mal verkaufen, stört mich das nicht.

Songs an sich verkaufen sich wesentlich einfacher im Vergleich zur Orchestermusik, denn die menschliche Stimme projiziert in Bezug auf die Zuhörerrezeption Gefühle schneller und findet damit einen leichten Zugang zum „Bauchempfinden“. Ich will jedoch nicht die Instrumental-Hits vergessen, wie „Love Is Blue“ oder „A Walk In The Black Forest“, doch es sind wenige, vielleicht im Verhältnis 1:100 zu den Gesangsstücken. Um Hits zu komponieren, muss man ein Songwriter im modernen Sinn sein, und das trifft auf mich nicht uneingeschränkt zu. Die Komposition von Filmmusik basiert fast ausschließlich auf Instrumentalmusik, und Männer wie John Williams und Lalo Schifrin sind darin unglaublich gut, ohne jedoch einen Hit zu landen. Doch das Fehlen von Hits muss sich nicht zwangsläufig negativ auf den Verkauf sehr hoher Stückzahlen auswirken, belegt am Soundtrack zu *Star Wars*.

Bei einem Film kommen verschiedenste Instrumente zur Geltung, wobei sich viele Produzenten auf ein Symphonieorchester beschränken. Heute werden natürlich auch moderne Rhythmus-Sektionen, E-Gitarren, Synthesizer und ähnlich populäre Instrumente eingesetzt.

Seit dem Übergang von einem Piano zur musikalischen Untermalung von Stummfilmen über die frühe Fassung von *Ben Hur* und Victor Young sowie Dimitri Tiomkin bis in die Moderne gilt als Rückgrat der Filmmusik immer noch ein kleines Symphonieorchester. Das setzt logischerweise voraus, dass ein Filmkomponist das Orchestrieren eines Orchesters beherrschen muss.

Orchestrieren ist ein Thema für sich, über dessen mannigfaltige Aspekte zahlreiche Bücher geschrieben worden sind. Befolgt man bestimmte Regeln und Grundsätze, sind zufriedenstellende Resultate zu erwarten. Trotz dieser Tatsache – und der vielen Bücher – halten sich zahlreiche Komponisten nicht an die vorherrschenden Paradigmen. Allerdings ist das ein Fehler, der nicht ungestraft bleibt.

Bei der Komposition für Streicher ist eine der häufigsten Fallen die Übertragung vom Klavier auf ein Streichensemble. Junge Komponisten neigen aus Unerfahrenheit dazu, die Cello-Passagen so zu schreiben, als ließen sie sich mit der linken Hand gleichsetzen und die Partituren für Bratsche und Violine mit der rechten. In die Realität übertragen entsteht dadurch ein Loch, das dem Tastatur-Abstand eines Klaviers entspricht. Für mich liegt das Geheimnis einer guten Partitur für Streicher – ich behaupte nicht, dass es meine Idee ist – in der Umsetzung in vier Teile. Das mag zwar recht offensichtlich erscheinen, doch durch diese Konzentration, einhergehend mit einer harmonischen Reduzierung, ist ein wesentlich besseres Klangbild garantiert. Ein Komponist sollte auch auf eine Balance der Streicher untereinander achten, damit die verschiedenen Instrumente nicht zu weit auseinanderliegen. Es ist hilfreich, sich Cello, Bratsche, zweite und erste Violine in einem Streichensemble als vier menschliche Stimmen vorzustellen, gleich der Bass-, Tenor-, Alt- und Sopranstimme.

Um ideal für ein Streichensemble zu schreiben, ist es sinnvoll, dass ein Komponist zuerst mit einem Streichquartett beginnt. Dann lernt man eine sparsame, aber punktsichere Umsetzung. In einem großen Orchester gibt es Violinen-Notenpulte, an denen zwei Personen sitzen. Meistens spielen Violinisten die gleichen Noten, doch manchmal hält es ein Komponist für notwendig, die Noten zu diversifizieren. Hierbei werden die Violinen in zwei Gruppen aufgeteilt. Zum Beispiel spielen die Musiker rechts vom Dirigenten die höher ausnotierte Melodielinie und die auf der linken sitzenden die untere, womit die Streicher insgesamt betrachtet also zwei Linien statt einer zu Gehör bringen.

Natürlich ist das bei einem Streichquartett nicht möglich, da ein Musiker nur eine Melodielinie spielen kann. So lernt ein Komponist, in diesem Fall ökonomisch zu denken. Darüber hinaus zeigen sich der Wert und die Bedeutung der einzelnen Instrumente. Das ist wichtig, da Komponisten leicht in die Falle tappen, speziell bei Streichern zu viele unterschiedliche Teile zu schreiben. Sie neigen dazu, jede einzelne Note einer Harmonie im Klangbild zu verdeutlichen. Beim Klavierspiel können zehn Noten zeitgleich gespielt werden, da ein Mensch nun mal zehn Finger hat. Komponisten, die für Klavier schreiben, nutzen diese klangliche Bandbreite aus. Unerfahrene Komponisten tendieren zu einer Übertragung auf ein Streichensemble, was durch die Kombination von zehn unterschiedlichen Noten zu einem schrecklich „dicken" Sound führt.

Hilfreich ist hier die Vorstellung von zwei Noten pro Hand, die einen Komponisten zu deutlichen Melodien drängt, von denen jede einzelne ihre individuelle Bedeutung hat und sich im Zusammenhang mit den anderen verwebt und einer klar erkennbaren Richtung folgt. Jedes Instrument des Streichquartetts steht für eine einzelne Melodielinie und vereint sich mit den anderen. Die Methode bietet sich für Pianisten geradezu an, die für Streicher komponieren.

Partituren für Bläser hingegen fallen unterschiedlich aus, da Trompeten eher eng beisammenliegen. Zöge man sie bezüglich der Melodien zu weit auseinander, ergäbe das einen dünnen Klang. Zusätzlich ist die geringere tonale Bandbreite der Bläser im Vergleich mit den Streichern zu berücksichtigen. Der Abstand zwischen der tiefsten Note eines Cellos und der höchsten einer Geige ist weitaus größer als der zwischen einer Standard-Posaune und einer Trompete. Ein Komponist muss also die Melodielinien für Bläser eher „kompakt" auslegen – obwohl das natürlich von der Anzahl der Instrumente abhängt, da jedes nur eine einzige Note spielt. Bei Holzbläsern tauchen ähnliche Probleme und Beschränkungen auf wie bei Blechbläsern. Allerdings muss man hier immer den Klangeindruck jedes einzelnen Instruments im Hinterkopf behalten und das Zusammenspiel untereinander.

Komponiert man für ein Orchester, ist eine ausreichende Instrumentenkunde von großer Bedeutung. Das mag jetzt ein wenig platt klingen, ist es jedoch nicht. Ein Lehrbuch mit dem Schwerpunkt „Orchestrieren" wird die Bandbreite einer Oboe beginnend bei dem B unter dem mittleren C festlegen, worauf die Töne von circa zweieinhalb Oktaven folgen, die dann circa beim G enden. Ähnliche Informationen sind für jedes Instrument eines Orchesters zu finden. Somit verfügt man über das theoretische Wissen darüber, wer was wo spielen kann. Allerdings kann das Lehrbuch keine allgemeingültigen Tipps dazu geben, welche Note auf welchem Instrument im Kontext besser als eine andere klingt. Dieses Wissen kann man sich nur durch Erfahrung aneignen und durch eine genaue Instrumentenkenntnis.

Idealerweise sollte man bestimmte Instrumente selbst beherrschen, was allerdings bei der Vielfalt eines Orchesters unmöglich ist. Für Musikstudenten ist es ratsam, so viel wie möglich praktisch zu üben. Als ich das Orchestrieren in Guildhall erlernte, wählte ich die Oboe als zweites Studienfach und erforschte das Instrument daraufhin gründlich. Leider lag der Gipfel meiner Karriere als Oboist bei Auftritten in öffentlichen Parks! Doch ich spielte sogar ein Semester lang Geige. Für Kommilitonen innerhalb der Hörweite meiner Übungen bedeutete das allerdings ein schmerzhaftes Erlebnis, doch ich lernte die Möglichkeiten des Instruments kennen, die Handhabung des Bogens und die Reichweite der Finger.

Zum Beispiel erkannte ich die Schwierigkeit, einen Quintengriff zu spielen, da sich die Finger im Weg stehen. Trotz dieser kurzen Erörterung und des Jargons möchte ich hier keine musiktheoretische Abhandlung vorlegen. Sie dienen lediglich der Verdeutlichung eines grundlegenden Wissens über die praktischen Möglichkeiten von Instrumenten. Die meisten Leser kennen ein Klavier. Auch wenn Sie sich noch nie mit der Komposition auseinandergesetzt haben, leuchtete die Absurdität eines Versuchs ein, ein Stück zu schreiben, bei dem der Daumen der rechten Hand das mittlere C spielt, während der kleine Finger der rechten das zwei Oktaven darüber liegende C anschlagen soll – außer, der Song ist für Riesen gedacht!

Für die meisten beschränkt sich ihre praktische Erfahrung in der Musikwelt auf das Klavierspiel, denn oft bietet sich ihnen keine Chance, ein zweites Instrument zu erlernen. Eine intellektuelle Freude besteht für die Mehrheit der Hörer darin, sich auf die Instrumente zu konzentrieren und sie zu erkennen. Falls Sie sich für das Orchestrieren interessieren, dann analysieren Sie das Geschehen, zum Beispiel auf einer Langspielplatte. Die meisten Hörer empfinden ein Orchester als einen Klangkörper, einen wunderschönen Sound, den sie genießen. Ihnen ist es eigentlich egal, wie sich der Klangkörper zusammensetzt.

Ein ernsthafter Musiker, der orchestrieren möchte, wird so ein Stück klinisch-analytisch bewerten. Er wird sich möglicherweise folgende Fragen stellen: „Spielt die Flöte, die ich gerade höre, Terzen zur Geige? Unterstützt das Fagott die Celli?“ Er wird sich nicht sicher sein, aber eine bestimmte Vorstellung der melodischen Zusammenhänge bekommen.

Sieht er die tatsächliche Partitur – bei klassischen Werken ist das stets möglich –, wird er die melodischen Verhältnisse erkennen und daraus lernen. Dann kann er voller Vorfreude sich in die goldene Tretmühle einer Karriere als Filmkomponist begeben.

Zieht er allerdings Abwechslung und sich stets wandelnde Ansprüche vor, sollte er auf eine Laufbahn als Plattenproduzent hinarbeiten.

Kapitel 13

Das Produzentenleben

Im Leben eines Schallplattenproduzenten gibt es keinen „typischen Tag“. Meist wird er mit ständig wechselnden Aufgaben konfrontiert, die sich mit der Zeit stetig ändern. Viele Musikbegeisterte streben die Karriere eines Produzenten an oder haben sich schon etabliert. Mich erstaunt die Tatsache, dass speziell in den USA eine Vielzahl der jungen Menschen mit Ambitionen auf eine Musikkarriere nicht große Popstars werden möchten, sondern Top-Produzenten.

Als ich 1977 den BRIT Award verliehen bekam und damit zum besten britischen Produzenten der letzten 25 Jahre gekürt wurde, fragte man mich nach der Wahl: „Worin besteht Ihr Geheimnis? Wo liegt bei einer Schallplattenproduktion der Schlüssel zum Erfolg?“ Ich konnte die Fragen nicht beantworten. Es gibt weder eine allgemeingültige Antwort noch eine einfache Antwort. Ich kann lediglich eine Reihe von manchmal zusammenhangslosen Beobachtungen anbieten, basierend auf den langjährigen Erfahrungen, in der Hoffnung, damit jungen Aspiranten zu helfen.

Ich muss aber auf eine Einschränkung hinweisen: Was sich für mich als richtig und praktikabel herausgestellt hat, kann sich möglicherweise grundlegend vom Erfahrungsschatz anderer Produzenten unterscheiden. Eins ist sicher: Die magische Formel gibt es nicht.

Als ich 1950 meine ersten Gehversuche im Musikgeschäft unternahm, kannte man den Plattenproduzenten nach heutigem Verständnis nicht. Menschen wie Oscar Preuss und ich selbst waren die sogenannten A&R-

Männer, was „Artists and Repertoire" bedeutet, also im Grunde genommen Manager.

Eine Produktion begann zum Beispiel mit einem gemeinsamen Mittagessen: Sidney Torch und ich unterhielten uns einige Stunden über die Stücke seiner nächste Platte. Damals war Leroy Anderson sehr populär, weshalb wir Songs wie „Musical Typwriter", „Sleighride" und „Serenata" aufnahmen. Möglicherweise kamen die Vorschläge von seiner Seite, oder ich präsentierte ihm Material unserer Verleger. Ich vermittelte ihm „Ecstasy", einen Song mit einem spanischen Flair, der zu einem Hit wurde.

Danach diskutierten wir das Orchestrieren und die eigentliche Größe des Orchesters. Mein Job bestand darin, alles zu organisieren, also ein geeignetes Orchester zu finden, das Studio zu buchen und die Verträge für die Musiker vorzubereiten. Doch am verabredeten Tag nahm zuerst der Tontechniker die wichtigste Rolle ein. Für den Bereich Pop waren bei der EMI Charlie Anderson und Laurie Bamber zuständig. Besonders Charlie zählte zu den Besten seines Fachs. Die beiden Tontechniker repräsentierten eine Generation, die noch das gute, alte Handwerk beherrschte. Sie wussten zwar so gut wie gar nichts über Elektronik, hatten aber eine unschätzbare Erfahrung in der Positionierung von Mikrofonen und der Ausnutzung der akustischen Verhältnisse eines Studios.

Niemand konnte Charlie das Wasser reichen, wenn es darum ging, einen traumhaften Streicherklang im Studio 1 einzufangen. Allerdings hütete er sein Geheimnis wie einen Schatz und erlaubte niemandem auch nur den leisesten Einblick. Wenn ein Journalist im Studio erschien, um Fotos von einem Künstler zu schießen, stellte er geschwind die Mikrofone in anderen Positionen auf, damit die Welt nichts von seiner Aufnahmetechnik erfuhr. Doch er fürchtete nicht nur die Außenwelt. Bei gemeinsamen Sessions beugte er sich immer über das Mischpult und bedeckte die Regler zusätzlich mit den Händen, damit ich nicht sah, was er gerade bewerkstelligte. Auf mich wirkte das wie das Verhalten eines kleinen Schuljungen, der den Nachbarn bei einer Klassenarbeit nicht abschreiben lässt.

Meine Arbeit bei der Plattenaufnahme lässt sich als eher rudimentär beschreiben. Die exakte Atmosphäre und der Ausdruck eines Songs wurden vom Künstler selbst bestimmt – in diesem Fall Sidney Torch. Die Aufnahme hingegen war Charlies Baby. Sein Job bestand damals noch darin, den Klang so natürlich wie möglich aufzuzeichnen. Mir blieben leichte Veränderungen vorbehalten: „Ich glaube, wir sollten bei der Passagen die Streicher ein wenig in den Vordergrund rücken, Charlie“ oder „Kannst du bitte die Pauke ein wenig leiser machen? Sie klingt mir zu hart.“ Manchmal ging ich direkt ins Studio und meinte zu Sidney oder wer auch immer dort stand: „Das erschien mir ein bisschen zu langsam. Könnten wir es schneller versuchen?“

Diplomatie stand an erster Stelle. Wenn ich Charlie fragte, ob er einen besseren Sound fahren könne, antwortete er vielleicht: „Nein, mehr ist nicht drin. Ich kann nichts machen. Von jetzt an müssen Klangverbesserungen durch das Spiel erreicht werden.“ In so einem Fall erklärte ich Sidney das Problem und bat ihn darauf zu achten, dass die Pauke leiser ist und die Trompeten leicht lauter spielen. Er hörte sich das Playback an und fällte die letzten Entscheidungen selbst. Damals lernte ich, dass der wichtigste Aspekt einer Schallplattenproduktion in der Menschenführung liegt und im taktvollem Umgang. *Takt* und *Anstand* sind unabdingbar. Diese beiden Charaktereigenschaften und die Geduld stehen auf der Liste der elementaren Eigenschaften eines guten Produzenten noch weit vor den musikalischen Fähigkeiten.

Der taktvolle Umgang beschränkte sich nicht nur auf die Musiker, sondern galt auch für die Tontechniker. Was die Hierarchie anbelangte, musste Charlie Anderson meine Wünsche erfüllen. Möglichweise sagte ich: „Es tut mir leid, Charlie, aber mir gefällt deine Aufnahme der Streichinstrumente nicht.“ Er hätte reagieren müssen (und wahrscheinlich hinter vorgehaltener Hand geflucht), wäre jedoch in den Aufnahmeraum gegangen, um das Mikro um zwölf Zentimeter zu verrücken, wusste aber, dass der Unterschied nicht hörbar ist. Um es im Marine-Jargon auszudrücken: Ich war der Leutnant zur See, ein Jungspund im Alter von 24 Jahren, während Charlie den Rang eines Kapitäns bekleidete, ein Mann von 50 Jahren mit einem riesigen Erfahrungsschatz. Ein Leutnant mit ein wenig Feingefühl vermeidet klugerweise Streitigkeiten mit den Vorgesetzten.

Doch die Verhältnisse sollten sich schnell ändern. Zeitgleich mit meinem Einstieg ins Musikgeschäft nahm eine neue Generation junger Tontechniker ihre Tätigkeit auf, die über ein profundes Wissen über die modernen, elektronischen Errungenschaften verfügten und bereit waren, sich auf die neuen Aufnahmetechniken einzulassen. Die Revolution nahm ihren Lauf, als ich von meiner USA-Reise heimkehrte, denn der Nachwuchs übernahm das Ruder. Cliff Richard wurde von Peter Bown aufgenommen, einem Elektronikzauberer in seinen Zwanzigern, Malcolm Addey betreute Adam Faith, und mit mir arbeitete ein junger und cleverer Tontechniker namens Stuart Eltham.

Zeitgleich mit den technischen Veränderungen wandelte sich die Rolle des Produzenten. In den USA, dem Zentrum der Tonstudios und dem Land mit der größten Aufnahmeindustrie der Welt, begann man plötzlich von „Schallplattenproduzenten" zu sprechen. Schon bald überquerte das neue Wort den Atlantik und hielt bei uns Einzug. Es war ein Anzeichen der sich wandelnden Rolle des A&R-Mannes und der steigenden Bedeutung, die ihm zugeschrieben wurde. Zum ersten Mal in der Geschichte der Tonträgerherstellung nahm er einen gewissen Status ein, wohingegen man ihn früher als einen stinknormalen Malocher in einer Fabrik betrachtete.

Heute hat sich die Rolle des Produzenten von Grund auf gewandelt. Er arbeitet eng mit dem Tontechniker bei der Produktion eines Werks, das die Grenzen der bislang gekannten Akustik überschreitet und als herausragend anerkannt wird. Er ist vor Ort, um dem Künstler seinen Willen überzustülpen und die Aufnahmen in die spezielle musikalische Richtung zu lenken, die ihm vorschwebt.

Auf eine bestimmte Art ist er selbst ein Star geworden.

Doch nicht alle Produzenten werden Stars. Heutzutage kann jeder ein Produzent werden, was leider zu häufig geschieht. Als ich meine Arbeit aufnahm, trat ich in Großbritannien einer Elite von ungefähr zwölf Personen bei, die Schallplatten produzierten. Nun scheint jeder Dritte, der mir begegnet, ein Produzent zu sein oder sein zu wollen. Es ist ein höchst erstrebenswerten Beruf geworden. Ein Student wird wahrscheinlich eher mit dem Wunsch die Hochschule besuchen, die Karriere eines Produzenten anzustreben, als die eines Konzertpianisten. Auf jeden Musikstudenten kommen vielleicht Zehntausend, die sich nicht mit den Mühen einer Ausbildung abplagen wollen, aber dennoch den Beruf eines Produzenten anstreben, und das oft mit Erfolg.

Man benötigt nur das nötige Kleingeld, um mit einer Gruppe in ein Studio zu gehen. Stellen wir uns einen aufstrebenden Musiker namens

Fred Flange vor, der in der Acacia Villas, Nummer 29, wohnt. Fred hat eine kleine Band gegründet und tritt an Sie heran. Sie sind der Meinung, dass die Band den Durchbruch schaffen kann, und nehmen ihn unter der folgenden Prämisse unter Vertrag: „Ich werde dich managen, nehme für meine Leistungen 30 % und werde eine Platte mit dir aufnehmen." Sie kratzen eine Summe von 600 £ bis 1.000 £ zusammen und gehen mit der Band in ein Tonstudio. Egal, ob Sie etwas von der Aufnahmetechnik verstehen oder (was wahrscheinlicher ist) nicht – am Ende der Session haben Sie eine kleine Demokassette produziert, meist mit schrecklichem Krach. Mit viel, viel Glück gelingt es Ihnen, das Band einer renommierten Plattenfirma zu verkaufen. Haben Sie noch viel, viel mehr Glück, wird daraus sogar ein Hit. Dieses Element der Wahrscheinlichkeit zieht die sogenannten Produzenten an, und nicht die müheselige Arbeit mit verschiedenen Künstlern, von denen es vielleicht einer – im Glücksfall – schafft. Doch die *wahre* Profession eines Produzenten unterscheidet sich grundlegend und klammert Glücksfälle oder die Spekulation auf Glücksfälle aus.

Nicht nur kann jeder x-Beliebige Produzent werden, sondern auch ein eigenes Label gründen. Zu Beginn meiner Karriere gab es hierzulande nur wenige Plattenfirmen. Es waren altmodische, beinahe feudale Institutionen. Obwohl sie ihre Angestellten am langen Arm verhungern ließen, gaben sie sich puritanisch und außergewöhnlich ehrenwert im Umgang mit den Künstlern und Geschäftspartnern. Dann fand – durch den Einfluss der amerikanischen Geschäftsmodelle und -praktiken – eine Revolution statt. Von dem Zeitpunkt an arbeiteten unabhängige Produzenten, und es gründeten sich kleinere Plattenlabel. Mittlerweile hat sich die ursprüngliche Macht der Plattenfirmen so weit reduziert, dass sie im Grunde genommen nur noch Vertriebe kleinerer Labels sind.

Zur Gründung eines Labels benötigt man einen unumstößlichen Willen, Energie und ausreichende Finanzen. Es ist einfach, Platten zu produzieren. Man mietet ein Studio, engagiert einen unabhängigen Produzenten oder erledigt diese Aufgabe im „Do-it-yourself"-Verfahren. Das produzierte Masterband wird an das Presswerk zur Weiterverarbeitung geschickt. Als Nächstes bestellt man zum Beispiel 5.000 Einheiten – nicht zu vergessen die Plattenhüllen – und macht sich auf den Weg, das Endprodukt an den Mann zu bringen. Natürlich sind die Investitionskosten hoch.

Bei zu geringem Fachwissen wird man sich schnell die Finger verbrennen. Die Distribution ist ein wichtiges Element in der Verwertungskette. Man kann die Platten einem Einzelhandelsgeschäft anbieten oder einer Kette und sie bitten: „Ich vertreibe Schallplatten. Wären Sie so freundlich, meine neuste Produktion in Ihr Sortiment aufzunehmen?“ Meist erklären sich Geschäfte dazu bereit, wohingegen in den alten Tagen nur autorisierte Schallplattenhändler das Medium verkaufen durften.

Die meisten Produzenten geben sich nicht die Mühe, ein eigenes Label zu gründen, sondern schließen mit den großen Plattenfirmen Lizenzverträge ab. Sogar eine Firma wie AIR wird sich vor der Produktion mit einem „Global Player“ auf ein Arrangement verständigen. Wir produzieren unsere eigenen Platten und lizenzieren sie über die EMI Columbia, Parlophone oder wer auch immer das Werk vertreiben möchte. Das erscheinende Album ist also gleichzeitig eine Parlophone-Platte und eine AIR-Produktion. Wir übernehmen die Produktionskosten und decken diese in Form eines Vorschusses und der Tantiemen, von denen wir auch die Künstler bezahlen. So arbeiten viele kleinere Produktionsfirmen. 1976 veränderten wir das Geschäftsmodell und gründeten das AIR-Label, was mit Eigenveröffentlichungen einherging.

Jedem angehenden Produzenten stehen grundsätzlich zwei Wege offen: Er kann der Belegschaft eines Produzenten-Teams einer großen Firma beitreten; in dem Fall erhält er einen festgesetzten Lohn. Falls er das nicht wünscht, arbeitet er als unabhängiger Produzent, der seine Dienste dem höchsten Bieter zur Verfügung stellt. Generell erwartete er eine Umsatzbeteiligung und hofft darauf, dass seine Fähigkeiten dem Umsatz zuträglich sind. Wenn er zu den angesehenen Produzenten gehört, wird er mit etwas Verhandlungsgeschick einen mit den Tantiemen zu verrechnenden Vorschuss erhalten, was dem Autorenvertrag mit einem Buchverlag entspricht.

Bei der Gründung von AIR setzten wir den Standard für Tantiemen bei 2 % fest, also einer standesgemäßen Beteiligung, die ein Produzent bekommen sollte. Mittlerweile variiert dieser Prozentsatz. Top-Produzenten bekommen höhere Tantiemen. Ich erhalte zum Beispiel 4 % oder eventuell mehr, was natürlich von dem Arbeitsaufwand, dem Künstler, den Produktionskosten und mehr abhängt. Als wir mit AIR den Durchbruch für die unabhängigen Produzenten schafften, gewannen wir auch – und das mutet ironisch an – die Schlacht für die angestellten Produzenten. Ein Label-Produzent wird jetzt – gesetzt dem Fall, er bringt herausragende Leistungen – zusätzlich zum Grundeinkommen eine ansehnliche Umsatzbeteiligung erhalten.

Es gibt zwei Wege, um mit einem Produzenten in Kontakt zu treten. Entweder spricht ihn die Gruppe oder der Einzelinterpret direkt an, oder der Auftrag kommt von einer Plattenfirma. Wir lernten jedoch schon vor langer Zeit, dass es klüger ist, Geldangelegenheiten *nicht* mit einzelnen Künstlern zu klären, egal wie nett oder umgänglich sie erscheinen mögen. Wenn also eine Gruppe an mich herantritt, setzt sich mein Manager, dem ich die Verhandlungsbefugnis übertragen habe, mit dem Manager der Band in Verbindung und klärt die Bedingungen, was die prozentuale Beteiligung anbelangt und den Vorschuss. In der Praxis existiert ein Vertrag, durch den ein Produzent die Tantiemen und Auflistungen der verkauften Einheiten alle drei oder sechs Monate erhält. Egal wie der Vertrag ausgelegt wird, bestehen wir darauf, die Zahlungen direkt von der Plattenfirma zu erhalten, denn sie schicken uns regelmäßig die Belege und überweisen die Tantiemen, unabhängig von den Zahlungen an den oder die Künstler.

Alle vertraglichen Abschlüsse hängen von den jeweiligen Verhandlungen ab, die unterschiedlichste Ergebnisse bringen können. Zum Beispiel: Eine Gruppe wird vertraglich verpflichtet, eine bestimmte Anzahl Alben für eine Plattenfirma zu produzieren. Möglicherweise möchte die Gruppe einen unabhängigen Produzenten verpflichten, während die Firma einen ihrer eigenen Angestellten vorzieht, denn dadurch muss sie weniger Tantiemen abführen. Wenn, wie im Fall der Band America, die ich aufnahm, der Produzent als ein wichtiges Glied in der Produktionskette, die zum finalen Klang der Platte führt, anerkannt wird, ist es äußerst unwahrscheinlich, dass sich die Firma dagegenstellt. In anderen Fällen sind jedoch Streitigkeiten programmiert. Glaubt die Band, dass ein bestimmter Produzent einen essenziellen Beitrag zu ihrem Erfolg leisten kann, ist es gut möglich, dass sie sich zugunsten eben dieses Mannes auf eine niedrigere Tantiemenzahlung einlässt.

Hier bestimmt das Gesetz von Angebot und Nachfrage die Vertragsbedingungen. Zählt man zu den gefragten Produzenten, können höhere

Tantiemen verlangt werden als bei einem Anfänger. Ein Anfänger muss darüber hinaus um Anerkennung kämpfen, was meist höllisch schwierig ist. Es ist wahr, dass jeder Produzent werden kann, aber den Erfolg eines professionellen Produzenten gilt es sich zu erkämpfen. Doch eins ist sicher – nach dem Durchbruch werden die Dienste immer wieder nachgefragt. Produzenten unterliegen nicht nur den Gesetzen des Marktes, sondern auch der Mode. Mir sind einige Fälle bekannt, bei denen Künstler versuchten, ihre Platten wegen des „Etiketts" „A George Martin Production" zu verkaufen.

Meiner Meinung nach ist der Modeaspekt in der Musikindustrie gefährlich. Ich kenne viele Produzenten, die ähnlich ihren Künstlern einen großen Erfolg hatten, der sich nicht fortsetzen ließ. Sie „schießen" einen Hit. Jeder möchte dann mit ihnen arbeiten. Danach gleicht ihre Karriere einem Sturzflug, und sie zerschellen, ohne eine nennenswerte Spur zu hinterlassen. Wichtig ist Durchhaltevermögen, die Fähigkeit, einen professionellen Job jahrein, jahraus zur vollsten Zufriedenheit der Kunden zu erledigen – und das ist eine schwierige Aufgabe. Man darf sich nicht auf seinen Lorbeeren ausruhen. Man darf noch nicht mal eine Sekunde schwächeln und muss stets das bestmögliche Ergebnis anstreben. Auch nach über 25 Jahren im Musikgeschäft ist es nicht ausgeschlossen, dass ich nächste Woche folgenden Kommentar höre: „George Martin! Dieser alte Knacker! Den wollen wir nicht mehr."

Doch solange ein Produzent gefragt ist, kann die Belohnung für seine Tätigkeit üppig ausfallen. Wenn ein Album in den USA mit „Gold" ausgezeichnet wird – das geschieht bei einem Absatz von 500.000 Tonträgern –, wird es dem Produzenten ein kleines Vermögen einbringen. Beträgt der Ladenpreis zum Beispiel ungefähr 8 Dollar, bedeutete das bei einem 3-prozentigen Tantiemensatz ungefähr 24 Cent, womit ein Goldalbum circa 120.000 Dollar einbringt. Mit dem Erfolg der für die Band America produzierten Alben – damit meine ich *History: Americas Greatest Hits*, *Hideaway*, *Holiday* und *Hearts* – brachte ich ungefähr eine halbe Millionen Dollar jährlich heim. Das Geld floss natürlich in meine Firma AIR und nicht zu mir als Privatperson, da ich es als Produzent erwirtschaftet hatte. Wenn ich Partituren schreibe, arrangiere, Filmmusik komponiere oder ein Konzert dirigiere, erhalte ich persönlich entweder eine Gage oder Tantiemen. Ich glaube, dass uns *History: Americas Greatest Hits* am meisten Geld einspielte. Ich erhielt damals den Auftrag, eine Auswahl von Americas größten Hits – Stücke wie zum Beispiel „A Horse With No Name" – zusamenzustellen. Das Album überschritt sogar „Gold"! Es erreichte „Platin"! Ich glaube, dass die Platte insgesamt zwei Millionen Einheiten absetzte, was uns 200.000 Dollar einbrachte, obwohl nicht alle Stücke unter meiner Leitung entstanden waren.

Eine weitere Form der Belohnung lässt sich nicht auf einem Kontoauszug ablesen, sondern schmückt den Kaminsims – Auszeichnungen!

Obwohl die Verleihung recht nett ist, befriedigt allein die Tatsache der Nominierung, denn zu dem Zeitpunkt ist das Feld der Mitbewerber auf fünf Personen reduziert worden – und all diese fünf Produzenten müssen – zumindest der Ansicht der Jury nach – eine stattliche Leistung erbracht haben. Für mich bedeutete die Oscar-Nominierung eine große Ehre, obwohl ich wusste – wie bereits erwähnt, dass ich chancenlos war.

Doch Vorsicht, eine solche Haltung kann sich ins Gegenteil verkehren. 1976 gründeten Don Kirschner und das amerikanische TV-Netzwerk CBS die Rocky Awards, um damit Persönlichkeiten aus der Rockmusik zu ehren. Sie fanden in Los Angeles statt. Ich flog einen Abend vor der Veranstaltung von den Staaten aus nach London und hätte nicht im Traum daran gedacht, einen Award zu gewinnen. Ich glaubte, dass die Auszeichnung „Produzent des Jahres" Gus Dudgeon verliehen werde, der Elton John produzierte, oder vielleicht auch John Lennon, Stevie Wonder oder Peter Asher, Janes Bruder, der mittlerweile wahrscheinlich der erfolgreichste Produzent der USA ist. Ich war gerade in Großbritannien angekommen, als ich überraschenderweise die Nachricht erhielt, dass ich gewonnen hatte, und eine Person auswählen musste, die die Trophäe entgegennimmt. Mal davon abgesehen, empfand ich die Auszeichnung als amüsant, denn ich würde mich niemals als einen Rockproduzenten beschreiben.

Das ist das Problem mit diesen Auszeichnungen: Erst wenn die Briefe geöffnet werden, erfährt man, wer gewonnen hat. Bis zu dem Zeitpunkt sitzt man an seinem Tisch und zittert vor Anspannung. Ich verwahre mich gegen die viel gehegte Ansicht, dass der Gewinn nach der Regel stattfindet: „Jetzt ist er oder er an der Reihe." Normalerweise basiert die Auswahl auf den harten Fakten, also den Umsatzzahlen.

Abgesehen von dem Rocky Award und dem BRIT Award habe ich vier Grammys gewonnen, im Musikbusiness das Äquivalent zu einem Oscar. Sie werden von der National Academy of Recording Arts and Sciences in den USA verliehen. In Großbritannien nahm ich einen Ivor Novello Award für „Besondere Verdienste in der Musik“ entgegen, obwohl sie üblicherweise Komponisten für ihre Werke verliehen werden.

Darüber hinaus gibt es noch weitere nette Erinnerungsstücke, und zwar die Goldenen, Silbernen oder Platin-Schallplatten. Ich besitze davon eine stattliche Sammlung, deren Aufbewahrungsort ich nicht aus Respektlosigkeit oder mangelndem Stolz enthülle – ich habe damit die Wände des kleinsten Zimmers meiner Londoner Wohnung tapeziert!

Eine der größten Herausforderungen eines Plattenproduzenten besteht in der Suche nach geeigneten Songs.

Das trifft besonders auf Künstler wie Matt Munro oder Shirley Bassey zu, die keine eigenen Stücke schreiben. Ein Produzent muss nun geeignete Stücke für sie suchen. Arbeitet er auf professioneller Basis, wissen die Verleger oder Komponisten, dass er zum Beispiel Matt, Shirley oder Cilla Black aufnimmt, und schicken maßgeschneidertes Material. Sogar die Fans bieten Stücke an. Doch meist reicht das noch nicht, und man muss sich auf die Suche begeben und Verleger persönlich anrufen.

Eigentlich sollte man glauben, sie seien schlau genug, Kompositionen unverlangt einzusenden. Doch manchmal verhalten sie sich in dieser Beziehung ein wenig nachlässig. Wenn man ein wenig Druck ausübt, ist es gut möglich, dass sie einen exzellenten Song schreiben oder ihn noch in der Schublade haben, da sie meist nur scheinbar passende Kompositionen einreichen. Hat man zum Beispiel einen Hit mit Cilla Black, betitelt „You're My World“, wird der Briefkasten in den nächsten drei Monaten vor beinahe identischen Songs überquellen. Offensichtlich kommt niemand auf die Idee, dass der Produzent und Cilla nun an Titeln wie „You've Lost That Loving Feeling“ oder „Baby, It's Cold Outside“ interessiert sind.

Im Idealfall sollte sich ein Produzent niemals an eine Formel halten und dem Interpreten die Möglichkeit unterschiedlicher Ausdrucksformen bieten. Er muss sich ständig offen zeigen – und auch die Verleger an so eine Haltung erinnern.

Um die Laufbahn eines Schallplattenproduzenten einzuschlagen, benötigt man kein Physikstudium. Ich würde mich niemals als Elektronikexperten bezeichnen, obwohl ich mir zwangläufig ein Basiswissen aneignete – zum Beispiel darüber, wie eine Röhre oder ein Transistor arbeitet.

Elektronische Zaubereien bleiben in der Regel dem Tontechniker überlassen. Ich empfinde es beinahe als eine Ironie, dass die jungen Techniker, die mit mir begannen – die Generation nach Charlie Anderson und seinen Freunden –, heute trotz aller bahnbrechenden Verbesserungen unserer Studios und des Equipments alt und wie von gestern wirken. Nun steht eine neue Generation in den Startlöchern, die sich im Musikgeschäft etablieren will.

Die Beziehung zwischen Produzent und Tontechniker wird von keinerlei Regeln bestimmt. Wenn zwei Menschen ein harmonisches Arbeitsverhältnis führen, reicht das vollkommen aus. Zum Beispiel sind Geoff Emerick und ich ein hervorragendes Team, weil wir häufig zusammenarbeiten und einander respektieren. Wir haben klare und eindeutige Grenzen gezogen und konzentrieren uns auf die jeweiligen Verantwortlichkeitsbereiche. Da wir schon lange gemeinsam produzieren, hat sich ein intuitives Verständnis eingestellt. Ich ahne also schon vorher, was er machen wird, und er weiß, was ich bevorzuge. Anderen Tontechnikern, speziell in den USA, muss ich detaillierte Anweisungen geben. Ich bestimmte das Echo auf der Stimme, die Frequenzgänge der Streicher, die Nähe oder Entfernung des allgemeinen Klangbildes, den Schlagzeugsound und den Basssound. Jede Einzelheit wird erklärt.

Es finden sich aber auch Produzenten, die gleichzeitig Tontechniker sind, also beide Funktionen kombinieren. Theoretisch bin ich dazu in der Lage, würde es jedoch für keine gute Idee halten, denn ich könnte den Wald vor lauter Bäumen nicht mehr sehen. Eine der wichtigsten Eigenschaften eines Produzenten ist seine Unvoreingenommenheit. Er muss in der Lage sein, das komplette Bild zu sehen und so schnell wie möglich ein Werturteil zu fällen. Doch wenn man mit den Equalizern herumspielt, Limiter und Kompressoren einstellt, die Zumischung des Halls und des Echos bestimmt und sich noch mit einer Vielzahl technischer Problematiken auseinandersetzt, verringert das die Konzentration auf die eigentliche Musik. Ich persönlich kann mich nur auf eine Tätigkeit ausreichend konzentrieren.

Ein Produzent hört sich den Sound und die Musik im Kontext an, und aus dieser Perspektive bewertet er die Aufnahme. Ein Tontechniker muss sicherstellen, dass die Aufnahme in technischer Hinsicht das Optimum darstellt. Wenn sich Produzenten oder Tontechniker zu sehr in die Belange des anderen einmischen, machen sie ihren eigentlichen Job nicht mehr gut genug.

Dennoch gibt es Situationen, in denen eine bestimmte Überlappung der Aufgabengebiete durchaus wünschenswert ist. Trotz des intuitiven Verständnisses, das Geoff und ich entwickelt haben, kann er mein Ziel nicht mit Sicherheit vorhersehen. Er weiß nicht, wie genau ich mir das Verhältnis zwischen dem Hintergrund und der Gesangsstimme vorstelle. Er kann nicht ahnen, dass, obwohl ich die Streicher an einer bestimmten Stelle tonal hoch notiert habe, sie im Gesamtbild eher leise erscheinen sollen. Das gilt auch für den Fall, dass sie an einer Stelle tief notiert wurden, an der ich sie aber später lauter hören möchte. Da das Verhältnis zwischen einer Partitur und modernen Aufnahmetechniken nachträgliche Veränderungen problemlos ermöglicht, kann es vorkommen, dass ich den vorgenommenen Einstellungen beim Endmix widerspreche.

Er wird am Mischpult eine Grundeinstellung vornehmen, die auf seinen persönlichen Erfahrungen und meinem Geschmack beruht, aber Feinjustierungen später nachregeln. Das beschleunigt den Produktionsprozess und ist einfacher und wesentlich genauer, als ständig zu kommentieren: „Das war ein guter Durchgang, Geoff. Doch achte bitte darauf, dass beim Wort „told“ das nächste Mal die Streicher etwas in den Hintergrund rücken.“ Geoff stören Anweisungen nicht, denn es hat sich seit der Zeit viel getan, in denen Tontechniker noch die Produzenten anmeckerten: „Wirst du wohl die Finger von meinem Mischpult lassen!“ Früher entwickelte sich aus einer Überschreitung der Kompetenzen beinahe ein Fall für die Gewerkschaft.

Man kann mich nicht als typischen Plattenproduzenten beschreiben. Ich bin eher ein „Mädchen für alles“ und kein Meister auf einem bestimmten Gebiet. Für mich ist es ein Glücksfall, einen Geschäftsbereich gefunden zu haben, der Vielfältigkeit eher schätzt als Genie.

Ich unterscheide mich auf einem Gebiet grundlegend von den Kollegen, denn ich mische mich stärker beim Arrangement und dem Orchestrieren ein als andere. Für den eigentlichen Job ist diese musikalische Fähigkeit keine Voraussetzung. Ein Top-Produzent muss nicht alles in einer präzisen musikalischen Terminologie erläutern. Er kann dafür einen Arrangeur engagieren. Allerdings ist es von Vorteil, wenn er über Erfahrungswissen verfügt und ein Gefühl für Gestalt und Form einer Komposition hat. Er sollte zum Beispiel in der Lage sein, einem Arrangeur anzuweisen: „Ich mag Ihr Arrangement, allerdings ist es stellenweise ein wenig zu schwerfällig, zu bombastisch."

Ist er selbst kein Musiker, wird er sich eher allgemein ausdrücken, anstatt zu sagen: „Sie hätten das Kontrafagott an der Stelle nicht doppeln dürfen." Natürlich haben sich viele Produzenten, die keine Musiker sind, allein durch die Berufserfahrung diesen präzisen Wortschatz angeeignet. Oft sind sie sehr erfolgreich, weil sie schon das ganze Berufsleben der Musikindustrie gewidmet und sich mühevoll hochgearbeitet haben. Möglicherweise haben sie als Botenjungen begonnen und sind danach in die A&R-Abteilung aufgestiegen. Diese Produzenten haben ständig Radio gehört und auf die Kommentare der DJs geachtet, wodurch sie die Wünsche der Hörer kennenlernten, aber auch eine exakte Vorstellung ihres eigenen Geschmacks entwickelten. Und in all den Jahren schnappten sie Details der verfeinerten Ausdrucksweise der Musikwissenschaft auf.

Hatten sie das Glück, in einem Tonstudio als Assistent eines Assistenten anzufangen, konnten sie ihr Handwerk durch das reine Beobachten erlernen. Sie lauschten aufmerksam den Bratschen und den Geigen, lernten die unterschiedlichen Klangmuster kennen und erfuhren, wann das eine Instrument dem anderen vorzuziehen ist. Oft sind es Tontechniker, aus denen sich eigenständige Produzenten entwickelten. Geoff Emerick produzierte ein Album mit den Campbelltown Pipers, auf dem er mit Paul McCartney arbeitete. Auch Glyn Johns zählt zu der Gruppe. Nicht vergessen möchte ich Phil Ramone, einen exzellenten Produzenten, der die gesamte Musik für Barbra Streisands Film *A Star Is Born* aufnahm und viele Alben mit Paul Simon und Billy Joel produzierte.

Darüber hinaus kenne ich Produzenten, die vom Segment Musik überhaupt keinen blassen Schimmer haben. Norman Newell von der EMI feierte mit der Aufzeichnung von Shows große Erfolge. Wenn Stücke wie *Mame* oder *Eine Braut für sieben Brüder* als britische Aufführung in der Stadt veranstaltet wurden und die EMI einen Mitschnitt mit der Originalbesetzung wünschte, erledigte das Norman, der folglich zu einem Experten auf dem Gebiet aufstieg. Er war kein Musiker, allerdings ein hervorragender Produzent.

Eine Produktion basiert nicht auf festgelegten Regeln oder Gesetzen. Ich kenne einen berühmten Produzenten, der seine Tätigkeit darauf beschränkte, mit hochgelegten Füßen in der Regie zu sitzen und die Band unten im Studio zu beobachten. Gelegentlich drückte er den Knopf der Gegensprechanlage und frohlockte: „Absolut fantastisch!" Dann ließ er wieder los und strahlte über das ganze Gesicht. Nach der übermäßigen Anstrengung kramte er sein Marihuana hervor, kurbelte sich einen Joint, steckte ihn an und bot den Musikern – wenn sie zum Abhören in die Regie kamen – einige gute Züge an. Darauf beschränkte sich sein Beitrag zur Entstehung der Platte! Hatte er die Plackerei erst mal hinter sich gebracht, fiel ihm regelmäßig ein Hitalbum in den Schoß.

Ich werde mich hüten, den Namen preiszugeben, aber Sie können mir glauben, dass er sehr bekannt ist.

Die Auswahl eines Tonstudios wird in der Regel vom Künstler und vom Produzenten getroffen. Jeder Produzent wird sein bevorzugtes Studio nennen können, in dem er mühelos arbeiten und seine Wünsche optimal umsetzten kann.

Natürlich ziehe ich Produktionen in den AIR-Studios vor, nicht, weil sie meiner Firma gehören, sondern eher, weil ich überzeugt bin, im Vergleich mit ähnlichen Studios geeigneteres Equipment und eine höhere Qualität zu gewährleisten. Der einzige Grund für die Nutzung eines anderen Studios liegt in der räumlichen Beschränkung, denn wenn ich ein 80- oder 90-köpfiges Orchester aufnehme, muss ich umziehen. In dem speziellen Fall ziehe ich die Nummer 1 der Abbey Road Studios vor, denn abgesehen vom ausreichenden Platz stimmt die Atmosphäre und die lange Hall-Zeit.

Träte jedoch Cilla Black mit der Bitte an mich heran, lieber bei der EMI zu arbeiten, würde ich ihrem Wunsch Folge leisten. Vorausgesetzt, die Studios entsprechen einem modernen Standard, werde ich mich in dieser Hinsicht niemals mit einem Künstler streiten.

Der Beginn der Mehrspurtechnik stellte – wie bereits geschildert – für den professionellen Produzenten eine unglaubliche Erleichterung dar.

Doch als zum harten Kern der Profis eine riesige Armee von Amateuren stieß, gewann das Mehrspurverfahren größere Bedeutung. Als die Platten immer besser wurden, begannen sich die Musiker für die Studiotechnik und den Aufnahmeprozess zu interessieren. Sie setzten ein größeres Mitspracherecht bezüglich der generellen Sounds durch. Meiner Einschätzung nach werden heute nur noch lediglich 20 % der Schallplatten von professionellen Produzenten aufgenommen. Die überwiegende Zahl sind Eigenproduktionen der Bands. Als Produzenten sind sie Amateure, da sie keine Erfahrung haben. Doch wie auch die multifunktionale Bohrmaschine für den Heimwerker geschaffen wurde, eignen sich die Mehrspurgeräte für den „Do-it-yourself"-Musiker.

Was man mit der Technik erreichen kann, belegt ein klassisches Beispiel – Mike Oldfields Werk *Tubular Bells*. Bei der Aufnahme des Albums war er noch ein unerfahrener Amateur, doch die dabei gemachten Erfahrungen haben ihn in einen Profi verwandelt. Er hatte das Genie, das ihm vorschwebende Klangszenario in der Realität umzusetzen. Er spielte das Album von Anfang bis Ende selbst ein und experimentierte munter drauflos. Zuerst nahm er einen sogenannten Basic-Track auf, zu dem er Instrumente hinzufügte, gelegentlich auch wieder abzog (also löschte) und wieder neue Spuren belegte – hier ein wenig Synthesizer und dort Streicher. Er malte ein Klangbild, doch sehr behutsam. Das Verfahren lässt sich entfernt mit „Malen nach Zahlen" vergleichen. Er malte mit einigen Farben, sah sich das Gesamtbild an, übermalte eine Farbe, die ihm im Kontext nicht gefiel, bis er schließlich ein geschmackvolles Werk geschaffen hatte.

Für ihn stellte das Mehrspurverfahren eine grundlegende Notwendigkeit dar. Er verfügte weder über die Erfahrung noch die Disziplin, seine Wünsche schon im Voraus zu definieren. Wahrscheinlich trifft die Aussage zu, dass er mit dem Wissensschatz der späteren Jahre nie so ein imaginäres, transzendentales Werk wie *Tubular Bells* geschaffen hätte.

Bis zu einem gewissen Grad war seine Technik von Zufälligkeiten geprägt, was aber auch der Arbeitstechnik eines Genies wie Picasso entspricht. Ich erinnere mich an einen Film, in dem Picasso auf einer im Boden eingelassenen Scheibe malte, durch die ihn ein Kameramann mittels der Stop-Motion-Technik filmte. Es war gut zu beobachten, wie der Künstler mit den Grundlinien begann, diese danach ausfüllte – hier eine Farbe, dort eine Farbe – bis es das komplexe Bild ausgemalt hatte. Doch dann gelangte er an einen Punkt, an dem er Farben wegwischte, da sie ihn zu einem neuen Gestaltungsansatz inspiriert hatten. Das komplette Bild änderte sich, wodurch das Endresultat weit von seinen ursprünglichen Ideen entfernt lag.

Rockmusiker tendieren zu einer ähnlichen Herangehensweise. Die bereits ausgearbeiteten Ideen, also Gedanken, die sich die Musiker schon im Vorfeld gemacht hatten, variieren von Band zu Band, doch vieles geschieht spontan und hängt von plötzlichen Eingebungen ab. Ein Produzent darf sich niemals den spontanen Eingebungen verschließen. Wenn ich an eigenen Kompositionen arbeite, und besonders mit einem großen Orchester, das sehr teuer ist, muss ich das Gesamtbild schon vorher festlegen. Notationen sind unabdingbar, auch wenn am Aufnahmetag kleine Änderungen vorgenommen werden. Arbeitet ein Produzent mit einer Gruppe, findet der kreative Teil meist im Studio statt. Seine Ideen und die der Band werden gesammelt, verschmolzen oder gegeneinander abgewogen, wobei die ungeeigneten verworfen werden. Hier trifft man auf ein weiteres Element, das einen guten Produzenten ausmacht – die Fähigkeit auszuwählen, sich zwischen dem Machbaren und dem Ungeeigneten zu entscheiden. Bei dem Prozess ist die Geschwindigkeit besonders wichtig.

Doch das setzt einen Produzenten voraus. Speziell in den USA gibt es drei Gründe, warum Bands recht zögerlich agieren, wenn es darum geht, einen „Fremden" einzubeziehen. 1. Die Bedeutung der Rolle eines Produzenten findet heute große Anerkennung. Diese Lorbeeren möchte eine Gruppe natürlich selbst „einheimsen". 2. Mittlerweile erhält der Produzent einen stattlichen Anteil an den Tantiemen, und eine Band zieht es vor, das Geld innerhalb der „Familie" aufzuteilen. 3. Sie haben Bedenken, dass ein erfahrener Produzent ihre Kreativität einschränkt. Sie wollen nicht mit einem alten „Knacker" arbeiten, der möglicherweise den kreativen Prozess beeinträchtigt, besonders wenn sich die Band auf der Suche nach neuen Klängen befindet.

Die Konsequenz der drei genannten Punkte ist, dass einige Gruppen viel Zeit mit Experimenten im Studio verbringen, um „ihr eigenes Ding" durchzuziehen. Zwei Musiker von Deep Purple erfanden ein Instrument namens Gizmo. Für die Produktion eines Albums schlossen sie sich quasi 18 Monate mit dem neuen Spielzeug im Studio ein. Natürlich zog das

Kommentare nach sich, denn angeblich sei das Zeitverschwendung. Doch in Wahrheit wollten sie die mannigfaltigen Klänge ihres genialen Einfalls erkunden und das Potenzial eines Gizmos aufzeigen.

Dieses Experimentieren und simple Ausprobieren bedingt eine erstklassige Studiotechnologie – eine Technologie, die auf dem Mehrspurverfahren beruht. Bei einer Aufnahme von Shirley Bassey mit einem 40-köpfigem Orchester hat man innerhalb von drei Stunden drei Songs aufs Band gebracht und ist klanglich schon sehr nahe am Endmix. Nach dem Mitschnitt investiert man eventuell noch wenige Stunden, um den bestmöglichen Klang zu garantieren, aber das war es dann schon. Mit einer Band ist so ein Arbeitspensum unvorstellbar.

Seit dem ersten Beatles-Album *Please Please Me* ist viel Zeit vergangen. Damals begann ich die Aufnahmen an einem Februarmorgen um 10 Uhr und beendete sie um 23 Uhr – inklusive der Abmischung!

In einigen Fällen ist die generelle Atmosphäre eines Studios genauso wichtig wie das Equipment und die technischen Möglichkeiten. Das trifft zu, wenn ein Produzent mit einer Gruppe über einen langen Zeitraum an einem Album arbeitet. Gelegentlich ist das Ambiente sogar wichtiger, wodurch sich der Produzent zugunsten der Location auf kleinere Unbequemlichkeiten einstellen muss.

1970 bat man mich darum, Sea Train aufzunehmen, eine Folk-Rock-Band, deren Musik ich sehr mochte. Sie schrieben ihre eigenen Songs und hatten drei oder vier Vokalisten für den Harmoniegesang. Ich sollte die Gruppe im Juli in New York produzieren, was mir nicht behagte: „Ich möchte auf gar keinen Fall im Juli nach New York kommen, denn es wird mir da zu heiß. Für mich ist es so oder so eine beklemmende Stadt." Mal davon abgesehen, war mein jüngster Sohn Giles erst ein Jahr alt, und ich wollte der Familie nicht allzu lange fernbleiben.

Bennett Glotzer managte die Gruppe. Er arbeitete mit Albert Grossman als Partner, der The Band und Bob Dylan vertrat. Er sagte: „Die meisten Bandmitglieder leben in Massachusetts. Wir können gerne dort aufnehmen, wenn du nichts dagegen hast. Was hältst du davon?"

Der Vorschlag faszinierte mich, und ich flog von New York nach Marblehead, der kleinen Stadt, in der sie lebten. Dort konnte man im Sommer Häuser mieten, was mich auf die Idee brachte, unser eigenes Studio in einem Mietobjekt aufbauen zu lassen. Schon bald fand sich ein geeignetes Haus. Es war groß, leer, ein wenig baufällig und stand auf einem verlassenen Grundstück auf Marblehead Neck, im Grunde genommen einer Insel, von der Stadt aus nur über einen Damm zu erreichen. Man gestattete uns, das ungefähr 7,5 Meter mal 5 Meter große Wohnzimmer als Aufnahmeraum zu nutzen und ein angrenzendes Zimmer als Regie.

Zu meiner Unterstützung nahm ich Bill Price mit, einen der damals besten Tontechniker von AIR, der nun die Wessex Studios führt. Er kümmerte sich um eine vernünftige Schalldämmung für eine gute Akustik. Danach mieteten wir uns von einer Firma aus Rhode Island ein erstklassiges Mischpult und von 3M eine 16-Spur-Maschine. Dolby Laboratories liehen uns großzügigerweise einige Dolby-Einheiten, wofür wir im Gegenzug Werbung für das Unternehmen machten. Meine Lautsprecher zum Abhören ließ ich aus London einfliegen, da ich mich an ihr Klangverhalten gewöhnt hatte. Als Letztes mieteten wir in der Stadt ein Piano, wonach wir ungefähr zwei Wochen mit dem Aufbau verbrachten.

Es war ein wunderschöner, idyllischer Sommer, und wir hielten uns dort vom Juli bis zum Oktober auf. Bennett hatte für Judy, mich und unsere Kinder Lucy und Giles ein weiteres Haus in der Nähe des „Studios" gemietet, wo wir die meisten Vormittage am Strand verbrachten. Um 14 Uhr begannen wir mit den Aufnahmen, mit einer Pause um 19 Uhr, in der ich kurz zum Abendessen nach Hause radelte, wonach wir noch bis 2 Uhr morgens arbeiteten.

Allerdings störten einige Zwischenfälle die Idylle des kleinen Örtchens. Marblehead ist eine nette Stadt in Neuengland, berühmt für Yachten und Boote, doch einige der Bewohner kann man der extrem rechten WASP-Bewegung zurechnen, also den weißen amerikanischen Protestanten angelsächsischer Herkunft. Wir entdeckten das schon zu Beginn, denn der Besitzer des Hauses, in dem wir wohnten, erklärte uns, dass er beim Zuzug in den Stadtteil ein Dokument habe unterzeichnen sollen, in dem er erklärte, sein Haus weder einem Juden noch einem Katholiken oder einem Farbigen zu verkaufen.

Er hatte das verweigert, sich jedoch im Laufe der Jahre den Sitten dieses bigotten und rückständigen Ortes angepasst. Als er erfuhr, dass eine Rockband in seinem Haus aufnahm, deren Bassist und deren Geiger beide Juden waren – nicht zu vergessen den Keyboarder, der eine schwarze Freundin hatte, kann man sein oppositionelles Verhalten gut verstehen. Diese Art der Missgunst erfuhren wir am eigenen Leib. Eines Tages saßen Judy, ich und die Kinder an einem öffentlichen Strand. Eine Frau stürmte auf uns zu und giftete: „Wir wollen Leute wie Sie nicht bei uns haben." Wie es der Zufall wollte, war sie die Frau eines guten Bekannten von Norman Newell. Norman hatte ihm von unser Ankunft berichtet, woraufhin der Freund seine Vorfreude ausdrückte. Dessen Frau, die nicht wusste, wer wir waren, zerstörte augenblicklich die sich anbahnende Beziehung und beschwor eine beklemmende Atmosphäre der Disharmonie, um nicht zu sagen des intensives Hasses herauf.

Es stimmte, dass wir uns auf illegalem Boden bewegten, denn wir hätten laut den dortigen Gesetzen kein Album in einem Privathaus aufnehmen dürfen. Doch wir störten niemanden. Die Tatsache unseres Aufenthalts stellte für die Anwohner schon eine Beleidigung dar.

Die Häuser der „Urbevölkerung" waren sorgsam voneinander abgeschottet. Allerdings befanden sich keine Zäune zwischen den einzelnen Parzellen, und der sorgsam gepflegte Rasen zog sich an den ganzen Grundstücken entlang. Unser direkter Nachbar war ein Augenspezialist. Vor unserem Einzug verriet mir unser Vermieter: „Ihr Nachbar hat schon viel von Ihnen gehört, Mr. Martin. Er möchte Sie unbedingt kennenlernen. Er schätzt Ihre Arbeit, und bin mir sicher, dass er sich bald schon vorstellen wird."

„Vielen Dank. Ich bin zwar nicht sonderlich an einem Treffen interessiert, doch es freut mich, wenn Menschen meine Musik mögen."

Nun, wir zogen ein, eine Woche verging, dann zwei, und bald war schon ein Monat verstrichen. Wir sahen sie über den Rasen hinweg, doch sie ignorierten die ganze Familie, was uns aber nicht störte. Wenn sie meinten, sich so verhalten zu müssen, war das für uns völlig in Ordnung.

Doch eines Sonntags schlenderte unsere Tochter Lucy, ein frühreifes Kind im Alter von vier Jahren, über den Rasen und sprach den Mann an, der gerade seinen Wagen wusch. Wir hörten ihre dünne, piepsige Stimme ganz genau: „Was hast du für einen Wagen?"

„Das ist ein Lincoln Continental."

„Oh."

Es entstand eine kurze Pause, nach der sich der Mann zu einer Unterhaltung gezwungen sah. Er fragte sie: „Und was für einen Wagen fährt dein Daddy?"

„Oh, wir haben einen Rolls Royce." Damals stimmte das, doch es war ein recht alter Silver Cloud. Doch das konnte *er* nicht wissen!

Lucy zeigte sich unnachgiebig: „Hast du ein Boot?"

„Nein, aber ich schätzte, ihr habt eins", entgegnete der Mann, der immer kleinlauter wurde und sein Gefühl der Überlegenheit zunehmend verlor.

„Ja, ja", erwiderte Lucy. „Daddy nimmt das Boot jedes Jahr mit nach Griechenland."

Zufälligerweise stimmte das auch, doch es handelte sich um ein drei Meter langes Schlauchboot, das wir als Rucksacktouristen in Griechenland mit uns rumschleppten. Doch das konnte *er* nicht wissen!

Binnen einer Stunde klopfte es an unserer Tür, und man lud uns zu einigen Cocktails ein, doch wir hüteten uns, sie der Illusionen hinsichtlich des Rolls Royce und der tatsächlichen Größe des Bootes zu berauben.

Da das Album mit Sea Train aufgrund der Location sehr kostenintensiv geworden war, einigte ich mich mit Bennett Glotzer darauf, dort eine zweite Platte zu produzieren. Jetzt standen also Winter Consort auf meinem Arbeitsplan, eine ungewöhnliche, semi-klassische Gruppe. Sie wurde von Paul Winter geleitet, einem klassischen Saxophonisten, der aber auch Folksongs schrieb. Paul McCandless spielte Oboe, Englischhorn und andere Blasinstrumente. Ralph Towner war für die klassische Gitarre und das Piano zuständig, konnte aber zusätzlich noch Kirchenorgel spielen. Das Cello lag in den Händen von David Darling, dessen Bruder als Wissenschaftler im Weltraumzentrum Cape Kennedy arbeitete, nicht zu vergessen den Bassisten, der Fender als Marke favorisierte. Zur Vervollständigung der Besetzung spielte ein Musiker die sogenannte „Falle", was für sie so viel wie Schlagzeug bedeutete, das einzige Zugeständnis der Band an die Moderne, den Rock'n'Roll. Paul Winter besaß die wohl ungewöhnlichste Sammlung exotischer Instrumente, die man sich vorstellen kann: Bongos, Congas, afrikanische Urdus, Marimbas und ein vier Meter langes Xylophon mit Namen Amarinda, das von drei Musiker bedient werden musste, die im Schneidersitz davorsaßen.

Das Album hieß *Icarus* und war die beste Platte, die ich je produzierte. Sie verkaufte sich zwar nicht sonderlich gut, fand aber in bestimmten Kreisen große Anerkennung. Doch in einer Hinsicht setzte sich das Werk von allen anderen Platten ab. Der Titelsong „Icarus" wurde als Single ausgekoppelt, und David Darlings Bruder übereichte einem Astronauten der Apollo-Crew ein Exemplar.

Und somit wurde die Single die erste Platte, die eine Reise zum Mond „antrat", obwohl ich fest daran zweifle, dass die Astronauten einen Plattenspieler im Gepäck hatten!

Eine der wichtigsten Tugenden eines Produzenten ist die Geduld. Allerdings darf die Unvoreingenommenheit nicht fehlen.

Das mag einer der Gründe sein, warum ich es niemals darauf anlegte, Stücke zu schreiben, mit dem Hintergedanken, einen Hit zu landen. Es gibt durchaus ein Rezept für einen Charterfolg. Man schaut auf das Blatt, nimmt diese oder jene Zutaten, verrührt sie, und schon hat man einen Hit. Vergleichbar mit der Arbeit eines Filmkomponisten wird die Arbeit eines Hitkomponisten schnell zu einer goldenen Tretmühle, was bedeutet, alle sonstigen Aktivitäten abzubrechen. Darüber hinaus bin ich mir sicher, dass ich als Hitmacher niemals ein guter Produzent geworden wäre, denn ich hätte mein Schaffen nicht gleichzeitig auf zwei Ziele ausrichten können.

Obwohl ich mich an den gelegentlichen Produktionen meiner eigenen Platten erfreue, wäre ich doch peinlich berührt, dadurch zum Star zu werden, denn das würde zwangsläufig zu einem ambivalenten Verhältnis zu den zu betreuenden Künstlern führen. Eine harmonische Zusammenarbeit ist immer schwierig. Man muss mit den jeweiligen Menschen auf einer Wellenlänge liegen und das eigene Ego und das des anderen hintanstellen. Wenn eine Seite nur nimmt und das Gegenüber nur gibt, wird Talent unterdrückt. Falls ein talentierter Künstler einen Produzenten ständig „in die Pfanne haut", wird dessen Talent verschwendet, ist ineffektiv. Das Gleiche gilt im umgekehrten Fall. Ein erfolgreiches Album muss die Talente aller Beteiligten ausdrücken und vermitteln. Das zeigte sich bei Ella Fitzgerald, Jimmy Webb, bei erfolgreichen Platten mit Jeff Beck und der Kooperation mit meinen Freunden Cleo Laine, John Dankworth und dem erstaunlichen und beeindruckenden Klassikgitarristen John Williams.

Am besten kann ich die These durch das Wirken mit den Beatles belegen. Zwischen uns bestanden keine Demarkationslinien, vielmehr agierten wir als enges und gutes Team und nicht als isolierte Produzenten, Arrangeure und Songwriter. Bei den Arrangements arbeitete ich meist eng mit John und Paul zusammen, und sie arrangierten mit mir die Songs. Ich möchte mich auf ein zuvor geschildertes Beispiel beziehen – dem Einsatz der Piccolotrompete bei „Penny Lane". Es stimmt zwar, dass ich das Instrument arrangierte, aber Paul ließ sich die Noten einfallen. Ich kann ehrlich behaupten, ich hätte nicht so gute Noten für David Mason gehabt, den Piccolotrompeter, wäre ich auf mich allein gestellt gewesen.

Ich muss erneut die Teamleistung betonen. Ohne meine Arrangements und Partituren hätten viele Platten eindeutig anders geklungen. Ob sie besser gewesen wären? Das weiß ich nicht, und solche Gedanken fallen in den Bereich der Spekulation. Möglicherweise!? Ich will an dieser Stelle nicht zu bescheiden erscheinen, allerdings nachdrücklich die tatsächliche Beziehung zwischen den Beatles und mir aufzeigen. Ohne Zweifel waren Paul und John die beiden talentiertesten Musiker der Epoche. George, Ringo und ich lassen sich als „unterstützende Talente" beschreiben. Wir waren nicht fünf gleich talentierte Künstler: Zwei zeichneten sich durch eine unstrittige Stärke aus, die anderen drei gehören „unter ferner liefen". Diese drei hätten auch – allerdings in unterschiedlichen Abstufungen – von fremden Musikern ersetzt werden können. Doch ich möchte auf eine kleine Einschränkung hinwiesen. Obwohl ein erfolgreiches Fußballteam vielleicht mit einem anderen Torwart oder Mittelstürmer genauso gut gespielt hätte, wird niemand bestreiten, dass sie mit eben *genau diesen* Spielern die Leistung erbracht haben. Als Teil des Teams sollten sie nie unterschätzt werden.

Aber eine Schlacht in der Musikindustrie gewann ich alleine – nicht nur für mich, sondern für alle Produzenten, die auf ihre Fähigkeiten stolz sind. Nach den anfänglichen Erfolgen fand sich auf den Platten-Etiketten und den Covern der Schriftzug „Produced by George Martin".

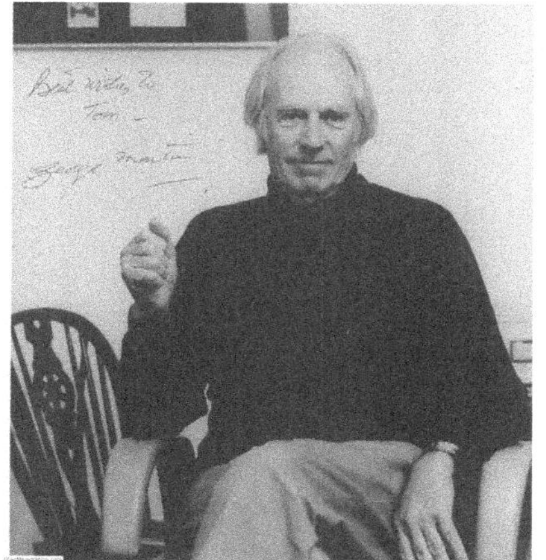

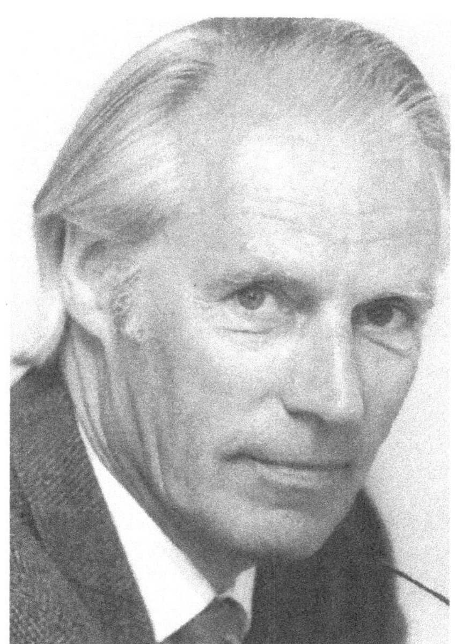

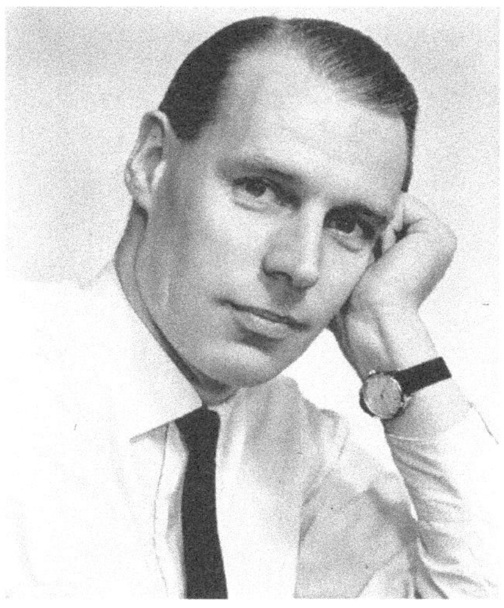

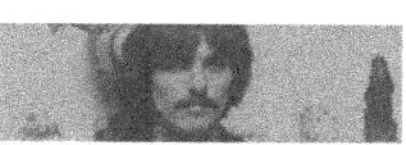

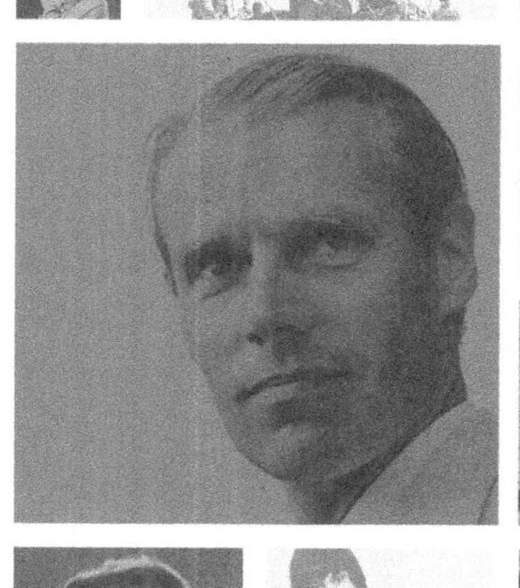

PRODUCED BY
george
martin

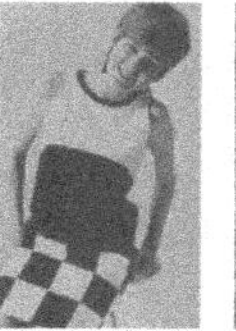

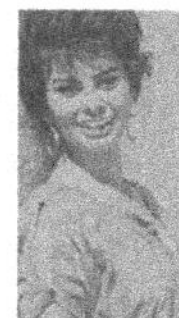

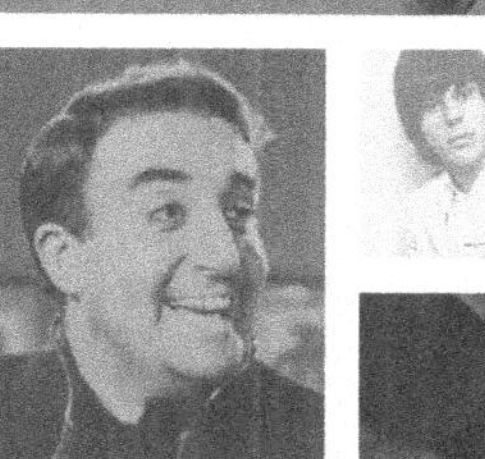

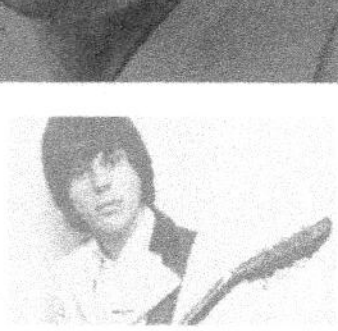

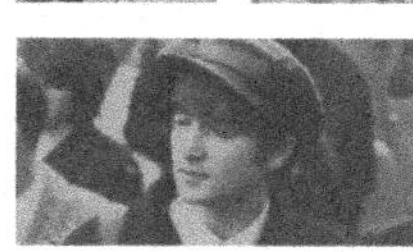

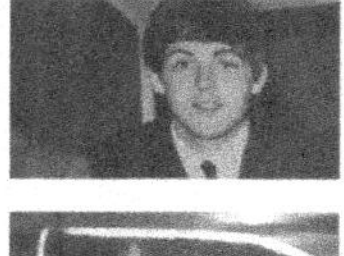

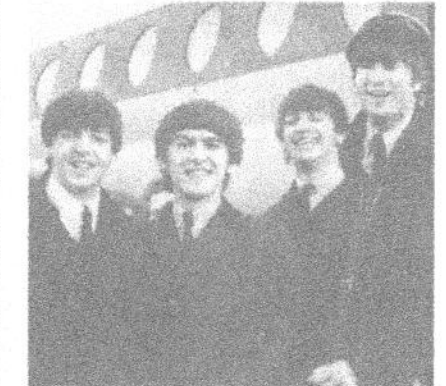

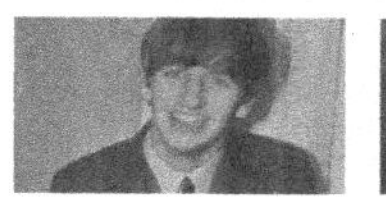

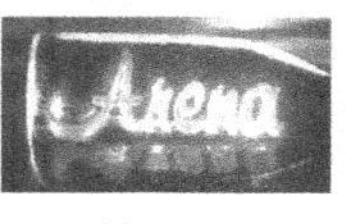

In diesem Dokumentarfilm über George Martin aus dem Jahr 2012 kommen auch die beiden noch lebenden Ex-Beatles zu Wort.

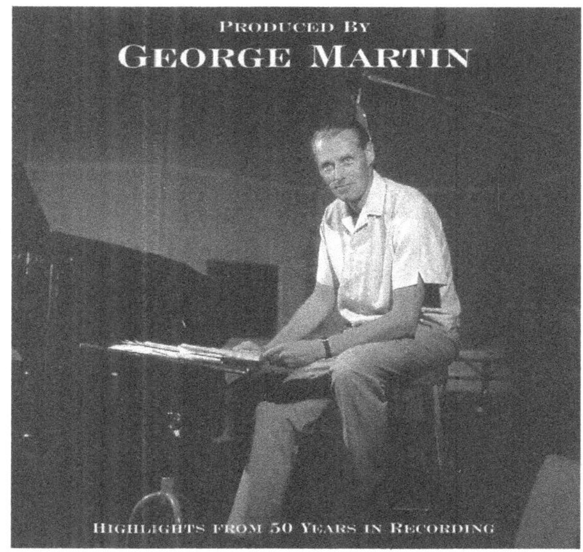

Am 17. Juli 2001 erschien in eigener Angelegenheit die sechsteilige Kompilations-CD *Produced by George Martin* mit den wichtigsten innerhalb von 48 Jahren produzierten Titeln.

Fünf Monate lang arbeiteten die Beatles in den Abbey-Road-Studios an ihrer LP *Sgt. Pepper's Lonely Hearts Club Band*, die als eines der ersten Konzeptalben in die Musikgeschichte einging. Die unbegrenzt verfügbare Aufnahmezeit ermöglichte es den Beatles, alle Studio-Ressourcen einzusetzen und wochenlang an einzelnen Musik- oder Text-Passagen zu feilen. An den Aufnahmen zu „A Day In The Life" wirkte ein 41-köpfiges Orchester mit. Für das Coverfoto ließen sich die Beatles in Kostümen vor einer Bilderwand berühmter Persönlichkeiten (unter anderem Stan Laurel, Mae West, Bob Dylan, Shirley Temple, Aleister Crowley und Marlon Brando) ablichten. Das Album wurde am 1. Juni 1967 veröffentlicht.

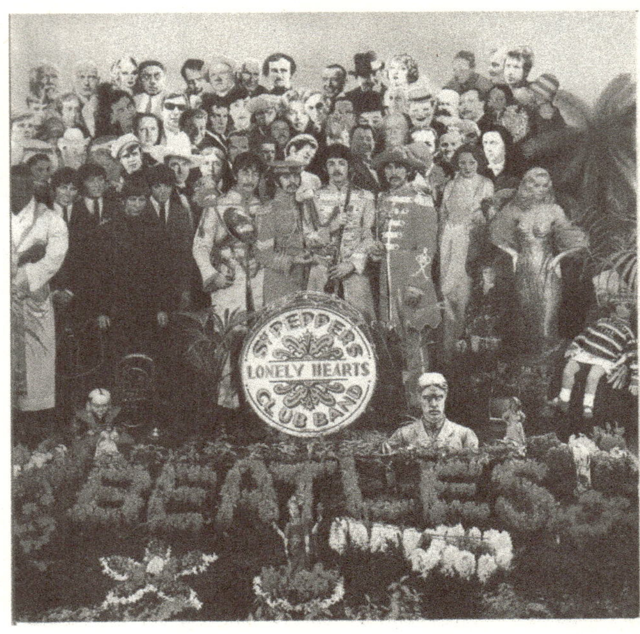

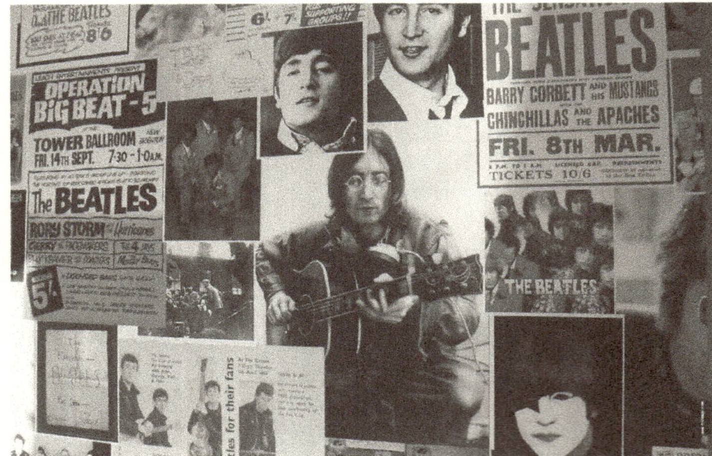

Beatles-Wand in Liverpool, Matthew Street, nahe dem Cavern Club. (© E. Schwettmann)

Dieser Klassiker wurde 1965 von Paul McCartney geschriebenen und von den Beatles auf dem Album *Help!* veröffentlicht. „Yesterday" ist der erste Titel der Beatles, der von einem Mitglied der Band solistisch aufgenommen und gesungen wurde.

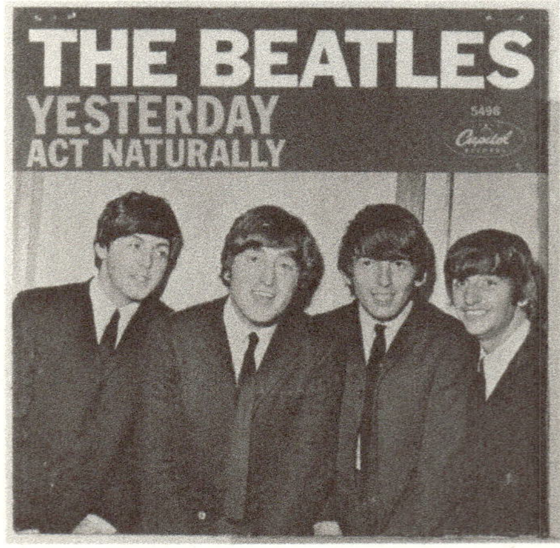

Von 1963 bis 1972 nahm Dionne Warwick vor allem Burt Bacharach/Hal David-Kompositionen auf und landete ihre größten Hits mit Titeln wie „Anyone Who Had A Heart“ oder „Walk On By, Reach Out For Me“ (1964).

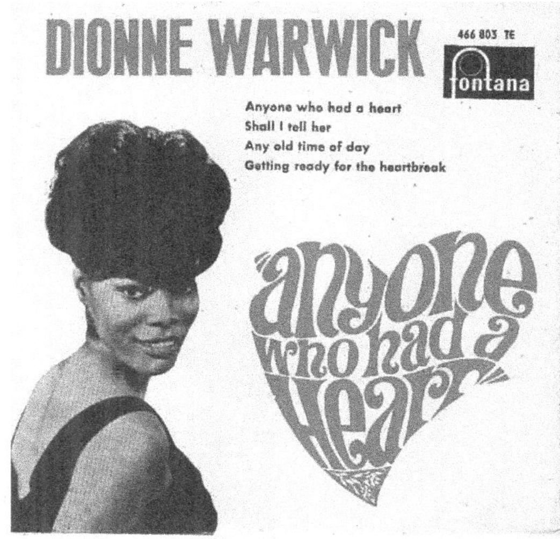

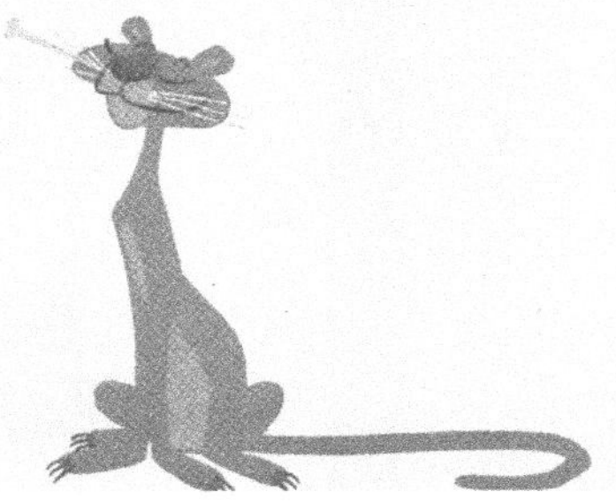

Komponiert und dirigiert von Henri Mancini, prodziert von George Martin: die Musik aus dem Film *Der rosarote Panther* (englisch: *The Pink Panther*), einer Kriminalkomödie des Regisseurs Blake Edwards aus dem Jahr 1963. Weitere Filme mit dem rosaroten Panther folgten, dazu auch eine Zeichentrickserie.

Produced by George Martin: „Live and Let Die“ ist das Titelstück des gleichnamigen James-Bond-Films. Es wurde von Linda und Paul McCartney geschrieben und mit den Wings 1973 aufgenommen. Das Stück war der erste Titelsong eines James-Bond-Films, der für den Oscar nominiert wurde.

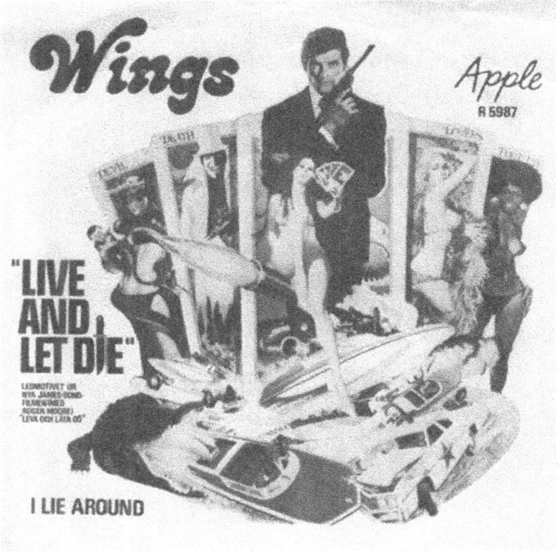

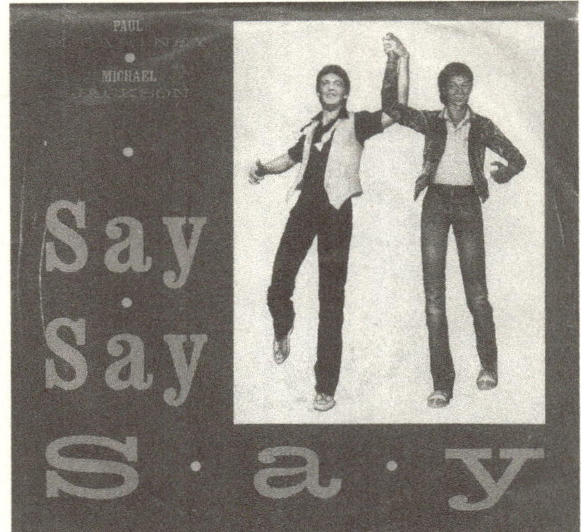

Diese Single von Paul McCartney und Michael Jackson erschien 1983.

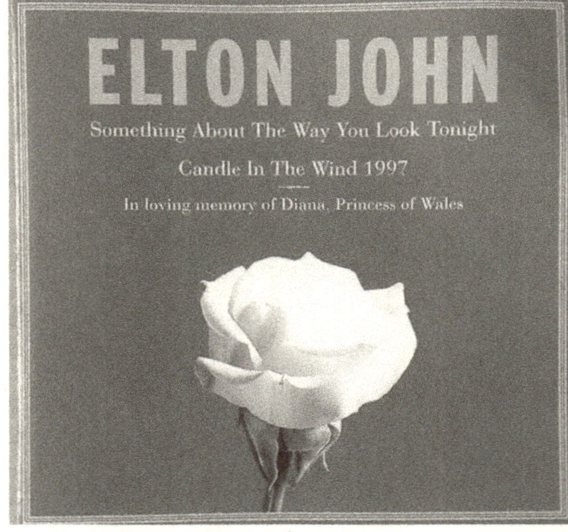

1997 brachte Elton John eine umgetextete Version von „Candle In The Wind" heraus, in der er den Tod von Prinzessin Diana betrauerte. Die Single wurde mit 45 Millionen verkauften Exemplaren zur erfolgreichsten Single aller Zeiten. Den Erlös spendete Elton John für wohltätige Zwecke.

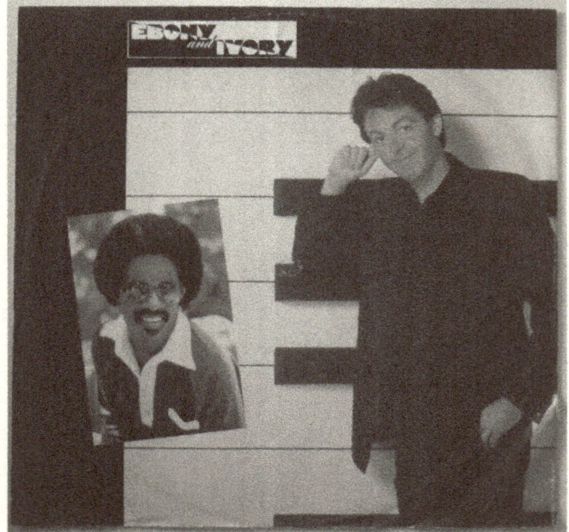

Die Single „Ebony and Ivory" erschien am 29. März 1982 und wurde in zahlreichen Ländern ein Nummer-1-Hit, z.B. in Deutschland, Großbritannien und den USA.

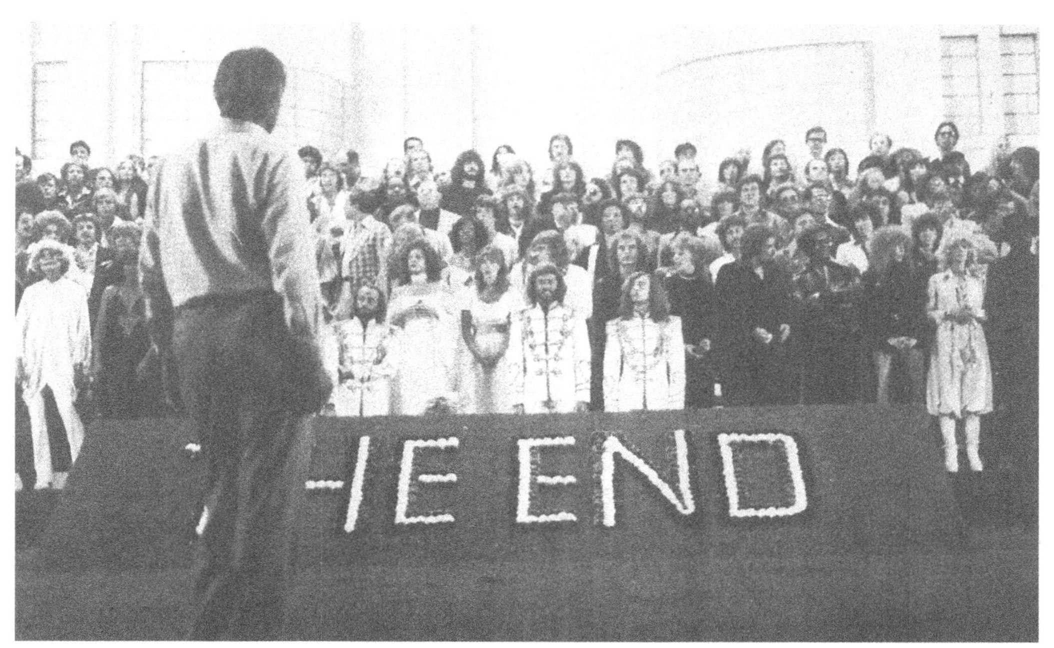

Culver City, 1977 – das Finale des *Sgt. Pepper*-Films.

Kapitel 14

Die AIR-Studios

In den frühen Jahren von AIR standen uns keine eigenen Studios zur Verfügung. Wir waren gezwungen, geeignete und zu dem Zeitpunkt verfügbare Räumlichkeiten anzumieten. Durch die wachsende Anzahl von Aufträgen finanzierten wir quasi die Fremdstudios. Man muss nun wirklich kein Genie sein, um auszurechnen, dass sich bei eigenen Aufnahmemöglichkeiten der Trend umkehrte. Wir hätten keine Rechnungen mehr begleichen müssen, nein, als zusätzlicher Effekt wäre ein AIR-Studio eine zusätzliche Einnahmequelle gewesen. Wir standen darüber hinaus vor der Problematik, dass die an die Firma gezahlten Tantiemen erfreulicherweise stark zunahmen, was jedoch gleichzeitig höhere Abgaben an das Finanzamt bedeutete. Es war damals sinnvoll, den Gürtel enger zu schnallen, uns keine hohen Gehälter auszuzahlen, das Geld legal in die eigene Firma zu investieren und den Bau eigener Studios voranzutreiben. Ein Bekannter, der sich in dem Geschäftszweig gut auskannte, riet mir davon ab: „Du wirst dir die Finger verbrennen. Du wirst Geld verlieren." Doch starrköpfig, wie wir nun mal waren, trieben wir die Idee weiter voran.

Die schwierigste Aufgabe bestand in der Suche nach einer geeigneten Örtlichkeit. London ist ein überaus teures Pflaster. Keins der wichtigsten Studios lag im Stadtkern, denn meist müssen sie aus finanziellen Gründen am Stadtrand eingerichtet werden. Wir standen also vor einer einfachen Wahlmöglichkeit – „drinnen" oder „draußen". Wenn wir die Randbezirke Londons ins Auge fassten, konnten wir preisgünstiger bauen und zudem einen großen Parkplatz garantieren. Schnell fand ich eine klare Trennlinie, die in Form eines Kreisbogens vom Zentrum bis nach Finchley reicht. Dahinter lagen die „billigen“ Stadtgebiete. Innerhalb des Kreises bedeuteten Parkauflagen und allgemein sehr hohe Preise keine Vorteile, ausgenommen der Fall, man siedelte sich direkt im Zentrum an. Die Auswahl wurde zudem durch meinen Wunsch nach einem vielseitig einsetzbaren Studio eingeschränkt – ein Studio, in dem man sowohl Filmmusik produzieren als auch Platten aufnehmen konnte. Damit sich so ein Projekt rechnete, waren wir auf das US-Geschäft angewiesen. Ich wollte die besten amerikanischen Film- und Plattenproduzenten in unsere Studios locken. Dadurch zwang sich ein Ort in der Nähe von Claridges und dem Connaught-Hotel auf. Und so begaben wir uns auf die Suche nach geeigneten Örtlichkeiten, doch überall gab es einen Haken.

Dann erfuhr ich von der obersten Etage des Peter-Robinson-Gebäudes am Oxford Circus. Es gibt sicherlich kaum einen zentraler gelegenen Ort. Peter Robinson ist eins der vielfältig genutzten alten Warenhäuser Londons. Wie bei ähnlichen Gebäuden befand sich früher im obersten Stockwerk ein großes Restaurant – tatsächlich schon eher eine Bankethalle –, in dem nach ursprünglicher Bestimmung der „niedere Adel“ seinen Tee trinken sowie Salatsandwiches und erlesenes Gebäck und Kuchen zu sich nehmen sollte. Der „niedere Adel“ war offensichtlich vertrieben – oder von einer Welt aus T-Shirts und Hamburgern absorbiert worden –, womit die Etage nun zur Verfügung stand. Schon seit zwei Jahren versuchte die Firma Peter Robinson, deren Geschäft sich noch im Gebäude befand, die Räumlichkeiten als Büros zu vermieten. Die Erfolgsaussichten des Vorhabens waren gleich null, was niemanden überraschte, denn die notwendigen Renovierungsarbeiten hätten ein Vermögen gekostet. Beim Betreten der Etage fühlte ich mich in das Zeitalter Eduards VII. vor circa 50 Jahren zurückversetzt. Die kuppelförmige Decke schmückten klassizistische Fresken, gestützt von Pfeilern aus Marmor. An beiden Enden des riesigen und hohen Raumes befanden sich Küchen.

Alle vertraten die Ansicht, dass genügend Raum vorhanden sei und die Höhe stimme. Die Meinung war einhellig: „Die Miete erscheint angemessen. Warum sollten wir die Investitionskosten und die Schwierigkeiten des Umbaus scheuen?“

Die Schwierigkeiten ließen sich nicht von der Hand weisen und beschränkten sich nicht nur auf die Tatsache, dass wir von hier oben auf einer der geschäftigsten Straßenkreuzungen der Welt hinabschauten. Wir befanden uns in einem Gebäude der alten Stahlbauweise, welches sich direkt über drei U-Bahnlinien befand (mit der neuen Victoria-Line sind es nun vier). Akustikprobleme waren also unvermeidbar.

Obwohl wir unser gesamtes Arbeitsleben in Tonstudios verbracht hatten, stellte der Bau für uns alle eine ganz besondere Herausforderung dar. Unsere Architekten Bill Rossell Orme und sein Assistent Jack Parsons hatten zwar schon einige Kinos gebaut, aber noch kein Studio. Wir wählten Bill als Architekten aus, weil er sich mit Großaufträgen gut auskannte und demzufolge auch mit Baugenehmigungen und den damit verbundenen bürokratischen Hindernissen bei der Stadtverwaltung. Zugleich war er es gewohnt, die verschiedenen Spezialisten für ein so ungewöhnliches Projekt auszuwählen und zu bündeln. Um ihm die Spezifikationen mitzuteilen, „rekrutierte“ ich Keith Slaughter als Studiomanager und später Dave Harries, der mit Keith bei der EMI gearbeitet hatte. Ihr Job bestand in der Koordination der Verkabelung – es mussten ungefähr 20 Meilen Kabel verlegt werden – und der Bestellung und Platzierung des Equipments, denn wir wollten von Anfang an mit moderner Technologie ausgerüstet sein.

Kenneth Shearer, eine wahrer Klangfanatiker, wurde unser Akustikexperte. Es gibt niemanden in diesem Land, der mehr über das Spezialgebiet weiß! Er ist der Mann, der die ganzen „fliegenden Untertassen“ in der Albert Hall installierte. Er fand auch eine Lösung für das wohl schwerwiegendste Problem – das drastischen Gerumpel der U-Bahn, das sich durch das Gebäude bis nach hier oben übertrug. Der komplette Studiotrakt – also die Aufnahmeräume und die Regie – mussten vom Hauptgebäude separiert werden. Das bedeutete den Bau eine riesigen „Kiste“ innerhalb der Bankettlhalle, die auf schallneutralen Stützen stand.

Hinzu kam das Problem einer Klimaanlage, denn in solch einem Studio durfte man verständlicherweise nicht die Fenster öffnen. Man musste eine geeignete Luftzufuhr sichern, um Temperatur und Luftfeuchtigkeit konstant zu halten. Speziell härtere Rockbands, deren Sänger viel Sauerstoff verbrauchen, benötigen ausreichend Frischluft. Wollte man dieses große Volumen durch kleine Anzugsrohre leiten, entstünde zu viel Lärm. Man sollte sich zum Vergleich nur die Dunstabzugshaube in der Küche anhören. Wir installierten also eine langsam laufende, aber leistungsfähige Luftumwälzungsanlage, die in einer schallisolierten Resonanzwand steckte, damit weder Sound von draußen noch von drinnen drang und auch nicht von drinnen nach draußen.

Das mag jetzt ein wenig simpel und elementar klingen, doch es erstaunt mich immer wieder, wie viele Studios über keine vernünftige Klimaanlage verfügen. Die EMI, bekannt für ausgefeilte Technik und die Geschichte brillanter Aufnahmen, hatte ständige Probleme mit Klangemissionen. Gelegentlich trieb das den Studiomanager an den Rand des Wahnsinns. Wir nahmen oft in der Nacht auf, besonders die Beatles, und erhielten häufig unangenehmen Besuch von der Polizei, weil es von allen Seiten Beschwerden hagelte. Zeitweilig wurde sogar ein Aufnahmeverbot für die Nacht verhängt. Einmal drohte man uns sogar die Schließung der Studios an, wenn wir den behördlichen Auflagen nicht Folge leisteten. Kurios mutete der Effekt der Klangemission an. Der Sound entwich aus dem Echoraum, stieg offensichtlich direkt gen Himmel und landete – durch eine verrückte Kombination aus akustischen Gesetzen, dem Wetter und möglicherweise auch den architektonischen Gegebenheiten ungefähr eine Meile entfernt in Swiss Cottage.

Da wir uns mit diesen und anderen Komplikationen herumschlagen mussten, dauerten die Planung und das Design des Studios ein Jahr. Schließlich erhielten wir einen Kostenvoranschlag in Höhe von 66.000 £ und entschieden uns, das Vorhaben in die Realität umzusetzen. Unglücklicherweise war das Thema Finanzen noch nicht abgehakt. Eine Wochen später rief mich Bill Orme an: „Ich möchte dich zu einem Meeting einladen. Es tut mir leid, aber ich habe schlechte Nachrichten." Als ich den Raum betrat, hatten die Experten schon alle Platz genommen – insgesamt 14! Bill bereitete mich schonend vor: „Setz dich erst mal hin. Ich will nicht, dass du im Stehen einen Schock bekommst. Wie du weißt, beläuft sich der ursprüngliche Kostenvoranschlag auf 66.000 £. Tatsächlich ist es unvermeidbar, dass wir zur Umsetzung des Vorhabens insgesamt 110.000 £ benötigen."

Nachdem ich mich sozusagen wieder aufgerappelt hatte, protestierte ich: „Das könnt ihr doch nicht mit mir machen! Ich habe keine 110.000 £!“

„Nun, wir können das Projekt jederzeit wieder abblasen“, lenkte er mit entschuldigender Stimme ein. Doch die Kosten haben sich erhöht, was nicht vorherzusehen war. Zum Beispiel wussten wir erst nach Entfernung eines Balkens, dass wir eine zusätzliche Verstrebung benötigen.“

War ich hier auf dem Set von *Mr. Blandings baut sein Traumhaus* gelandet? Der Aufbau der AIR-Studios hing schon immer an einem seidenen Faden, und der schien gerade gerissen zu sein. Die ganze Angelegenheit erschütterte mich dermaßen, dass ich bei einer Krisensitzung mit meinen Kollegen zu bedenken gab: „All die Kritiker, die uns vor dem Bauvorhaben warnten, hatten möglicherweise recht. Die Kosten übersteigen unsere schlimmsten Befürchtungen. Was meint ihr dazu?“

Doch die Zweifel beschränkten sich nur auf einen kurzen Augenblick, denn wir sahen der unumstößlichen Tatsache ins Auge, dass wir schon viel zu tief in dem Vorhaben steckten, um uns zurückzuziehen. Wir mussten einfach weitermachen. Dabei steigen die Gesamtkosten auf 136.000 £, wozu noch 200.000 £ Equipment-Kosten kamen. Der Studiobau nahm abenteuerliche Dimensionen an, wodurch wir gezwungen waren, alle Reserven unserer Firma einzusetzen, was uns letztendlich in ein – im Banker-Jargon – ernsthaftes Cash-Flow-Problem drängte. Wir standen kurz vor dem Bankrott, und wenn das Studio sich nicht zu einem Erfolg entwickelt hätte, wäre das die unvermeidliche Konsequenz gewesen. Am Anfang überstiegen die Rechnungen noch die Einnahmen, doch es gelang uns, zu überleben.

Zur Eröffnung im Oktober 1970 gaben wir in guter, alter Showbusiness-Tradition sogar eine Party, zu der wir Freunde und Feinde von der EMI einluden, Kollegen anderer Plattenfirmen und in einem Anflug unvergleichlichen Großmuts sogar die Architekten, mit denen wir uns wegen der Kostenspirale zerstritten hatten. Kurz nach der Fertigstellung erlitt Bill Ormes Assistent Jack Parsons einen Schlaganfall, der ihn für den Rest seines Lebens an den Rollstuhl fesselte. Ich fand das traurig, denn seit dem Start des Projekts hatte er sich voll und ganz dem Design verschrieben. Ohne seine aufopferungsvolle Hingabe hätten wir uns niemals an so erstklassigen Studios erfreuen können.

Die Eröffnungsfeier fand am 7. Oktober statt. Zwei Tage später machte ich die erste Aufnahme in den AIR-Studios: mit Cilla Black, der Patentante unserer Tochter Lucy.

Kurz danach wurde die Akustik des Studios einer harten Bewährungsprobe unterzogen. Der Studioboden „schwebte" ungefähr 60 Zentimeter über dem eigentlichen Estrich, und auch die Wände und die Decke waren durch Verstrebungen mit dem Rohbau verbunden. Argo Records trat an uns heran, eine Firma, die sich auf Sprachaufnahmen konzentrierte. Sie hatten *Julius Caesar* mit Laurence Olivier in den Decca-Studios in West Hampstead aufgenommen. Mitten in einer Schlüsselszene rauschte ein Jumbojet über das Studio, dessen Lärm sich auf das Band übertrug. Es ist bekannt und allgemein akzeptiert, dass bestimmte Anachronismen in Shakespeares Werken auftauchen, wie zum Beispiel donnernde Kanonen, obwohl es zu der Zeit noch keine solchen Geschütze gab. Doch eine Boeing 707 war nach Auffassung aller Beteiligten etwas zu viel des Guten!

Die Verantwortlichen wollten sich nun von unseren Qualitäten überzeugen. Ihr erster Tontechniker besuchte unser Studio 1 und platzierte mitten im Raum ein hochsensibles Mikro. Er drehte alle Verstärker bis zum Maximum auf, wodurch das Flüstern eines Menschen wie ohrenbetäubendes Löwengebrüll geklungen hätte. Danach hörte er sich den Grundklang des Studios an, prüfte, ob Störgeräusche von der Klimaanlage oder sonstige Geräusche in den Raum drangen. Die Manager und ihr Tontechniker konnten nichts hören, was sie sehr erstaunte. Doch der Test reichte ihnen nicht. Als Nächstes nahmen sie zwei Stunden lang ein Band auf, mit einer Geschwindigkeit von 7,5 Inch pro Sekunde. Das ließen sie dann mit vierfacher Geschwindigkeit ablaufen, wodurch man bestimmte Störfrequenzen und andere Geräusche deutlicher wahrnehmen kann, die sonst nicht hörbar sind. Trotz dieses Härtetests fiel ihnen so gut wie nichts auf.

Sichtlich zufrieden, gehörten Argo Records zu den ersten Kunden im Segment Sprachaufnahmen. Leider ausgerechnet bei der ersten Session – einem Jet-freien Mitschnitt von *Julius Caesar* – geschah ein hochnotpeinliches Missgeschick. Gerade als Olivier eine Rede auf dem römischen Forum hielt, entdeckten wir zu unserem Entsetzen, dass der Boden quietschte. Na ja, Steinstufen quietschen nicht, und so behoben wir den Fehler schleunigst.

AIR hat sich über die Jahre zu einer Firma mit vielen Fachbereichen entwickelt. Wir haben ein eigenes Plattenlabel und eigene Künstler, die wir aufnehmen. Zudem machen wir Sessions mit Musikern anderer Labels und vermieten unsere Studios an externe Produzenten, die entweder mit unserem Tontechniker arbeiten oder, wie es in den USA üblich ist, einen eigenen mitbringen. Darüber hinaus bieten wir die Dienste der AIR-Produzenten und Tontechniker anderen Unternehmen an. Doch in der überwiegenden Zahl der Fälle kommen die Kunden aufgrund des weltweit hervorragenden Rufes nicht nur wegen der Studios zu uns, sondern auch, um sich die Erfahrung der hochqualifizierten und überdurchschnittlich gut ausgebildeten Belegschaft zunutze zu machen. Ich klinge im Moment wie bei einer Werbeveranstaltung, doch es ist wahr, denn wir haben sogar eine Agentur aufgebaut, die das Kreativteam von AIR vermittelt – Männer wie Geoff Emerick, Peter Henderson, Mike Stavrou, Steve Nye, Jon Kelly und meine Wenigkeit.

Nachdem sich der Traum der Londoner AIR-Studios verwirklicht und sich dieses Subunternehmen den Ruf eines der besten Tonstudios europaweit verdient hatte, konzentrierte ich mich auf neue Pläne.

Das Konzept eines Studios im Einklang mit der Natur sprach mich schon immer an. Ich hatte in Jimmy Guercios Caribou-Studio in den Rocky Mountains, ungefähr 60 Meilen von Denver entfernt, gearbeitet und den kreativen Freiraum zu schätzen gelernt, der mit der Natur einherging. Man mietete sich dort für die Produktion ein und durfte das Studio exklusiv rund um die Uhr nutzen. Es war komfortabel und verfügte über ein Neve-Mischpult. Die Unterbringung erfolgte in anheimelnden Blockhütten. Allerdings hielt ich mich dort zur falschen Jahreszeit auf. Im Februar kann es in Colorado sehr kalt sein, und mit einem makaberen Sinn für Humor würde man die Location als ein teures Arbeitslager beschreiben. Wir nannten es Stalag Luft III. Egal, die dahinterstehende Idee zahlte sich aus. In Großbritannien feierte Richard Branson mit seinem Studio The Manor große Erfolge, das er in einem alten Gutsherrenhaus in Oxfordshire eingerichtet hatte. Wenn man unter Zeitdruck steht, begünstigt eine natürliche Umgebung das allgemeine Wohlbefinden.

Mich hingegen trieb der tollkühne Plan, ein Studio auf einem Schiff oder einem großen Boot zu bauen! Man war in der Lage, überallhin zu reisen – am liebsten in Richtung Mittelmeer oder Karibik –, was den Musikern sicherlich ein Gefühl der Ungebundenheit und Freiheit vermittelte. Ich verbrachte ungefähr Jahre damit, die Idee und Lösungsansätze für die damit einhergehenden Probleme auszuarbeiten. Keith Slaughter, der das Londoner Studio leitete, sollte das Projekt betreuen, und ich machte mich auf die Suche nach einem „schwimmenden Untersatz". Nach einer ausgiebigen Suche, die mich von Island bis nach Jugoslawien führte, reduzierte sich die Auswahl auf zwei Objekte. Das kleinere (und teurere) Schiff war die SS Albro, eine von einem skandinavischen Frachtschiff zu einer Yacht umgebaute Schaluppe, die ich in Malta fand. Sie hatte eine Länge von ungefähr 36 Metern, wobei sich der Aufbau achtern befand, und wurde von einem einwelligen Motor mit einem Federpropeller angetrieben. Das vorzüglich umgebaute Schiff verfügte über einen großzügigen und luxuriösen Aufenthaltsbereich. Allerdings hätte man das Studio im Frachtraum aufbauen müssen, und der war für meinen Geschmack zu klein.

In Jugoslawien fand ich eine erwägenswerte Alternative. Das Schiff maß ungefähr 48 Meter, verfügte über Doppelmotoren und genügend Raum. Früher kreuzte die *Osejevik* als Passagierfähre entlang der dalmatinischen Küste. Durch den Bau der Küstenautobahn erübrigte sich die Fährverbindung; deshalb entschloss sich die jugoslawische Regierung, das Schiff zu veräußern. Natürlich stellt ein Studio auf einem Schiff den Eigner vor eine Vielzahl von Problemen. Die laufenden Kosten sind sehr hoch, eine reibungslose Energiezufuhr muss gewährleistet sein, und gegen die akustischen Probleme eines großen Raums aus Stahl sind die der Londoner AIR-Studios geradezu harmlos. Doch aufgrund unserer Erfahrungen hielten wir die bevorstehenden Herausforderungen für zu bewältigen. Wir glaubten felsenfest, auf alle Problem die passenden Antworten zu finden. Aus heutiger Sicht erscheint es kaum vorstellbar, doch 1974 hätten wir das gesamte Projekt für 750.000 £ realisieren können. Zurzeit müsste man mindestens das Doppelte dafür aufwenden! Doch zu meinem großen Bedauern musste das Vorhaben abgeblasen werden. Der vernichtende Schlag kam mit der Wirtschaftskrise in Großbritannien –

der Dreitagewoche – und der weltweiten Ölkrise, die alle risikoreichen Unternehmungen als ausgemachte Dummheit erschienen ließen. So blieb es bei einem Traum, und ich konzentrierte mich auf ein Studio auf festem Boden.

Ich bin viel herumgekommen, liebe aber speziell die Arbeitsatmosphäre auf Hawaii. Doch die Entfernung zu London war zu groß. Für einen Briten ist es nicht sonderlich klug, auf amerikanischem Boden zu bauen. Kanada war verlockend, Mexiko sogar noch interessanter. Ich kannte die Karibik sehr gut, zog sie allerdings aufgrund der politischen Instabilität niemals in Erwägung. Auf den Bahamas und den Virgin Islands schien es ständig zu brodeln, und das wunderschöne Jamaika ist eindeutig ein recht unglücklicher Ort.

Dann entdeckte ich Montserrat. Es ist noch eine britische Kolonie, eine der wenigen übrig gebliebenen. Voller Freude erkundete ich eine üppige, grüne tropische Insel mit einer friedlich zusammenlebenden Bevölkerung aus Weißen und Schwarzen. Mich beeindruckte die natürliche und ungezwungene Freundlichkeit, mit der uns die Menschen begegneten, was sicherlich auf den mangelnden „Fortschritt" der Zivilisation zurückzuführen ist. In Montserrat wird man weder von einem Casino noch von Hochhäusern oder betonierten Sonnenanbeter-Flächen neben chlorierten Swimmingpools belästigt. Der Ort strahlt einen individuellen Charme aus. Ausschlaggebend war ein geeigneter Platz für unser Vorhaben. Um es kurz zu machen: Wir sind nun Besitzer eines hochmodernen Studios auf einem circa 350 Meter mal 350 Meter großen Grundstück, das auf einer Anhöhe von 150 Meter liegt, von der aus sich dem Betrachter ein atemberaubender Blick über die Karibik bietet. Die Kunden wohnen während ihres Aufenthaltes in nahe gelegenen Villen. Ich gebe offen und frei zu, dass ich hier am liebsten arbeite. Ich kann mich lediglich darüber beschweren, selber keine Termine mehr zu bekommen, da das Studio ständig ausgebucht ist!

Im Studio stehen sowohl eine 24-Spur- als auch eine 32-Spur-Maschine. Allerdings bin ich von der 32-Spur nicht sonderlich begeistert, denn ich komme mit der 24-Spur gut aus – vielen Dank auch. Falls ich wider Erwarten mehr Tracks benötige, kopple ich zwei 24-Spur, womit mir immerhin 46 Tracks zur Verfügung stehen, da zwei Tracks für die Synchronisation benötigt werden. Die Equipment-Kosten sind ein bedeutender Faktor. Das erste Mischpult in den AIR-Studios London, gebaut von Rupert Neve, der die Rolls Royce unter den Pulten herstellt, beschränkte sich auf 16 Spuren und kostete 35.000 £, wohingegen wir für das Mischpult in Montserrat 210.000 Dollar aufbringen mussten. Obwohl es von Hand gebaut und verlötet und auf unsere Bedürfnisse zugeschnitten wurde, ist das immer noch sehr viel Geld. Es verfügt über 52 Eingänge und wahlweise 24 oder 32 Ausgänge und hat 24 separate Monitore. Es ist das wohl fortschrittlichste Mischpult, das heute[25] zu findenden ist, aber immer noch analog.

Mit hoher Wahrscheinlichkeit wird es sich in einigen Jahren mit Digitalaufnahmen herumschlagen müssen. Doch das liegt noch in der Zukunft …

25 Anm. des Lektors: Das Buch wurde 1979 geschrieben.

Kapitel 15

Tomorrow Never Knows

Wenn die Entwicklung der Aufnahmetechnologie mit der gleichen Geschwindigkeit verläuft wie bisher, stehen wir kurz vor einer neuen Ära, weiteren 25 Jahren neuer Errungenschaften.

In den letzten 25 Jahren gab es einen so rasanten Fortschritt, dass sich die Frage aufdrängt, wie weit uns die Technologie führen wird. Die regelrechte Explosion der Computertechnologie und die generell zunehmende Automatisierung in der Industrie werden sich auch auf die Tonstudios auswirken. Digitale Aufnahmeverfahren haben sich schon durchgesetzt und ihre Praxistauglichkeit bewiesen. Es ist im Moment noch recht primitiv und sehr teuer, aber verweist auf den kommenden Weg.

Die Produktion einer Schallplatte lässt sich bei der im Moment noch eingesetzten Technik mit dem Dreh eines Films vergleichen. Bandmaterial ist das Aufnahmemedium (wie beim Film) und speichert die gewünschten Sounds, die nach der Aufnahme wieder abgespielt werden können. Da es sich bei dem Verfahren um einen Abdruck handelt, leidet das Ergebnis unter ähnlichen Defekten wie ein Foto – Verzerrung und verminderte Deutlichkeit – und bezüglich des Klangs durch Hintergrundgeräusche und leichtes Zischen. Niemals wird man eine perfekte Reproduktion des Originals erreichen. Die Digitalaufnahme unterscheidet sich grundlegend, denn sie ist sprichwörtlich eine Duplikation des Originals. Durch den Fortschritt der Computertechnologie können wir mit einem neuen Verfahren arbeiten. Und wie funktioniert es?

Die meisten wissen, dass Computer simple Summen mit rasanter Geschwindigkeit addieren. Sie speichern Informationen auf der Grundlage eines simplen Ja/Nein. Ihr kleiner Taschenrechner kann höchst komplexe Aufgaben blitzschnell lösen, für die ein Mensch deutlich mehr Zeit benötigen würde. Jedoch ist die zugrunde liegende Methodik einfach. Falls man 17 mit 32 multiplizieren will addiert er 32 mal 17 – quasi mit Lichtgeschwindigkeit.

Bei einer Digitalaufnahme werden Klänge im Grunde genommen in Zahlen umgewandelt, in einem elektronischen Gedächtnis gespeichert und bei der Wiedergabe zusammengefügt. Zerlegte man ein simples Magnetband an einem beliebigen Punkt, wären die Informationen nicht nutzbar. Betrachtet man jedoch einen Querschnitt einer Computeraufnahme, vergleichbar mit den Jahresringen eines gefällten Baumes, lassen sich leicht Rückschlüsse ziehen. In einem Soundsegment von zum Beispiel einer fünfzigtausendstel Sekunde ist jeder Frequenz des Spektrums eine klar definierte Lautstärke zugeordnet: 30 Hertz sind möglicherweise 58 Dezibel laut, 150 Hertz 62 Dezibel, 2500 Hertz 79 Dezibel und so weiter. Wenn also jede Frequenz gescannt und ihre Lautstärke exakt gemessen wird, ist es – nach vorheriger Speicherung – ein Leichtes, diese Frequenzen nach dem gleichen Muster wiederherzustellen.

Stellen Sie sich bitte ein Segment als ein einzelnes Bild auf einer Filmspule vor. Wird der eben geschilderte Prozess schnell wiederholt – also 50.000 Mal jede Sekunde – und das Resultat abgespielt, kann niemand erkennen, dass es sich *nicht* um einen kontinuierlichen Sound handelt. Das lässt sich mit der Täuschung des menschlichen Auges vergleichen, dass die 24 in einer Sekunde abgespielten Bilder als eine zusammenhängende Bewegung wahrnimmt. Im Grunde genommen wird bei der Digitalaufnahme der ursprüngliche Klang wieder erschaffen.

Die digitale Aufnahme lässt sich also nicht mit der bisher verwendeten Verfahrenstechnik vergleichen: Es ist eine Analyse und Neustrukturierung, die „Herstellung" einer Blaupause und der Aufbau einer identischen Kopie. Da Bandmaterial nicht im herkömmlichen Sinne genutzt wird, müssen wir uns nicht mit den damit verbundenen Nachteilen abplagen – Zischen, Verzerrungen und Spurübersprache. Durch die neue Technik werden die Grenzen eines zeitgenössischen Tonstudios erweitert. Wir sind nun in der Lage, die mit einem Mikrofon abgenommene Klangquelle im Computer abzuspeichern und zu separieren – das Verfahren erstreckt sich in der Theorie bis in die Unendlichkeit. Bislang arbeitet das neue System nur in Zusammenhang mit den heutigen analogen Mischpulten. Nur die Aufnahmeeinheit ist digital. Doch erst wenn speziell für das digitale Aufnahmeverfahren entworfene Mischpulte verfügbar sind, wird sich der wahre Wert zeigen.

Wir haben uns schon seit geraumer Zeit die Automatisierung im Studio zunutze gemacht. In den Londoner AIR-Studios installierten wir das erste automatische Mischpult von Neve. Im Gegensatz zu anderen Pulten ist das NECAM (so wurde es von Neve getauft) in der Lage, alle Fader-Bewegungen und Poti-Regulierungen zu speichern und sie bei Bedarf physisch zu wiederholen! Man erhält schnell den Eindruck, als stünde ein unsichtbarer Mann vor dem Mischer und bediente alle Regler.

Das Mischpult funktioniert hervorragend. Ich glaube, dass wir schon bald ein neues Design des Pults erleben werden, in dem alle im Studio benötigten Funktionen enthalten sind. Wir werden keine Bandmaschinen mehr benötigen, denn das Pult wird das Terminal des Computers beinhalten, dessen Funktion sich nicht mehr auf die Speicherung von Aufnahmedaten beschränkt. Man wird damit schneiden oder verschiedene Klangpanoramen mischen. Es wird in der Lage sein, andere Sounds zu kopieren. Angenommen, man wünscht sich das Echo, das man bei den alten Aufnahmen von Elvis Presley einsetzte. Man speist die Aufnahme in das Terminal ein, damit das Echo analysiert wird und präzise kopiert werden kann. Das wird durch Abruf der genauen Sequenz ermöglicht, in der sich exakt diese Frequenzen befinden. So erübrigt sich der altmodische Echoraum.

Ein weiterer Vorteil zeigt sich ganz klar in der Arbeitsgeschwindigkeit, die Benutzer von Taschenrechnern zu schätzen gelernt haben. Mit der zeitgenössischen Technologie verschwendet man viel Zeit mit dem Vor- und Zurückspulen des Bandes. Durch die digitale Aufnahmetechnik kann man beinahe ohne einen Zeitverzug an jede Stelle eines Songs springen.

Und was erwartet uns sonst noch in der Zukunft? Es deuten sich Video-Clips an, die zum Alltag gehören werden wie normale Schallplatten. Nun muss sich ein Produzent nicht mehr nur der einen Tonaufnahme widmen, sondern auch visuelle Bilder kreieren. Die von einer Nadel abgespielt Platte gehört bald zu den quasi archaischen Techniken, obwohl man immer noch Platten herstellen wird. Doch sie werden mit einem Laserstrahl abgetastet, wodurch die Oberflächengeräusche, das Kratzen und die Knacker – alles Defizite der Vinyl-Platte – nicht mehr vorkommen. Mit einer höheren Soundqualität steigt zudem die Brillanz des Klangbildes. Solche Systeme existieren bereits, jedoch haben sie noch nicht den Konsumentenmarkt erreicht. Sogar ein herkömmlicher Plattenspieler mit einer drahtlosen Fernbedienung wurde schon entwickelt. Dadurch kann man nach Belieben bestimmte Stücke überspringen. Man sitzt in seinem Sessel und gibt ein: Zuerst Track 1, dann 3 und 9, und danach zurück zu 4. Das hätte sich sogar ein H.G. Wells nicht träumen lassen!

Videorekorder werden zum alltäglichen Gebrauch in jedem Haushalt gehören. Schon bald wird es Videokassetten mit bekannten Filmen und Theaterstücken geben, woraufhin die Preise fallen und das Videoalbum im Bereich des wirtschaftlich Möglichen liegt. Durch die Kombination der Laser-Technologie und der Holographie ist es gut möglich, die Aufnahmen dreidimensional abzuspielen. Ein dreidimensional projiziertes Bild, und nicht so simple, wie es R2D2 in *Star Wars* zeigte, liegt im Rahmen des Möglichen der kommenden 25 Jahre. Zurzeit ist Holographie nur einfarbig darstellbar, doch es kann nicht allzu lange dauern, bis eine mehrfarbige Abbildung möglich ist.

Ich habe nur einige der möglichen Veränderungen aufgezeigt, die ich für wahrscheinlich halte. Hier darf jeder nach Herzenslust spekulieren. Hätte man mir an meinem ersten Arbeitstag in den EMI Studios im Jahr 1950 eine 24-Spur-Maschine und ein computerisiertes Mischpult für Hi-Fi-Aufnahmen prophezeit, hätte ich das sehr skeptisch betrachtet – und das gebe ich ganz offen zu. Das letzte Vierteljahrhundert war allgemein von einer rasanten Entwicklung auf allen technologischen Gebieten gekennzeichnet, doch nur wenige erlebten die Transformation in der Tontechnik. Alle meine Kinder – Alexis, Gregory, Lucy und Giles – haben ihre Freude am Musizieren und am Hören von Musik, was mich glücklich macht. Bei einem Blick durch meine Kristallkugel auf die Welt in 25 Jahren würden auch sie darauf mit einem mehr als skeptischen Kopfschütteln reagieren. Die Zukunft gehört ihnen!

Register

SONGS

ALBEN, BANDS, FILME, PERSONEN

A

B

T

U

V

W

Y